建築家が建てた50の幸福な家

松井晴子
写真・村角創一

エクスナレッジ

写真――――村角創一（下記以外）
浅川　敏（p38～47）
井上　茂（p58～67）
傍島利浩（p128～137）
装丁・AD――丹羽朋子
印刷・製本――大日本印刷株式会社

建築家が建てた50の幸福な家　目次

＊各章の年月等は取材時を基準にしている。章末に取材時の年月を記す。

＊各章の年月等は取材時を基準にしている。章末に取材時の年月を記す。

時間をかけて育てることで「家」になる

一九五九年（昭和三十四）年、私の一家は、間借り暮らしから脱出して、私鉄沿線に六十八坪の土地を得て、家を建てることになった。間取り図を描いたのは、小学校の頃から方眼紙に、他人の家の間取り図を描くことが「趣味」だった十五歳の私だった。父の知り合いの工務店の社長に見せると、「このままでも建ちます」と太鼓判を押してくれた。敷地は三割地区だったので、平屋で二十坪程の家しか建てられなかった。間借り暮らしが長かったこともあって、両親と三姉妹の五人が住むには十分な広さだった。旗竿敷地のため、東入りの長いアプローチから玄関に入ると、北側は水回りと両親の寝室、庭に面した南側は三姉妹の子供部屋、六畳の和室、真ん中に居間・DKがある、ごくごく普通の間取りだった。

やがて次女と三女（私）は八年ほどこの家に住み、結婚することになり巣立っていった。キャリアウーマンだった長女は大阪転勤になり家を離れた。整理整頓が得意だった母は、収納棚を作ったり、居間や寝室を広げたりと、小さな増改築を新潟から出てきた大工の鈴木さんに頼んでいた。その後三姉妹の子供部屋は庭側に少し広げて、定年を迎えた父の仕事部屋になった。

七年ほど都内を点々と移り住んでいた三女が、懐具合に見合う家が見つからなくて、この家の二階に目を付けて増築することになった。そのときも、間取り図は私と夫の共作。細かいところは、大工の鈴木さんと相談して現場で決めた。貧乏編集者夫婦なので、工事費を安くするために間仕切りと天井を設けたのはスリーインワンのバスルームと個室だけ。内部はすべてラワン合板、塗装は自分たちでやった。その後も鈴木さんとのつきあいは続く。翌年、娘が生まれ、借金返済のために学生に貸していた部屋を子供部屋に改築。その後も土間だったDKを冬の寒さに根を上げてピータイルにしたり、リビングとDKの間に仕切り戸を設けたり、本棚を増設したり、小さな改築を三十回くらい重ねただろうか。五年前に、「これで最後だから」といって夫は庭に書庫を建てた。

私たち一家が二階に住むようになる前年に父が、五年後に母が亡くなり、一階は空き家になった。空き家にしておくと傷むと思い、土台を補強して床を張り替えて甥夫婦に二年ほど住んでもらい、その後シェアリングできるように和室を個室にして友人に貸していたら、四年前、結婚して子供が生まれた娘一家が住むことになり、浴室を少し広げるなど、水回りを改築した。そして三年前、近所に住む友人の建築家の勧めで、耐震補強を行った。

　こうして両親の家は、増築した二階は娘夫婦が住み、一階は孫に引き継がれて、五十一年の時が過ぎた。建築家が設計した家ではないので、人に見ていただくほどの「空間」もないが、これだけ長い間住んでいると、いとおしくなり、建て替えようという気が起きない。

「建築家が設計した住宅を紹介する仕事をしてきたが、住宅の取材というと、竣工間もない頃か、せいぜい竣工後一年くらいの家を訪ねることが多かった。しかも専門家向けの雑誌だと、住み手から住み心地を聞くこともなかった。いろいろな建築家から新しい住宅を見せていただくたびに、この家に住むのはどんな家族なのだろう、どんな生活をしていくのだろう、年月が経つとどのようになっていくのだろう……、私はずっと気になっていたが、そうした家を取材させていただく機会が訪れた」。

　本書の母体となった『建築家が建てた幸福な家』（二〇〇四年十一月初版）の冒頭に、私は時を経た家に興味をもつようになった経緯を以上のように書いた。その後も私の好奇心は持続し、五十軒の時を経た家に出会うことができた。本書に紹介する六〇年代～九〇年代に竣工した五十軒の家は、二十年、三十年経ってから取材させていただいたものだ。家族数や生活スタイルの変化に応じて増改築を行っているものもあるが、建築家の当初の想いを住み手が大事に受け止めて、原形をとどめながら生き続けてきた家だ。住宅の平均寿命が二十～二十五年といわれているこの国で、平均寿命を超えただけでも特筆すべきことだが、どの家も、竣工時の写真よりもはるかによくなっていることを伝えておきたい。建築家が設計した住宅は、住み手が時間をかけて育てることで、初めて「家」になることを、自分自身の体験と五十軒の取材を通して感じることができた。

共生住居◎築二十六年

神奈川県鎌倉市

設計◎内藤 廣

南側外観。コンクリートの柱とスラブ
に黒い杉板の雨戸が付いているだけ

多世代の家族の生死を受け止めてきたシェルターのような家

戦前まで、家を継ぐことは、先祖代々が住み継いできた「家＝建物」を継ぐことでもあった。そのため旧家であればあるほど何代にも渡って住めるように、しっかりした普請の家を建て、こまめに補修を重ねながら、そこに住む人以上に建物を長生きさせてきた。戦後、家長制度がなくなり、核家族がスタンダードな形態になってくるにつれて、材料や建設技術が向上したにもかかわらず、家の寿命は年々短くなっているような気がする。

家族にとって、また個人にとって、家とはどのような場であるのかを自邸で提示したのが、内藤廣さんの「共生住居」だ。一九八四年に竣工した「共生住居」が掲載された雑誌（『新建築』8408）で、内藤さんは，家について次のように書いている。

「私が考える住宅は住み替わりの一時的な滞留地ではなく、人がそこで生まれ、死んでゆく場所のことである」

人生八十年とすると、少なくとも八十年は、家族の成長、増減、生活スタイルの変化に対応し、しかも建物として持ちこたえられる家をつくろうと、内藤さんは計画時から逆算するとほぼ三十年前に考えたのだ。変化や時間に柔軟に対応することをテーマにした家なので，二十年以上経ったら、ぜひ拝見したいと思っていたら、幸運にもその機会がやってきた。

北鎌倉駅から少し歩いて、山側の細い道に入ると道に沿って、生垣の緑と庭の樹木の間から、打ち放しコンクリートの外壁が見えてくる。庭に沿って緩くカーブした道を進み、四つ辻を生垣に沿って右に曲がると、ピロティの車庫と桜の木の間に入口らしきものが二つある。庭と入口の間は、目の高さに黒い杉板塀で仕切られていて、右から入れば親世帯、左から入れば子世帯の玄関までのアプローチになる。どちらも樹木や草花に囲われた芝生の庭を眺めながら玄関へとたどりつくアプローチだ。

打ち放しコンクリートの柱とスラブの間に、一階は木製建具を嵌め込み、二階は杉板を黒く塗った雨戸の間からゼラニュウムの真っ赤な花が手すりを覆っている。庭と建物のボリュウームのほどよい関係、水平・垂直のコンクリートのスリムな躯体、黒い杉板材と赤い花が、庭の緑とともに、素晴らしい風景をつくりだしている。

子世帯から拝見させていただくことにしよう。合板に鉛を張って塗装したという抽象絵画のような玄関ドアを開けて室内に入ると、東西方向に設けた三角屋根の天窓からの光が、階段のある居間の吹き抜け部分から入ってくる。これだけの天窓があると、夏は相当暑いのではないかと思って、居間を見回したがエアコンがない。「夏は天窓の東西にある三角窓を開けて風を通し、冬は置き型ストーブだけ。夏は汗をかき、冬は重ね着です」。案内してくれた妻の鏡子さんは「究極のエコ」を実践している。

親世帯との間を仕切っているのは、棚状に積み上げた厚さ三十ミリのラワン材。一階は旅先で集めた宝物を飾り、二階は本棚にしているが、止めている桟木をはずせば仕切りはなくなるそうだ。

二階は、どの部屋を誰がどのように使っているのか判然としないが、南側には引き戸を閉めれば仕切れる部屋が四つ、中央東側には一つ、北側に四つある。中央の部屋に入って階段を下りると、親世帯の居間に出る。

親世帯の一階は、子世帯よりも広い。北側には食堂とつながった台所、ピアノ室、浴室、南側玄関の東側には和室もある。「父は昨年、八十八歳でこの部屋で亡くなりました。私もいずれこの和室で最後を迎えるのでしょうね」。鏡子さんは、これからもこの家以外の家に住むことを、まったく考えていないようだ。

内藤さんは大学院修了後、スペインの建築家の事務所で働き、鏡子さんとバックパックで北アフリカ、中近東、インドを経て帰国した。帰国後、菊竹清訓の事務所で働きながら、「共生住居」の計画を始めた。もともとこの敷地には祖母、両親、父親の姉妹、そして内藤さんと弟が住む木造平屋が建っていた。内藤さん夫妻は帰国後、近くに小さな家を借りていたが、子供ができたこともあって、五歳から住んでいた平屋の家を建て替えて、両親た

上／子世帯の居間。開口部は柱とスラブの間に直接建具をはめ込んでいる
下右／生垣と庭の緑に囲まれた子世帯のアプローチ。正面に玄関
下左／天窓から光が入る階段まわりは、吹き抜けになっている

親世帯との仕切りは、本棚や飾り棚にしている取り外し可能なラワン材。食卓と座面の低い椅子は内藤さんのデザイン

ちと一緒に住むことになった。

入居当初の家族は、祖母、両親、弟、内藤さん夫妻と三歳の長女と一歳の次女、ほぼ一世紀の年齢差のある四世代、八人だった。世代の異なる家族が一つ屋根の下で暮らすための器をどのようにしたらいいのか、時間をかけて、さまざまに思考をめぐらした。しかも建築家としてまだ自分の仕事を確立していない三十歳前後の若者に、潤沢な建設費はない。

「二十九案までは、木造。頭を切り替えてコンクリート造にした三十案目が、この家です。コンクリートの壁と柱とフラットスラブで、最低限の構造体をつくり、間仕切り壁はすべて仮設的なものにする。開口部は窓枠なしの直付け。ほぼ中央に東西方向に天窓を設けて、南北に部屋を配置し、北側の部屋にも光が入るようにする」

こうして坪単価四十万円という当時でも驚異的なローコストになり、同時に家族の増減や変化する暮らしにも対応できる案にたどりついたのだ。

「建具が入っていない、コンクリートの床と壁だけの時、これでできたと言われて、両親もとまどっていましたが、私もこれで本当に住めるのかと思いました」と鏡子さん。

この大胆なシェルターを家族に理解してもらうには、少し時間がかかった。内藤さんは、家族がひとつ屋根の下で暮らす意味を、最初からポジティブにとらえていたようだ。それはバックパッカーとして中近東やインドを旅して、テントや簡素な小屋で大勢の家族が暮らしている姿を見たからなのかもしれない。

親世帯と子世帯を仕切る板材を止めただけの壁は、空気も流れるが、音も通す。父親は航空工学の専門家、というよりダヴィンチのように人力飛行機を作ることに最後まで情熱を持っていた人だ。この家で、飛行機の模型を作るときは、グラインダーの音を響かせていた。ピアニストの母親は、防音してあるとはいえ、演奏すれば音は子世帯まで聞こえてくる。むろん子供たちが小さい頃は、親世帯に泣き声や駆け回る音が聞こえていただろう。そうした音を家族ならば、騒音とは感じない。むしろ気配を感じることで、互いを気づかう気持ちが生まれてくることを、内藤さんは予測していたのだ。

「父の体調が悪くなったときは、倒れた音がしたので、すぐ駆けつけられたんですよ」。この家ができてから数年もしないうちに、夫である内藤さんは超多忙な建築家となり、東京の事務所に近いところに部屋を借りて、週末しか戻れないことになった。鏡子さんは子育て、家事、夫の両親、一緒に暮らしている犬や猫の世話まで、一人何役もこなすことになった。

この家に家族八人が住むようになって、しばらくして祖母が亡くなり、弟が独立して六人になった。子供たちが幼い頃は、芝生の庭には、近所の子供たちがやってきて保育園のようににぎやかだったそうだ。二世帯同士のプライバシーも緩やかだが、それぞれの世帯も壁で囲われた個室がないので、夫婦、親子の隠し事は不可能だ。「次女の部屋を通らないと長女は自分の部屋に行けないんです。娘たちが高校生になると、個室をほしがったので、廊下を設けることを一時は考えましたが、長女は、一階の両親の部屋を通って自分の部屋にたどり着くルートを見つけて、次女が部屋にいるときは、そのルートで出入りしていました。両親は、通過する孫の顔が見られるので、かえって喜んでいました。次女は大学卒業後巣立って行きましたので、個室問題は解決」

取材した時点では、親世帯は母親だけ、子世帯は夫妻と長女の三人、当初の八人から半減したことになる。

建物のほうは、どのように変化したのだろう。竣工後十年目の九五年に、洗濯物干し場とワリギ小屋を設けるために庭の西南側にテラスをつくり、その下を駐車場にした。子世帯の洗面・浴室を広くするために、トイレを玄関北側に独立して増築し、台所の北側に納戸をつくって親世帯の台所からも行き来できるようにした。二十六年の間に増改築したのはそれだけという。

「これだけローコストなのに、実に優秀な建物なんです」と内藤さんは誇らしげだ。天窓は五年もすればやりかえなければならないと思っていたが、雨漏りもせずに持ちこたえている。ただ結露がひどかったので、数年前に断熱用に内側にポリカーボネイトを張った。「シンプルなディテールは、やっぱり強い」と内藤さんは、この家の二十六年を振り返って、あらためて確信している。

「枯葉の掃除は大変ですけど、梅から始まって、染井吉野、

上／踊り場から居間を見下ろす。ラワン材の反対側は部屋９
下右／正面は階段踊り場。天窓の三角窓を開けて夏は通風
下左／緑に覆われた階段。その下は親世帯の居間

山桜、木蓮、皐月、紫陽花と、移り変わる花を居間から眺めていると、出かけたくなくなるんです」。この家で最後を迎えると決めている鏡子さんは、庭の手入れも忙しい。亡くなった父親が元気なうちは、「緑の守り人」だったが、今は日々の手入れは鏡子さんに移った。三歳から住んでいる長女は、「結婚してもこの家で暮らしたい」と言う。新しい家族が入ってきても、受け入れる余地があるのが「共生住居」の懐の深さだ。

「家は人が生まれて死ぬ場所」と考えている内藤さんは、庭に墓をつくることを模索していた。法律の壁にぶつかり断念したそうだが、人の代わりに内藤家のウサギや歴代の犬や猫たちの墓は桜の木の下にある。

海の博物館、安曇野ちひろ美術館、牧野富太郎記念館、島根芸術文化センター…、内藤さんが手がけたどの建築も私は好きだ。どれも骨格がしっかりしていて、大地から必然的に生まれてきた形だと思えてくるからだ。つくりこみすぎない建築は、使う人と時間が長生きさせることを、内藤さんはこの「共生住居」で確信をもったからなのだろう。

（二〇一〇年五月）

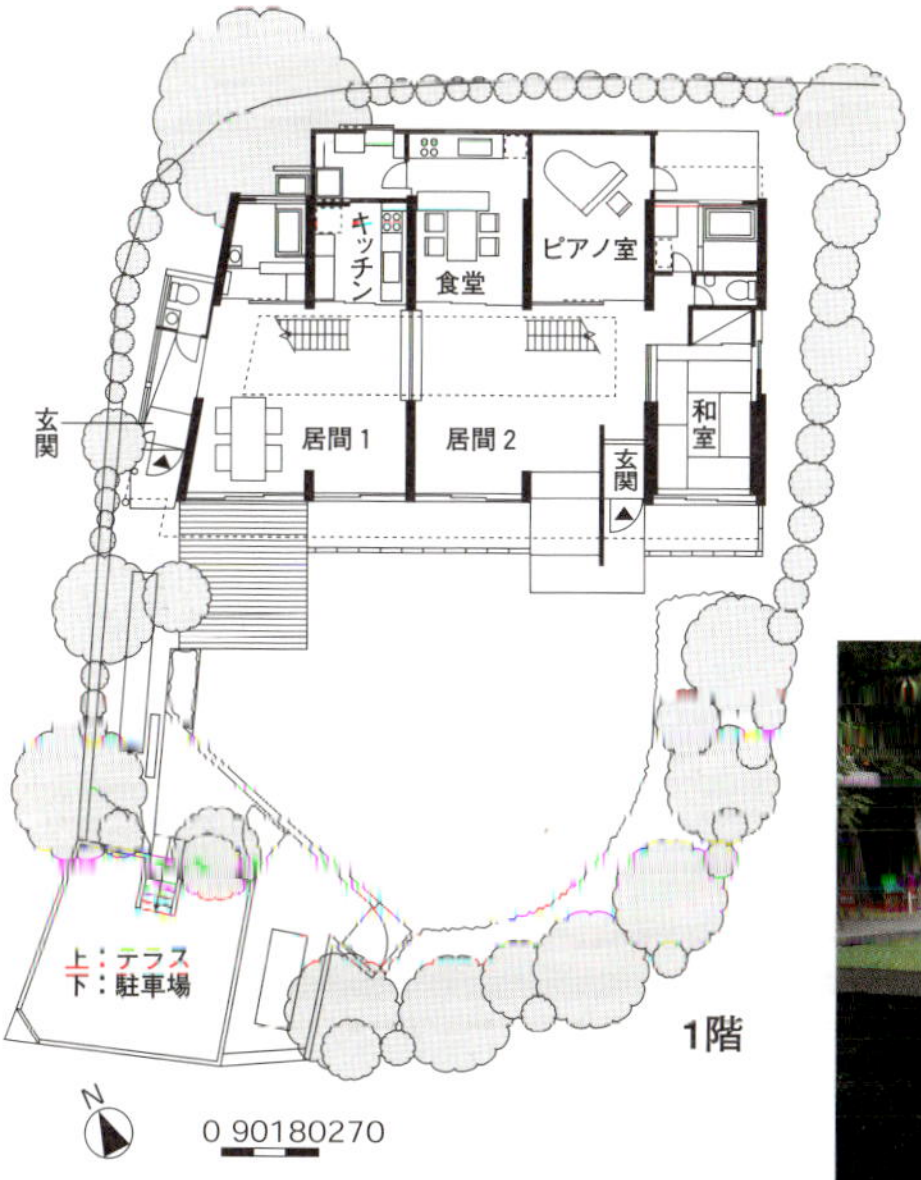

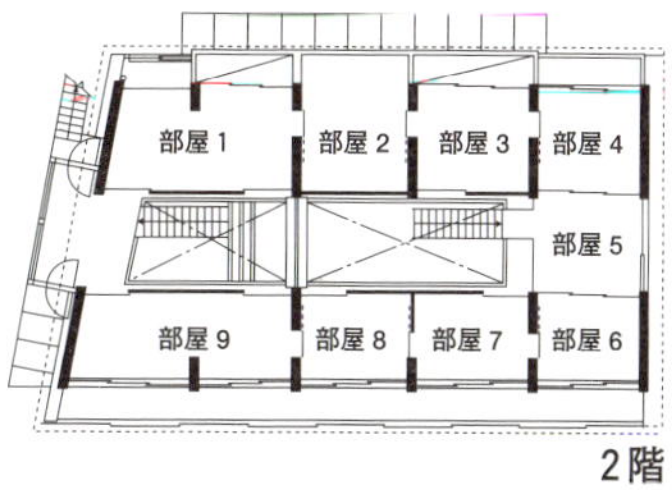

1995 年の増改築後の平面図

外から見えない高さに抑えた仕切り塀

朝吹さんの家◎築二十年

東京都大田区

設計◎中村好文

玄関の北側にある廊下は３つの天窓から光が入ってくる。一直線に正面の庭まで続いている

人と建物と庭がほどよい関係を保ってきた「ガンバリスギナイ」家

建築家に家づくりを依頼しようと思ったとき、建築家を紹介しているウェッブサイトにアクセスすれば、ある程度の情報をつかむことができる。だが「朝吹さんの家」の建て主、朝吹剛さんが二十数年前に「我が家は建築家に」と思ったときは、住宅専門誌しか信頼できるメディアはなかった。朝吹さんは何年か住宅専門誌を定期購読して、写真や図面を眺め、設計趣旨や建築家紹介欄を熟読した末に、中村好文さんに決めた。

多くの場合、建て主が建築家を選ぶ決め手は、デザインが気に入ったから、確かな技術力を感じたからなど、写真や図面から受けた印象から入るのではないだろうか。ところが朝吹さんの判断基準は、写真や図面よりも、設計趣旨や人物紹介のコメントのほうが重かった。どんなことに感動する建築家なのか、どんな生き方をしている建築家なのか、建て主である自分は、その建築家の感性や世界観に共感が持てるだろうか。朝吹さんは掲載されている文章を読み込み、中村さんに家づくりを託した。

竣工から二十年たった朝吹さんの家を中村さんとともに訪れた。建物を柔らかく覆っている庭の樹木を眺めながら、ご夫妻と何時間か過ごさせていただくうちに、朝吹さんの建築家選びは正しかったと実感できた。

私鉄駅前の商店街を抜けて住宅地に入ると、北側の斜面地に、道路と同じレベルでガレージがあり、その上に緑に包まれた、ベージュ系の二階建ての建物が見えてくる。東側の階段を上がったところに玄関がある。ポーチの上にはキャノピーが付き、大谷石を敷き詰めた床は玄関土間まで続く。木製の扉を開けると正面に天窓から光が入る丸みを持った壁が、ドーンと立っている。南北に細長い土間は、南端には庭に通じる扉があり、その手前は内玄関のように和室前の縁に通じている。北端は来客用の玄関。つまり正面の壁の両側から靴を脱いで入るこ

大谷石を敷き詰めた玄関。緩くカーブを描く壁
に天窓から光が当たる。正面のドアから庭へ

上右・左／1階の階段と廊下。天窓のある緩勾配の折れ曲がり階段
下右／10年前に屋外を室内化した居間。開口部の建具は再利用
下左／居間の北側にある暖炉コーナーと庭が眺められる居間のコーナー

とができるのだ。来客用から入ると、廊下の突き当たりに坪庭を望めるが、北側は全面壁。三カ所ある天窓からの光が壁に当たり、長い壁面をいっそう強く意識させる。

吹き抜けになっている階段を通り過ぎて、引き戸を開けると、この家の心臓部、居間・食堂にたどり着く。居間の北側には打ち放しコンクリートの暖炉があり、南側には竣工十年後に屋外居間だったところに屋根を掛けて室内にしたコーナーが、庭側に突き出ている。

「まず、ここに座ってください」と朝吹さんが勧めてくれたのは、コーナーの造り付けのソファ。腰掛けると三本引きの掃き出し窓の先にラベンダーの花を植えた大きな鉢やデッキチェアのある木製デッキが見える。ほどよい広さの庭にはヤマボウシやシマトネリコの樹木、足下には白い花が咲いていて、手入れは行き届いているけど自然のままに生きている植物たちの姿を、花や樹木の香りを運ぶ風を感じながら眺めることができる。

食堂は居間とキッチンの間にある。食卓の椅子に腰掛けて見上げると、食堂の上だけ吹き抜けになっていて、ペンダント照明が高い天井から下がっている。食事ができたことを二階にいる子供たちに声をかけると、ブリッジから子供たちが顔をのぞかせるのだろうか。キッチンとの仕切り壁は一二〇センチほどなので、料理中の裏方はほとんど見えない。食堂とキッチンをつなぐ南側は縁側になっていて、その先は玄関土間となる。つまり行き止まりのない、回遊できるプランになっているのだ。

中村さんによれば、「コートハウスを設計したいと思って、敷地の南側に緩やかな円弧を描く低めの塀を建てて、一筆書きのように庭と屋内を囲い込んだのです。塀から廊下の壁になり、玄関正面の壁になり、庭を囲み、次第にプライバシーを高めながら渦巻いていくようにした」とのこと。

勾配の緩やかな階段を上がって二階を見せていただく。食堂が見下ろせるブリッジをはさんで、西側に子供部屋、東側は洗面・浴室、トイレ、洗濯室（以前はサウナ室）、その奥にウォークイン・クロゼットの付いた寝室がある。

マンションで暮らしていた朝吹さん夫妻は、子供が二人になることを見越して家を建てることにした。七十坪の敷地には、朝吹さんの伯父さんである建築家の朝吹四郎さんが設計した家が建っていた。余談だが、朝吹四郎さんは、宮脇檀さんが大学卒業後、最初に入った事務所のボス。宮脇さんも中村さんが師とする吉村順三さんの弟子。この土地は上質な建築家のＤＮＡを受け継いでいるのだろう。中村さんは必然的に選ばれた建築家だったのかもしれない。

　朝吹さんの心をとらえたのは、「三谷さんの家」を掲載した雑誌（『住宅特集8609』）の設計趣旨と新人登場欄の中村さんの文章だった。設計趣旨で中村さんは心に残る居心地のいい空間や情景を自分のコレクションとしていくつかあげている。「韓国のオンドル部屋に寝転がって見上げた壁と天井の貼り紙、高山寺石水院の木部の錆びた銀鼠色、ル・トロネの石の肌、スカルパの建築の美しい細部、ブルージュ市立美術館のファン・アイクの部屋に充満するフランドルの光……」。中村さんがどのような空間やどのような細部に心がときめき、心地いいと感じているのかがよくわかる。この文章を読むと、実際の作品よりもより深く、建築家の内面が伝わってくる。

　新人登場欄では、職業訓練学校に通って家具製作の勉強をして、吉村事務所で家具を担当したこと。そして「ものづくりは粘って粘ってできていくものということを吉村から学ぶ」と書いている。建築はコンセプトも大事だが、人が日々生活する住宅では、身体に接する細部まで詰めて設計していかないと居心地のいい家にならない。そのことをこの一文から見抜いた朝吹さんの洞察力に驚く。

「こういう家にしたいという要望はたくさんあったんですが、中村さんに会って、話をしているうちに、すべてお任せしますという気になってしまいました」。二人の考えが一致したのは「周辺に対しても、力みすぎて調子の上ずった『ガンバッテマス』の住宅にはしないこと」だったと中村さん。

　朝吹さんは現在、広告会社を経営しているが、若い頃は料理人を目指して帝国ホテルのかつての名料理長、村上信夫に師事していたこともあるほどの料理好き。妻の理恵さんも夫に劣らない腕前だ。本格的な和・洋・中の料理を作るので、キッチンだけは、細かく要望を出して中村さんに設計してもらった。一列型のキッチンはそれ

上／お気に入りの場所に座る夫妻。左は吹き抜けのある食堂
下右／2階ブリッジから見下ろした食堂と居間。下左／キッチン
で料理中の夫妻。配置も収納も20年間、まったく変えていない

居間・食堂から出られるテラスは、第２の居間。
生長したヤマボウシや草花がテラスを囲む

ほど広くはないが、長い間の阿吽の呼吸だろうか、適材適所に設備や収納が配置されているからなのだろうか、夫妻が同時に料理をしても、流れが途切れることがない。手を休めると庭が眺められ、理恵さんが育てている庭のハーブもすぐに取りに行くことができる。

「工事中に一回見学に行っただけで、この家に引っ越してきて、初めてどのような家なのかがわかったんです」。設計の打ち合わせは夫に一任したという理恵さん。でも朝吹さんに伺うと「打ち合わせなのか、飲んで食べて、歌っているうちに工事がはじまってしまった」そうだ。中村さんがフリーハンドで描いた最初の案を見ると、居間の増築部分は当初からあった。予算がギリギリで室内にすることはあきらめて、壁だけつくり、テントを張って、半屋外の居間として使っていたそうだ。数年後、雪がテントの上に積もり、ばっさりとテントが落ちてしまった。塀の上にアイビーをからませていたので、そのまま枝をはわせてアイビーのからまった屋根にしてしばらく使った。そして十年前に二階の子供部屋を長女と長男の二部屋に仕切る工事と一緒に、当初の案に戻って屋外居間を室内化した。むろんこの時も中村さんに相談して、南側の三本引きの建具がそのまま東側の開口部に使えるようにしてもらった。屋外居間は、二十年の間に、テント、アイビー、室内の天井と三つの質の異なる空間を提供してくれたことになる。「子供たちの成長と重なって、それぞれの違いを楽しんでいます」と理恵さん。

この家の居心地のよさの半分は、庭によるところが大きい。竣工時の写真を見るとデッキはそのままだが、それ以外は芝生を敷き詰めている。芝生がうまく育たなくなり、枕木を敷いたり、草花で地面を覆う造園をしてくれたのは、森千秋さん。そして現在は、森さんを「園芸の師匠」と仰ぐ木楽庭の矢野俊也さんが、できるだけ植物が自然に生長していく様を大事にするという考え方で世話をしている。庭も建物も「建築家がガンバリマシタ」にならないように配慮しているのだ。

キッチンの隣にある和室について触れなければならない。料理好きということもあるが、ご夫妻は人をもてなすのが自然体なのだ。だから大学のアメリカンフットボールの選手でもある長男の友だちが、かなりの頻度でやってくる。和室はいつのまにか彼らの合宿所状態になってしまったのだ。「子育てが一段落したので、和室で書道でも始めようと思っていたんですけど。でも和室がこのように活用されているのも、玄関から直接入れて、誰もが気兼ねなく水まわりが使える間取りになっているからなんだと気づいて、あらためて素晴らしい家なんだと思いました」と理恵さん。息子の友人たちの栄養補給に夫妻で何度も肉の買い出しに自転車を走らせた話を伺い、この両親、この家なら居着いてしまうだろうなと思った。

この家の好きな場所をご夫妻に伺うと、二人とも私を最初に案内してくれた庭が眺められる居間のコーナーをあげた。「アスプルンドの夏の家で、ソファにくつろぐ住人の写真と同じような居心地のよさを、ここで感じています」。時を経ても変わることなく、むしろ年月を経るごとに居心地よくなっているのは、自分たちの感性や生き方にあった建築家を選んだことによるのだろう。建て主と建築家の幸福な関係が持続している素晴らしさを、私は朝吹さんの家で感じることができた。（二〇一〇年五月）

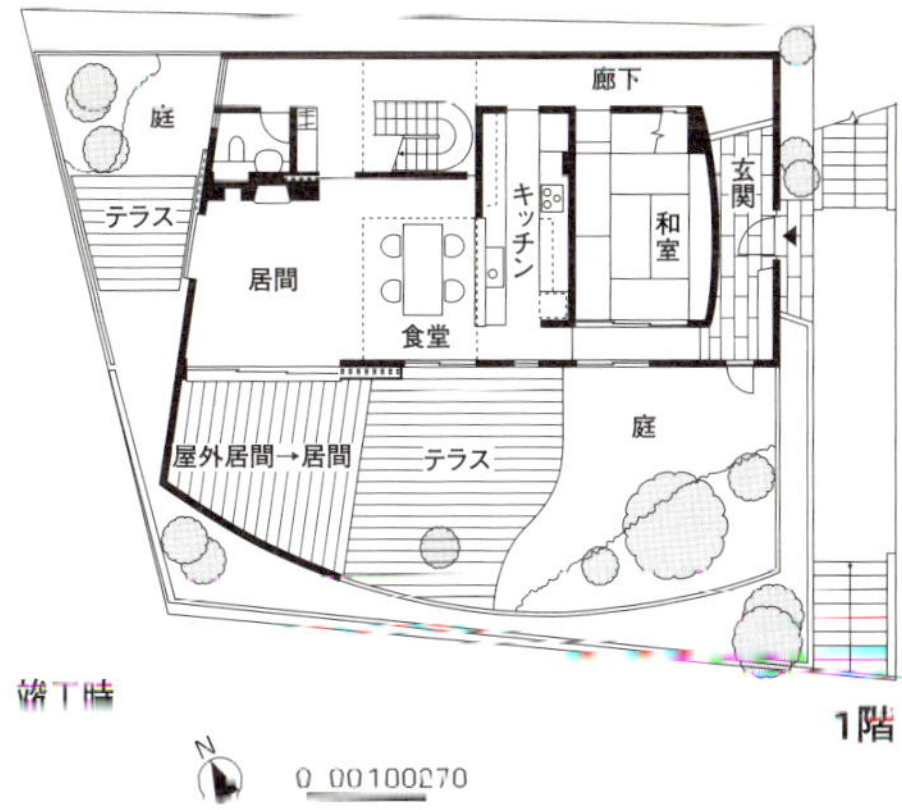

1階

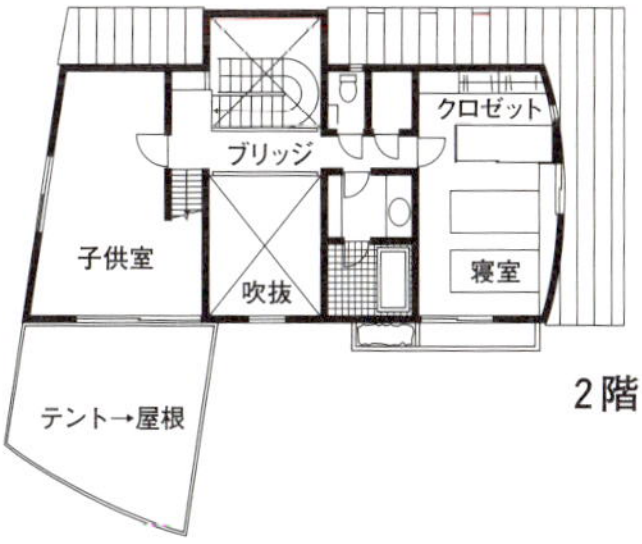

2階

テラスから見上げた南側外観

木村邸◎築二十六年

兵庫県神戸市

設計◎宮脇 檀

建具を引き込んで全開にすると、庭まで
視界が開けて、居間と庭が一体になる

住み手の心づかいで年を重ねるほどに味わい深く

百三十軒以上の住宅と住まいに関する数々の名著を残して、四年前に亡くなった「住宅設計の達人」宮脇檀さん。その宮脇さんが一九七〇年代に設計した住宅が、現在どのようになっているのか、多くの人が関心をもっているはずだ。宮脇さんの仕事を引き継いだ山崎・榎本建築研究室の山崎健一さんに伺うと、持ち主が替わったり、増改築されて原形が変わってしまったものもあるが、いい状態で住み続けている家も何軒かあるとのこと。

今回お訪ねしたのはその中の一軒。神戸・六甲山麓の住宅地に二十六年前に建てられた「木村ボックス」と命名されたお宅。現場を担当したのは若き日の山崎さん。

阪急御影駅から山道を車で十分ほど登ると、眼下に神戸港を望む住宅地の一画に、白いコンクリートの箱が見えてくる。近づくと道路に面した開口部は小さくて、まるで閉じた箱のように見える。けれども建物を囲む塀が低いこともあって、威圧的な感じはまったくない。

内開きの玄関ドアから夫人の美恵子さんに招き入れられ、居間に入ると、住み手の趣味のよさが感じられる家具が、ほどよい間隔で配置されている。庭に向かっては二方向が完全に開放されるようになっていて、その大胆さと気持ちよさに驚かされる。

床は無垢の木、天井はと見上げると、コルクが貼ってある。外側はコンクリートだが、内側は身体がじかに触れるところなので、木を使っているのだ。正方形に近い十七畳ほどの広さに、開口部の大きさと天井高がバランスよくとられていて、これが宮脇さんがいう「居間には家にある面白いものを置いて、家族が集まってきやすい、ほどよい広さがほしい（『宮脇檀の住宅設計ノウハウ』）」というものなのだろう。居間の東側には食事室、その奥にキッチンとユーティリティがあり、キッチンからは玄関へと回遊できるプランになっている。

ほどよい広さの部屋、部屋同士のつながり、眺望を考慮した開口部のとり方など、五間四方の箱の中に絶妙のプランニングでおさめられている。

二階はプライベートな空間。寝室・書斎、子供室、浴室、そしてルーフガーデンがある。一九七〇年代の日本の住宅では、トイレを二か所に設けて、パブリック空間とプライベート空間を上下できちんと分けるといったことは、まだ一般的ではなかった。しかも浴室を二階へ上げ、夫婦の寝室と子供部屋の緩衝地帯にして、両方の部屋に隣接させるといったことも。

ルーフガーデンには、浴室、書斎、子供部屋から直接出られるようになっている。このルーフガーデンによって庭の狭さを補いながら、プライベート空間の単調さを救っているのだ。このようなスペースの大切さを宮脇さんはつぎのように書いている。

「屋外でもあるけど室内のような空間での生活というのはかなりの量があり、そういう空間が用意されていないと、私たちの生活は満たされることはない（前掲書）」。

「ものの形は箱なら箱、そのままのほうがインパクトが強くて美しい」、「家の中の回遊性が楽しさを生む」、「窓際を生活空間に取り込む」、「部屋同士のプロポーションは美しく」といった宮脇さんが意図した住まいのあり方を、二十六年たった現在も私たちが辿ることができるのは、この家の住み手のおかげだ。

マンション暮らしをしていた三十代の木村夫妻は、息子の尚之さんを庭のある家で育てたいと、標高三百二十メートルにある約六十坪の分譲地を購入。ハウスメーカーの展示場にも足を運んだが、当時はまだ種類も少なく、夫妻が満足できるものはなかった。

「いろいろな雑誌を見て、気に入った家にフセンを付けていったら、ほとんどが宮脇さんが設計したものだった」と美恵子さん。宮脇さんが書いた本も読んだ。そのなかに「百％完璧な家でなくてよい。家は住みながら完成していくものだから」、「僕は個人の住宅を設計するのが一番好き」という文章に出会って、神戸と東京、距離はあるけれど「この人にお願いしよう」と決断した。

初めて会った印象は「ダンディな人」だった。「宮脇さ

上／草花を育てたり、陶磁器や民具が好きという美恵子さん。
下右／障子を閉めると和の雰囲気になる居間。床はナラ材、天井はコルク貼り。下左／階段室は天窓からの光で明るい

上・下左／油や水がはねても拭き取ればいいように、キッチンの壁はタイル。5ミリ単位で設計されている宮脇流キッチンは、手入れも行き届いている。下右／寝室の天井は寄棟屋根と同じ勾配

んは、私たちがそれまで住んでいたマンションを細かいところまでチェックされ、後にこの家を雑誌で発表したときに『家具の購入をすすめなかったのは木村邸だけ』と書いていらしたのを読んで、私たちの感性を受け入れてくれたのだなとうれしくなりました」。その家具は二十六年たった今も使われている。

美恵子さんの要望は、台所の雑然としたモノを表に見せたくない、絵画や民具が掛けられるように大きな何もない壁をつくってほしい、外の景色が眺められる場所がほしいといったものだった。現場を担当した山崎さんは「手紙で送られてくる木村夫人のこまごまとした要望に、丁寧にこたえていました。そんなところが宮脇らしいところだった」という。

「丘の上の西洋館」が美恵子さんと宮脇さんの外観の共通イメージだった。そこで屋根の真ん中に冷暖房・給湯用のボイラーの排気筒を二本並べて、煙突に見えるようにした。道路や隣家とのプライバシーを守りながら、外部に開かれた快適性をどのようにつくり出すかが、設計のポイントだった。洗濯物や布団が外から見えないようにするために、囲われたルーフガーデンを設けているが、そうしたことも宮脇さんの街や住まいに対する「美学」でもあった。

構造は鉄筋コンクリート造だが、上部に木造寄棟屋根をのせている。内部は縁甲板やプラスターの壁や障子。洋館のようだけど和風にも感じられる。竣工後数年はどうしたらこの家にふさわしい住み方ができるかと、美恵子さんは絵画、陶磁器、植物などを置く位置を変えたりして、試行錯誤を楽しんだそうだ。

尚之さんが小さい時は、ルーフガーデンに直接出られる浴室は格好の遊び場だった。庭も芝生にして思いっきり遊ばせた。クラシックの好きなご主人は、居間でロッキングチェアに座り、ウイスキーを片手にレコードを聴いていた。そのご主人は五年前に亡くなり、現在は尚之さんとふたり暮らし。

一九九五年には阪神・淡路大震災を体験した。幸いこの家は岩盤の上に立っていたので、被害は少なかったが、壁によく見ればわかる程度の亀裂が入った。建設時に宮脇さんに紹介され、その後もお付き合いしている工務店に見てもらったが、構造的にはまったく問題がないとのことだったので、亀裂だけパテでふさいだ。木部には年月を経た味わいがでてきているが、外も内も竣工時とほとんど変わらない質を保ち続けている。

　ただ冷暖房設備だけは変わった。

「木村邸で使った温冷水を媒体とするシステムは、配管の引き回しにスペースをとらず、機器もコンパクトにおさまるわりには、熱効率の高いガス焚きボイラーが使えるので、この頃よく採用した」。設備自体は目立たなくという考えから、高効率でコンパクトにおさまるものにしたと山崎さん。ところが一年の三分の一は暖房が必要な土地なので、このシステムだと光熱費がかかってしまう。十年ほど使っていたが、ボイラーが故障したのを機に、暖房は置き型ガスストーブ、冷房はエアコンに替えた。

「居間の床も最初は白木のような仕上げだったが、キズや汚れが目立ってきたので、三か月に一回、自分で英国製のオイルを塗っています。宮脇さんに障子は白くなくては意味がないですよといわれたので、障子もこまめに貼り替えています」。

　居間の開口部の建具は、障子、ガラス戸、網戸、雨戸が十一本。木製なので雨が降れば伸びるし、冬は乾燥して縮む。竣工以来、何度か調整した。外壁の塗り替えや補修工事はすべて、建設時の工務店にお願いしている。

「大工さん、建具屋さん、水道屋さん、ペンキ屋さん、板金屋さん…今も同じ方が来てくれます。お互いに、あのときはああだった、こうだった、若かったねぇといいながら仕事をしてくれて…。これも歴史を感じるひとこまです」。

　草花を育てることや、住まいを心地よくしておくことが好きという美恵子さんは、庭では茶花や、ムベ、ユキヤナギといった花の咲く木を植えている。居間のテーブルや李朝の家具には、気に入った陶磁器を並べて四季の演出を楽しんでいる。ご主人亡きあとの書斎は、趣味と実益を兼ねた小物づくりや絵を描くアトリエとして、またルーフガーデンは植物を育てる作業場としても活用されている。

浴槽から直接ルーフガーデンに出られる2階浴室。当時としては画期的な浴室だった

「ゆったりと落ち着いた気分になれるこの家が大好き。二十六年住んできて、使いづらいと感じたところがないんですよ。最初に、この建築家は私の感性に合うと思った直感が間違っていなかったのでしょうね」。

真冬、寝る前に美恵子さんが窓を拭いていると、息子の尚之さんは「結露は困るな」とぽつりというそうだ。

「メンテナンスフリーとはほど遠い、手間のかかる家だけど、大好きなわが家だから、健康である限り補修しながら住み続けたい」という美恵子さん。

日本の住宅は年月とともに不動産価値が下がるのが当たり前になっているが、木村邸を見るかぎり、住み方によっては価値が上がる家もあることを実感した。そして私は天国にいる宮脇さんに「二十六年前にあなたが設計した家は、住む人の心づかいで、竣工時よりも魅力的になっていますよ」と伝えたくなった。

（二〇〇二年四月）

「白い西洋館」をイメージした外観

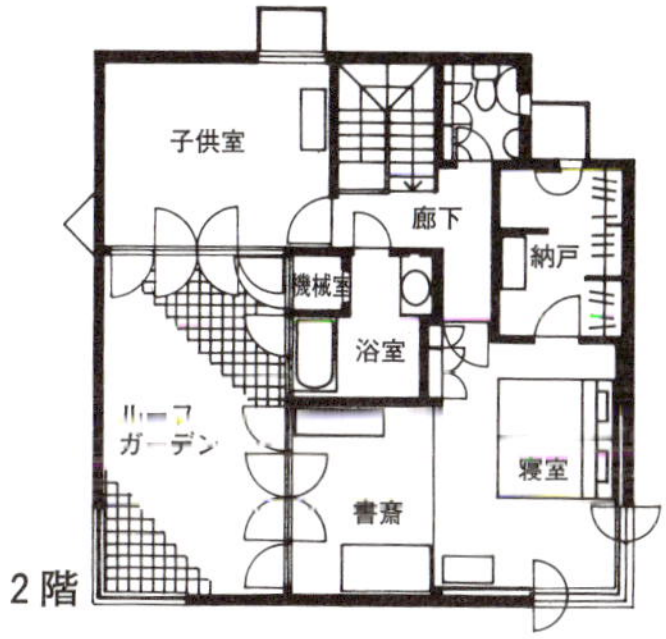

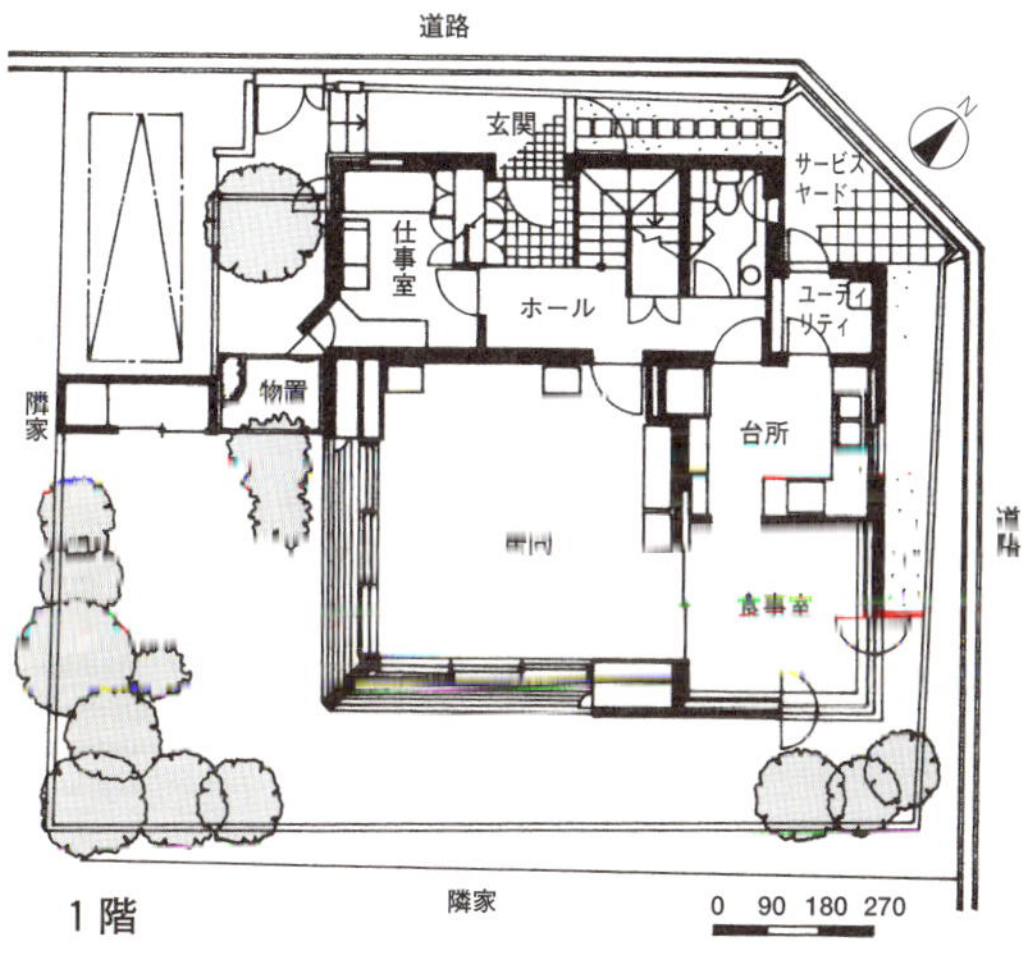

榎本邸◎築二十二年

神奈川県大和市

設計◎東 孝光

1階階段下から光が降り注ぐ天窓のある吹き抜けを見上げる。右が床面を下げた居間

短所もひっくるめて誇りに近いものが感じられる家

「この家を住みこなしてみろ！というような家をつくってください」。

東孝光さんに設計を依頼するにあたって、榎本さんのご主人は建築家もたじろぐような発言をされたそうだ。けれどもコンクリートの打ち放しの外観が当時としては過激だったかなと思えるくらいで、二十余年の時が過ぎた今、榎本邸は違和感なく周囲の家並みに溶け込んでいる。

一九六七年に竣工した自邸「塔の家」以降、東さんは積極的に都市に住みたいと願っている人たちの住宅を数多く手掛けていた。榎本邸を設計するに当たり東さんは、敷地の形状を観察し、家族の状況や生活の仕方などをじっくり聞いて、一階南側に半円形の居間、北側に和室と水回り、二階に寝室と二人の息子さんの部屋という、四人家族が適度の親密感と距離感がもてる鉄筋コンクリート造の家を提案した。居間には、北側の食堂やキッチンまで光がゆきわたるように、中央に天窓のある吹き抜け空間を挿入した。この背骨のようなスリットがあることによって、コンクリート造にありがちな暗さから解放され、明るい住まいになっている。

「東さんに頼むと決めた時点で、主人はコンクリートの家以外、考えていなかったようですが、私は木造の家にしか住んだことがなかったので、正直、不安でした」と榎本正子《まさこ》さん。

東さんは鉄筋コンクリート打ち放しの「塔の家」での生活体験をもとに、榎本夫妻にコンクリート造にする意味を次のように話した。

「ヨーロッパの街の中の家は石造りです。だから何百年も古い街並みが残っているんです。コンクリートも石造りのようなもの。プライバシーが保てるし、耐震・耐火に優れているので防災上も安心ですし、長もちします。しかも造形の自由度が高いので豊かな空間がつくれます」。

半円形の平面がくつろぎ感を与えてくれる
居間。横長の窓から庭の風景が楽しめる

その話に正子さんは「漠然と納得した」そうだ。

当時、東さんは予算がなくて木造しか建たないと思っている人にも「頑張ってコンクリートで建てませんか」とすすめていた。「都市に建物を建てるならコンクリート造がいいと思っています。予算がなければ仕上げはあとにして、住みながら時間をかけて手を加えていけばいいのですから」と東さんは依頼主に話してきた。


榎本さんの家は東京と横浜の通勤圏にあり、郊外電車の駅にも近く、生活するにも便利なところだ。九十三坪の敷地には、北側に正子さんのご両親が住んでいた平屋と、南側に榎本さん一家が住んでいた二階家が建っていた。新築するにあたって平屋を壊し、ご両親には二階家に移ってもらうことにした。この二階家には今でもお母さまが一人で住んでいて、食事は榎本家で一緒にしている。

新築当時、ご夫妻は三十代後半、長男は十一歳、次男は八歳という家族構成だった。東さんは、この当時からすでに「居間は公園」「家族のいる居間を通って子供部屋へ」「子供部屋は仕切らない」といった考え方で住宅を設計していた。

榎本邸でも南に突き出た半円形の居間は、床面を下げて庭との連続感を出すとともに、家族や来客が自然に集まってきたくなる「小さな公園」のような場として考えた。家の中心にある階段は「ソリで滑り下りたこともあります。変わった家ということで友だちにも人気があり、イタズラ盛りの僕たちには家全体が格好の遊び場だった」と次男の達彦さんは子供時代を振り返る。

二階の子供部屋へは居間にいる親の顔を見てから上がる。息子さんたちの子供部屋にはそれぞれドアはあるが、部屋に入ると仕切りがない。

「兄は誰にも干渉されない、鍵のある部屋が欲しかったようです。両親が寝室に行くのにも子供部屋の前を通るので、下手なことはできなかった」。達彦さんは子供部屋は共用だったので、お兄さんとの間で、我慢しなければならないこともあったという。

中学に入ると、お兄さんはお父さんの書斎に移ったので、達彦さんは広くなった子供部屋を独占。一階に音が響かないという鉄筋コンクリート造の長所を「悪用」して、筋トレをするなどジム代わりに使っていたそうだ。子供部屋には直接外部に面した窓がない。そのため「夏はとにかく暑くって、高校時代に冷房が入るまで、我慢の日々でした」。

現在、子供部屋は結婚された達彦さんご夫妻の居間になっているが、お嫁さんの恵麻《えま》さんと達彦さんの勉強机が両側に置いてある。なんとお兄さんと共用していた子供部屋のような使い方をしているのだ。

新築後十年は、「夏暑く、冬寒い」ことを除けば、大きなトラブルもなく過ぎていった。十二年目に浴室のタイルにひびが入ったので、近所の設備屋さんに頼んで、タイルと浴槽を替え、同時に便器を自動洗浄式のものに替えた。

そしてこの時期の最も大きな出来事が、床暖房の故障だった。居間・食堂・キッチンには灯油による温水床暖房を設置していたが、ある日、居間の床から温水が漏れていた。当時は現在のように樹脂管ではなく銅管を使っていたので、パイプの継ぎ目が破損してそこから漏水したようだった。東さんに相談したが、鉄筋コンクリート造であるために修理も難しく、新たに設置するとなると費用もかなりかかるということになり、床暖房は断念することになった。

次の補修工事は十六年目。屋上のアスファルト防水が保証の限界期にきていたので、屋上と外壁の防水処理をやり替えることになった。この頃、打ち放しの外壁は竣工以来、断熱効果を上げるために、東さんの「塔の家」から分家してもらったツタで覆われていた。

「ツタ屋敷だったんですよ。虫がつくので手入れは結構大変でしたけど、春には若葉が芽吹き、秋には紅葉し、冬には葉が落ちて、ツタで四季を楽しんでいました」。

ところが、塗り替え作業はツタをからませていた吸盤をはずして、下地を整えるためにリンゲーをかけるなど、大変手間がかかった。「次の塗り替えの時のことも考えて、残念でしたけど、建物をもたせることを優先してツタはあきらめました」。この時、内装も新築時より白く塗り替えた。そして十八年目に吹き抜けの天窓のアミ入りガラスが熱割れしたので、フィルムをコーティングしたガラ

上／「天窓のあるスリットの下に居ると、光に包まれます」と正子さん。下／スリットを見上げると流れる雲が手に取るように見える。スリットがあるので、北側のキッチンや食堂も明るい

上／食卓と一体になった造り付けの食器棚もキッチンもすべて現役。下／家族がそれぞれ違うことをしていても気にならない広さの居間は、息子世代に引き継がれても新たな魅力を発揮しそうだ

スに替えた。

二十二年の間には家族にも変化があった。十五年目に正子さんが体調を崩された頃、ご夫妻は離婚した。長男は二十五歳までこの家で過ごし、結婚を機に独立。次男は三年前に結婚して、そのままお嫁さんと住むことになった。

次男夫婦の同居を機に、二階の寝室を若夫婦に譲り、東さんに依頼して、一階の和室を洋室に改修して正子さんの部屋にした。この部屋には床暖房を設置した。鉄筋コンクリート造なので増改築がしにくいということもあ

るが、目に見える改修はこの部屋だけで、キッチンも含めて新築時とまったく変わっていない。

「手入れをこまめにしていけば、木造でもコンクリート造でも長く住めます」。東さんは気負わず淡々と住んでいければいいという。

「居間のまわりは天窓のある吹き抜けがあることで、寒かったり暑かったりしますが、家全体の明るさには替え難いものがあります。僕は子供の頃からこの家に住んでいるので、いいところも悪いところも知り尽くした気でいましたが、妻が新たに加わって僕たちの知らないこの家の魅力を引き出してくれたりすると、まだ十分に使いこなしていないなと思います」。短所もひっくるめてこの家には誇りに近いものを感じているという達彦さん。

多少問題があっても、暮らし方が変わっても、愛着をもつことができれば、住み続けることができるということをこの家は私たちに教えてくれる。ここで生活してきた家族にとっても、設計した建築家にとっても、さらに社会的な資産としても、榎本邸は望ましい住まいであることは間違いないようだ。

（二〇〇一年十二月）

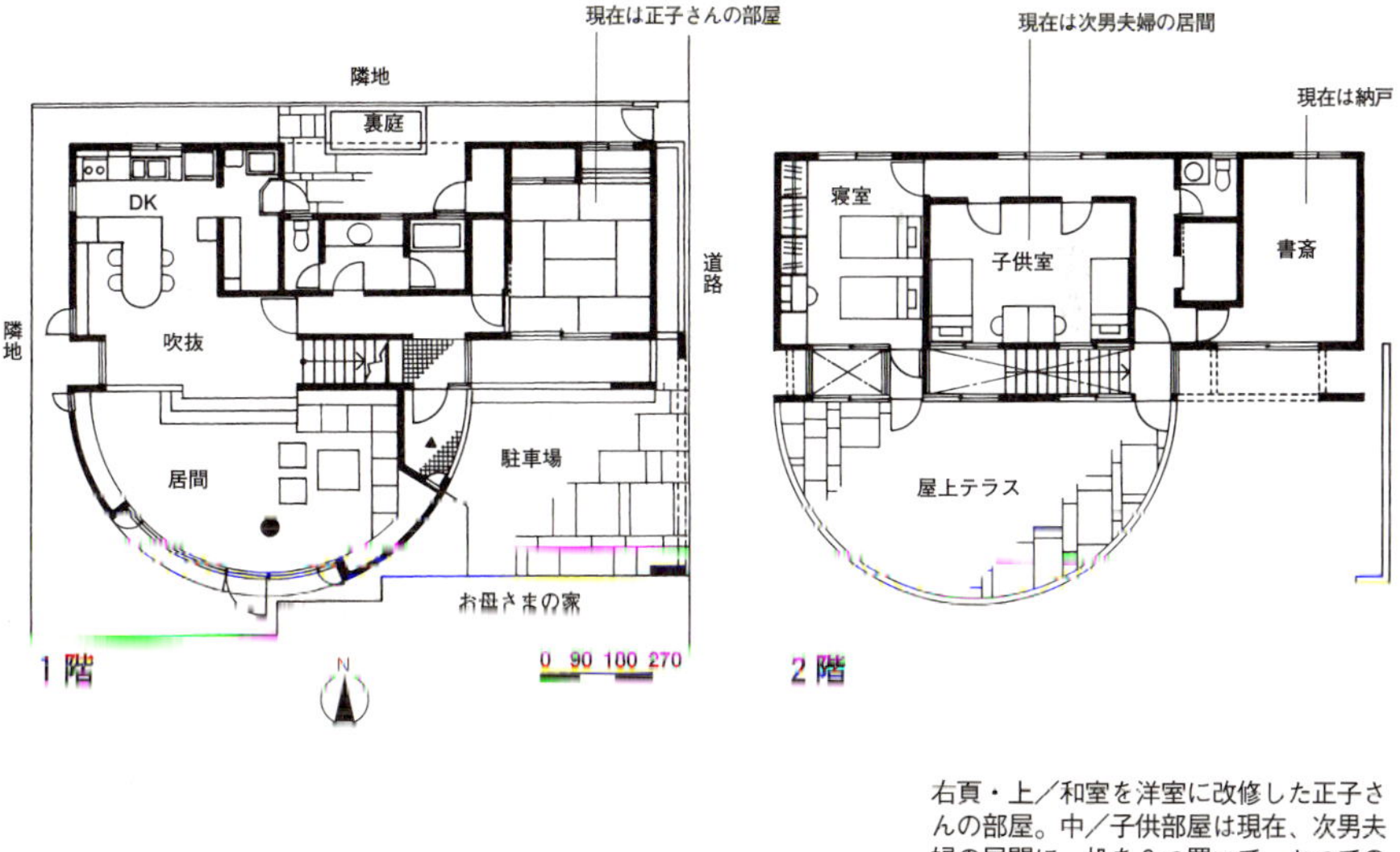

右頁・上／和室を洋室に改修した正子さんの部屋。中／子供部屋は現在、次男夫婦の居間に。机を２つ置いて、かつての子供部屋のように使っている。下／半円形の壁に開口部をとった南側外観。東側は同じ敷地に立つお母さんの家

榎本邸◎築二十四年

兵庫県西宮市

設計◎石井 修

樹木の間から建物がわずかに見えるだけ。三世代が勢揃いした榎木さん一家

あるがままの自然を取り入れた屋上に菜園のある家

阪急・甲陽園駅から急な坂道を登り、「目神山十二番坂」と印されている案内板に沿って谷間を下ると、そこが通称「石井通り」と呼ばれる住宅地。道の両側には自邸や建設中のものも含め、石井修さんが設計した家が十一棟立っている。どの家も門や塀はない。しかも緑に覆われていて、道路から家の形をほとんど捉えることができない。隣家や道路とのほどよい間隔、あるがままの敷地の形状を生かした建て方など、郊外に戸建ての家を建てることの本来の意味を、私たちに思い出させてくれる一画だ。

大阪や神戸といった大都市に一時間で行けるのに、これほど良好な環境を保っている住宅地が日本でほかにあるだろうか。私はF・L・ライトが設計した緑の中に家が点在する、シカゴ郊外のオークパークにある住宅地を思い出した。

目神山というと今では高級住宅地。さぞやお金持ちの人が住んでいるのだろうと思っていたので、このシリーズにはふさわしくないと思い、敬遠していた。けれども「長く住み続けるには周囲の環境も大事な要素ですよ」という石井さんのひとことに勇気づけられて、榎本利明さんの家を紹介していただいた。榎本さんは現在七十四歳。五十八歳で定年になるまで、地方公務員だった。二十四年前の竣工時は、ご夫妻と長男と長女の四人家族だったが、十年前に長男一家四人が同居。現在、増改築をしないまま、三世代六人が住んでいる。

「土地が手に入ったのも、こんなすばらしい家が安月給取りに建てられたのも、すべて不思議としかいいようがない」という榎本さん。四十三年前に、知り合いから二百坪の土地を買ってくれと頼まれ、人助けのつもりで買った。購入時は道路や水道もない山林だったので、まさか住めるとは思っていなかった。そこで、しばらく放っておいた。

二十七年前に、石井さんから自分の家を建てるに当たって、資材置き場として敷地を使わせてもらえないかというハガキが届いた。完成後、石井さんから見に来てくださいと案内があり、出向いたら周りの自然と一体になった建物に、すっかり心を奪われてしまった。こんな場所でも家が建つ、しかも住めるということもわかった。

当時、榎本さんは、神戸の街中に古い家を買って住んでいたが、五十歳を前に役所の仕事だけでは物足りないと考えるようになっていた。そんな時、夫人の「目神山に家でも建てたら」ということばに押されて、石井さんに相談した。それでも通勤に不便なのではと迷っていたら、すでに住み始めていた石井さんに「自然をとるんですか、便利さをとるんですか」といわれ決心がついた。

「とはいえ安月給取りなので、住んでいた神戸の家を売ったり、蓄えもなかったので、家賃程度のローンを組んで、その範囲内でできる家ということでお願いしたんです。要望は畑と家内の茶道ができる客間がほしいだけだった」と榎本さん。

敷地は背後に巨岩のある山があり、樹木の間には大小の石が点在していた。石井さんは地形や石の位置に逆らわないで建物を配置した。鉄筋コンクリート（RC）造の客間・個室棟と木造の居間・食堂棟を、台所と洗濯室の水回りがある廊下でつないだ。RC造の屋上には段々畑とテラスがあり、屋上を緑化することで、家を建てるために壊してしまった自然を復元させることにした。

「敷地の表情は、そこに建てる家の形態を教えてくれるんです」。自然の声を聞きながら建物を建てる手法から、「大地は誰のものでもない、住む人が一時借りているだけ。だからできるだけ手を加えたくない」という建物を建てる時の石井さんの心構えが伝わってくる。

一方でこの家は、お金をかけないで、いかにして丈夫で長持ちする、住み心地のいい家をつくるかへの挑戦でもあった。居間・食堂棟の大空間を支える構造材には、知り合いのツテで安く購入した樹齢八十〜九十年の国産の杉丸太を使ったり、居間や食堂の家具には、民家の古材を再利用している。RC造のほうは、ローコストの無理がたたって、雨漏りもしたが、近くに設計者が住んで

上／正面は西宮市のシンボル、甲山。煙突があるのが木造棟、左が和室や個室のあるＲＣ造棟。下／ＲＣ造棟の屋上は段々畑になっていて、野菜の収穫とともに、室内温度も調整してくれる

上／八畳の客間は煎茶の席にもなるように、床の間や水屋も付いている。下右／庭に張り出した客間の露台。下左／客間から中庭を見下ろしたところと、屋上テラスに面した子供部屋

いたのですぐ対処してもらった。

　標高二百メートル、冬はかなり冷える土地なので、ローコストとはいえ、客間以外は全室灯油による温水床暖房を入れた。床暖房はボイラーを一回替えただけで、今でも現役。居間には暖炉があり、庭や周辺から枯れ木を集め、薪割りをして暖をとっている。これも榎本家の冬の楽しみになっている。クーラーはずっと使っていなかったが、昨年、孫たちの部屋に入れた。

　マツ、ツゲ、モミジ、シダなど自生していた植物のほかに、植物の好きな榎本さんは、ヤマボウシ、ヤマザクラ、アキニレなども植えた。二十四年たって樹木も大きくなった。これだけ家の周りに緑があれば、日当たりも悪くなるし湿気も多くなる。虫も家の中に入ってくる。自然と共存することはそんなに甘いことではない。それでも植物の色や香り、鳥の鳴き声で季節の移り変わりを感じることができるこの家を、「旅に出てもすぐ帰りたくなる」ほど榎本さんは気に入っている。

　岩盤がしっかりしていたこともあって、阪神・淡路大震災の時もビクともしなかった。石井さんが設計した目神山の建物は全部無事だった。三日間だけ水道が出なかったが、せせらぎの水を汲んでトイレに使った。ガスはプロパンガスだったのですぐ使えた。文明の利器に頼りすぎていなかったことも幸いしたのかもしれない。

　この家が建った時、長男の匡晃《まさあき》さんはアメリカへ留学中だった。長女はしばらく住んで、結婚と同時に出ていった。匡晃さんは帰国後、数年間この家に住み、結婚。しばらく街中に住んでいたが、子供を育てるなら目神山の環境がいいと、二人目の子供ができた年に、両親と一緒に住むことになった。その時、榎本さんが匡晃さん一家に出した条件は、「増改築しないで同居すること」だった。二つの子供部屋のうち、一つは匡晃さん夫婦の寝室に、もう一つは二人の孫たちの子供部屋になった。孫の紗也《さや》さんは中学二年、圭佑《けいすけ》君は小学六年になり、「子供部屋が足りないなあ」といっている。

　十五年前に、巨岩のある南側斜面を、開発業者に頼まれて購入した。眺めるだけだった巨岩が、今では榎本家の敷地になり、圭佑君の遊び場になっている。二人の孫は寒さ、暑さ、虫、斜面の庭、個室や屋上への階段の上り下りなどに鍛えられて、逞しく成長している。

念願かなって畑を手に入れた榎本さんは、屋上の段々畑の土が連作障害を起こさないように、毎年植える種類を替えている。台所の生ゴミは畑の肥料に、雨水は畑に浸透させている。榎本家では一年じゅう、野菜は屋上菜園でとれたものでほぼ賄っている。自然と共存する家も、住んでいる人の自然への愛と、汗を流すことをいとわない働きがあってこそ持続可能になる。

石井さんが設計した初期の四軒は、自邸や榎本邸も含めて、現在、四世代、三世代で住んでいる。独立した子供が目神山の自然に惹かれて還ってくるのだが、最初からゆとりのある床面積で建ててあることも、世代交代しても住み継がれていく理由になっているのだろう。

目神山はバブル期に高級住宅地として脚光をあびたことから、土地の価格が高騰した。かつて区画整理組合が提示した「百五十坪以下に細分しない」という約束も忘れられ、今では建売住宅が建ち始めている。

家を建てるということは、自分の家だけがよければいいというものではない。周りの環境にも責任をもつということだ。いつのまにか経済至上主義になってしまった日本人の住意識に、榎本さんの家や一連の目神山の家々は、良好な住環境を育てることこそ、家の価値につながるということを、時間をかけて教えてくれている。都市やその近郊に戸建ての家を建てることの意味を、私たちはもう一度考え直さなければいけない時期にきている。

（二〇〇二年五月）

アプローチを直角に曲がったところが玄関ポーチ

居間・食堂は天井の高い大きな空間。梁は
国産の杉丸太、家具は石井さんのデザイン

右／敷地の形状に逆らわないように建物を建てているので、ギャラリーの下はピロティになっている。左上／居間の南東側からは自生のシダや草木に覆われた庭が眺められる。左下／居間とキッチンをつなぐ渡り廊下からは、中庭をはさんでギャラリーが見える

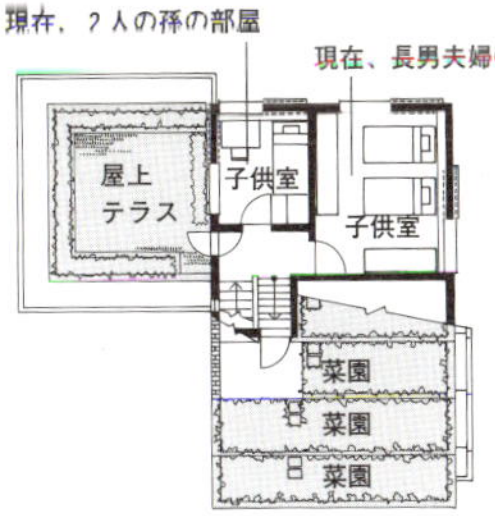

3階

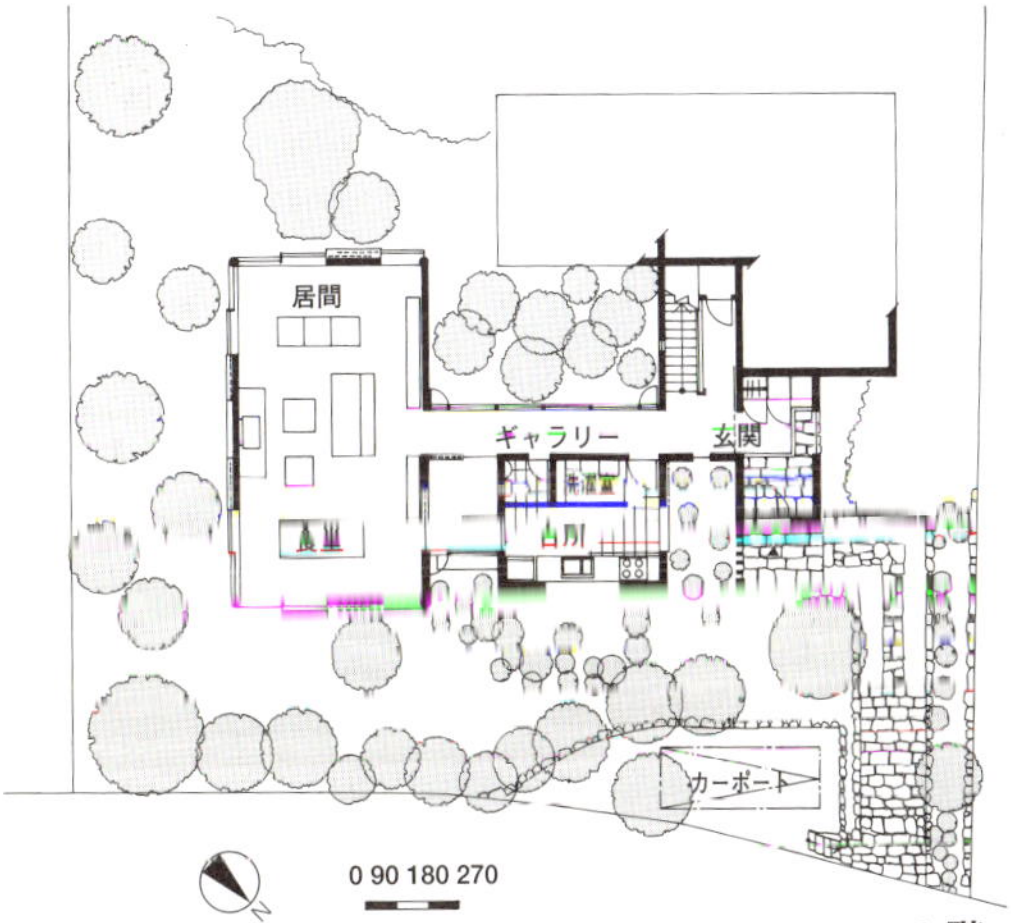

1階

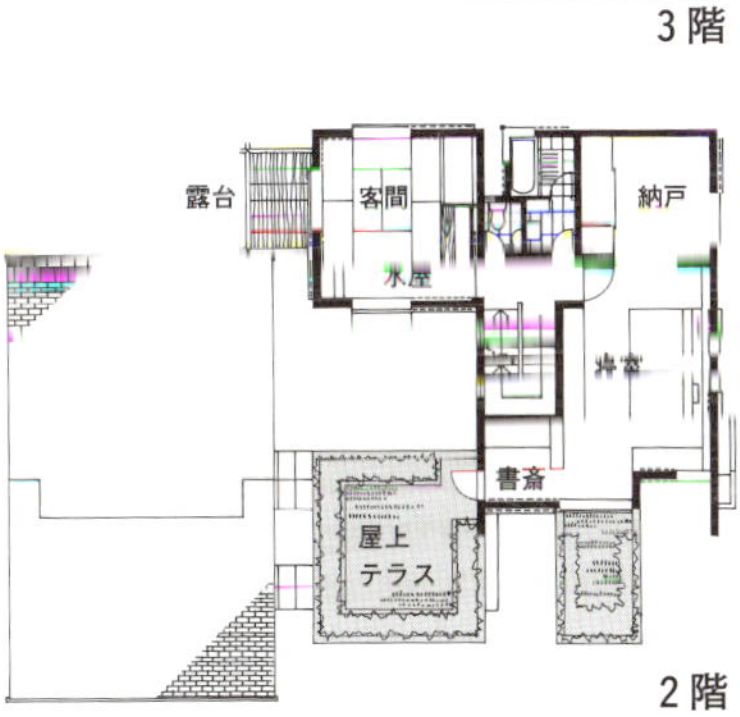

2階

森山邸◎築二十八年

東京都目黒区

設計◎木村俊介

2階廊下から吹き抜けの食堂を見下ろす。
造り付けのソファの背が替わっただけ

モダンリビングの理想が今も生きている家

竣工二年後に森山京介さんの家を雑誌で紹介したときの写真がある。火が赤々と燃える暖炉の周りにはウクレレを弾くお父さん、その隣にはギターを弾く中学生の長男、ステップのある床に腰掛ける小学生の長女、奥の食堂でお茶の準備をするお母さん。家族団らんのひとときを撮影した写真だが、居間での過ごし方も、住まいのデザインも、一九七〇年代に多くの人々が描いていた「モダンリビング」の理想のかたちを、驚くほど的確に映し出している。

まるで絵に描いたようなシーンなので、私は撮影のための「演出」と思っていたが、築後二十八年の森山家を訪問して、孫の成長を楽しみにしながら隣に住む長女の美歌《みか》さん一家とつかず離れずの日々を過ごされていること、そしてご主人が今もウクレレを居間で弾いている姿を見て、あの写真は森山家のごく日常的な一コマだったのだと納得した。

歯科医の森山さんは、東京郊外で医院と併用の住宅に住んでいたが、築地に医院を移転することになり、通勤に便利なところをと、都内に家を探した。駅に近く、隣が公園という環境抜群のところに、四十坪・家付きの物件を見つけた。その家に一年ほど住んだが、隣家が近接していて日当たりが悪く、家も老朽化していたので、建て替えることにした。そこで森山家と家族ぐるみのお付き合いをしていた建築家の木村俊介さんに相談した。

森山夫妻は「明るい家、ゴテゴテした装飾のない家」というイメージを木村さんに伝えて、具体的には「台所のにおいが居間に入らないようにしてほしい、収納をできるだけ多くつくってほしい」という要望だけで、「プロにお願いするのだから、おまかせしよう」と図面ができ上がるのを待った。

やがて道路に面した西側と隣家に接した南側の開口部

隣に住む長女が息子たちを連れて。竣工時（写真左：住宅新報社）とまったく変わっていない居間

を少なくして、和室の前を中庭のようにしたL字型の二階建て案が出てきた。

「西側は今は公園になっていますが、当時は高い塀が立っていて、南側も隣家がせまっていた。西側と南側は窓を小さくして、トップライトやハイサイドライトで採光を確保することにしました」。木村さんは、不利な敷地条件を開口部の位置を工夫することでプラスに転化して、都市型住宅にした経緯を語ってくれた。

一九七四年といえば前年にトイレットペーパーの買いだめ騒動が起こるなど、オイルショックによる物価高騰期でもあった。当然、家を建てる職人の手間賃も建材も高騰していて、厳しい環境ではあったが、木村さんは家の性能を決定づける構造や設備には予算をできるだけ多く配分して、仕上げ材はあきのこないシンプルなものを選んだ。質のいい工業製品が現在ほど流通していなかったので、大工さんが現場で木材を切って建てるなど、まだ手仕事が多い時代だった。

採光を抑えたやや暗めの玄関ホールのドアを開けると、目の前に明るい居間が広がる。暖炉をはさんで右手には二階まで吹き抜けになった食堂がある。西側と居間側の壁はあざやかな黄色、光は南側の高窓と居間側から入ってくる。二階から食堂を見下ろすと黄色の壁に囲われた空間は、まるで「光の井戸」のようだ。刻々と変化する日差しが、壁面に光の軌跡を描いている。食堂と居間は飾り棚を兼ねた暖炉で仕切っている。

「雰囲気がたまる場をつくるために、居間と食堂との間に段差をつけた。暖炉を食堂との間に設けたのも、テラスにつながる東側を掃き出し窓にしなかったのも、雰囲気を逃がさないため。座ると周囲が囲まれたようになる。人間的な尺度が感じられる空間にいると、人は気持ちが安らぐんです」。

玄関を暗めにして、居間に入ったところで明るくするのも、人が空間を認知するときの「対比効果」を狙ったものだと木村さんは言う。タテに伸びる大きな壁面をつくって、逆に横への広がり感をもたせたり、明暗をつけるなど、限られた床面積の中で、いかに豊かな空間に感じられるようにするか、プロならではの解決方法に、森山夫妻は食堂壁面の「ショッキングな黄色」も素直に受け入れることができた。

食堂の北西には独立型キッチン、その南側に家事室、居間の東側には八畳の和室。螺旋状の階段を上がると、二階は夫妻の寝室とクロゼット、長男と長女の部屋、そして浴室・洗面・トイレがある。

一家四人がそろって暮らせる時間は、意外に短い。長男は五年この家で暮らして、アメリカの大学へ留学。帰国後しばらく住んでいたが、結婚を機に独立した。長女は二十三歳で結婚するまで十五年間この家で暮らした。夫はウクレレ、尺八、ゴルフ、妻は琴、長男はギター、長女は琴、三味線、書道と各々に趣味の豊かな一家だ。二人の子供たちが成長する間はモノがあふれ、「多少狭いかな」と思ったが、賑やかで楽しい時代だった。
「暖炉、吹き抜け、食卓の照明器具、螺旋階段、はめ殺し窓、二階浴室など、友だちの家と違うので不思議でもあり、ユニークな家でもあった」と美歌さんはこの家で過ごした子供時代を振り返る。当時、強化プラスチックのユニットバスは製品化されたばかりで、これによって二階に浴室が可能になったのだ。

築後二十八年たったが、部分的に補修するくらいで、子供たちが独立して夫婦ふたりになっても、新築時と同じ状態で住んできた。外壁は五年ごとに塗り替えているので、外観を見ただけでは二十八年もたっているとは思えない。十年目に居間のガラス窓が日に焼けて劣化したので、強化ガラスに替えた。居間の床はカーペットだったが、ネコを飼うことになり、汚れが気になったので、三年前にフローリングに張り替えた。

暖房設備だけは大きく変わった。食堂を吹き抜けにしたこともあり、暖房は温水のセントラルヒーティングにして、パネルヒーターを全室に設置していた。居間と食堂は造り付けソファの下に吹き出し口を設けて、足下から暖まるようにした。築後二十年は順調に機能していたが、配管が水漏れするようになり、セントラルヒーティングを断念して、壁にエアコンを取り付けた。

さらに夫婦ふたりだけになってみると、吹き抜けのある食堂はエアコンをつけても足下が寒く、省エネも考え

上／食堂から居間と奥の和室を見る。暖炉を組み込んだ棚が居間と食堂を仕切る。下右／光のたまり場のような食堂でくつろぐ森山夫妻。下左／ハイサイド窓で採光を確保した2階廊下

右上／28年間現役のキッチン。右下／森山家と櫻井家の間には塀はない。左／親の家とは違ったのびやかさがある櫻井家の居間。下／西側外観。手前が築28年の森山家、奥が築4年の櫻井家

て、暖まった空気が逃げないように、吹き抜けと居間との間に、上下に開閉できるロールブラインドを付けた。「これだけは私の独断で」と夫人。「それ以外は家のことで困ったことがあると、木村さんにすぐ相談して解決してもらっています」。

家を建ててから五年後に南側の家に住んでいた人が土地を売りたいと言ってきたので、老後のことも考えて三十坪の土地を購入した。そこに木村さんの設計でアパートを建て、ローンの返済にあてた。このアパートの二部屋に、やがて美歌さんが結婚して住むことになる。

美歌さん夫妻はしばらくこのアパートに住んでいたが、二人目の子供が生まれることになり、家を建てることを考えた。その頃からアパートは、新築でないと借りる人も少なくなり、将来を考えると経営も大変になってくるだろうと、アパートを壊して娘夫婦に土地を買ってもらうことにした。

美歌さん夫妻も木村さんに設計を依頼した。「両親の家にずっと住んでいたので、いいところも、悪いところも知り尽くしていた。だから安心して頼めると思って」。庭を共有できるように両家の間には塀はないが、「分離していたほうがお互いに気兼ねなく暮らせる」と、完全に独立した家にした。

美歌さんのご主人、櫻井さんは車好き。ガレージの高さからプランニングしていったら、二階にリビングのあるスキップフロアの家になった。三十坪の敷地いっぱいに建てているので、スキップフロアにすることで、隣家からの視線を避けながら、採光や通風を上手に確保している。

「二十八年前に建てた親の家と大きく違うのが、材料」と木村さん。「この間、メンテナンスフリーの工業製品が多くなり、性能もよくなり、選択肢も広がった」。工業製品を多く使った子世代の家は、良くも悪くもライト感覚。親の家と同じくらいの年月を経たときに、どのようになっているのか楽しみだ。

森山さん夫妻は、現在、二階の長男の部屋はご主人の書斎に、美歌さんの部屋は夫人の仕事部屋にしている。この部屋の南側窓は櫻井家のキッチンの窓と対面しているので、お互いの家に行くときも、ここで合図したり、電話をかけてから。それぞれの家の鍵は持っているが、無断で出入りしないようにしている。

「娘一家とは生活のリズムが違うから」と夫人。それでも、たまにはどちらかの家で一緒に食事をしたり、美歌さんが出かけるときは息子たちを見てもらったり。森山夫妻にとっても、孫が身近にいることは楽しいし、老後を考えると娘一家が隣に住んでいることは心強い。

「建てたときは老後のことまで考えなかったのですが、最初にきちんと建てて、こまめに手入れをすれば、家っていつまでも住めるんですね」と夫人。傍らでご主人も「この家に帰ってくるとホッとするんですよ。いい建築家といい工務店に出会うことができたのが、長く住み続けられている一番の秘訣かもしれませんね」。そう言って微笑んだ。

（二〇〇二年二月）

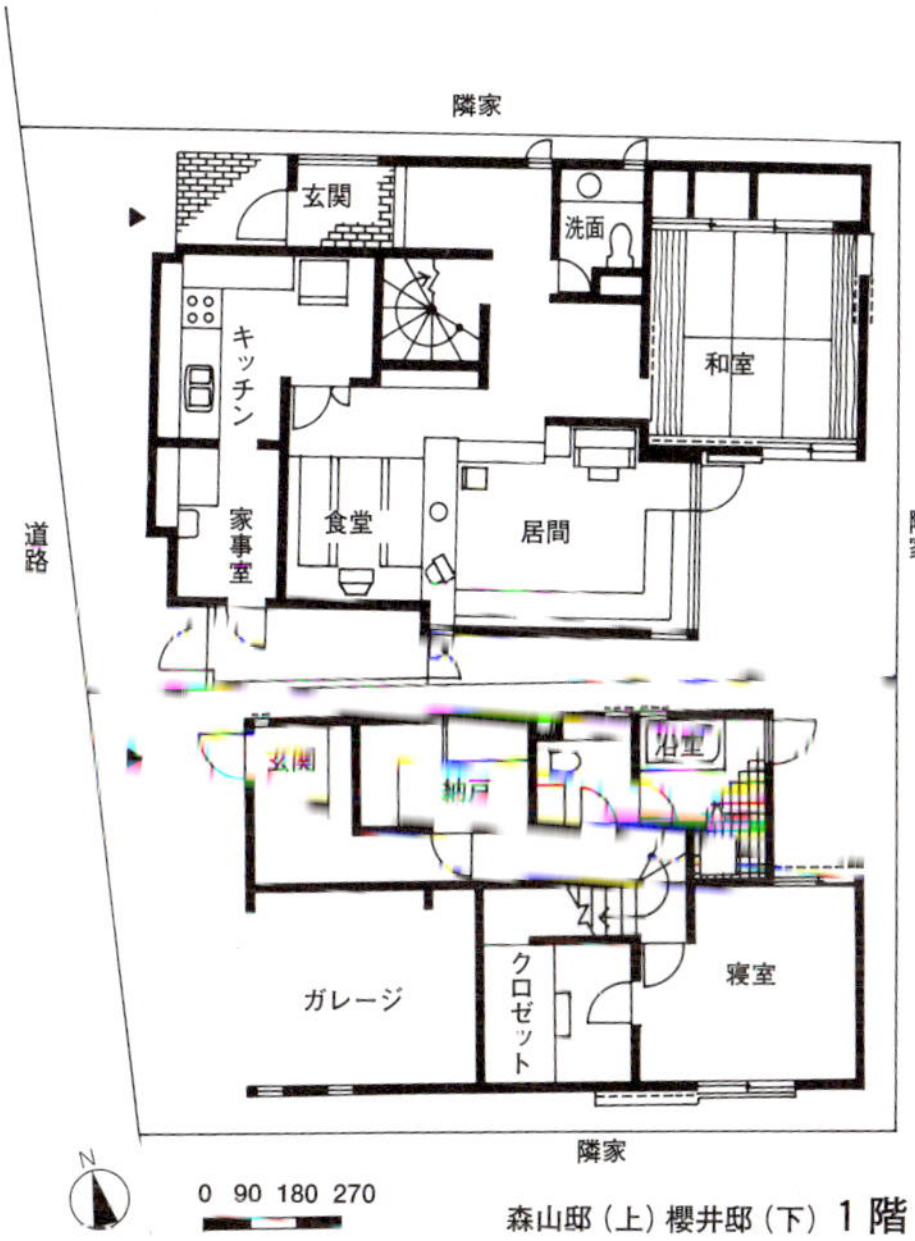

森山邸（上）櫻井邸（下）1階

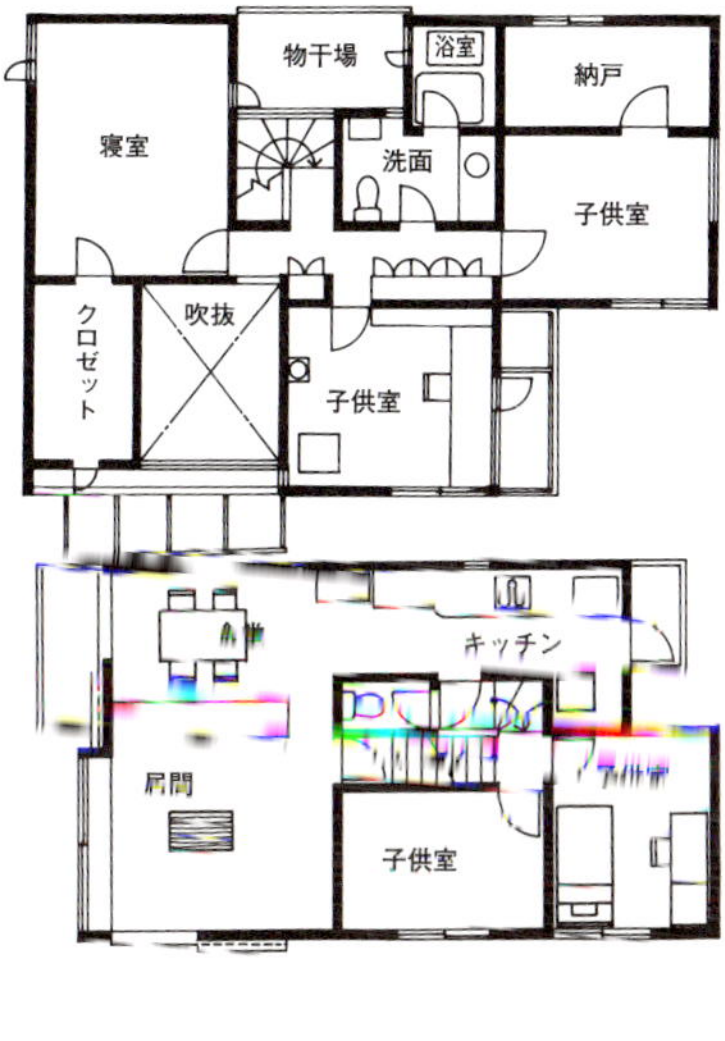

森山邸（上）櫻井邸（下）2階

三浦邸◎築二十七年

神奈川県鎌倉市

設計◎納賀雄嗣

デッキにつながる食堂。谷戸
の風景が室内まで入ってくる。
一段上がった左手が居間

自然と対話しながら住み続けてきた杉板葺きの家

古都鎌倉ならではの風景に囲まれた住宅地の一画、南側に突き出た崖の上に、外壁をシングル葺き（板葺き）にした家が、樹木の一部と見間違うほどの姿で立っている。道路に面した北側には庭に至る木の柵があるだけで、いかめしい塀もなく、巣箱を掛けたマテバシイの木が訪れる人を迎えてくれる。

玄関から居間のドアを開けたとたん「あっ！」と思わず声が出てしまう。目の前に百八十度、緑のパノラマが広がっているのだ。さえぎるものは何もない。前方は山、足下には谷戸《やと》と呼ばれる低湿地帯が広がっている。四月下旬、新緑の緑に覆われた山は、自生の藤の花が色を添え、ウグイスの鳴き声が聞こえ、上空では大きな輪を描きながらトンビが飛んでいる。

神奈川県片瀬に生まれ育った三浦さんご夫妻は、生粋の湘南人。ご主人の実家が東京に引っ越すことになり、一時、東京で暮らしていたが、「湘南の光や風がなつかしくって」土地を探していた。たまたまご夫妻の幼なじみが、建築家の納賀雄嗣さんと「技拓」という建設会社を共同で設立したところで、ふたりが見付けてきてくれたのが、西鎌倉の分譲地に見捨てられたように残っていた約八十五坪の変形敷地。「崖地で谷間に吸い込まれそうだったんですけど、南側が山というのが気に入って」。二十七年も前のことなのに、その日のことは鮮明に覚えているという夫人の美和子さん。

「変形でしかも崖のような敷地は〝へた地〟といわれ、日本では一般的に不動産評価が低く、この土地も周辺に比べ半額だった」。十五歳から三十歳までアメリカで暮らして、帰国して三年しかたっていなかった納賀さんには、日本人の土地に対する感覚が理解できなかった。納賀さんの目には「不整形なほうが設計の可能性も広がるし、面白い」と映った。しかも南側の風景は素晴らしい。「年月を経てもこの土地なら眺望や環境は変わらないだろう」。

敷地に立ったとき、どの部屋からも風景が眺められるプランも、外壁のシングル葺きも、すでに建築家の頭の中には描かれていた。

　建設時の三浦さん一家は、ご夫妻と三歳の長女、一歳の長男、ご主人のお母さまの五人家族。「当時、主人は三十歳ですから資金もなく、東京の家を売った代金は土地代にあてたので、建物への予算はかなり厳しくて、納賀さんにはずいぶん無理をしていただきました」。本体工事費は一千万円、坪単価約二十八万円。二十七年前とはいえかなり安くできたのではないだろうか。

　設計者への要望は「お日さまの匂いが好きなので、布団や洗濯物が干せる場所をつくってください」だけだったと美和子さん。杉板のシングル葺きを日本では見たこともなかったので、アメリカの雑誌や、納賀さんが設計した家を見せてもらい、「いっぺんで気に入った」ので、余計な口出しをせずに建築家に一任したそうだ。

「印象的だったのはシングル葺きの色。海に建てるとグレーになり、山に建てると茶色に変わりますよといわれたんですが、わが家は東南は山に面していて、西南は海に近いのでミックスされています」。

　外壁のシングル葺きだけではなく、どこか日本の家とは違った雰囲気をもっている三浦邸。そう、この家は日本でツーバイフォー（二×四）工法で建てられた初期の建物なのだ。今でこそ二×四といえばテレビのコマーシャルでも流れているし、実際に二×四の家に住んでいる人も多くなってきている。二×四は枠組壁工法ともいわれ、二インチ×四インチの太さの木材で壁面や床のフレームを組んで、柱や梁でなく、壁で建物を支える。材料の伐り出しから設計・施工まで合理的な生産システムが組めるので、工期が短縮でき、ある程度の棟数がまとまればコストダウンがはかれる。

「壁構造は地震の多い日本には適しているし、耐火性、耐久性もいいんですよ」。アメリカで二×四の集合住宅を担当して日本に戻ってきた納賀さんには、二×四ならいい家にする自信があった。確かに三浦邸の空間構成には、二×四ならではののびやかさや開放感が感じられる。そして二十七年後の今もしっかりと大地に立っている家を

上／食堂の前にあるデッキに出て、目の前に広がる風景を眺める美和子さん。下／谷戸から見上げた南側外観。杉板シングル葺きの外壁は貫禄もつき、周辺の緑と一体になってしまった

台形の敷地のほぼ真ん中に建物を配置しているので、東西に三角形の庭がある

見ると、構造への信頼感もわいてくる。

施工に関しても初めてのことばかりだった。当時、二×四の建設技術をどこももっていなかったので、この工法を広め、技術者を育てるために設立した技拓がフレームを組み、工務店の力を借りてのりきった。工期は三か月半、初めての試みとしてはスムーズに運んだ。

限られた建設費だったが、内部の壁面にも木材を使った。「日本ではいい木の定義は、柾目、色合い、フシなし、産地。しかも高かったのには驚いた」と納賀さん。一方で、坪単価の安い家だとプリント合板を使っていた時代だった。ベイ杉なら狂わないし、フシありなら安かったので、内壁や階段用にと納賀さんは木場に足を運んで直接買い付けた。「自然素材というのは時がたつほどに味わいが出てくることを、木の実物を見せながら三浦さんに納得してもらいました」。

雨の多い日本では木の外壁は、数年おきに塗り替える必要があるし、補修をしても、二十年、三十年もたせるのは大変だ。しかも庇がないと雨風をまともに受けることになる。ところがこの家は、外壁のシングル葺きは塗装もしていないのに、二〇〇二年三月に、竣工以来初めて南側の一部の外壁が腐ってきたので張り替えただけで、二十七年変わらない姿をとどめている。「大工さんが丁寧に下から一枚一枚杉板を張ってくれたおかげなのでしょう。雨漏りもしないし、不思議なほど長持ちする家です」。

子供たちもこの家とともに成長した。小学生の頃はしょっちゅう友だちが来て、二階の屋根裏部屋で遊んだり、谷戸に下りていっては、ザリガニやオタマジャクシを捕るのに夢中になっていた。長女は高校一年でアメリカに留学。二×四の家で育ったせいか、すんなりアメリカの生活にとけこみ、そのまま滞在している。長男は大学入学とともに独立し、社会人になった現在、時々この家に戻ってくる。お母さまは玄関の左手にある部屋で二十年近く過ごされ、八年前に亡くなった。その部屋にはミニキッチンがあったが、長男の部屋にするために書斎コーナーに替えた。

子育てに忙しかった美和子さんが庭仕事に本気で取り組み出したのは十五年ほど前。「家を飾ったり、お墓参りの花くらいは自分で育てようと思って」始めたそうだが、庭には、ご本人も把握しきれないほど、たくさんの種類の草花が咲いている。庭も周囲の自然の延長と考えている美和子さん。つくりすぎず、ここの環境条件に合ったものを自然のままに育てている。毎春見事な花を咲かせるデッキの前の桜の木も、建設時にはなかった。「鳥が種を運んできたんでしょうね」。

家も庭も気張らず、自然のままに付き合っているのが周辺の生きものたちにも伝わるのだろう。家の周りの木々には鳥もやってくる。「リスが二階の寝室の戸袋に巣づくりをしたんですよ。ワラや枝をせっせと運んで」。人間たちも季節を問わずやってくる。「わが家から見える風景を楽しみに来てくださるんですが、向かいの広町の山も足下の谷戸もすでにディベロッパーが買収していて、いつ建物が建つかわからないんですよ」。美和子さんは鎌倉らしい景観を残すためにも、この家から自然を楽しんだ人には、広町の山を守るトラスト運動への寄付をお願いしているという。

料理、テーブルコーディネート、庭仕事…、住まいに関わることはいつまでもあきないという美和子さん。「息子にはこの建物も庭も維持していくのが大変かもしれませんね。もしかしたら私たちの代でおしまいかなと思うと、住んでいる限り目いっぱいかわいがってやりたいと思うんです。具合が悪そうだったら修理してやって」。三十年たったら家づくりに関わった人たちに、夫婦で感謝状を贈りたいという美和子さんは、笑顔と生きる歓びをこの家からもらっているようだ。

（二〇〇二年四月）

2階階段のピクチャーウインドウからは緑の山が見える。壁はフシありのベイ杉板

上／居間から食堂を見る。カナダ製の石油ストーブも竣工以来愛用。下右／食堂とのつながりもいいキッチン。下左・上／居間南東側コーナー。下左・下／２階長男の部屋と洗面・トイレ

道路が直角に曲がるところに立っている。左右対称の北面はアイストップになっている

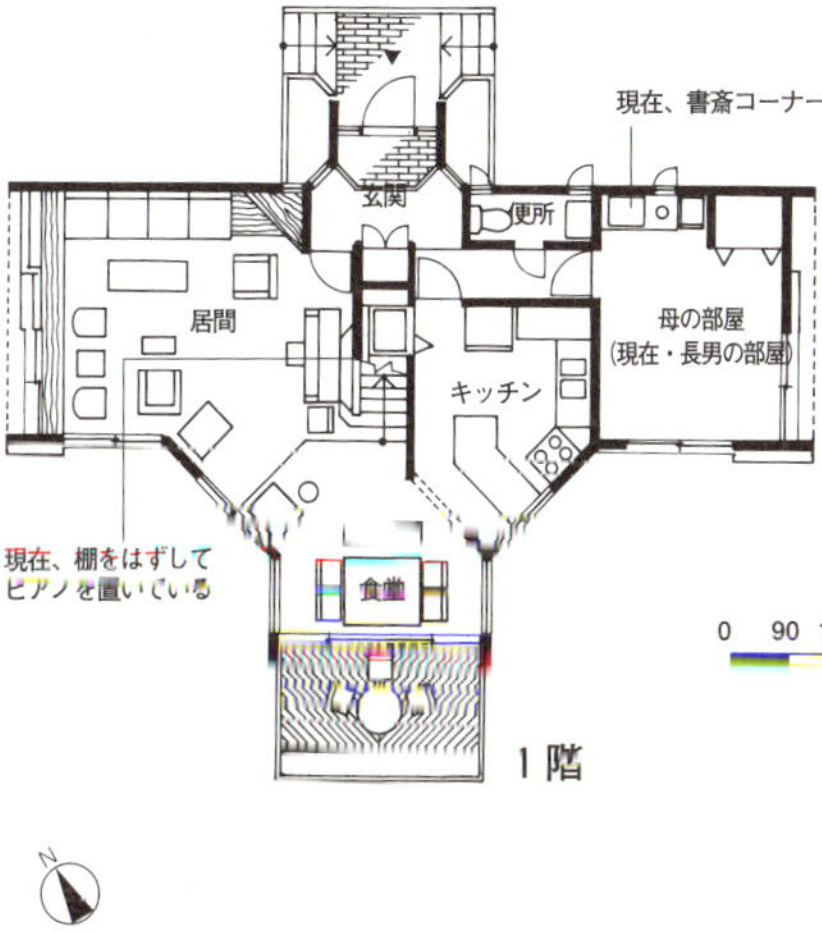

1階

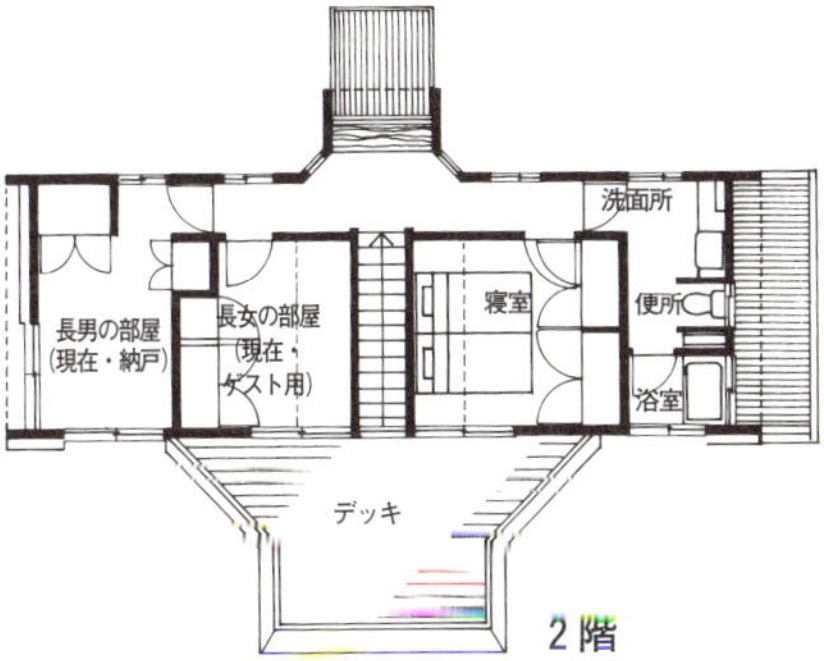

0 90 180 270

2階

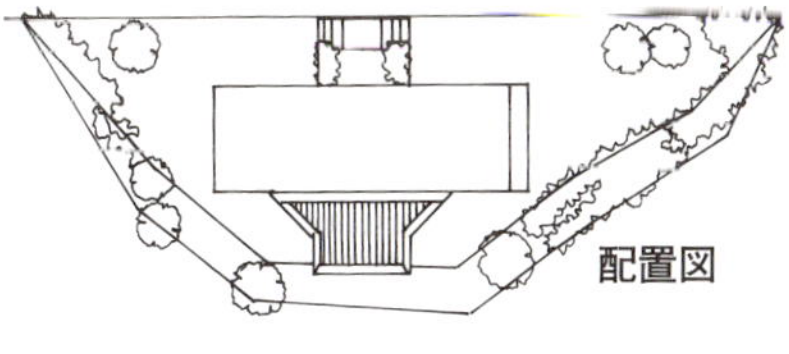

配置図

安藤邸◎築二十六年

高知県高知市

設計◎山本長水

レンガを敷き詰めた玄関。
玄関ホールからは客間の奥
にある広縁まで見通せる

地域の材料を使って地域の職人が手掛けた白いご飯のような家

「木の家」、「自然素材を使った家」、「百年もつ家」など、現在、流行語のようになっている住まいのエコロジカルな考え方を、三十年以上も前から静かに実践している建築家がいる。安藤徹さんの住まいを設計した山本長水さんだ。山本さんは四国、土佐（高知県）に生まれ、三十数年前に東京からUターンして、土佐の伝統的な素材や技術を活かしながら、土佐の気候に合った現代住宅をつくり続けている。

　全国一の森林率（八十四％）を誇る土佐。照葉樹の森林が育つのに適した気候条件は、人が生活するうえで夏は過酷だ。高温多湿なうえに、しばしば台風の襲来を受ける。土佐で長年住み継がれてきた家は、床を高くして、耐久性・調湿性の高い土佐漆喰で外壁を仕上げ、瓦を重ね、軒の出を深くして湿気や水害をしのいできた。こうした風土から生まれた土佐独特の住まいの技術を、現代にも活かしていこうと、県内で仕事をする山本さんたち設計者が提唱しているのが「土佐派の家」だ。

　ここに紹介する二十六年前に徹さんのお父さんが建てた家は、「土佐派の家」と呼ばれる以前のものだが、昨年「土佐派の家」方式で徹さんが増築した部分と、材料も技術もまったく同じだ。土佐の風土から生まれた安藤さんの家には、長く住み続けていくための知恵がたくさん詰まっているに違いない。

　高知市の中心部から車で十分。以前は小さな工場や倉庫が点在していた住宅地の一画に入ると、あざやかな緑の間から二階建ての木の家が一棟見えてくる。東側の棟は風雨にさらされて杉板の外壁は色濃くなっているが、西側は木の香りが漂ってきそうなほど真新しい。東側が二十六年前に徹さんのお父さんが建てた棟、西側が徹さんが昨年増築した棟だ。道路から玄関までは上り坂。敷地を道路よりかさ上げして、さらに建物の基礎を一・六

上／畳に座って食事をするのが一番落ち着くという安藤さん一家。
下／垂直の柱、水平にめぐっている長押、土壁、障子などで構成された茶の間は、座った時に最も美しく見える

奥行き１間、幅３間半の広縁。かつては蘭の鉢植え置き場だったが、現在は勉強部屋

メートルほど上げているからだ。「この辺は低地で、しょっちゅう水が出るんです」と徹さん。お父さんの家の基礎工事に取りかかっている時も水が出て、当初の設計よりも基礎を高くしたそうだ。

二十六年前にお父さんが建てた棟は、杉の柱・梁、檜の床、白い漆喰壁と土壁を使い分け、ゆったりした天井高、和紙の障子、柿渋を塗った襖、鴨居がめぐっている和室など、昭和初期にタイムスリップしたような懐かしさがこみ上げてくる家だ。中廊下の南側は六畳間が二つと庭に面した広縁《ひろえん》、北側には浴室と台所、二階は六畳間と納戸。

この家が建った時、徹さんは十六歳。二階の和室が徹さんの部屋で、両親は客間で寝ていた。お父さんのたっての希望で設けた広縁には、蘭の鉢植えを置いていた。小屋裏や床下も広いので、収納スペースも多く、親子三人の住まいとして十分な広さだった。

造林学の研究をしていたお父さんは、共同研究をしていた人から、七十～八十年以上の間伐した杉のフシ付きの丸太を譲ってもらった。骨太の柱や梁でしっかり組まれた家には、安心感がある。土佐の厳しい気候にさらされてきているのに、構造はもとより、木製の建具も二十六年間一度も補修していない。

「高知は〝檜信仰〟のある土地で、木造の家の八割以上が檜で建てるので、杉は割安で手に入ります。並材なら檜の半値。杉がいいのは、断熱性と調湿性にすぐれていること、時間がたつと上品な味わいが出てくること、そしてくつろいだ感じがすることです」。山本さんは、住宅には杉材が適していると強調する。

ご両親は仕事の関係で、十四年前に盛岡に行くことになったが、同じ時期に徹さんが結婚して、妻の史《ふみ》さんとこの家に住むことになった。結婚後すぐに徹さん夫妻も転勤で三年ほど土佐清水市に移ることになったが、週末には「この家でホッとするために」戻った。やがて長女の郁《いく》さん（十一歳）、長男の諒《まこと》くん（八歳）が生まれ、一階の広縁は子供たちの勉強部屋になり、二階が子供たちの寝室になった。

六畳の茶の間では、今でも畳に座って食事をしている。

「台所は最初は狭いと思ったけど、使ってみると無駄な動きがなくて、狭いことがかえって使いやすくなりました」。木の床の足触りで、気候の変化がわかるという専業主婦の史さんは、徹さんよりもこの家に居る時間が長いぶん、使いにくいところをのみ込んだうえで、木や土に包まれた家で暮らす気持ちよさを楽しんでいる。

「親父も七十代になったので、いずれ土佐に戻ってくるだろうと、親孝行のつもりで昨年、増築したんです」。母屋とのバランスを考えて、設計は迷わず山本さんに頼んだ。敷地は十年前に西側の土地を購入して、野菜を育てていたところ。増築した建物は母屋とは独立した構造にして、わずかな隙間をとり、木材の伸び縮みに備えた。

一階はコンクリートで囲って車庫に、二階を居間と畳の部屋にした。杉板を張った居間にはミニキッチンも付けた。ところがご両親は「住めば都」なのか、盛岡が気に入ってしまって、まだ戻る気がないそうだ。「母屋はどの部屋も個室になっていないので、音楽が聴けなかったんです」。音楽好きの徹さんは、増築した棟を、音楽を聴いたり、ビデオを見たりする「大人の部屋」として使っている。車庫の天井高をとるため、母屋の一階よりも四十センチほど高くなってしまったが、逆にそれが見えないバリアになっているのか、子供たちには「特別な部屋」になっている。

増築時に母屋で気になっていたところを補修した。一階和室の壁は杉材に合うようにと土壁にしていたが、土が落ちるので、漆喰を塗った。台所のコンロ回りの壁にステンレスを張った。襖紙も傷んできたので柿渋を塗った手漉き和紙に貼り替えた。網戸は木部を史さんが洗って、網だけ張り替えた。二十六年間で補修をしたのはこれだけ。風雨にさらされてきた杉板張りも、土佐漆喰の外壁もまったく補修していない。

同時に生活排水を自分のところで浄化して流す、合併浄化槽を設置した。徹さんは地方公務員として環境に関わる仕事をしていることもあって、リサイクルできる材料を使った家で、環境に負荷のかからない生活をできるだけしていきたいと思っている。

ひと口に「百年もつ家」といわれてもなかなか実感が

上／六畳の客間。この部屋の杉や檜は上等なものを使っている。
下右／手を伸ばすだけでいい、コンパクトで使いやすいキッチン。
下左／玄関。下駄箱も山本さんが設計。左奥から増築棟へ

上／両親の部屋にと増築した棟は、現在はＡＶルームに。下右／床面を上げているので、納戸にしている床下には庭から入る。上は広縁の窓。下左／増築棟の板の間から畳の間を見る

南側外観。水害を防ぐため、敷地は道路面より１mほど上げている。
杉板が色濃くなっているのが築26年、真新しいのが増築棟

わかないが、街なかを離れれば杉板張りや漆喰の外壁の家が、高知にはまだ、あちこちに元気に立っている。「土佐派の家」は最低百年住むための家だと山本さんはいう。そのための条件は、地域の伝統的な素材を使う、地域の職人が手掛ける、現代の感性にフィットするような家にする、と大きく3点に集約している。さらに山本さんは長く住み続けるための家の条件として、物理的に長持ちするようにつくる、家族に変動があっても対応できるように柔軟性のあるプランにする、いつまでも飽きがこないように感覚的にも耐久性をもたせる、材料供給の耐久性のために、市場経済に動かされない製品を使う、の4点をあげる。

新旧の安藤邸では、屋根は土佐のいぶし瓦、外壁は純度の高い石灰に発酵したワラを混ぜた土佐漆喰、木材は地元の杉、雨樋や窓回りの水切りは銅板、障子紙は伊野町の手漉き和紙など、いずれも水を吸い、呼吸する地場材料だ。しかも百年前から使われているものなので、百年後にどのように経年変化をするのか、答えがよくわかっているものばかり。

施工は二十六年後の家も同じ工務店。土佐の家づくりの伝統を受け継ぐ職人たちが建てた。用途を限定しない部屋や個室のない家は、現代では敬遠されがちだが、家族構成が変わっても対応できるのは、居間にも寝室にも子供部屋にもなる畳の部屋だからこそ。

家は物理的に丈夫なだけでは楽しくない。安藤邸ではフシのある木を使ったり、漂白しない生成りの和紙を障子に貼ったり、和紙の耳をそのまま活かして襖に貼るなど、あるがままの美を残し、時間がたつにつれ変化していくものを選んでいる。「欠点を楽しむ文化が住まいの中に少しでもあると心が安らぎます。利休の世界に通じるものかもしれませんね」と山本さん。

土佐の言い方でこだわりのないことを「何ともない」という。家そのものは「何ともない家」にして、そこに住む人が家具や照明器具、そして季節の草花などで味付けをしていけば、いつまでも飽きのこない、長生きできる家になるはずだ。ちょうど私たちが毎日食べる白いご飯のように。

（二〇〇二年七月）

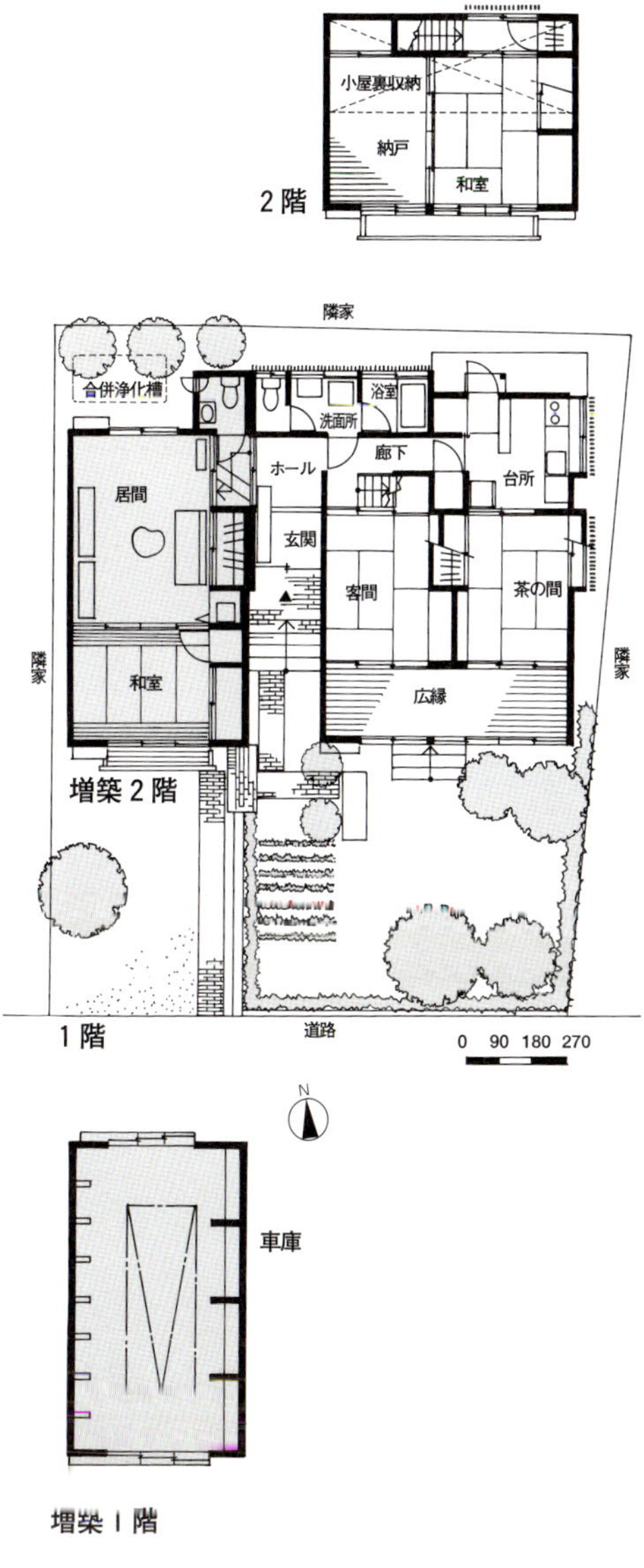

巳亦邸◎築二十四年

東京都あきる野市

設計◎永田昌民

巳亦さんがいつも座っている居間から見た庭と和室棟。大きな窓は緑を室内に取り込む

手入れをしながら丁寧に住み続けてきた日常着の家

普通の家、当たり前の家って簡単にできるようで、実はなかなか難しい。設計者に住むことへの深い洞察力と、相反するかもしれないがザクッとつくって、あとは住む人に任せても大きくは崩れないといった設計力がなければならない。この家を設計した永田昌民さんが手掛けてきた家は、どれも決して豪華でもデザイン的に格好いい家でもないのに、しばらく居るだけで気持ちが安らいでくる。「家というのは時間がたつほどに住む人の体に馴染み、きれいに古くなっていけばいい」という永田さん。巳亦《みまた》力さんの家は、二十四年の歳月を経て、普通の家、普段着の家になってきたのだろうか。

結婚を機に自分で設計した家に住んでいた巳亦さんにとって、この家は二度目の新築。子供も二人になり手狭になったので、二十六年前、通勤に便利な五日市線の東秋留駅から徒歩十数分の所に、六十坪の土地を購入した。建築費は住んでいた家の売却費を元に、残りを住宅金融公庫から借りることにした。

エンジニアの巳亦さんは自分でも設計を試みたが、機械と違って空間設計は素人には限界があると気づいた。そこで仕事でつきあいのある工業デザイナーに、建築家の永田さんを紹介してもらった。永田さんの自邸や設計した家をいくつか見せてもらい、「シンプルでいいなあ」と思ったので、設計を依頼することにした。

巳亦さんは居間や茶室（予備室にもなる）から庭が眺められるようにしたい、茶室側は将来増築ができるようにしたい、植木いじりが好きなので庭を広くとってほしいなどの要望を伝えるために、平面図を描いた。その図を参考にして永田さんは、道路に面した北側にカーポートをとり、居間と和室をL字型に配置するなど、一階の間取りは巳亦さんの案にほぼ沿って、各室を配置することにした。

「当時、住宅金融公庫の融資が受けられるのは、延床が三十坪までだったんです。浴室の前に三角形の庭をとるなど、不整形な敷地を上手に活かして、床面積を三十坪に納めた永田さんの平面図を見て、さすがプロだなあと思いました」。キッチンは最初は対面式だったが、来客が多いので、居間からの視線を気にしないで台所仕事ができるように、居間との間の仕切壁を高く立ち上げ、調理台も広くしてもらった。

予算はかなり厳しかったので、永田さんは仕上げの質を上げるよりも広さを確保した。居間、和室、浴室以外は天井、壁、建具をすべてラワン材で仕上げるなど、できるだけ同じ材料を使うことでコストを下げた。暖房は居間の家具にビルトインしたオーストラリア製の灯油によるスペースヒーター。二階の子供部屋へは小型の換気扇を使って室内の温風を引き込み、夫婦の寝室は煙突からの輻射熱を利用した。

「ヒーターは一年に一回、メーカーの人に整備してもらっています。そのせいか、二十四年たった今日まで現役。これひとつで二階まで暖かい。エアコンのように空気が乾燥しないし、音も静かです」と巳亦さん。

敷地は畑をつぶして開発した住宅地の一画で、南は畑、北と東を道路が囲んでいる。周囲には狭い敷地いっぱいに二階建ての家が立っていて、風景を家の中に取り込むといったことは期待できない。そこで永田さんは、周囲に対して柔らかく閉じるために、道路と隣家に面している側を木の壁で囲った。外壁は現在、サイディングになっているが、七年前までは杉板の南京下見張だった。

築後十四年目にキッチンを改装した。外国製のオーブンが故障したので、パンを焼くのに適した国産のものに変えようとしたが、幅が合わなくてビルトインできなかったからだ。そこでキッチン全体を改装することにした。カウンターは木製から人造大理石に、二槽式シンクは大きな鍋が洗えなくて使いにくかったので、一槽式にした。

十八年目に増改築をした。きっかけは外壁だった。「庇の出がほとんどない杉板を張った外観は、スッキリしたデザインで、とても気に入っていたんですが、雨をまともに受けるので、塗装がすぐはげてくるし、杉板も部分

床は増改築時にフローリングにして床暖房を入れた。右手の棚にビルトインされているのが、竣工時から使っているスペースヒーター

上／居間の出窓に腰かける夫人と定位置に座る巳亦さん。窓は左側に１枚だけ引き込める。下／増改築した和室のある棟。建具は木製からアルミサッシに。手前の広縁には天窓も設けた

的に傷んでくるので、三年ごとに塗り替えなければならなかった。この塗り替え費用が百万円。サラリーマンにはかなりの負担になってきました」。一・二階の庇を三十センチ出して、外壁をサイディングに張り替えたという巳亦さん。庇さえあればと残念がる。

その時一階の四畳半の茶室を縁側付きの六畳に広げ、さらに夫人のパン作りの作業スペースと観葉植物の置き場を新たに設けるために、テラスをつぶして廊下を広げた。開口部は木製建具に障子だったが、アルミサッシに替えた。リビングの床もカーペットからフローリングにして、電気式の床暖房にした。給湯システムも深夜電力使用だとお湯が足らなくなるので、ガスに替えた。

「増築部分の壁や天井はもとの雰囲気を壊さないようにラワンを張ってもらったんですが、細かい納まりが大工さんにはわからなくて、苦労しました」。増改築することを事前に永田さんに了解はとったが、増改築ぐらいで建築家を煩わすのも申し訳ないと思い、巳亦さんは自分で図面を引いて大工さんに渡した。工務店に直接頼んだので、工事監理もした。

「家に帰って現場を見ると、頼んだことと違っていて、やり直してもらったりしました。永田さんに頼んだときはそんな心配はまったくなかったんですが。永田さんは、こちらが考えている以上のアイデアを出してくれたけど、工務店だと、契約してしまうとその範囲のなかで、できるだけ安くあげようとするから、手間のかかることを嫌がるんですよね。建築家に設計・監理を依頼する意味がよくわかりました」。この時の増改築費は千二百万円、新築の時と同じぐらいかかった。

増改築してすぐ、長女は結婚して出ていったが、出産後は戻って一階和室にしばらくいた。和室は今では里帰りする長女と孫の部屋になっている。次女も独立したので、子供部屋は現在、納戸として使っている。

永田さんは家を設計するとき、「住宅の設計というのはどこでもいいから、ひとつ、ここは気持ちのいい場所だというところをつくることなんだよ。それは便所だっていいんだよ」という恩師、吉村順三先生のことばが、いつも聞こえてくるという。設計者の意図通り、ご夫妻も

「気持ちのいい場所」を見つけたようだ。

巳亦さんは居間に座って庭が見える場所と開放的なトイレ、夫人はキッチンと食卓が「気持ちのいい場所」だという。ご夫妻とも家に居るときは、自分のお気に入りの場所でくつろぐ。居間にはソファを置いたり、巳亦さん手づくりのベンチを置いたこともあったが（家族の評判があまりよくなくてやめた）、ここ数年は大きな座卓を置いて床に座っている。窓は床に座って庭の緑が眺められるように、低い位置に出窓を設けているので、このスタイルが一番落ち着くのだろう。

一見素っ気ないラワン材の壁や天井や建具も、二十四年たって色濃くなり、貫禄がでてきた。「ラワンは安い材料だけど、肌触りがいいし、なによりも素材自体が自己主張しないのがいい。檜やタモだと、白くてきれいすぎて木の感じがしない。木は茶色でなくちゃね」と永田さん。木や土といった自然素材を使った家は、年月がたつほどに住み手と一緒の時間を生きてきたという気がする。けれども自然素材は手入れをしないと長い年月、いい状態を保つことはできない。

「日本人は手入れをしたがらないでしょ。だから家が長もちしないのでは」と夫人。必要以上にモノを増やさない、掃除はできるだけ手を抜かない、そんな丁寧な暮らし方をしてきたからこそ、夫人のことばには説得力がある。

材料やメンテナンスも確かに大事だが、長く住み続けていくにはプランも無視できない。永田さんは「基本はワンルーム。家族の変化に対応できるように、小さくつくって、広く使う。水回りや収納はコンパクトにまとめて、残った面積は居住空間にまわす」といったことがポイントだという。永田さんが設計した自邸もワンルーム。築三十年たつが、建築家がデザインしたということが感じられないほど素っ気ないのに、居心地がいい。

普通の家をつくるには、簡素な材料と包容力のあるプラン、そして時間という味付けが必要なのだ。増改築を経た巳亦さんの家が今後、着なれた服のようにご夫妻の体にどのように馴染んでいくのか楽しみだ。

（二〇〇二年六月）

上／洗面・トイレには大きな窓を設けているので、明るく気持ちがいい。下右／階段を上がったところにある巳亦さんの書斎兼趣味の作業コーナー。下左／２階ホールから階段を見下ろす

右／2階、夫妻の寝室。右手の煙突で1階スペースヒーターの輻射熱を取り込む。左上／カーポートのある道路側外観。左下／北東側外観。低い垣根で囲って穏やかな表情にしている

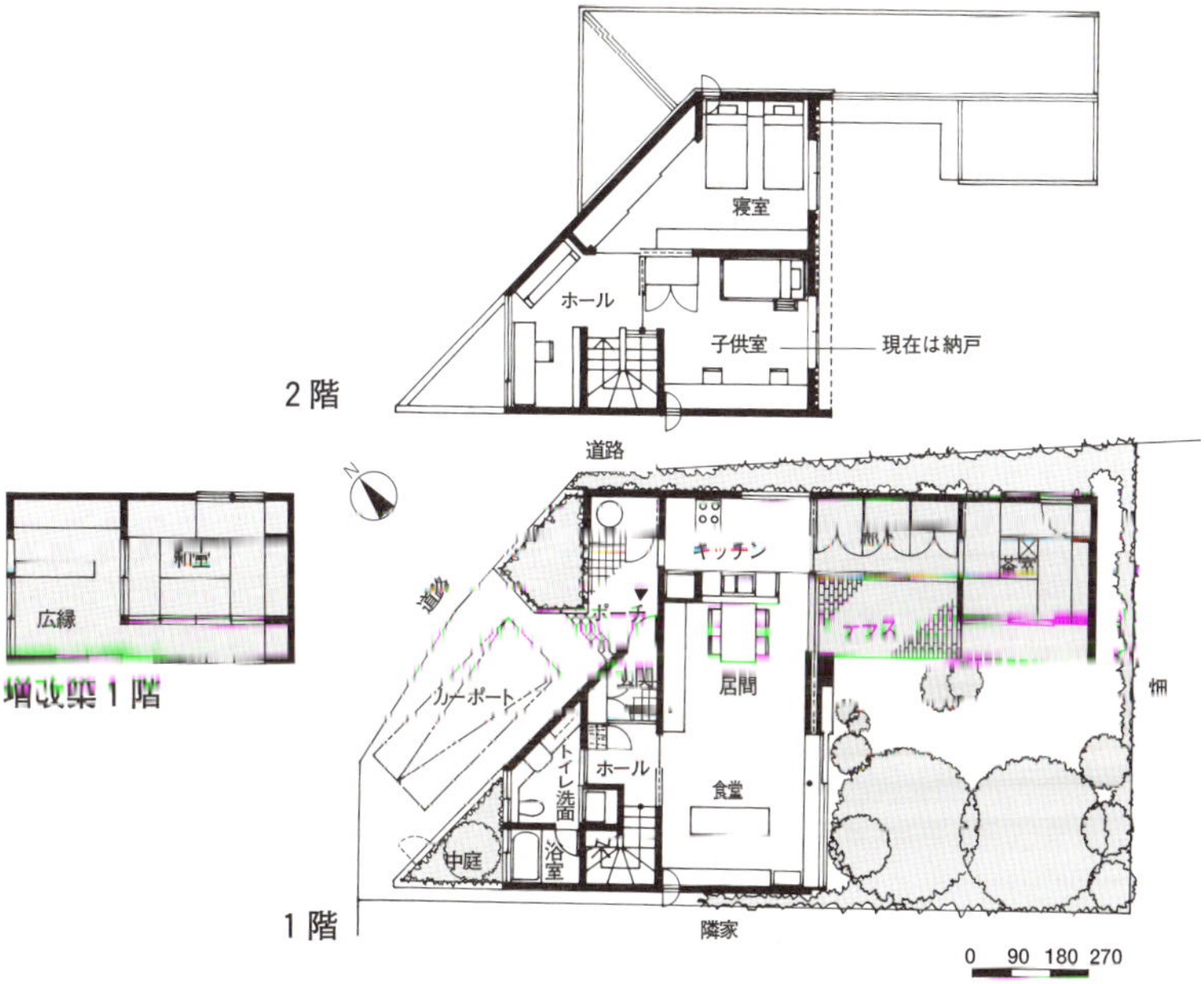

2階廊下から吹き抜けのある居間を見下ろす。
曲線と小屋組みが見える天井がこの家の魅力

正木邸◎築二十二年

奈良県北葛城郡

設計◎竹原義二

家族の匂いを失わないために改修を選んだ家

建築家の仕事というのは、単に家のかたちをデザインすることだけではない。家をつくるということは、家族の暮らしをつくることだから、家族一人一人の個性を見極め、それぞれの関係を知り、家が建てられる土地の地形や気候、近隣の様子、さらに歳月がたって暮らしに変化が起きた時にも、対応できるような器が考えられていなければならない。だから同じ家で、ずっと住み続けていくには、住まいに問題が生じれば相談にのってくれる主治医のような建築家がいたら心強い。

正木宏さんの家を設計した竹原義二さんは、正木家にとっては主治医のような建築家だ。竹原さんは事務所を開設して二十四年、この間百十軒余りの住宅を設計してきたが、正木さんの家だけでなく、「自分の子供のようにかわいいし、気になる」といって、どの家とも竣工後もずっと関わり続けている。正木邸は竣工後十九年目に、台風で被害を受けたところを修復するために、屋根の葺き替えと外壁の張り替えをすることになり、それ以外のところも健康診断を行って、修理の必要なところを竹原さんの診断に従って直した。長く住み続けるためには、建築家とのつながりも大切だということを正木さんの家は教えてくれる。

近鉄線の橿原神宮前駅から車で十五分。今では田や畑の間に、ぽつんぽつんと工場が立っているが、かつては大和平野の美しい農村地帯を偲ばせる風景の中に、正木さんの家は立っている。周囲の家々とはあきらかに違った姿をしているので、遠くからでも容易にわかる。ハイサイドライトの小窓がついた大きな屋根、一階の外壁はコンクリート打ち放し、二階は群青色のサイディングの外壁、北と東を田や畑に囲まれた家は、周囲の雄大な自然に負けまいと力強い存在感を放っている。

右／小屋裏まで見える天井の高い居間。上／テラスだったところを改修時に室内化して、食堂に続く居間に

上／北側の田園風景が見える食堂。左手にキッチン。下右／母と娘２人で作業しても使いやすい配列になっているキッチン。下左／玄関前の廊下。この廊下があることで、１階は回遊できる

南側の道路に面してカーポートと門がある。門からは、クランク状に折れ曲がるアプローチを進み、植え込みや庭の樹木を眺めながら玄関にたどり着く。「門のブザーが鳴ってから、家の中を片付ける時間がとれて助かっています」。長いアプローチの効用をユーモラスに話す夫人の宏美さん。玄関の大きな木の扉を開け、レンガ敷きの細長いたたきに導かれるように中に入ると、正面に居間と食堂、右手に客間、左手に水回りと階段がある。

居間は八畳大の広さだが、二階まで吹き抜けになっていることや、食堂前のテラスを室内に取り込んだことで、ひと続きの広い空間になっている。第二の居間のような食堂は、田園風景が眺められるように北側にも窓をとっている。

食堂からキッチンを抜けると玄関前の廊下へとつながる回遊性のある間取りで、しかも建具の入っているところは段差なし。「ローラースケートでも回れますよ」と冗談交じりに竹原さんはご夫妻に説明したそうだ。来客の多いご主人の宏さんのために設けられた玄関脇の客間は、南と東に大きな開口部がある。庭の緑が借景となって豊かな雰囲気を和室に与えている。客間は宏美さんの書斎や来客の泊まり部屋としても使われている。

二階には南側に屋根勾配がそのまま天井になっているプレイルーム、北側には一人娘のとき子さんの部屋と宏美さんの書斎と納戸、そして居間が見下ろせるホールの突き当たりにご夫妻の寝室がある。

この家の住み心地のよさを最も強く特徴づけているのが、四方に設けられた大小さまざまな窓から入ってくる光と風だ。どの窓も網戸がついていて、建具は木製。なかでも二階南側上部は全面ハイサイドライトになっていて、光や風の量が調節できるように回転式の開閉窓になっている。季節によって、時間によって変化する光が、居間上部のコンクリートの白い手摺りや壁に美しい軌跡を描いている。

「新築の頃は気がつかなかったんですけど、窓の大きさや位置ひとつにもちゃんと意味があることが、住んでいるうちにジワジワとわかってきました」。ご夫妻は建物すべてに「いい加減さがない」建築家の誠実な仕事ぶりに、感動しているという。

建築家にわが家の設計を頼むというのは、勇気がいる。しかも二十年以上前となれば、情報も今ほど豊富ではない。ご夫妻はともに徳島県の出身で、ともに教師。ご夫妻の同僚が竹原さんの設計で家を増築した。それを見に行ったことから建築家とつながった。それまで住んでいた建売住宅は、単に容れ物にすぎなかったことがわかった。建築家に頼めばこんなことができるんだと感動したご夫妻は、竹原さんも徳島出身と知り、同郷のよしみもあってハードルが低くなった。

ところが正木さんがもっていた土地は用途地域上は農地だった。娘のとき子さんを預かってくれていた友人が、小学校の先生をしている宏美さんのために譲ってくれた土地だった。「農地のままだと、すぐ家は建たないという話から始まって、宅地にするまでの手続きを行い、ようやく設計に入りました」。二十二年以上も前のこと。それも今では百十軒以上の住宅に関わっている竹原さんなのに、正木さんの家がどんな経緯で建てられたかを鮮明に記憶しているのには驚いた。だからこそ「夫の来客用の部屋だけほしい」とひとつだけ要望して、ご夫妻はあとはすべて竹原さんに任せる気になったのだろう。

敷地は西側にアパートが立っているが、周りは水田と畑に囲まれている。このような風景の中に住むには、建物にボリュームがないと、精神的なゆとりがもてないと考えた竹原さんは、大きな屋根で家族二人が住む空間を覆うことにした。大きなしっかりした構えにしておけば、改築にも対応できるし、長く住み続けられると考えた。

かつては樹木で家を囲んで風害を避けたほどの風当たりの強い地域なので、一階を鉄筋コンクリート（RC）造にして、二階は木造にした。外壁は杉板下見張り。一階をRC造にしたもうひとつの理由は、ご夫妻が共働きのため、日中の安全を考慮したからだ。けれども大きな空間と通風を考えた家は、夏は過ごしやすいが、冬は寒い。高気密・高断熱にして機械で室温をコントロールすれば、冬も快適かもしれないが、竹原さんはそうした現代の風潮に懐疑的だ。「設備に頼りすぎていると、住むとの工夫をしなくなるんです。寒い時は家族が一室に集まるとか、暑い時は庭に水を撒くといった知恵を働かせることで、家への気配りもでてくるんです」。

上／居間からは客間棟が見える。外壁は3年前に杉板からサイディングに替えた。下右／レンガを敷いた玄関。下左／客間。床の間は背面が全面開口になっている。骨太で自由な感覚の和室

上／小屋裏を表しにした２階寝室。北側は突き出し窓にして外光を抑えている。下右／客間東側の開口部は大きな２枚戸。下左／寝室前のテラスを室内化したアトリエと、２階ホールの上部

四年前に大きな台風に見舞われた。西風にあおられ、木の塀が倒れ、屋根や杉板の外壁も一部はがれた。すぐに竹原さんに連絡して、点検にきてもらった。それ以前にも外壁の塗装などの補修は、その時々に頼んでいたが、竣工後十九年目、きっかけは台風だったが、家全体を診てもらうにはいい時期だった。

十九年目の改修は、屋根と外壁を全部張り替えて、塀をコンクリートに建て替えることからはじまったが、食堂前のテラスを室内化して居間のスペースを広げ、同時にその上の寝室前のテラスも屋根を延長して室内化することにした。傷んでいた北側と西側の木製建具をアルミサッシに替えたり、内装を塗り替えたり。さらにキッチンも替えることになったので、新築並みの費用をかけて改修することになった。

「これでさらに二十〜三十年は十分住めます」と宏さん。宏さんはすでに定年間近になっていたので、費用の面でも体力の面でも、ご夫妻にとってこれが最後の大改修だったかもしれない。

費用は多少かかっても建て替えではなく、傷んでいるところを点検して改修する道を選んだご夫妻は、この家で長い間つちかってきたものをつないでいく選択をしたのだろう。そうした選択を可能にしたのも、家のつくりがしっかりしていたこと、大きな屋根で空間を覆っていたこと、時間を重ねていけるような材料を選んでいたからだ。

阪神・淡路大震災を体験した人たちの話を聞くたびに、竹原さんは、家は物理的な器ではないということをいっそう強く感じている。「家を失うということは、そこに住んでいた家族の匂いも消えてしまうことなんです。もう一度つくろうとすれば時間がかかります」。改修のために正木さんの家を十九年ぶりに訪れた竹原さんは、この家で育ったとき子さんのことばがとてもうれしかったという。「この家は古くなっているけど、私はこういう感じが好きなんです」。

（二〇〇二年九月）

門から玄関までのアプローチ

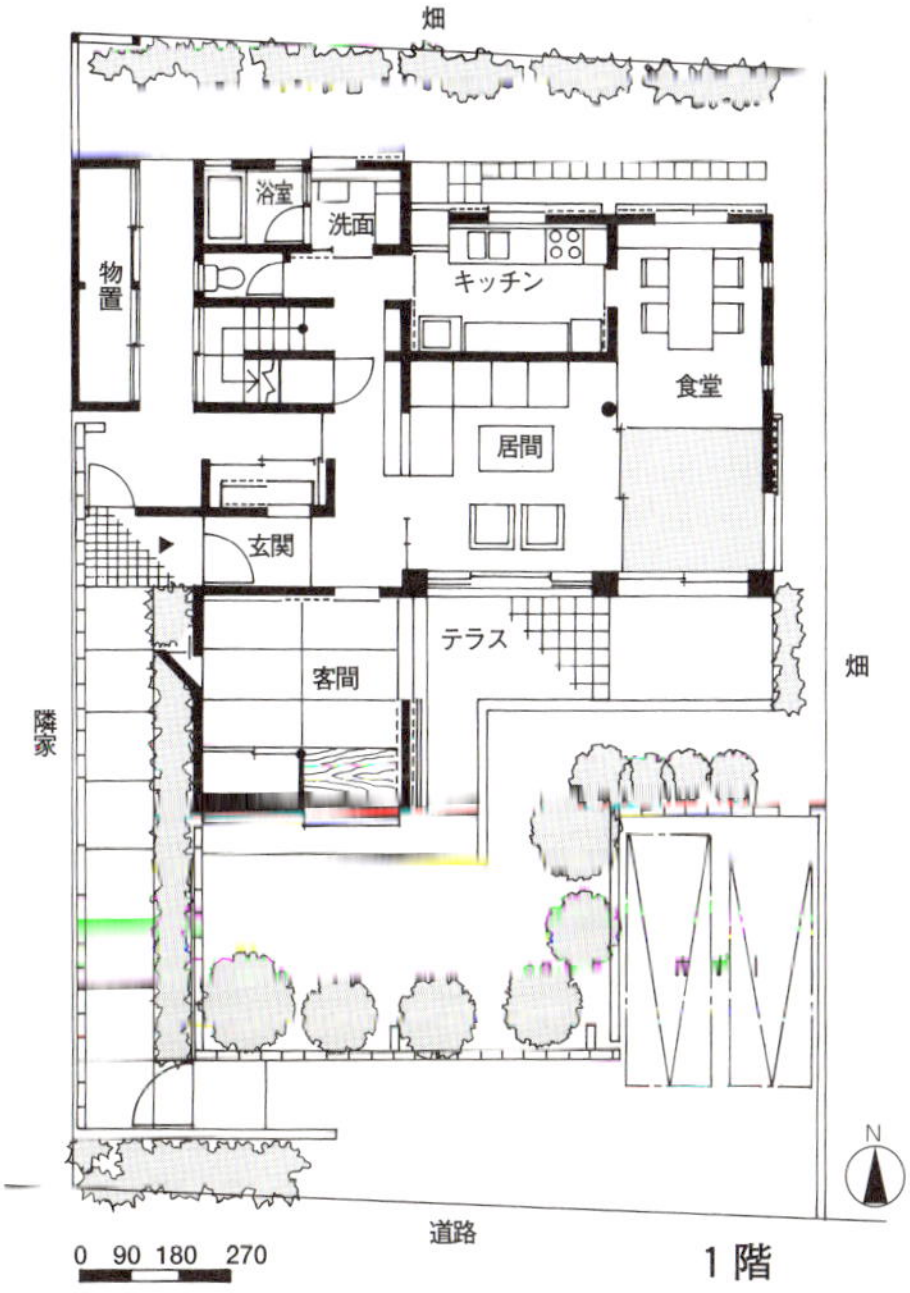

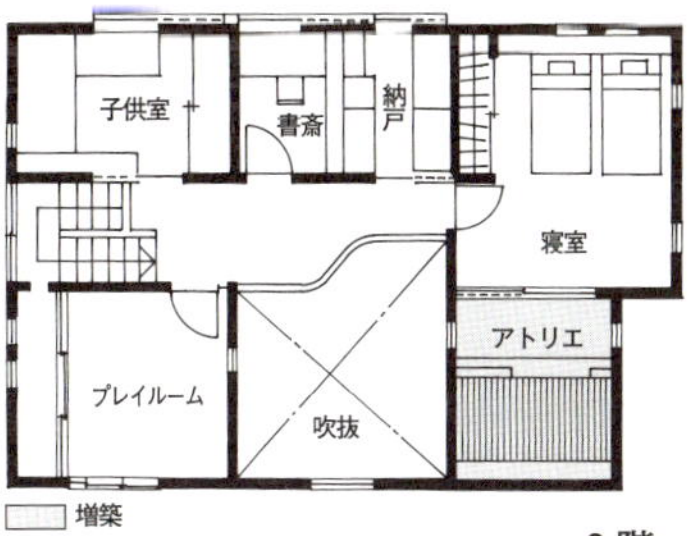

西側外観

森岡邸◎築二十五年

神奈川県横浜市

設計◎林 寛治

2階リビングの全開された窓は、大きく生長したケヤキやカシノキが日除けになる

借景の窓から樹木が風を呼ぶ二階リビングの家

住んでいる人が時間をかけてつくり上げてきた住まいには、設計者さえ予想できない、心地よさがある。けれども新築時が一番美しく輝いていて、時間がたつほど色あせ、住み手の家への関心も薄れて、時間がマイナスになっていく家も多い。

森岡さんの家は、二十五年という時間が、庭の樹木を生長させ、暮らしを重ねてきたことによって、家全体に深い落ち着きが増してきた、数少ない例かもしれない。住む人が建物を深く理解しながら、自分たちの感性に合った雰囲気に育て上げている家だ。「隅々までデザインしてしまって、住まい方を限定するようなつくり方はしたくない。住み手によってつくり上げていく余地を住まいに残しておきたい」。この家を設計した林寛治さんのことば通り、森岡さんの住まいは、住む人の心づかいや美意識によって、時間がマイナスにならないで、むしろプラスに働くことを教えてくれる。

雑木林の丘が東側に望める、横浜市郊外の良好な住宅地の一画に森岡さんの家はある。西下がりの道路を歩いていると、樹木の間から直方体の白い箱に、勾配のある切妻屋根をのせた二階建ての家が見えてくる。プロポーションは美しいが、周囲の家に比べると、建築家が設計した家にしては、どちらかといえば控えめな外観だ。全室床暖房にしているので一階は鉄筋コンクリート造、二階は木造。一階は三つの個室と浴室、二階は階段を挟んで西側の半分がリビング、東側に食堂とキッチンという明快なプランだ。

天井高を抑えた一階から、階段を上がって二階リビングに入ると、小屋組の見える屋根裏までオープンにした高い天井や、建具をすべて引き込んだ開口部の開放感に、思わず感嘆の声を上げてしまう。しかも南側の横長の窓はまるでパノラマ写真のように、庭の緑をリビングのインテリアとして取り入れている。二階から庭にそのまま吸い込まれていきそうだ。むろん樹木を渡る風は室内に入り、四方へと通り抜けていく。

緑をいっそう効果的に見せているのが、室内のシンプルな仕上げだ。白い壁、杉の小屋組、イタリア製の茶系の素焼きタイルの床。そして住む人の美意識が伝わってくる家具や絵画。白い布で覆っただけのソファ、李朝の小さな卓や箱物、日本やイギリスの素朴な椅子、アフリカの子供用の木のベッド、どの家具もここが一番居心地がいいという顔をして、その場に置かれている。食堂の上はロフトになっているが、リビング側からも小屋組が見えるようにオープンにしている。

階段を挟んだ東側には食堂とキッチンがある。食堂の上はロフトにするために、杉の梁を渡し、杉板で天井を張っている。天井高を抑えた食堂に入ると、リビングとは違った気持ちよさが感じられる。食堂の南側と東側、そして対面式のキッチンの北側にも建具を引き込める窓があるので、ここでも庭の緑や外の風景を室内から借景のように楽しむことができる。

「空間や壁面に対する窓の大きさや位置に、建築家の確かな目を感じます」という夫人の眞喜子さん。「あと少し開口部が大きくても、あと少し位置がずれていても、バランスのいい窓にはならなかった」という住み手の目の確かさにも驚かされる。

二十七年前、マンション住まいから敷地を購入して家を建てることにした森岡さん。交通の便はよくなかったが、雑木林の丘や晴れた日には富士山が望めるなど、周囲の景観がよかったのでここに決めた。敷地は約九十坪あるが、建ぺい率は三十％、しかも風致地区の規制がかかっているので、一、二階十八坪、延床面積三十六坪が法規制で目いっぱいだった。

染色や美術に興味のある眞喜子さんは、ご主人よりも住まいへの関心が高かった。建築雑誌で建築家の林寛治さんの自邸を見て「簡素な家だけど質が高く、豊かに住んでいる」と感じたので、「家を建てたいので、お住まいを拝見させてください」と林邸を訪問した。「自邸には建築家のすべてが表れていると思ったので、自邸を見せて

上／食堂上のロフトから居間を見下ろす。障子を閉めると居間の雰囲気が変わる。下／約18畳のリビングの床は、イタリアでよく使われている素焼きタイル。床暖房と暖炉で冬は快適な温かさ

リビングから食堂を見る。45度勾配の高い天井と三角形の小屋組が空間を特徴づけている

いただければ、建築家の考え方がわかると思ったんです」。

林邸はこの時、竣工後五年。二階にあるリビングには、大きな横長の窓があった。庭の緑を室内から楽しむことができる居心地のいい空間が眞喜子さんを迎えた。

「材料と色は種類を少なくして、自然のものを活かした単純な家、塀は不要」。眞喜子さんは住まいへの要望を簡潔に林さんに伝えた。「キッチンだけは対面式にしてほしかったので、図面を描いて渡しました。二階リビングは林邸で体験して気持ちよさがわかったので、あとは建築家を信頼しておまかせしました」。林さんは敷地とその周辺をじっくり観察して、将来、周りに家が建て込んでくれば、自然の眺めは悪くなるので、自邸と同じように二階にリビングをもっていった。

設計を依頼した時、子供は長女だけだったが、完成後、次女が誕生。六年後にもう一人加わって、一階の個室は数が足りなくなった。もともと西側の個室は郷里の両親が来訪する時のために、予備室と考えていたが、そこも子供部屋となり、三人の子供たちの成長期にはご夫妻の寝室も子供に明け渡して、ロフトを寝室にした時期もあった。現在、上の二人は独立して三女だけになったので、ロフトは物入れとなっている。「ロフトが家族構成の変化を支えてくれました」。

「一階の雨戸の建て付けが一か所悪くなったくらいで、二十五年間に、外壁と内壁を二回塗り替えただけ。床暖房はボイラーが故障したので一度修理してもらいましたが、今でも順調に暖めてくれています」。森岡家ではエアコンをまったく使っていない。冬は床暖房。リビングには暖炉もあるので、適度な暖かさだという。夏は一階はコンクリートなのでひんやり、二階は二十五年前に植えたケヤキ、カシ、ヤマモモ、エゴノキなどが大きくなり、枝や葉を伸ばして日除けをつくり、緑の風を室内に運んでくれる。

外壁は当初、一階がグレー、二階がクリーム色だったが、大きくなった樹木の緑が白い壁に映えるようにと、一、二階とも白に塗り替えた。「目に見えないところをきちんとつくっていただいたので、メンテナンスに費用もかからないし、安心して住んでいられます」。林さんは設備や建物が長持ちしているのは「複雑にしていないから」だという。「設備は多機能にしない、構造やプランはシンプルにする、基本に忠実なら長く使えるんです」。家の基本は「採光、通風、断熱」。この三つを押さえたうえで、どんな世代にも自然にフィットするデザインや材料を見極めなくてはいけないという。

「意味のない遊びはすぐに飽きてしまうので、スタンダードなものを設計のなかに取り入れていくことが大切。あとは設計者のプロポーション感覚が家の美しさを決め、さらに住む人が、その家族なりの心地よさをつくっていくんでしょうね」。

設計者が意図した以上に、豊かな住まいに育った森岡さんの家。「子供たちもこの家にとても愛着をもっていて、将来、住み継ぎたいといっているんですよ」。眞喜子さんは自分の感性に合った建築家と出会えたこと、長く住むほどに心地よさが実感できる家をつくってくれたことに、二十五年たった今も感謝しているという。

（二〇〇二年八月）

リビング北側。竣工時から使っているソファ。絵画も白い空間を引き立てている

上／食堂は天井高を抑えて、リビングとは違う心地よさがある。天井は杉板張り。下右／階段ホールから食堂を見る。下左／北側に横長の窓がある対面式キッチンと、食堂側からリビングを見たところ

1階の鉄筋コンクリート造の寝室。1階はどの部屋からも庭に直接出られる

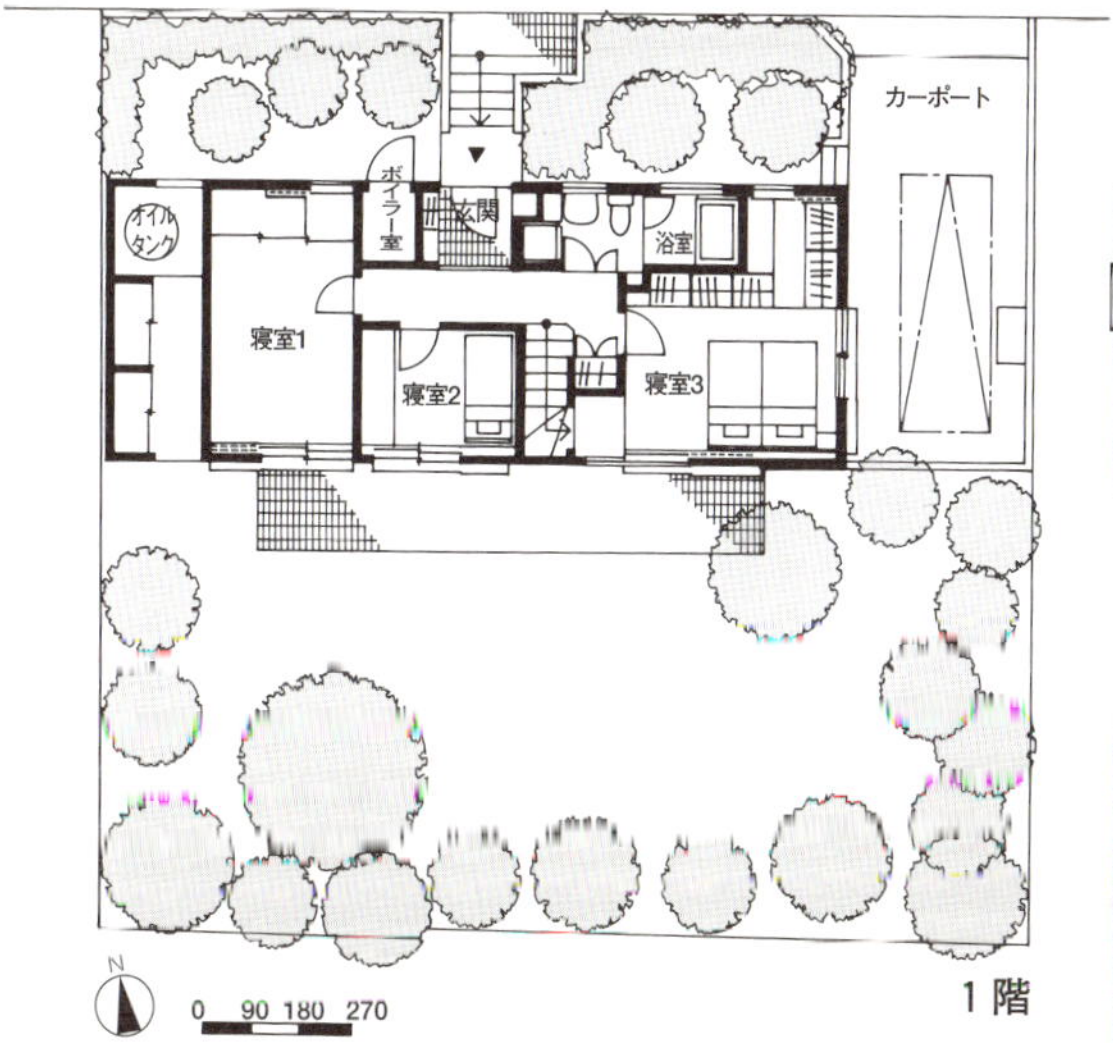

1階

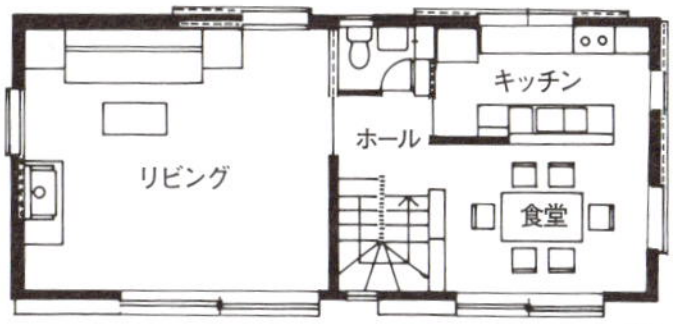

2階

北側道路から見た外観

天井高のある堂々とした玄関。竹を張った天井や太い梁が力強い印象を与える

デュルト・森本邸◎築二十五年・築二十年

兵庫県神戸市

設計◎住み手＋木下龍一

移築再生や古材を再利用した現代の民家

　かつて東海道線で東京から関西へ向かう車窓からは、田園風景の中にその地方ならではの民家を眺めることができた。けれども今ではほとんどが全国共通のプレハブ住宅に変わってしまい、どの町を通っているのかさえわからなくなってしまった。地方ごとに特色をもった民家は、いつのまにか姿を消してしまったのだ。

　このところ、失ったものを惜しむように、「民家再生」「古材活用」がもてはやされているが、デュルト・森本さんご夫妻の家は、三十年以上前に高速道路の建設で壊されることになった農家を、ゴミになる寸前に救い、解体移築して現代住宅として蘇らせたものだ。その後、同じ想いで古材を活用して住宅設計をしている建築家の木下龍一さんと出会い、二階の増築とアトリエ&ゲストハウスを依頼した。一階は二十五年、二階は十年、アトリエ&ゲストハウスは十四年たったが、木材はどの棟も百年以上使い続けていることになる。

　明石海峡を挟んで淡路島が見える急傾斜の丘の上に、デュルト・森本さんの家は立っている。海に沿って走る国道から山に向かって二百段の階段を上りきると尾根道に出るが、玄関にたどりつくまでには、さらに二十段ほど上らなくてはならない。建物の外観が見えてくると、海からの風が息切れを忘れさせてくれる。玄関を開けると、柱・梁と白漆喰の壁で構成された天井の高い空間が広がり、現代住宅にはない力強さを感じさせてくれる。

　右手に居間と食堂、左手に六畳、八畳、四畳半の和室、正面に水回りがある。一階は明治末期に建てられた農家を解体して、九十度方位を変えて移築したものだ。土間は玄関とキッチンに、田の字型の和室一室はそのままにして、奥の二室に廊下をとり、寝室とトイレ・洗面・浴室に、そして味噌蔵と牛小屋は居間と食堂になった。

　海が眺められる居間や食堂が、かつては味噌蔵や牛小

居間から食堂を見る。連続した窓からは、
瀬戸内海が眺められる気持ちのいい空間

上／食堂側から見た居間。窓は外側がアルミ、内側が木製。下／家具も時を経たものばかり。奥の本棚は150年前のもの。家宝の本が並ぶ

屋だったとは、誰も想像できないだろう。それほどこの空間にはいつまでも留まっていたい心地よさがある。南側は全面壁だったところを構造柱だけ残して、海に向けて出窓を設けた。それも三十センチの空間をとって二重窓にしたので、海からの強い風も防げるし、断熱効果もよくなった。こんな素敵な窓を考えたのも、現代住宅として使えるように間取りを工夫したのも、住み手の森本康代《みちよ》さん。友人のインテリアデザイナーに知恵を借りながら。

玄関とキッチンの間から二階へ上がると多目的に使える第二の居間と、夫のユベール・デュルトさんの書斎、長男・安理《あんり》さんと長女・沙羅《さら》さんの部屋がある。

「子供たちを本物の材料を使った家で育てたかったんです。古材を使った家にこだわるのは、人間の感性を育てるのに、日常接するものが大切だと考えるから」と康代さん。美大を卒業後、ベルギーに留学して、そこでステンドグラスの魅力に惹きつけられ、修業を積んだ。縁あって結婚したフランス人のユベールさんは仏教学者。日本文化に深い関心と愛情をもっていた。

康代さんの親戚に姫路城の「昭和の大修復」に携わった棟梁の和田通夫さんがいた。その棟梁に案内されて見に行ったのが、現在住んでいる農家。「まだ十分使える」と確信した康代さん。解体費と運搬費七十万円を払い、棟梁の土地に材料を置かせてもらって、一棟分をまるごと引き取ることにした。

二人の子供が生まれた頃はマンション住まいだった。ユベールさんのお母さんが日本にやってきて「こんな空間で子供を育てるなんて！」のひと言で、寝かせていた古材で家を建てることを決心した。

「願えば道は拓ける」なのだろうか。康代さんの実家の近くに、急すぎて山林のまま残っていた土地を安く購入。百十六坪あるが平地が少ないので、農家を再現すると平地いっぱいになった。和田棟梁の技で、機械を使わず手仕事で太い梁と柱が組み直され、百年近く生きてきた家が息を吹き返した。

子供たちも大きくなって個室が必要になったのと、隣の家が建て替えで高くなり、ユベールさんの書斎にしていた部屋から海が見えなくなったので、二階を増築することにした。古材を活用して住宅を設計している木下龍一さんに出会い、民家を移築再生させた木下さんの自宅を訪れて、同じ想いを感じたので、古材による増築を依頼した。

　農家だった一階は天井が高かったので、木下さんは周囲の景観をそこなわないように、兜造りのような屋根を架け、天井高を抑えて屋根裏部屋のようにした。海の見える南側にユベールさんの書斎と第二の居間、北側に子供たちの部屋を配置した。

　偶然にも仏教を研究しているユベールさんの書斎の柱は、取り壊されたお寺の廃材。その柱に囲まれて「海がよく見えますよ」とご満悦。安理さんは結婚して近くのマンションに住み、沙羅さんは東京の大学院で研究生活をしているので今は空室だが、「この家がやっぱりいい」といって子供たちは時々帰ってくるので、そのままにしている。

　康代さんは近くにアトリエを借りていたが、大きな仕事が入るようになり、手狭になってきた。この家と家族が気に入ってしまうのか、何日も泊まっていく内外からの来客や、康代さんの仕事を手伝う人のためにゲストルームも必要になってきた。

　この時も「願えば叶う」康代さんの強運で、道路の反対側に、海が目の前に広がる土地が手に入り、材料は隣人がもっていた築百年以上の商家を譲ってもらい、再び木下さんに設計を依頼した。海に面して大きな開口部を設けたアトリエは、二階がデザイン室、一階が工房。そしてゲストハウスとのつなぎになっている吹き抜けの空間は、ステンドグラスのパーツを見るところ。「色ガラスは、自然光で見える環境でないと、いいものはできない」という康代さんの願い通り、どの窓からも海が見え、やわらかい光が入ってくるように設計されている。

　ご夫妻は二十五年間で都合二回、家を建てたことになるが、すべて古材を使っているので材料費は解体・運搬費だけ。住まいの居間・食堂の床材はケヤキだが、電柱の枝木を再利用。室内ドアは家を解体する歯医者さんから、ついでに庭の敷石もただで譲ってもらった。「材料が

上／書斎で本や資料に囲まれて作業するユベールさん。疲れると海を眺めて一息つく。下右／座敷書院のステンドグラス。下左／階段を設けて２階を増築。採光用のステンドグラスも康代さん作

上／別棟にあるアトリエで作業する康代さん。大きな作業台でガラスを切ったり繋げたりする。下右／屋根裏部屋のような雰囲気にした２階居間。下左／２階北西側にある沙羅さんの部屋

道路側から見た南側外観

立派なので贅沢な家に見えるかもしれませんが、ほとんどゴミを拾って再利用しているんです」。

阪神・淡路大震災に見舞われるまで、補修はまったくしていない。震災では住まいの柱が一部ズレ、漆喰の壁も少し崩れ落ちた。幸いアトリエ&ゲストハウスは無傷だったので、補修工事の間、生活の場をゲストハウスに移した。

まったくの偶然だが、木下さんも七〇年代初頭にベルギーに留学している。外国で生活すると、日本の文化を深く知りたくなるというが、木下さんも帰国後、民家に目を向けた。その第一号が、廃屋になっていた福井県の民家を解体・移築して、友人たちとともに建てた自邸。今から二十五年前のこと。

木下さんが民家に惹かれる理由は「架構力への信頼感」、そして「山の木を選んで伐りだし、仕口や継手を刻んで組んでいった職人たちの技や考え方が理解できるから」だという。「今でも古い家を訪れると、うれしくなって体じゅうがゾクッとするんです」。

この二十五年間で民家を移築再生したり、古材を使って建てた住宅は百五十棟にもなるが、「デュルト・森本邸は、私自身の建築家としての仕事の始まりと連続性を支えてくれている大切な家です」と木下さんはいう。

「住まいは人を育てる」といわれているが、この家に伺ってそのことばが信じられるようになった。木、石、漆喰といった本物の自然素材で構成された豊かな空間のなかで育った子供たち。安理さんは芸術の道に、沙羅さんは学者の道に進み始めている。

「古くなったからゴミにするという発想はあまりにも貧しい。古い民家の材料やすぐれた技術を残す、それが文化」という康代さんだが、なによりも古材の力強い美しさに、理屈抜きに魅了されているのだろう。住まいやアトリエにしばらく居ると、建物のすべてを子供を育てるように慈しみながら住み続けてきたご夫妻の気持ちが伝わってくる。

（二〇〇二年十月）

山の中腹から遠望した東側外観

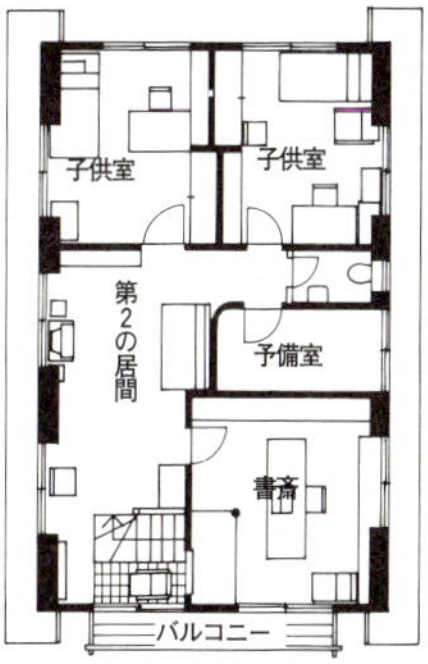

南側外観。草花に覆われた庭の向こうに、1階の開口部がわずかに見える

大久保邸◎築二十三年

東京都八王子市

設計◎村田靖夫

草花に覆われ庭と一体になった南欧風の家

誰もが理想の住まいへの夢をもっているが、多くの場合、計画段階でさまざまな条件が立ちふさがり、夢の部分は縮小され、現実的なものに落ち着かざるを得なくなってくるのではないだろうか。大久保弘子さんの家は、自分の身体感覚に合った空間に住みたいという夢を実現し、しかも時間の味付けによって、ますます当初の理想に近づいてきた幸せな例かもしれない。

この家の主、大久保弘子さんは画家。二十三年前に家を建てた時は、娘さんと二人暮らしだったが、その娘さんも独立して、今は愛犬と暮らしている。大久保さんの描いた自分の身体感覚に近い理想の住まいは、エーゲ海の島にある半分廃墟のようになった白い民家だった。パティオはオリーブや草花に覆われ、家も植物も大地から自然に立ち上がったような、そんな空間をイメージしていた。その夢を実現するために何年もかけて土地を探し、建築家も探した。建築雑誌に出ていた「庭も住宅設計の一部」と考える村田靖夫さんの仕事に目がとまり、扉を叩いた。夢を共有してくれる建築家に出会って、イメージが具体的になった。

東京の郊外、最寄りの駅から七～八分歩くと、樹木の間から高台に立つ大久保邸の外観が見えてくる。「この土地に決める前に二か所購入しては、気に入らなくて売った」というだけあって、南側に公園とお寺の緑が広がる素晴らしい場所だ。

道路から石段を二メートルほど上がったところに入り口がある。アーチをくぐると広いポーチになっていて、床に敷いた枕木と白い壁や外階段が、ミコノス島の集落に迷い込んだような感じをもたらす。正面のドアから中に入ると二階まで吹き抜けになったホールが、家の中心に通っている。天窓から光が入り、外とも内とも思える不思議な開放感に満ちた空間だ。

ホールから居間に入ると、南側の格子の窓を通して見える庭の樹木や草花のあざやかな色彩に目を奪われる。居間の中央には掘り炬燵のようになっている大きなテーブルがあり、そこは床面が下がっている。

　この家の主が指定してくれたのは庭が正面に見える席。そこからは窓の手前に額縁のようにアーチ状の壁が下り、窓の向こうには「野生の庭、野原のような庭が好き」という大久保さんが手入れをしている庭が眺められる。その奥には樹木で半分隠されているが西側の外壁から延びているアーチ状のゲートが、さらにその奥には公園の緑が借景となっている。奥へ奥へと視界がつながっていく様は、住宅の庭とは思えない、奥行きの深い世界を感じさせる。

　ホールを挟んで北側には床面が三段ほど高くなっているキッチンと食堂、西側には個室と水回りがある。「居心地のいい居間から、生活臭を見せたくない」という住み手の要望で、キッチンは独立型。食堂はテーブルも、棚と一体になったベンチも造り付け。食堂から階段を上がると、二階には吹き抜けに面してオープンになっているアトリエがある。アトリエの南側のバルコニーには階段がついていて、ここから直接庭に出られるようになっている。

　ここまでが大久保さんの住まいだが、この家には貸間もついている。母娘二人だけの生活は何かと不便だし、不用心だということになり、玄関脇に入り口を独立させて上下二部屋の貸間を設けた。近くに大学もあり、最近まで学生が住んでいた。立地条件はよかったが、学生の数が減ってきて、現在は空き部屋になっている。

　大久保さんが育った家は、総檜造り、和風庭園のある大きな家だった。その反動かもしれないが、家を建てるなら石造りは無理でもコンクリートで、和風でなく南欧風がいいと思っていた。しかもピカピカの家よりも、どちらかといえば「魂が宿っているような」古びた家をイメージしていた。だから設計者の村田さんには、最初から「廃墟のような家にしてください」と話した。「南欧風」と「廃墟のような家」、二つのイメージを与えられた村田さん。そのまま形にすると「キッチュ（下手物趣味）に

床面を一部下げている居間。掘り炬燵のようになった特等席から庭を眺める

なってしまうから」イメージはあくまでも隠し味にしてプランニングした。

二十二年前に設計した家なのに、村田さんの事務所には紙でつくった大久保邸の模型がきれいな状態で保管されていた。模型を前に「実はこの家はエーゲ海に浮かぶ船なんですよ」と秘密を打ち明けるように話してくれた。

居間の前の地面を下げたのは波打ち際から外へ出られるように、また居間の床面を地面よりも下げたのは、室内から外を眺めたときに、視線が低くなって、より強く庭との一体感が生まれると考えたから。そしてアーチ状の下がり壁やパティオのようなポーチ、さらに壁を白くすることで南欧風に近づけた。西側の壁面を庭まで延ばして、庭を囲むようにゲートを設けたのは、古代ローマの遺跡のように、朽ちかけた門や柱がいくつもの領域をつくることで、時間の迷路のなかに人を誘い込む廃墟の雰囲気に近づけるため。

住み手のイメージを具象化するのは難しい作業だ。しかも住まいというのは、長い年月、風雪にも耐えられるようにしなくてはならないし、生活の器としての機能性ももたせなくてはならない。村田さんは屋根は木造にしたが、本体は鉄筋コンクリート造にして内外の仕上げは「画家ですから、壁は自分で塗ります」という大久保さんの宣言で、ペンキを塗ることにした。建物として物理的に成り立たせたうえで、村田さんは大久保さんの「夢」と向き合うことを楽しんだのだ。「自分のなかでも記憶に残る仕事のひとつです」という。


空間に対する感覚は、住む人の身体感覚や空間体験と切り離すことができない。居間は、「穴蔵に入っているように囲われていたい、視線を低くして居心地よくゆるみたい」という大久保さんの身体感覚にふさわしい空間になった。「居間に座ってボーッと庭を眺めていると、気持ちがゆるんでしまって、立ち上がれなくなってしまうんですよ。あまり居心地がいいと、無精になってしまって、かえってよくないかもしれませんね」。大久保さんは絵を描くのも、食事をするのも、来客と応対するのも、今ではすべて居間で行っている。

けれども居間のピットに座っているとたしかに穴蔵に

入っている感覚もあるが、庭から外へと視界が広がっていくので、籠もりたい願望と視界を広げたい願望の両方を体験することになる。個室の前や階段回りなど、用途の定かでない、ゆとりの空間が多いのも、視界を広げる要因になっている。籠もりたい願望はあるけど、窮屈なのはいやという大久保さんの我がまま、いや、人間誰しももっているアンビバレントな願望にも、この家はこたえているようだ。

　こうした大久保さんの身体感覚は子供時代を過ごした家に起因するのかもしれない。襖だけで仕切られた和室が何部屋もつながる、大きな和風住宅で育ったので、どうやって自分だけの領域を確保しようかと苦心したそうだ。家族も、椅子とテーブルの立派な食堂があるにもかかわらず、掘り炬燵のある狭い四畳半の部屋に集まってきて、そこで食事をとり、いつまでもダラダラとくつろいでいたという。

「村田さんに設計を依頼してよかったと思うのは、自分の身体感覚に合った家にしてくれたこと。そして豊かな発想でプランニングして、あとから予算におさまるように削っていくやり方だったので、縮こまった家にならなかったこと。だからこの先もずっと住めるような気がする」。子供や大人に絵を教えながら、愛犬とともに穏やかな日々を過ごしている大久保さんにとって、この家は身体の一部になってきたのだろう。

「家を長生きさせる秘訣は、住み手が自分でいいと思える魅力をどこでもいいから、ひとつでも発見できるように設計することです」。今までに百軒以上の家を設計してきた村田さんは、いつまでも住み続けていける家、社会資産になる家を心がけているという。

　この家は道路から玄関まで階段がたくさんある。居間と庭の間も、居間と食堂の間も、洗面所と浴室・トイレの間もすべて段差がある。バリアだらけの家だ。「足腰が鍛えられていいんじゃないでしょうか」と大久保さんはこの家で老いることも大らかに受け止めている。

　山のてっぺんよりも深い森が好き、曲線があると安心する、大久保さんの描く絵のなかの道も植物も大らかにうねっていた。

（二〇〇二年八月）

上／天井と壁は白のペイント、床はコルクタイルのシンプルな仕上げ。下右／天窓から光が降り注ぐ吹き抜けのある玄関ホール。下左／居間よりも３段上がった食堂から階段と居間を見る

右／アトリエから食堂を見下ろす。屋根勾配がそのまま天井になっている。左上／２階アトリエにはエッチングの刷り機も置いてある。左下／東側外観。アーチの下が玄関ポーチ

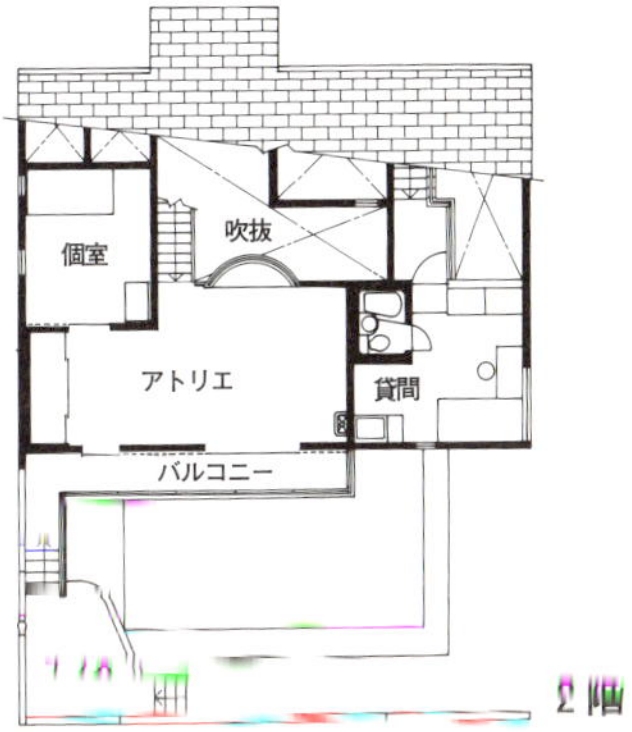

温室側から食堂を見る。吹き抜けを巧みに取り入れて、変化のある空間構成にしている

柿沼邸◎築二十二年

神奈川県相模原市

設計◎石田信男

自然エネルギーを利用した温室のある家

地球上どこでも人は太陽や風といった自然の恵みを取り入れたり、拒んだりする仕掛けを考えながら、その土地の気候や風土に合った家を建ててきた。けれども都市に人口が集中するようになると、採光や通風も限られてきて、住宅の温度や湿度は一年じゅう同じ状態を保つことが求められるようになってしまった。化石燃料を使って室内の温熱環境をコントロールすることが当たり前になってしまったのだ。

間取りや窓のとり方などを工夫することで、もう少し自然の恵みを活かした住宅にならないだろうかと考えたのが、建築家の石田信男さんが二十二年前に設計した柿《かき》沼《ぬま》征昭《まさあき》さんの家だ。二十二年も前だから今ほど「環境問題」に人々の関心が高かったわけでもないし、まして自然エネルギーを利用した住宅に住むなんて、多くの人が考えてもいなかった頃だ。

「蘭のための温室がほしい」という夫人の田鶴子《たづこ》さんの要望から室内に温室を取り入れることになり、さらに屋根を集熱板にして太陽熱を室内に送り込んだり、ソーラーパネルを設置して太陽熱で給湯するなど、自然の力をほどほどに利用した住まいになった。設計者にすすめられるままに、自然に寄り添う家に住んで二十二年。柿沼さん夫妻は、自然エネルギーを利用した家とどのように付き合ってきたのだろう。

私鉄駅からバスに乗って十分、幹線道路から一本なかに入った道路に面して、柿沼さんの家は立っている。周囲は住宅に囲まれているが、道路をはさんで南側には家庭菜園用の農地があり、その奥にはブドウ畑が広がっている。門を入ると、右手には一メートルほど高くなった庭が、樹木の間から見え隠れする。正面を見上げるとガラスに覆われた温室が見える。

断熱と畑からの風を防ぐために設けられた風除室のド

上／居間は温室と吹き抜けがあるのびやかな部分と、３本の柱で囲われた落ち着いた部分がある。下右／キッチンで料理をする柿沼夫妻と、居間北側の食堂。下左／扉の黄色も竣工時のまま

階段踊り場から見た温室まわり。玄関の上は
居間から半階上がり、上の温室へは寝室から

アを開け、さらに玄関ドアを開けて中に入ると、蘭の花の甘い香りがただよってくる。二階まで吹き抜けになっている玄関から半階分上がると、南側に蘭や観葉植物の鉢植えが置いてある三層の温室が見える。

居間と食堂はワンルームになっているが、吹き抜けがあるので、南側の居間と北側の食堂の領域は守られている。庭に向けて大きく開けられた開口部の建具は木製。三本引きのガラス戸と手前には障子が引き込まれるようになっている。床はカーペットだったが、室内で犬を飼っていたので、汚れがひどくなり、五年前にフローリングに替えた。居間と並んで南側には六畳の和室があり、北側には食堂と並んでキッチンがある。浴室、洗面、トイレといった水回りは、このフロアを半階下がったところに設けている。

二階への階段を半階上がって踊り場に立つと、この家の全貌がほぼつかめる。居間の上にある寝室は三本の柱で床を支え、角を丸くした白い壁で囲まれていて、吹き抜けに面した側には横長の突き出し窓を設けている。まるで家の中にもうひとつ家をはめ込んだようにも見える。階段をさらに上がると、北側には征昭さんの小さな書斎がある。書斎の上の小屋裏には、屋根面に設置したソーラーパネルで温められた水を貯湯するタンクが置かれている。

「空中に浮かんだ渡り廊下のような楽しい空間だった」と田鶴子さんがいう廊下は、十年前までは両側が吹き抜けだった。子供室がもうひとつ必要になり、食堂の上の吹き抜けをふさいで長女の部屋にした。二階南側には夫婦の寝室と子供室がある。寝室の西側にある小さなドアを開けるとキャットウオークがついていて、そこからも温室に行ける。子供室は娘さんがふたりとも独立したので、今はどちらも納戸兼予備室になっている。

一階を半階分上げたこと、適度な大きさの吹き抜けを設けたこと、そして温室を室内に取り込んだことなどが、空間に変化を与え、同時に温熱環境をコントロールするのにも一役買っているのだ。

敷地は四十年以上前に坪十万円で購入したものだが、賑やかな都心で生まれ育った征昭さんには、交通の便も悪く、周囲を畑で囲まれた風景の中で生活するのは抵抗があったのだろう。しばらくは都内のアパートに住んでいたが、ふたりの娘さんたちも小学生になり、手狭になってきたので、家を建てることにした。設計を依頼した石田さんとは、家が近く、ご近所付き合いの間柄。「以前住んでいたアパートの改修も石田さんにお願いしてとてもよかったので、気心も知れているし、もう一度お願いしようと思ったんです」と柿沼さん夫妻。

南側が道路で、その先はブドウ畑という周辺状況を見て石田さんは、このブドウ畑が見渡せるように、そして道路を歩く人の視線をずらすために、一階の床を道路面から一・一メートルほど上げて、庭は盛り土をした。

さらに石田さんは「太陽の光や熱を利用した家にしませんか」と提案した。当時柿沼さんのまわりでは誰もそんな家を建てた人がいなかったので、どれほどの効果があるのか、また余分な設備費や工事費がかかるのではないかと心配だった。けれども「毎月の光熱費が抑えられるので、十年くらいで元がとれますよ」という石田さんを信じてソーラーシステムを取り入れることにした。ソーラーシステム振興協会から二百万円の低利子融資を受けることができたのも、はずみになった。ちなみに柿沼邸は民間融資の第一号だった。一階を高床にしたので、北側の一部に半地下をつくることができた。半地下にするために掘った土は、庭の盛り土になった。半地下は屋根面で集熱した太陽光の蓄熱槽になると考えたのだ。屋根には五枚のソーラーパネルを設置し、それ以外の屋根面には中空セメント板を張って、野地板を空気式の太陽熱のコレクターにした。ある程度の温風を室内に取り入れて、一階居間に設置した空気循環型の灯油ストーブの暖房システムと連動させて、室内の温度差がないようにしたのだ。

当初、半地下は砕石蓄熱槽にして、夜間の暖房も太陽熱利用を考えていたが、ダンプカー二台分の砂利が必要ということになり、費用もかさむので、砂利を入れるのは断念して、コンクリートの蓄熱槽だけで、ほどほど暖かければいいということにした。ソーラーパネルは北側の屋根を立ち上げて、そこに取り付けることにした。建物を道路面より半階分高くしているので、パネルを立ち

上／２階廊下から玄関上の吹き抜けを見る。下右／玄関ホールから見た玄関と風除室。断熱効果も考慮して外部とは２つのドアで仕切っている。下左／吹き抜けに面して窓を設けている寝室

上／居間の開口部は木製枠ガラス戸と障子。庭は道路より半階分高い。下右／征昭さんの小さな書斎。左上はソーラーシステムの貯湯タンク。下左／寝室と、南側外壁（ラスモルタルに樹脂塗装）

上げることで、周囲に威圧感を感じさせないようにという配慮から、北側にもっていったのだ。

パネルは水式といって、二枚のステンレス板の間に水が入るようになっていて、太陽熱で温められた水が小屋裏に設置してあるタンクの中を循環しながら、浴室、洗面所、キッチンに送られる。

「真夏は九十度くらい。蛇口をひねるとやけどをしてしまうほど熱いお湯がでます」と征昭さん。昨年、はじめて故障したが、部品を一部交換したら、また元気にお湯を供給してくれている。太陽熱が少ないときのために、ガスも併設しているが「ソーラーが使えなくなった時にガス代を見てビックリ。その時、完全に元はとって、お釣りまできたと確信しました」。


「温室と光がたくさん入る家」を要望した田鶴子さんは、園芸、油絵、ダンスなど趣味の幅が広く、特に蘭の栽培に凝っていた。石田さんは庭先に温室を置くと目障りになるし、管理も大変になると考え、思い切って家の中に取り込むことを考えた。そこで玄関の上に温室を嵌め込んだのだ。この位置なら居間、階段、二階の廊下からも視界に入ってくるので、緑や花と日常的に親しむことができるし、寝室からもアプローチできるようにしておけば、朝起きてすぐ水やりもできる。

「ガラス戸一枚の開閉だけで、昼間は温室内の余剰熱を室内側に取り込み、夜間は室内側の暖気を温室内に供給できる」。石田さんは温室を室内に取り込む利点は、管理がしやすいことと、温度管理がラクになることだという。蘭栽培の温室にはヒーターが不可欠で、その燃料代も大変だそうだが、この家では室内の余熱で賄っている。

冬の晴れた日は南側の開口部から光がよく入るので、太陽熱だけで日中はストーブをつけない。夜間は居間にあるストーブ一台だけ。屋根で暖められた空気とストーブの廃熱効果を利用して、二階までほんのり暖めてくれるのだ。「二階は一階より三度くらい低いので、十分暖かいとはいえませんが、厳寒期のみ補助暖房を使うだけです」。この家の熱効率のよさは全室暖めても真冬の灯油代、月五千円が物語っている。

夏は四方に風が抜けるように、風の道に当たるところに窓を設けているので、窓を開けておけば、猛暑の日以外はエアコンを動かさなくてもしのげるそうだ。

「屋根で太陽熱を集め、ストーブのダクトを使って家じゅうに暖かい空気を循環させるというアイデアは、ＯＭソーラーを開発した奥村昭雄さんの原点なんです。その考え方をこの家で取り入れたのですが、今でも十分に機能しているんですね」。石田さんは、極力単純な仕掛けで、周囲にある自然エネルギーが利用できるように住宅を設計すれば、住む人も知らず知らずに自然に寄り添った暮らしが楽しめるはずだという。

　長女も次女もそれぞれ独立して、夫婦だけの住まいになった。ともに六十代だが、元気なうちはアクティブに生きようと、仕事以外にも、旅をしたり、草花を育てたり、絵を描いたりと多忙な日々を過ごしている。「太陽の光や熱が、この家を快適にしてくれているなんて、ほとんど意識してこなかった」。気負わず、淡々と暮らしてきた柿沼さん夫妻のように、意識しないほどの関係こそが、自然エネルギーを利用した住まいと長く付き合っていく秘訣なのかもしれない。

（二〇〇三年五月）

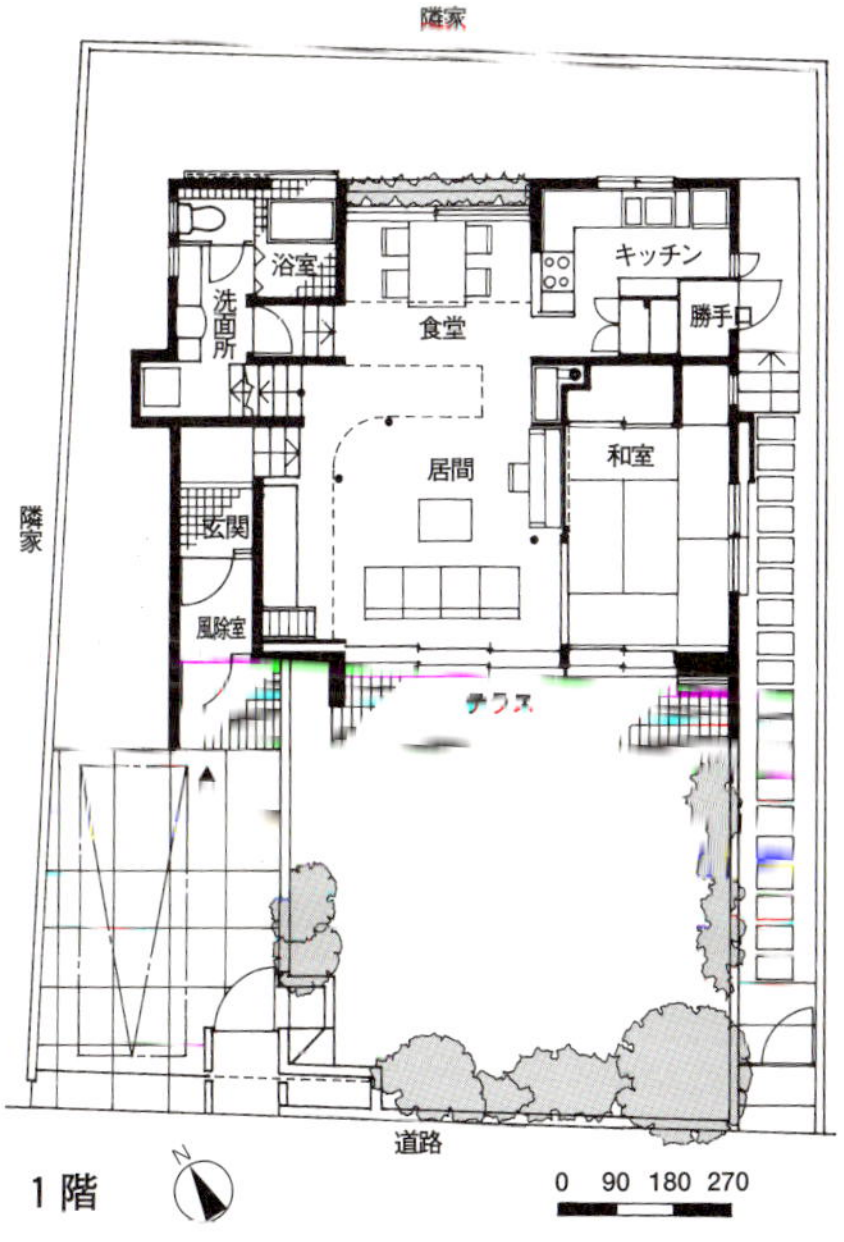

1階

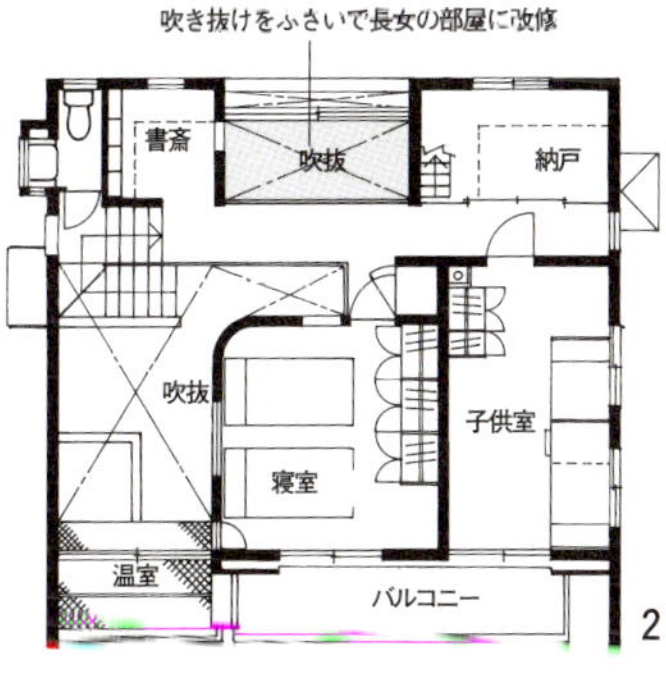

2階

約20畳の広さがある居間は全面吹き抜け。23年間のインテリアの変遷が積層されている

宮崎邸◎築二十三年

東京都杉並区

設計◎鯨井 勇

住み手の好みで色づけされてきた白い箱の家

住宅設計にも時代の空気が色濃く反映される。一九七〇年代末期から八〇年代初頭、その頃の日本経済は元気いっぱいだった。多くの日本人が自分は中流の暮らしをしていると感じていた時期だ。ＤＩＮＫＳ、アーバン・ライフといった言葉が、なんとなく格好よく思えて、私たちの心をくすぐっていた。

そんな時代に三十代前半の夫婦が建てた都市住宅が現在、どのようになっているのかを取材した。ご紹介する住まいの主、宮崎美保子さんは、家が建った時はファッション・バイヤー、夫はグラフィック・デザイナー、まさにＤＩＮＫＳ。しかも二人とも時代の先端をいく仕事をしていた。ご夫妻は自分たちの感覚に合う家に住みたいと、友人を介して知り合った鯨井勇さんに設計を依頼することにした。鯨井さんは、この時二十九歳。大学の卒業設計に「プーライエ（鶏小屋）」と名付けた、童話にでてくるような小さな自邸を自力で建設し、事務所を開設したばかりの頃だった。お金はないけれど、自分で色づけできる家に住みたいという施主の熱い想いに、若き建築家はローコストで、住み手が自由に絵を描ける、キャンバスのような白い箱を提案した。

中央線の駅から徒歩五分、商店街に隣接した住宅地に、周囲の家とは明らかに違う、清楚でキリッとした佇まいの白い箱が立っている。門も塀もない。駅に近い住宅地なので、いずれは小さく区画されて住宅が建て込んでくるのを見込してなのか、都市に建てる戸建て住宅の基本的な姿勢が、すでに外観から伝わってくる。門はないけれど玄関は外壁より内側に入っているので、屋根のある小さなポーチが確保されている。しかも外壁には、藤の木がアーチのように枝を伸ばして、訪れる人の気持ちをやわらげてくれる。

玄関のドアを開けると「靴のままどうぞ」と美保子さ

んが迎えてくれた。今まで数え切れないほど住宅を取材してきたが、土足のままOKという住宅はめずらしい。しかも浴室とキッチンがいきなり前方に見えるという大胆なプラン。たぶん、水回りを北側に集中させ、回遊できるプランにすると、必然的に浴室が通り道になったんだろうと、想像しながら気持ちを落ち着かせる。

　小さな玄関から南側の居間に入ると、またもビックリ。二階まで全面吹き抜けの二十畳くらいの空間がデーンと目の前に広がっているのだ。視線の先には、イタリアモダン風と和風が見事にミックスされたコンクリートのカラー平板を敷き詰めた庭がある。

　床・壁・天井が白いということもあるが、南側と東側は天井まで開口部を設けているので、二階建てや三階建ての隣家がせまっていても、閉塞感がなく明るい。大きな空間を見回すと、あざやかな青や緑で彩色されたカーテン、テーブル、椅子、棚、そしてアンティークな置物や観葉植物の緑がさらに彩りを添えていて、一瞬、異次元の世界に迷い込んでしまったような不思議な感覚にとらわれる。

スチールの踏み板だけの階段を上がると吹き抜けに面して、つまり北側の水回りの上に、寝室とアトリエがある。どちらの部屋にも吹き抜けに面して折れ戸のガラス窓がついているが、開けてしまえば居間と一体になる。そういえば、この家には玄関ドアだけは意識できるが、部屋を仕切るドアはついてはいても、気づかない。浴室・トイレのドアさえも、使うときだけ閉めればいいという考え方なのだ。部屋は仕切られていても、箱の中はひとつの空間なのだ。

　現状を把握していただいたところで、一、十三年前に時間を戻してみよう。三十坪弱の敷地は美保子さんの実家から借りることができたが、DINKSといっても三十代になったばかりの二人に、十分な蓄えがあったわけではない。だから、施主の夢を実現させてあげたいが、建設費を抑えるのも設計を依頼された堀井さんに課せられた大きなテーマとなった。

　土足でも入れるようにした床は、アクロボードといって、複合板にガラス繊維入りの樹脂を熱処理したもの。

上／寝室の折れ戸を開けて、居間を見下ろす。閉めれば個室だが、開ければ居間や庭と一体になる。下／庭から居間を見る。飛び石の和風庭と黒白タイルのイタリアモダン風の庭が共存している

階段下から居間南側を見る。
床はマクロボード、開口部の
スティールサッシは特注

耐水性、耐候性にすぐれていて、ガッチリとした感触を施主も気に入ってくれた。これをコンクリートの型枠に使っていたところから安く譲ってもらい、外壁にも張って、材料費を抑えた。天井と壁は空間をスッキリ見せるために白い漆喰を塗った。むろん凹凸のない箱の家にしたのも、水回りを北側にまとめたのもコストを抑えるため。けれども大きな吹き抜けがある居間には床暖房は入れた。

夫のTさんはインテリアに興味をもっていて、自分で家具をデザインして作ってしまうほど、ものを作ることが好きだった。そんなTさんなら、キャンバスを用意すれば、自分で好きなようにデザインするだろうと、鯨井さんは居住性を確保して、白い箱を二人に提供した。

美保子さんは「その頃は仕事のほうに関心がいっていたので、夫と鯨井さんに家づくりはまかせっきり」だったそうだ。Tさんは居間の柱を、ローマやギリシアの古典建築をモチーフにしたポストモダン風にしたり、大きな鏡を壁に斜めに取り付け、その周りを赤と緑に塗った飾りで囲うなど、デザイン性の強い室内にしていった。

「仕事から帰ると、自分の家って思えなくて、落ち着かなかった」という美保子さん。もうお気づきと思うが、このカップル、家ができて十年後に別れ、美保子さんがこの家に残ることになった。

デザインの好みが合わなかっただけではないだろうが、その後、美保子さんはジュエリー・デザイナーとして独立し、二階の寝室をアトリエにするなど、徐々に自分好みの色に塗り替えていった。ミシンを踏むのが好きで、布さえあればカーテンでもクッションでもすぐ作ってしまうというだけあって、美保子さんの家になってから、テクスチャーも色も柔らかくなった。

今ではローコスト＝箱の家という図式は当たり前のようになっているが、当時、白い箱の家というのは、それだけで先鋭的なデザインだった。デザインに敏感な施主との出会いがあって、白い箱の家にたどりついたのだが、美保子さん色に塗り替わった現在の家を見ると、鯨井さんの先見性に驚かされる。

「当時から家は住み手が時間の経過のなかで、自分にふさわしい色を加えていくのがいいと思っていた。この家はTさんと僕が考えたカッチリとしたシャープな箱から、柔らかくて艶っぽい箱になったけど、シンプルな白い箱だったからできたんでしょうね」。生活の舞台をつくるのが建築家の仕事だが、どこまで役者（住み手）の気持ちになれるかということも同時に考えていると鯨井さんはいう。

「自分色に塗り替えたので、今はここがどこよりも居心地がいい」という美保子さん。年齢とともに三味線、小唄、落語、短歌と、趣味の世界も日本の伝統的なものに移ってきている。この室内で着物を着て、三味線を弾きながら小唄を唄っている美保子さんの姿を想像するだけで楽しくなってくる。

　週末には趣味の仲間がやってきて居間で宴がはじまる。アクセサリーの展示会もこの空間を自分でディスプレイして行う。季節ごとに椅子のカバーの色を替えたり、特に夏はエスニック風のインテリアに模様替えしているそうだが、「最近は植物を育てることが面白くなって」と、朝顔やツルバラにも挑戦している。

　白い家を舞台に、毎日を前向きに生活している美保子さんを見ていると、「ハウスでなく、ホームをつくるのが僕の仕事」という鯨井さんの言葉が納得できる。美保子さんは、まさにこの家で経済的にも自立し、人生の楽しみを見いだしているのだ。長く生きる家、住み続けられる家の回答のひとつがここにもあった。

（二〇〇二年十一月）

塀も門もないが、藤の木が門の代わり

上／寝室だったところをアクセサリーのアトリエにしている。
下右／玄関ドアを開けると浴室からキッチンまで目に飛び込んでくる。下左／ベッドの上の天蓋も美保子さん手作り(上)、キッチン(下)

マクロボードを張った外壁は一度塗り替えただけ。竣工時と同じ外観

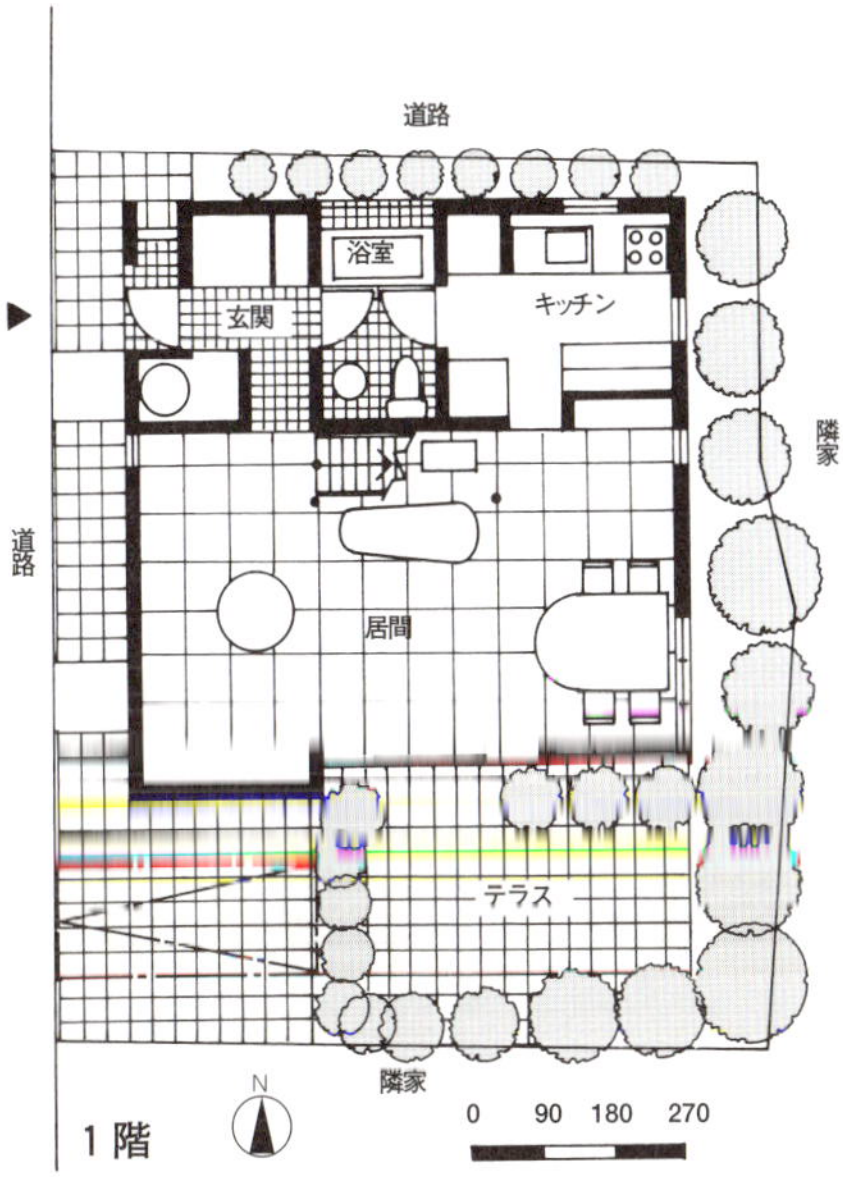

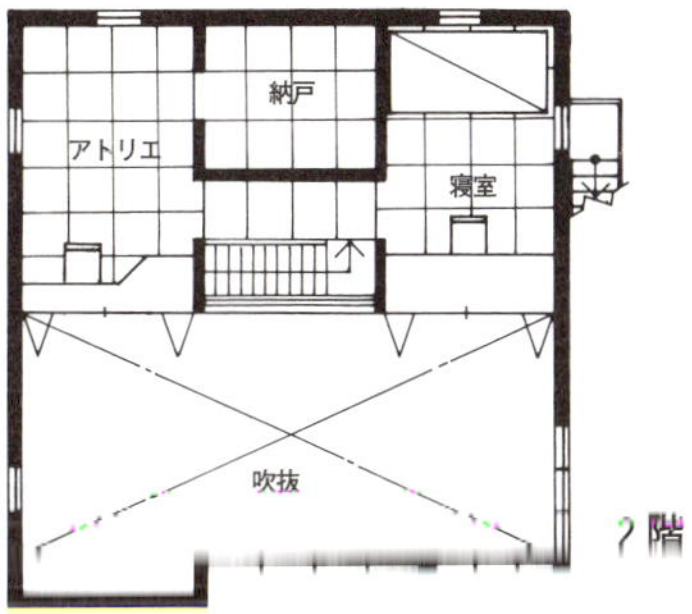

玄関から北側の浴室まで通路でつながっている。
床は磁器タイル。通路と居間は20センチの段差

山下邸◎築二十六年

東京都大田区

設計◎入之内 瑛＋松尾邦子

モノの増加や家族の変化に応じてこまめに増改築を重ねた家

建築の専門誌で紹介されている住宅は、竣工後間もないせいか、どれもモノが少なくて、これで本当に生活しているのかしら?と、モノに占領されて空間と呼べるものなどどこにも見当たらない我が家をかえりみて、疑いのまなざしで眺めている人も多いはずだ。

もともと日本の戸建て住宅は欧米に較べると一般的に狭い。にもかかわらず家の中はしだいにモノに占拠されてしまうので、室内はさらに狭くなり、雑然としてくる。家具、小物、電気製品、衣類、本などが年月とともに堆積してきて、ついにはモノのために空間を用意しなくてはならなくなってしまう。入之内瑛さんと松尾邦子さんが設計した山下孝さんの家も、普通に暮らしを重ねてきたらこれだけモノが増えましたという平均的な例だが、幸いにも収納空間を増やすことができた。さらに不具合が生じたり汚れが目立ってくるとこまめに設計者に相談して、この家を施工してくれた大工さんに対応してもらったので、姿は多少変わったが、二十六年たった今も竣工時と変わらない質を保ち続けている。

今では落ち着いた住宅地になっているが、かつては小さな町工場や駄菓子屋などがあった東京の下町の雰囲気が残る一画に、山下さんの家は立っている。夏蜜柑、柿、梅、枇杷《びわ》などの果樹が二階まで枝葉を伸ばし、四メートルに満たない南側の道路からは、木の葉の間からサーモンピンク色の外壁とバルコニーの緑色のフレームだけがわずかに見える。間口四間弱、奥行き三間ほどの庭は、カーポートと玄関までのアプローチも兼ねている。

玄関ドアを開けると茶色の磁器タイルを敷き詰めた通路が、通り庭のように北側の浴室まで真っすぐ通っている。まるで京都の町家に入ったような雰囲気だ。通路に面して居間と食堂があるが、床面が通路よりも少し高くなっているので、踏み込み部分が長いベンチのように見

カーポートと玄関へのアプローチも兼ねた庭。夏蜜柑、柿、梅などの果樹も大きくなった

える。

通路と居間・食堂の間は、現在は食堂側の半分を残して、本棚や食器棚でふさがれている。竣工時の写真を見ると、引き戸を全開すると居間・食堂は通路と一体で使えるようになっていたようだ。

食堂側から入って居間を見ると、ここもテラスだったところを増築して居間を広げ、東西の壁面に本棚を設けたことがわかる。食堂の北側にあるキッチン・家事室は、洗濯機、冷蔵庫、食器洗い機といった機器こそ代替わりしているが、システムキッチンは当時のまま。こまめに手入れをしながら使い込んできたキッチンだけがもつ独特の味わいがあり、二槽式の琺瑯《ほうろう》シンクも懐かしい。三方を二階建ての隣家に囲まれてしまったため、北側にあるキッチンはやや暗い感じがする。

二階の南側は現在は寝室と書斎になっているが、十年前までは長男と長女の個室が東西にあり、その間に幅一間弱のプレイルームがあった。北側の寝室は予備室になり、書斎だったところはクロゼットになっている。二階にはほかにも和室と納戸があるが、和室の床の間は数年前に洋服入れになった。さらに屋根裏にはご主人の孝さんのもうひとつの書斎もある。玄関ホールや階段のまわりは、絵画や陶器などが飾られているが、壁はほとんど収納スペースとして使われている。


この家を建てる前はマンションで暮らしていた山下孝さんと佑子さん。ご夫妻とも勤務医という仕事がら、通勤に便利なところに住もうと、二十七年前、知人が所有していた屋敷の庭、四十二坪を購入した。孝さんと設計を担当した松尾邦子さんは幼なじみ。孝さんのお父さんが三十二年前、山下家の軽井沢の別荘を大学を出たばかりの松尾さんに設計を依頼したのが、建築家としてお付き合いする始まりになった。妻の佑子さんも軽井沢の別荘がとても気に入っていたので、自邸を建てるなら迷わず松尾さんということになった。松尾さんはその頃、入之内瑛さんと設計事務所を共同で主宰していた。

入之内さんと松尾さんは、間口四間弱、奥行き十一間の南北に細長い敷地の南側に、庭木が植わっているのを見て、庭木はそのまま残して、北側に寄せて家を建てることにした。東側は二メートルほど地盤が下がっていて、コンクリートの擁壁が築かれ、ギリギリまで隣家が立っていた。そこで東側の地盤をコンクリートで補強して、玄関から浴室までを磁器タイルで貼って、通り庭のような土間にした。西側は床を二十センチ上げて、居間・食堂・キッチンを配置した。

「幅が三・二五間しかとれなかったので、西側は二間、東側は一・二五間という細長い空間構成になった。広い居間、食堂、キッチン、寝室、書斎、子供室二つ、和室、納戸がほしいという、夫妻の過大な要望を、限られた敷地の中に納めるには、この方法しかなかった」と入之内さんは当時を振り返る。この一・二五間の幅をもつ空間は一階では玄関、通路、洗面所、浴室に続く南北に細長い土間になり、二階では階段、廊下、書斎、子供部屋になっている。

竣工時、山下さん夫妻は三十代前半、長男は五歳、長女は三歳。いずれ個室が必要になると思い、子供室を二部屋設けたが、しばらくは一部屋に二段ベッドを置いて、寝るときは一緒、遊ぶときは一階の居間か、もうひとつの子供室だったという。二人とも高校までこの家で過ごし、長男は地方、長女は海外の大学へ進んだ。

結婚した長女は、ご主人の両親が住んでいた静岡県の古民家を、二世帯住宅に改修することになり、設計を入之内さんと松尾さんの事務所に依頼した。長女にとって十五年間住んだ家の温もりが記憶のなかにインプットされていたのだろう。迷わず親の家と同じ建築家を選んだ。松尾さんは、山下さんのお父さんの別荘、自邸、そして長女の家と、三代にわたって山下家の住まいを手掛けたことになる。

この家の増改築の歴史は、竣工後十年目に外壁を吹き直したことから始まる。十年後には増え続ける本や仕事関係の資料の収納に困って、通路と居間側との開口部をふさいで収納スペースをつくった。十一年後には、通路と食堂側を半分ふさいで食器用の収納スペースをつくり、居間を南側のテラスまで増築し、二階バルコニーを室内化して、鉄骨で新たにバルコニーを増築した。

二人の子供が巣立ったあとの十七年後には、プレイル

上／テラスだったところを室内に増築した居間。かつては南側にベンチがあった。下右／浴室から玄関側を見た通路。居間と通路の間は収納でふさいでしまった。下左／洗面・浴室と、キッチン

上／食堂からキッチンを見る。西側に家が建ち、採光も少なくなった。下右／プレイルームを取り込んだ2階寝室。下左／屋根裏の書斎を階段室から見る（上）。書斎の窓からは空が見える（下）

ームをつぶして夫妻の寝室と孝さんの書斎に、さらに屋根裏への階段を設けて、もうひとつの書斎を増築した。この時、外装も以前より目立つサーモンピンク色に吹き替えた。

この屋根裏のもうひとつの書斎は、いわば孝さんの「隠れ家」。別荘を建てるプランもあったが、多忙な日々を考えると、別荘があっても使いこなせないのではないかと断念。寝室の隣にも書斎はあるが、こちらは仕事用。屋根裏の書斎は、大きな天窓から星を眺めたり、誰にも邪魔されずにビデオを楽しんだりする息抜き用。自宅の中の別荘なのだ。

大きな増改築だけでも二十六年間にこれだけ行っている。それ以外にも、塗り壁をクロスに貼り替え、もう少し明るくしたいと玄関ドアを替え、二階の和室の床の間や書斎の一部をクロゼットに改修し、浴室のタイルを貼り替え、水回りのドアを取り替え、照明器具を替えたり…、山下夫妻も設計者も工務店も記憶できないほど、実にこまめに手を入れている。

「住まいのことで問題が発生すると、どんな小さなことでも松尾さんに相談しているんですよ」という佑子さんは、ご自身も専門職ということもあって、建築家の職能を信頼している。

「住宅を設計する建築家は、お風呂の蓋のことまで面倒みなくてはいけないと先輩から教えられたので、電気製品や照明器具でも相談されれば、応じるようにしています。相談されたときに出向きますので、その時住まいの状態も点検できますから」。松尾さんは主治医のように山下邸を二十六年間ずっと診察してきたのだ。だから訪問するたびにモノが増えて、空間がなくなっていくのを見て、時には「捨てることも考えましょうよ」とやんわりと助言することもある。

「今までの増改築や改修にかかった費用を考えると、もう一軒分建つくらいの費用がかかっているかもしれません。その時の状況に合わせて住まいも替えていかなくてはならないので、必要な出費だと思っていますが」と佑子さん。

入之内さんと松尾さんの事務所では、住宅を建て主に引き渡すときに「マンションの補修積立費と同じように、戸建てでも最低月一万円くらいの補修費を考えておいてください」と伝えている。一年で十二万円、十年で百二十万円。十年目に外壁を塗り替える費用くらいは、最初から計画的に積み立てておいたほうがいいということだ。住まいは新築したら終わりではないのだから。

その時々の暮らし方に応じたり、建物としての質を落とさずに長く住み続けるには、それなりの気遣いと費用の備えも必要ということを、山下邸は教えてくれる。

（二〇〇三年六月）

玄関ポーチのまわりは、佑子さんが育てている鉢植えで覆われている

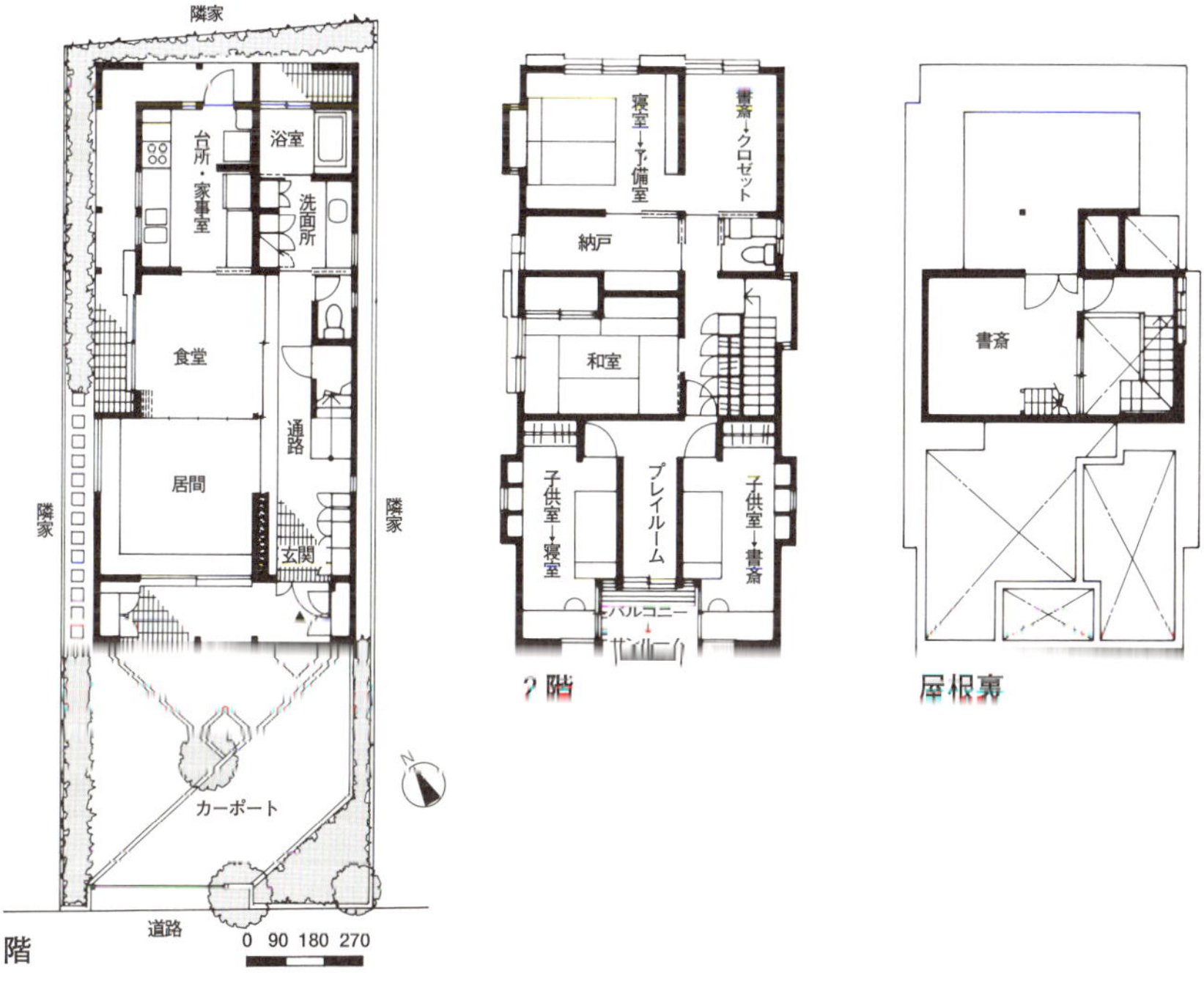

岡島邸◎築二十三年

熊本県熊本市

設計◎小井田康和

右／両側を低い植栽にした玄関までのアプローチ。ポーチに立つ娘さんと愛犬。上／カーポートからは、木々の間から平屋の家が遠慮がちに立っているのが見える。下／南側外観。手前は食堂の窓

郊外住宅の姿を守り続けてきた平屋の家

三十〜四十年くらい前までは、東京のような大都市でも、郊外に立つ住宅は平屋が多かった。敷地の真ん中に小さな家があり、門から玄関までは季節の草花や樹木が植えられ、香りや彩りを楽しみながら家の中に入った。隣家との境は白いペンキを塗った低い柵か生垣でゆるやかに仕切られ、裏庭では洗濯物が風に揺れていた。

郊外に家をもつことの当たり前のマナーとして、私たちの親や祖父母たちは、庭や周りの環境とどのようにバランスをとって建物を建てるかといったことを考えていたような気がする。昭和三〇年代以降の都市化の波は、そんな郊外住宅の最低限のマナーすら、人々から奪ってしまったのではないだろうか。土地価格の高騰で、小さな敷地に建物を建てるのが精一杯となり、庭や周辺のことまで気が回らなくなってしまったのだ。さらに家の持ち主が替わると土地は細分化され、そこには二階建て、三階建ての家が敷地一杯に建てられ、平屋の郊外住宅は徐々に姿を消していった。

小井田康和さんが設計した熊本市郊外にある岡島洋右《ようすけ》さんの家は、今では夢になってしまった郊外住宅の本来の姿をとどめている数少ない例だろう。

熊本市の中心から南に四キロ。竣工当時、岡島さんの家の一帯は田や畑が広がる田園地帯だった。幹線道路の開通とともに都市化の波は加速し、周辺にはビルや住宅が建ち、今は空き地になっている北側のレンゲ畑は、いずれはマンションやビルが建つことになるという、急速に市街化している地域だ。二階建ての家に囲まれた木造平屋建ての岡島さんの家は、隣家や生長した庭木の間から遠慮がちに姿を見せている。バージニア・リー・バートンの絵本『ちいさいおうち』のように、この家だけ平屋のままで、二十三年の間に、周辺は変わっていったのだろう。

行き止まりの道に面したカーポートから玄関までは、両側にヒメシャラやサツキの植え込みのある長いアプローチになっている。左手にはケヤキやカエデが緑の枝を伸ばし、足下には色とりどりの草花が咲いている。家に着いた安堵感やうれしさがこみあげてくるようなアプローチだ。東西に長い敷地には、居間、食堂、和室、子供部屋、寝室と、すべての居室が南側の庭に面して配置され、南下がりの片流れ屋根が居室を覆っている。南側の深い軒の出が夏の日差しを遮り、雨風から外壁を守ってきたことがうかがえる。

玄関ホールの左手から居間に入ると、床から天井まで開けた開口部から庭の緑が広がる。貫禄がついて、くすんだ茶色になった天井や床、そして塗り壁の室内が、そのまま庭に溶け込んでいくように、内と外が自然につながっているのだ。食堂との間は暖炉の壁で仕切っているだけなので、居間からは食堂の奥まで見通せる。

南下がりの斜めの天井は、一番高いキッチンの北側では三・六メートルの高さがあり、居間・食堂・キッチンに一体感と、気持ちのいい広がり感を与えている。食堂の南側と西側にL字状に設けた開口部は、出窓のように窓台に腰掛けられるようになっている。キッチンに立つとちょうどいい高さで庭が見渡せるように、南と西の開口部は大きさや高さを決めているのだろう。

この家はパブリックゾーンとプライベートゾーンを明確に分けている。居間・食堂・キッチンの隣に三つの子供部屋、和室、一番奥にご夫妻の寝室が並び、北側には洗面・浴室とトイレがあり、すべての部屋を北側の廊下がつないでいる。

二十数年前、東京から熊本の病院に転勤することになった岡島洋右さん。二年ほど病院の社宅に住んでいたが、子供も三人になり、手狭になったので、少し前に購入していた、田んぼを宅地にした土地に家を建てることにした。そこで東京に住んでいた時以来、家族ぐるみのつきあいをしていた建築家の小井田康和さんに、設計を依頼した。

「家を建てるなら、小井田さんと決めていた」と岡島さん夫妻は声をそろえていう。医者と患者の関係ではなく、

上／キッチンと食堂はカウンターで仕切っているだけ。家具も照明器具も替えていない。下右／居間と食堂の間には小井田さんデザインの暖炉がある。下左／キッチン北側には高窓がある

上／食堂側から居間側を見る。天井はラワン、床はナラ、どちらもいい色になってきた。下右／作業しながら庭が眺められるキッチン。下左／和室の丸い天井は竹を曲げた竿縁天井

趣味や感性が合ったからだそうだが、洋右さんは小井田さんの「大らかさや、何に対しても自由な発想をする」ところが面白いと思ったそうだ。だから東西に長い約二百三十三坪の土地だけは、建てると決心する以前に見てもらい、「子供室三、寝室一、和室一、あとはお任せ」と小井田さんの感性を信じて、要望はこれだけだった。

「敷地は二、三年前から見せてもらっていたので、スケッチをくりかえしていました。岡島邸はこのあと設計する別荘と自邸の原点にもなった」。小井田さんにとってこの家は自分の設計のスタイルが決まった重要な家でもあったのだ。

妻の律子さんは「掃除がらくな家になったらいいと思っていました」と三人の子育てに忙しかった日々を振り返る。竣工時、長女の翠《みどり》さんは小学二年生、長男の真《まこと》くんは五歳、次女の純《じゅん》さんは二歳。洋右さんは内科医として多忙な日々を送っていたので、家事はひとり律子さんの肩にかかると覚悟していたゆえの、ささやかな要望だった。

設計にあたって小井田さんは「休息の場であるだけではなく、もうひとつの仕事の場にもなるような家にしたかった」という。洋右さんが絵画、音楽、読書など幅広い趣味をもち、そうしたものと過ごす時間を大切にしていることを知っていたからだ。「仕事のあいだ休んでいた脳が活動しはじめるような家」であることも、友人としての心配りだった。

居間の壁面や暖炉の周りの棚には、CDやLPがぎっしり並んでいる。壁には現代アートやジャズのLPのジャケットカバーを飾っている。休日はソファに座って家族の気配を感じつつ、ジャズを聴きながら本を読み、目や脳が疲れれば庭の緑を眺めて休む、そんな洋右さんの至福の時をこの空間がずっと包み込んできたのだろう。

建物全体は竣工時とほとんど変わっていないが、カーポートは車を二台駐車するために広げたり、子供部屋の間取りと設備は少し変わった。真さんが大学進学を機に家から離れると、三つの子供部屋を真ん中で二等分して、翠さんと純さんの部屋にしたのだ。改修してくれたのはこの家を建てた大工さん。構造上はずせない柱だけ残して、間仕切り壁を入れ六畳大の個室が二つになった。

子供たちも幼かったので安全性からプロパンガスを使わないで、熱源は電気と灯油にした。給湯は当時市販されたばかりの深夜電力温水器、冷暖房は小井田さんがデザインした暖炉のほかに、暖房は灯油、冷房は電気で行うパルエアコンという機器を設置した。キッチンのコンロも電気だった。ところが冬は電気代が月五万円かかったり、コンロは火力が弱かったりと、熱源を電気だけにすることに限界が生じてきた。そこで給湯は灯油に、暖房とコンロはガスに替えた。

「夏は四方の窓を開けておけば風が通って気持ちがいいんですけど、天井の高い居間は冬は寒いので、暖炉の周りに、家族四人と犬がかたまっているんですよ」と律子さんは楽しそうに話す。個室はそこそこの居住環境にして、家族が集まる食堂や暖炉の周りを快適にしたのは、岡島さん一家のことを知り尽くしている設計者の思いやり（!）だったのだろうか。

予想外の改修もあった。五年前、食堂の床下換気口の前に、暖炉用にと薪を積んでいたら、そこからシロアリが発生し、壁を伝って柱をダメにしてしまったのだ。傷んだ柱を替えたために、室内の壁も部分的に塗り替えた。そのため、時間がたって自然にくすんだ壁と塗り直した部分との違いがでてしまい、「白く塗り直すか、くすんだ色に塗り直すか、それともこのままにしておくかと迷っているうちに、気にならなくなってしまった」と洋右さんは大らかにいう。

「壁塗り替えましょうよ、そろそろ浴槽やキッチンも新しいのに替えましょうよって主人に相談するんですけど、いいじゃないかこのままでって」。律子さんは、「必然性がないなら、あるがままでいい」というご主人の考え方を、半分納得、半分あきらめきれないまま、二十三年が過ぎてしまったという。

「夏は庭の草とり、秋は落ち葉の掃除、十月になると年末の掃除をはじめないと間に合わないほど手間のかかる家なんです。だけど、天井が高くて、外も内も木で囲まれているので、夏はひんやりして、外出先から帰ってくると、これが我が家なんだってホッとするんです」。

東西に長い間取りなので、移動だけでいい運動になっ

上／南側に横長窓をとった寝室。下右／構造上取れない柱だけ残して、3室を2等分した純さんの部屋。下左／翠さんの部屋。収納は屋根勾配を利用して北側上部に確保

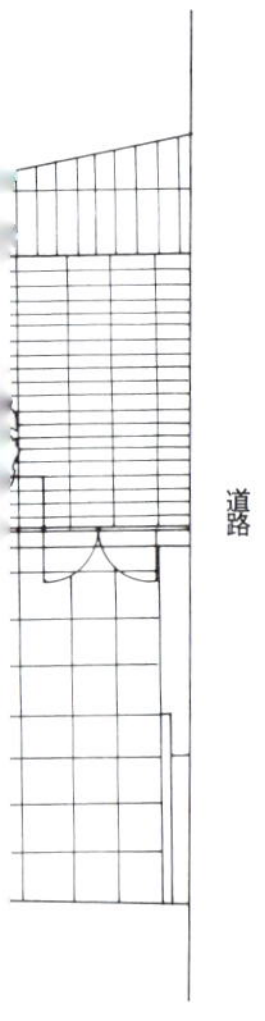

ているという律子さん。のびのびした空間のせいか、「のんびり育ちすぎた」とご両親が太鼓判を押す翠さんや純さんも、「きれいな家だと、よそよそしくてなじめないし、だいいち落ち着かないよね」と声をそろえる。時を重ねて貫禄がでてきたこの家に、ふたりの体も心もすっかりなじんでいるようだ。

「気にならないところが一番いい」という洋右さんは、「自分の家より快適なところに今まで一度も泊まったことがない」というほど、この家が気に入っている。「お母さんがひとりになって、マンションにでも移ったら、私がずっと住むから」。医者を目指して勉強中の翠さんのたのもしい発言を聞くと、多少寒くて掃除に手間がかかったとしても、「時間仕上げ」が気に入っている家族がひとりでもいるかぎり、この家はずっと平屋のまま生き続けていくだろう。

（二〇〇三年五月）

空き地から見た北側外観

玄関部分を増築した北側外観。24年前に建った本体に、増築部分が取り付いている

渡辺邸◎築二十四年

東京都町田市

設計◎阿部勤

時を重ねるほどになじんできたマンサード屋根の家

「どんな家に住みたいですか」と設計者から質問されたら、あなたならどのように答えますか。「広い居間があって、明るくて風通しのいい家」と答える人の多くが、まっさらな新築の家をイメージしているのではないだろうか。ところが渡辺直大《なおひろ》さん夫妻が新築しようと思ったときイメージしたのは、「昭和初期に建てられたような少し古い感じがする家。年月がたって古びてきても、それが味わいになるような家」というものだった。だからどんな建築家に設計を依頼しようかと迷いながら住宅雑誌を開いたときに、真っ先に目にとまったのが阿部勤さんの時間の経過をしっかり受け止めてくれそうな、新築なのに懐かしい感じがする家だった。

購入した土地は運悪く水はけが悪かったので、壁内結露や雨漏りに悩まされ、何度か補修をしなければならなかったが、今年、妻の順子さんのご両親を迎えるための増築も、この家をずっと見守ってきた阿部さんに依頼した。二十四年の間には住んでいくうえで、さまざまな不都合もあったが、それでも同じ建築家とずっとお付き合いしているのは、家に対するイメージや美意識に共感できるものを感じているからだろう。

東京都と神奈川県の境界、私鉄駅から少し離れた住宅地の一画、旗竿敷地の奥に渡辺さんの家は立っている。北側はこの家が建ったときも、現在もずっと空地なので、道路から玄関までのカーポートを兼ねたアプローチには塀もなく、ゆとりが感じられる。玄関周りは増築したばかり。白く塗装された外壁が貫禄の出てきた本体に取り付いている。空地から北側を眺めると、西側は増築したため多少変形されているが、屋根が途中で折れたマンサード型になっていることがわかる。南側にまわると居間の前のテラスを囲んで左右に部屋が突き出ていて、木部の黒い壁と薄茶色の吹き付け壁に、庭の緑が美しい影を

家の中心にある居間。壁は漆喰、床は無垢の板張り、24年たって貫禄がついてきた

上／居間の前のテラスへは、食堂や両親の居間からも直接出られる。下／食堂からテラスを見る。南西の角ははめ殺しガラス窓

落としている。

ふたたび北側に戻って玄関から中に入ってみよう。玄関はご両親の収納スペースを設けるためにホールを広くとり、東と北に開口部、さらに天窓まで設けているので、明るい。手摺り沿いに直角に曲がると、西側が六畳だった部屋を八畳に増築した寝室、その奥に小さな居間があるご両親のゾーン。正面には居間があり、居間を囲むように、食堂、キッチン、浴室などがある。

平面図を見ていただくとわかるが、この家は一階の中心に居間があり、それを囲むように両親の部屋、テラス、食堂、キッチン、浴室が取り囲んでいるのだ。だから居間のソファに座ると左手に食堂、右手にご両親の居間が視界に入り、正面にはテラスの先に芝生とヤマボウシやエゴノキなどを植えた庭を眺めることができて、家の中心にいることが実感できる。

やや暗めの居間とは対照的に、東南の角に出窓のある食堂は外光がふんだんに入ってくるので明るい。居間と同じ木の床と漆喰の壁に囲まれた小さな空間だが、素朴な味わいの木のテーブルや椅子とともに、食事の時間の楽しさが伝わってくるようだ。食堂からキッチンを抜けると幅の狭い廊下があり、北側に洗濯室、浴室、二階への階段があり、ふたたび玄関へと、回遊できるプランになっている。

二階への階段の北側壁面には、プロテスタントの牧師をされている順子さんのお父さんから新築のお祝いにと贈られたステンドグラスがはめ込まれている。二階は廊下が南北方向に通っていて東側が夫妻の寝室と書斎、西側はかつては二人の子供たちの部屋だったが、ご両親が一階の居間を使うことも考えて、子供室を第二の居間にするために増築した。順子さんの機織り機を真ん中に置いて（取材時にはまだ一階に置いてあったが）、ご主人の直大さんと週末に戻ってくる長女がそれぞれ自由な時間がもてるようなスペースを確保したのだ。

それまでは鉄筋コンクリート造の官舎住まいだった渡辺さん夫妻は、長女の小学校入学を機に、家を建てることにした。町田市に八十二坪の旗竿敷地を購入して、建築家に設計してもらおうと住宅雑誌を見ていたら、木枠の窓、木の床、新築なのに落ち着いた感じのする家が紹介されていた。「直感的に気に入ったので、同居も考えていた私の父に見せたら、父もこんな家に住みたかったと言ってくれた」と順子さん。勇気をだして設計者の阿部さんに電話をしたところ、低音の素敵な声と話し方に魅了され、直大さんと事務所に行き、設計をお願いした。

夫妻の要望は、前述の「時がたつほどに味わいが出てくる家」を前提に、「周りに迷惑をかけるような建て方は避けたい」というものだった。さらに具体的には、いずれ順子さんのご両親と一緒に住むことになるので、「両親の部屋を確保してほしい、官舎では玄関を開けるとすぐキッチンだったが、それがとてもいやだったので、キッチンは独立型にしてほしい」というものだった。

阿部さんは坂倉準三という日本を代表する建築家のもとで設計経験を積み、同僚と設計事務所を開設して、渡辺邸の三年ほど前に設計した自邸で、高い評価を得ていた。渡辺邸でも自邸と同じ考え方で、居間を中心にしてその周りにいろいろな機能をもった部屋を配置し、庭に樹木を植えて、緑の感じられる家を提案した。「住まいは世界の中心、住まいの中心は家族が集まる居間」そして「緑とともに暮らせる住まい」。この二つがその頃も現在も阿部さんの住宅設計の原点になっている。

さらに「周りに迷惑をかけるような建て方は避けたい」という要望に対して、阿部さんは北側を法規いっぱいに寄せないで、空地をとり、東西の隣家に対しては圧迫感を与えないようにと、二階建ての屋根はマンサード型にした。

渡辺邸では阿部さんの目論見通り、居間を中心に生活が展開されていった。竣工時六歳だった長女は社会人になって巣立っていったが、週末は居間にあるマリンバを演奏するために帰ってくる。二歳だった次女は、まさにこの家とともに成長した。この家の影響があまりにも強かったのだろう。大学は建築学科に進んだが、縁あってアメリカ人と結婚してアリゾナ州に住むことになり、一児の母になった。

渡辺さん夫妻は当初からご両親との同居を考えて部屋を用意していたが、元気なうちは娘夫婦に迷惑をかけたくないと、同居は延び延びになり、ようやくご両親とも

上／食堂の南東側の出窓。突き出し窓の連続がリズミカルで楽しい。下右／廊下から階段を見たところ。踊り場北側の窓はステンドグラス。下左／２階、夫妻寝室。南側に直大さんの書斎がある

上／三方向に窓がある食堂は庭の緑が目に入る。談笑する渡辺夫妻。下右／増築した両親の寝室と奥に居間(上)、西側に１mほど増築した２階の第２の居間(下)。下左／増築した１階玄関ホール

八十三歳になった今年、同居することに同意してくれた。ところが、その間にご両親の捨てきれないモノが増えてしまったので、収納スペースをとるために、増築することになったのだ。ご両親が一階で生活するようになれば、居間はご両親と渡辺夫妻の共通の場にもなるが、生活時間のズレなども考えて、二階にも渡辺さんたちが自由に使える第二の居間をつくることにしたのだ。

もともと水はけの悪い土地だったために、二十四年の間に何回か補修を行っている。土地の悪条件とは関係がないところでも不具合が生じた。竣工後一年目に南側の開口部の上から雨漏りが発生したのだ。原因は木造軸組構造と大壁構造にしたところの接点のつなぎが悪かったためで、阿部さんはコーキングを強化することで対応した。最も大変だったのは、北側の浴室だった。北側が空地なので風がもろに当たり、外側が冷えているのに、室内が暖まると温度差で壁内結露が起こり、水はけの悪い土台のまわりにシロアリが発生してしまったのだ。さらに十年目にはオイルステイン仕上げの南側外壁が汚れてきたので、黒い色に塗り替えたり、食堂の出窓の木製建具が傷んできたので、アルミ枠に替えた。

空調設備にも変化があった。居間と食堂には当初、循環式の灯油による冷暖房機（当時は最新の機器）が入っていたが、二年目にどちらも使えなくなった。居間はエアコンの室外機をテラスに置くと美観をそこねるので、冷房なしで過ごしてきた。暖房はどちらの部屋もガスストーブを使っている。そして二階の子供室には、エアコンの室外機を設置するために、ベランダを設けた。

二十四年を振り返って順子さんは「この家の補修にはずいぶん悩まされましたし、経費もかかりました」と建築家に設計を依頼するのはそれなりの覚悟がいることがわかったという。「けれどもなんとかしなくてはと思うといつも阿部さんに相談してしまうのは、私たちが住みたい家をつくってくれるのは、阿部さんしかいないと思っているからなんでしょうね」。

八月末に増改築工事を終えて、高齢のご両親を受け入れる態勢は整ったが、住み慣れた家から一気に引き離すのではなく、徐々にこの家に慣れてもらうために一泊、

木部を竣工10年目に塗り替えた南側外観

二泊とならしながら時間をかけて移り住んでもらおうとしている。

阿部さんに「長い間住み続けていくには何が一番大切ですか」と伺ったとき、「時間をかけて周りの環境や住み手になじむことができる家」と答えてくれた。人はなじんだ土地、なじんだ住まいで、気心の知れた家族や隣人に囲まれて生活できることが最も幸せなことなのだ。ご両親も渡辺さん夫妻とともに、この先も年月を重ね、さらにこの土地になじみ、この住まいになじんでいくにちがいない。

（二〇〇三年九月）

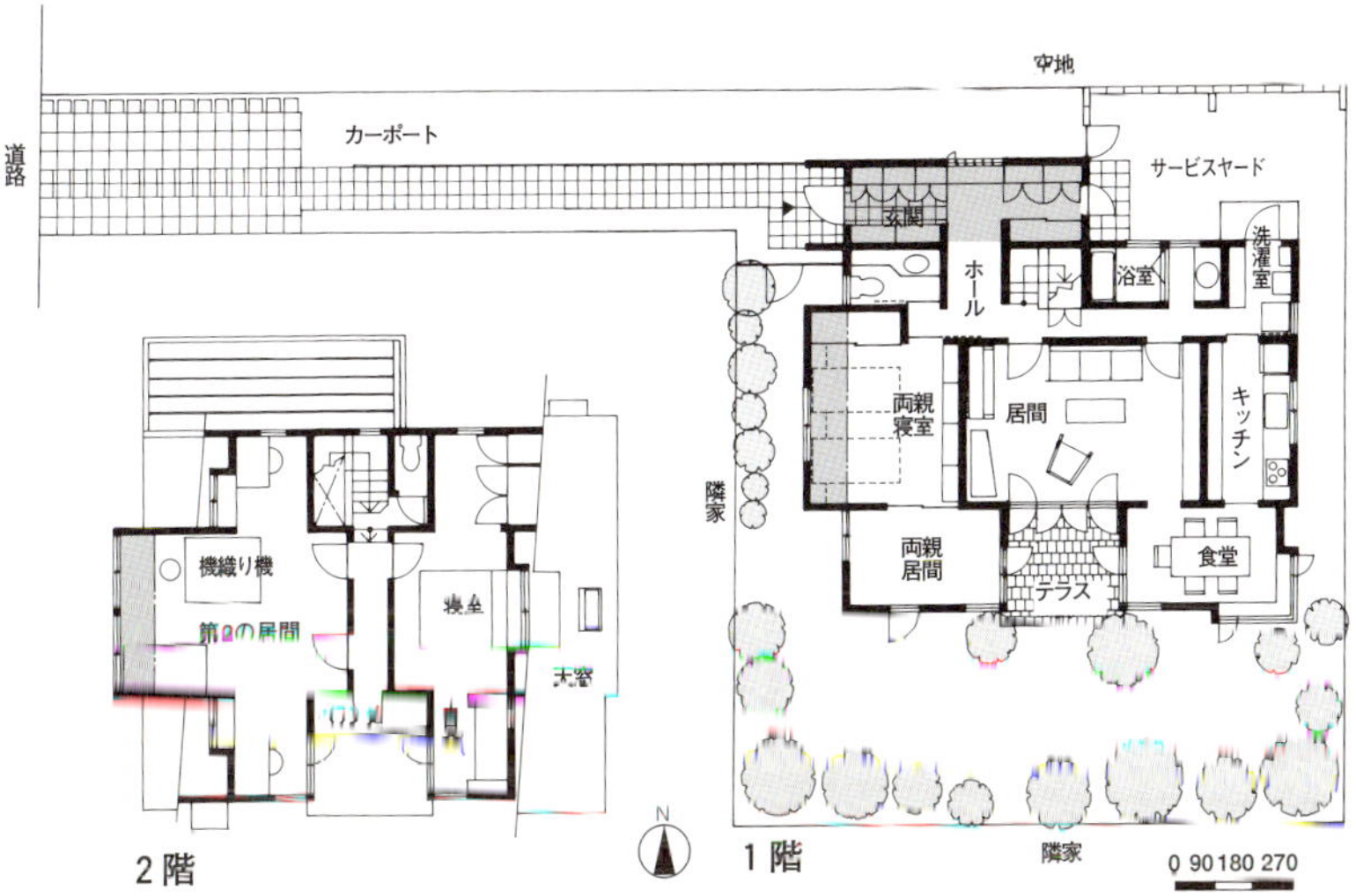

2003年8月に増改築した部分

中村邸◎築二十一年

東京都練馬区

設計◎益子義弘

中庭があるので、居間の南側を全面窓にしても道路からの視線が気にならない

新築時の輝きを今も保ち続けている中庭のある家

日本の街に立つビルや住宅は、新築時が一番輝いていて、年月とともに薄汚れ惨めな姿になっていくものが多い。その時の流行に乗じてデザイン性の強いものにしたためなのか、年月とともに周囲から浮いてしまっている建物もある。そうした建物は使う人も外から眺める人も愛着がもてなくなってしまうものだから、簡単に壊してしまって、そこにまた新しい建物が建つ。日本の街はこうしたスクラップ&ビルドを繰り返してきているので、街全体がなんとも落ち着かない。このような現象を「ダイナミックな都市再生」といって経済活性化の面から賛同する人もいるが、少なくとも人が生活する場であるならば、時間の積み重ねが感じられる街であってほしい。

中村脩《おさむ》さんの家を設計した益子義弘さんは、一軒の住宅を設計する場合でも、敷地の周辺を丹念に歩き、周りの建物や街並みをスケッチして、住み手の要望を考慮しながらその街区にふさわしい家を提案している建築家だ。そうした益子さんの洞察力は周辺に住む人々に少なからず影響を与えているようだ。建て替える時には、中村邸を見習うように前面道路に対しては、車寄せの空地と樹木を確保するなど、周りの環境に配慮して家を建てるようになったのだ。むろんそればかりでなく近隣の人たちの心を捉えたのは、二十年以上たった今も新築時と同じ輝きを放っている中村邸のたたずまいにあるのだろう。

私鉄駅から歩いて六、七分。商店街を抜けた住宅地の道路に面して、白いタイル貼りの家が庭木の間から姿を見せる。道路に面した南側一階は半円形の食堂部分が突き出ていて、見上げると二階建ての上に増築した三階部分がわずかに見える。門の周りや玄関までのやや長めのアプローチには、色あざやかな花を植えた鉢植えが置いてあり、訪れる人を迎えてくれる。

格子で組まれた木製の玄関ドアを開けると気持ちのい

い広さのたたきとホールがあり、西側の和紙をコーティングしたようなガラス窓からは柔らかい光が差し込んでいて、家の中に自然に導かれる。ホールの突き当たりには中庭が見える。一階は右手にキッチン、その奥に半円形の食堂、左手には通路の奥に茶室にもなる和室、トイレ、階段があり、奥に居間がある。

この家の間取りのポイントは中庭だ。建設時、敷地の東側には単身者向けの木賃アパートの窓がずらりと並んでいた。そこで視線をカットするために二階まで壁を立て、道路側には緑地帯をとり、建物をL字型にしたので、囲われた庭、「中庭」ができた。

中庭があることで道路や隣家の視線や騒音がカットされるので、居間やキッチンの開口部を全面ガラス窓にできた。キッチンに立つと正面に中庭、視線の端には居間や食堂も入り、主婦の司令塔のような場所になる。中庭を設けることで、近隣に対してやや閉鎖的になるのではないかと益子さんは危惧したそうだが、夫人の明るい開放的な気質が幸いして、道路側の木戸から近所の子供たちが気楽に出入りして、それにつれて奥さんたちも自然に集まるような場になったそうだ。

中庭よりも突き出た位置にある半円形の食堂も、この家のもうひとつの魅力になっている。半円形の窓からは植え込みの緑が、ちょうど座った位置に見えるので、なんとも気持ちがいい。「三度の食事はここで」と夫人がいうように、キッチンとのつながりもよく、居間とともに家族のたまり場になっている。

二階には和室の寝室、書斎、子供室、洗面所、浴室がある。そして屋上への階段をそのまま利用して六年前に増築した三階。ここには長男の個室、娘さんの個室、そして洗面・シャワー室がある。

三LDKの集合住宅に住んでいた中村さん夫妻は子供が二人になり、二十二年前、子育ての場を考えて都内に七十四坪の敷地を購入した。「住宅なら、この人に頼めば間違いない」と知人から紹介されて、益子さんに設計を依頼した。

益子さんは何度も敷地に足を運び、一年後に基本案を夫妻に提示した。「夫妻とも事業家のためなのか、少々の

上／キッチンカウンターは木製から人造大理石に替えたが、それ以外は21年間現役。下右／中庭をＬ字型の建物が囲む。下左／居間の西側にある来客用の食卓で談笑する中村さん夫妻

上／半円形の平面は１階は食堂、２階は子供室のバルコニー。キッチンに立つと正面に中庭が見える。下／奥行きのある居間なので、北側には天窓を設けている。家具も同じものを使っている

リスクを負っても相手を信用したら任せるほうに賭けるという感じが、住宅のデザインの面でもあった。基本案ができてGOがでた時に、冗談半分に、本当に任せてくれるなら、竣工前の一か月は現場に来ないでほしいといったら、そのまま実行されたのには驚いた」と夫妻の決断力の素晴らしさには敬服したという。むろん益子さんもその心意気に報いるために、一心に頑張った。

夫妻の要望には多少ズレがあった。「子供はひろびろとした家でないとのびのび育たないと思っていましたので、家族が集まる居間はできるだけ広くして、地震に強く、あたたかい感じがする家にしてほしい。庭も芝生がいい」というのが脩さん。「白い壁のシンプルな家にしてほしい。家の中にモノが雑然と出ているのが嫌なので、モノが見えないような、生活感が感じられないような家がいい。虫が苦手なのでタイルを貼った庭にしてほしい」というのが夫人の要望だった。

益子さんは住まいの中に植物を取り入れて、時間とともに味わいが出てくる素材を使った簡素な雰囲気をもった家を得意とする建築家だ。夫妻の要望を受け止めてカタチにすると、躯体は鉄筋コンクリート造、外壁はタイル貼り、中庭も芝生をやめてタイル貼りと、ややツルンとした明るい質感の家になってしまう。益子さんはせめて緑でこのツルンとした質感を中和しようと、中庭の上にネットを張って蔓《つる》植物をはわせようと目論みたが、虫が苦手の夫人に抵抗され、陰りのない外観になった。

デザイン面では妻に譲った感のある脩さんは「できあがった時は真っ白い家だったので、病院のように冷たい感じがして、こんな寒々しい家に住むのか」と思ったそうだ。ところが「住んでいるうちに、どんどんよくなっていくんです。食堂の曲線も住んでみてそのよさがわかるんですね。直線で構成されているところに、柔らかい曲線があると和みの効果が大きいんですね」。

夫人の要望通り、天井と壁は白、床はフローリングと、材料もデザインも抑えたシンプルな室内には、十分な収納を確保したために、雑多なものがほとんど表に出ていない。しかも猫が三匹いるにもかかわらず、清潔感にあふれている。

中庭に面した大きなはめ殺しのガラス窓も汚れひとつ

ない。仕事をしながら、しかも三人の子育てをしながら、どうして二十一年という長い歳月をこれほどまでにきれいに保ってこれたのだろう。

「生活感のない、スッキリした家に住みたい」と言葉でいうのは簡単だが、何年もその状態を持続させるには、よほど強い意志がなければできない。夫人は一言でいえば「きれい好き」なのだが、潔癖性とはちがう。迷い猫を飼うことになって猫嫌いが猫好きになり、今では同居が三匹、ほかに通い猫もいるので、人間よりも汚す。だから毎朝六時に起きて家中を掃除するのが日課になっている。床は毎日水拭き、週末はガラス磨きと床のワックスがけとキッチンの掃除を徹底する。「いい状態で家を長持ちさせるには手入れが大事。きれいに住んでこそ家だと思うので。この家が好きだから掃除をしながら、かわいがっているのかもしれません」。

この家が建った時には子供は長女と次女の二人だったが、三年後に長男が生まれた。小さいうちは二階の子供室を三人で使っていたが、長男が成長すると個室が必要になってきた。それまでも家のことで問題が出ると益子さんに連絡して対処してもらっていたので、竣工後十五年の増築も益子さんに頼んだ。

物干し場にしていた屋上に長男と娘さんのそれぞれの個室、そして洗面・シャワー室を増築することにした。それに合わせて二階の子供部屋を東側のバルコニーまで、寝室を南側の廊下までそれぞれ広げた。一階も床の張り替えや壁の塗り替えをした。床を張り替えることになったのは、毎日床を水拭きし続けた災いとして、床材がかさかさになってしまったからだ。

ところが三階の増築後に大変な雨漏りが二度も起きた。三階を増築したために、以前の屋上の雨水管が長年の汚泥で詰まっていたのを知らずに、増築により屋根の排水管を接続してしまったために雨水が逆流して、屋内に入ってしまったのだ。さらに大雪が降った年に、三階の北の屋根から落下した雪が、一階居間の天窓のガラスを壊してしまった。その後、雪の破砕防止ネットを天窓の上に設けたが、いずれも三階増築の際の設計上の小さな油断がもたらしたものだった。

上／現在は次女の部屋になっている子供室。６年前に東側バルコニーを室内に取り込んで広くした。下右／北側にある書斎。
下左／６年前に一部増改築した寝室と、替えていない洗面・浴室

益子さんは「これで中村家との縁が切れる」と覚悟したそうだが、その時の益子さんの誠実な対応に、中村夫妻はいっそうの信頼感をもったようだ。「何事も七割よければいいんです」という脩さんの大らかさと、「いつでもいい状態の家にしたい」という夫人の気質が、この家と建築家をしっかりとつないでいるのかもしれない。

竣工時四歳だった長女は社会人になり、この家から巣立っていった。そして昨年、結婚した。新居のマンションを探す時「この家のようにいい家がない」とあらためて育った家の素晴らしさに気づいたそうだ。長女がいなくなった二階の子供室は、次女が独り占めしている。

益子さんは時折訪ねるたびに、「空間を自由に使っている子供たちの生き生きした様子を見ると、家族の気質もむろんあるが、部屋の位置関係やプロポーションや建物の骨格が家族の関係を支えていることの大事さを感じる」という。そして「今は明るさが勝っているが、中村夫妻がさらに年を重ねて、次に手入れをすることになれば、原形を崩さずにいくらかの陰を足すことになるかもしれない」とひそかに考えている。

（二〇〇三年八月）

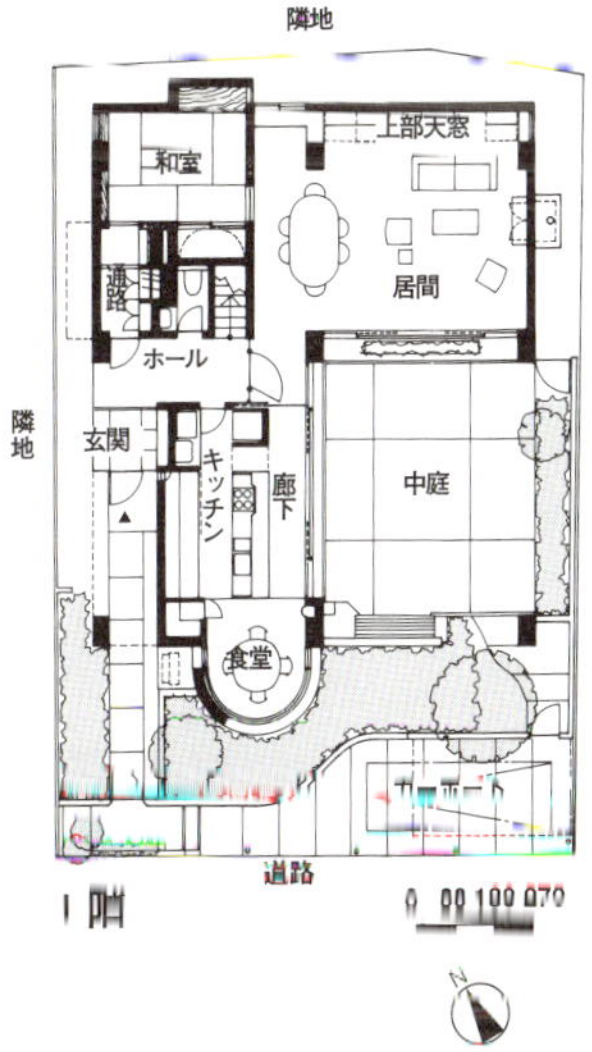

2階と3階は6年前に増改築した平面図

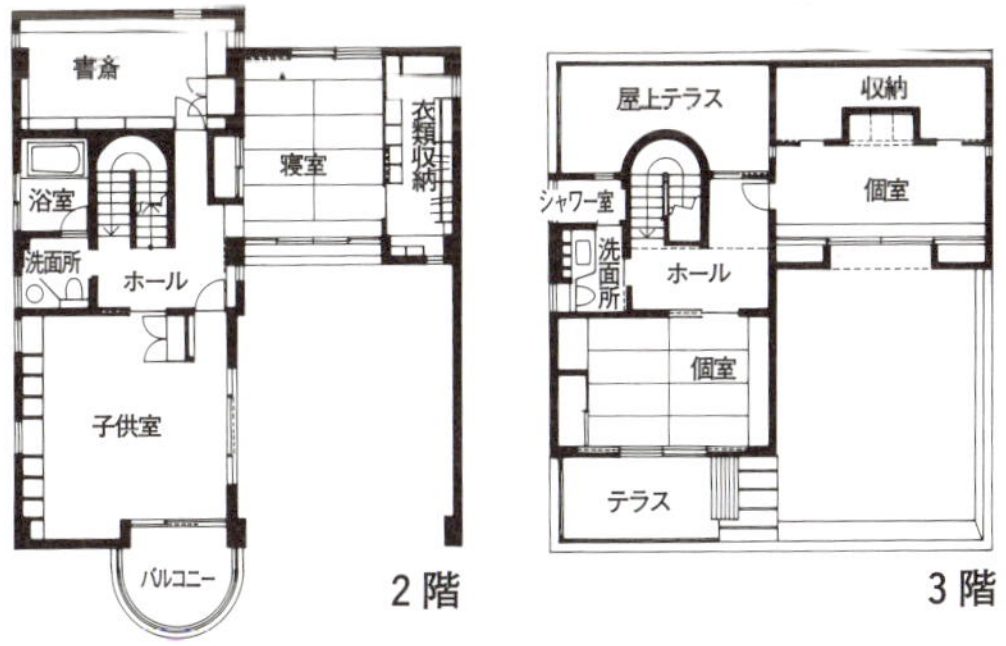

南側外観。道路と塀の間に車寄せの空地をとっている

数寄屋造りの「粋」が感じられる玄関ホール。赤松張りの床、聚楽壁、天井は杉

結城邸◎築二十三年

滋賀県大津市

設計◎二村和幸

三世代九人家族の普段着の住まいになった数寄屋造りの家

東京や大阪といった大都市圏に住んでいると、二十坪、三十坪の敷地に家を建てるのに、半分あきらめもあって、それほど抵抗感をもたない。けれども人口がさほど集中していない地方で、今でも広い敷地に堂々とした日本家屋がゆったりと立っているのを見ると、狭い敷地に家を建てるのは本来、無理があるのではないかと思えてくる。

滋賀県大津市の結城勇さんの家も、大都市圏に住む人には想像もできないような約千坪の敷地に立っている家だ。しかも数寄屋造り。京都で数寄屋建築を数多く手掛けている二村和幸さんの設計で、大人四人が趣味と社交も楽しめる別邸感覚の風雅な家として二十三年前に建てられた。

ところが設計時には予想もしなかった家族構成の変化によって、瀟洒《しょうしゃ》な数寄屋造りの家は、今では夫婦と五人の育ち盛りの子供たち、九十五歳のお母さん、七十歳のお姉さんの九人が暮らす賑やかな城になった。それでも広い敷地と数寄屋造りの家は、住む人の数や年齢が変わっても、大らかに受け止めている。

まだ所々に畑が残る大津市の郊外、幹線道路に沿った高台に結城さんの家は立っている。広い敷地は西側道路と高さを合わせるために、設計者の二村さんが初めて訪れた時には、すでに二メートルほど盛土して整地されていたという。

東側の道路から階段を上がり、家の東側を回り込むようにして進むと、玉石と自然石を敷き詰めた玄関ポーチがある。格子の引き戸を開けると、三和土《たたき》だけで四畳半はある玄関と、それよりも広い玄関ホールが私たちを迎えてくれる。その広さにまず驚いてからひと息ついて周りを見回すと、自然石の差石《さしいし》（三和土と壁面の間に差し込んだ石）、下地窓、白竹の小柱、赤松の靴脱ぎ台、杉板の天井、京壁聚楽《じゅらく》仕上げ…、すべて厳選された自然素材

上／六畳の仏間。下右／小石入りの三和土と杉の腰板の間に差石という自然石を入れた玄関。下左／八畳の客間は現在、美治さんの書斎に。本来は茶室にも使えるようになっている

畳を敷き詰めた広縁は子供たちの遊び場。冬暖かく、夏は深い庇が日差しを遮ってくれる

を使って、数寄屋造りの手法で室内が構成されていることに気づく。

笑顔が素敵な夫人の夕紀子さんに案内されて、まずホールの正面にある応接室へ。結城邸に向かう車の中で二村さんから「応接室はスゴイですよ。驚かないでくださいね」と予備知識は得ていたものの、一歩中に入ったとたん思わず「ワア、スゴイ！」と笑みとともに驚きの声を上げてしまった。

竣工時の写真を見るとこの部屋は、床は絨毯を敷き詰め、天井と壁は板張りで、この家では唯一の洋間。西側が全面開口部になっていて、その前には竹を張った濡縁があり、部屋からは和風の庭が眺められるようになっていて、お客をもてなす格調の高い部屋だったことがわかる。でも目の前にある応接室はどうだ。机、本棚、ピアノ、鏡台、パソコンなどが部屋いっぱいに置いてあり、大学生から小学生までの五人の子供たちの部屋へと変身しているのだ。家具やポスターなどで所狭しと埋めつくされてはいるが、ここに五人の子供たちがそろうと、きっといい雰囲気になるんだろうなあと思える楽しさにあふれている。

ホールに戻って、居室側に向かおう。八畳と六畳の和室は続き部屋になっていて、その前には畳を敷いた一間幅の広縁がある。畳の大きさは京間なので、団地サイズより二割ほど広い。六畳の仏間はそのままだが、八畳の客間は現在、当主、結城勇さんの姉、美治《みはる》さんの書斎になっている。続き間の奥には八畳の居間があり、現在はお母さんと美治さんの寝室になっている。その北側に食堂とキッチンがあり、内玄関の西側に納戸（現在はお母さんの部屋）、家事室、浴室、洗面所、トイレの水回りがある。二階の二部屋は美治さんの華道の稽古場だったが、現在は弟の勇さん一家七人の寝室になっている。

家族で事業を営む結城家がこの地に約千坪の土地を購入したのは二十数年前。それまでは市街地にある事務所の隣に、戦後すぐに建てたブロック造の家に住んでいた。工場の改築を依頼したのがきっかけで、建築家の二村さんに自邸の設計を依頼することになったが、その時の家族はご両親、長女の美治さん、そして独身だった三男の勇さんの大人四人だった。まだお父さんも元気で、新しい家を建てることに意欲的だった。仕事の関係で木材が入手しやすかったので、柱や床の間などの木材はお父さんが集めてきた銘木を使い、続き部屋の欄間や庭の大きなつくばいなどは縁あって知り合いから譲り受けたものが集まった。

華道、茶道、書道、そして日本の古建築にも造詣の深かった美治さんが中心になって、家のイメージを二村さんに伝えた。美治さんは「一つひとつの部屋は大きくしてほしい。特に玄関は広くしたい。ゆとりが感じられるように真っ直ぐに部屋を配置するのではなく、曲がりながら次の部屋に行けるようにしてほしい」など、「無駄のある、無駄が生きる家。迷ってしまう家」を二村さんに要望した。

今では西側に戸建ての家が立ち並んでいるが、当時、周辺は畑に囲まれ、美しい山並みが望める景勝地であった。そこで仕事や趣味の関係で泊まりがけでこの家を訪れるお客さまも想定して、生活の場となるキッチンや食堂は面積的にも抑えて北側に配置し、玄関、応接室、そして茶室にもなる客間は惜しみなく広く、また材料も吟味した最上のものを使った。

事業をされていることもあるのか、関西ならではの伝統なのか、この家を設計するにあたり「家相」も大きな要素になった。敷地に対して家全体をやや東に振って配置したり、玄関や水回りの位置も二村さんは家相から決めたそうだ。

新築の家に二か月ほど住んで、お父さんは病気で亡くなった。翌年、勇さんはこの家にお嫁さんを迎えることになった。お嫁にきた夕紀子さんが、夫の勇さんからまず言われたのが「この家をちゃんと掃除せにゃあかん」であった。丹後ちりめんの機織屋さんの家に生まれ育った夕紀子さんには、結城家が「御殿」のように見えたそうだ。

やがて長男が生まれ、ほぼ二年間隔で二男二女の子宝に恵まれた夕紀子さんは、家族八人と愛犬の食べることや雑事に追われているうちに、「御殿」もすっかり「普段着の家」になってしまったという。「二村さんに数寄屋造りのことか、どんな材料を使っているのか伺おうとは

上／子供部屋になったかつての応接室。5人の子供たちは自分の領域を楽しそうにつくっている。下／食堂でくつろぐ結城さん夫妻とお母さん。左にキッチン、右に2畳の和室がある

上／南側外観。屋根は本格的な日本瓦葺き。銅板葺きの庇は緑青色になった。下右／軒の出が深い玄関ポーチ。下左／階段を上がったところの南側外観と　緑が深くなった庭から見た南側外観

思っているんですけど…」と気にしつつ、毎日の掃除だけは、庭の手入れも含めて、できるだけ手抜きをしないようにしている。

数寄屋造りの家に二十一歳から十歳までの子供が五人、おまけに犬もいると聞けば、さぞ家の中は荒れ果て、もったいないと思ってしまう。けれども二十三年間、内装も外装も一度も補修していないし、畳や襖さえ替えていないと伺い、自然素材の耐久力に感動するとともに、子供たちの躾《しつけ》もちゃんとしているのだろうと感心する。

「子供が小さい時は、壁、さわったらあかんで！」と勇さんは言い続けていたそうだが、広いことが幸いだったのか、子供たちの運動神経がすぐれていたのか、聚楽仕上げの壁にもケヤキの大黒柱にも、手垢もキズも見当たらない。取材に伺った日は末っ子の夕貴さん（十歳）しか在宅していなかったが、兄弟姉妹五人一緒の子供部屋は「楽しい」と澄んだ瞳を輝かせていう。浪人のお兄ちゃんが勉強するときは、夕貴さんは食堂のテーブルで宿題をひろげるなど、子供同士気づかいながら部屋を共有しているそうだ。

仏間では九十五歳のお祖母ちゃんが朝に夕に「般若心経」を唱えているので、「子供たちもそらんじてますよ」と勇さん。お祖母ちゃんがお風呂に入るときは、かならず子供の一人が一緒に入るようにしている。個室をもたない、部屋は襖で仕切っただけという住まいが、家庭での子供たちの躾にも大きな影響を与えているのだろう。

美治さんは二階で花を生け、広縁で本を読み、座敷で書道をしたいと考えて、理想の家を構想したが、はからずも弟の子供たちに占拠されてしまい、さぞ落胆されているのではと思ったら、「自分ひとりの家ではないんです。自分たちの家なんです」とまったく気にされていない。さらに伺うと「自分の中ではこの家はまだ未完成なんです。塀も門もないし、庭はこれからです」と長期戦で家づくりを考えている。何百年も前に建った古建築に関心がある美治さんにとって、十年、二十年はつかの間の時なのかもしれない。

「数寄屋の味は十年くらい住まんとわからんな」。勇さんは初めは数寄屋造りのよさがよくわからなかったそうだが、今では玄関の何もないところや、季節ごとに移り変わる庭の木々や草花、そして鳥や虫たちがやってくるのを眺めているうちに「この歳になって自然とともにある数寄屋のよさがわかるようになってきた」という。

「あと十年はこんな状態かもしれんが、子供が全員巣立ったら、最初の意図通り、ゆったりした時間をこの家で過ごしたいと思うとります」。傍らで妻の夕紀子さんは「でも子供たちが孫を連れてくるから、どうかしら…」と微笑みながらいう。

　自然素材を使ったしっかりしたつくりの家なら、大家族になっても柔軟に対応できる。それが木造伝統工法のすぐれたところだ。「数寄屋は結局安いんですよ」という二村さんのつぶやきも、この家なら納得できる気がした。

（二〇〇三年十一月）

細田邸◎築二十一年

北海道札幌市

設計◎圓山彬雄

地面から１メートルほど床面が上がっていることがわかる。
木製建具の入った丸く突き出ているところが居間の開口部

心地いい温熱環境を保ち続けてきた外断熱ブロック造の家

日本の家屋の基本的な考え方は「住まいは夏を旨とすべし」というものであった。木の柱と梁で骨組みをつくり、閉じるところは壁を塗り、開けるところは建具を入れる、そんな家で多くの日本人は暮らしてきた。ところが南北に細長く、山の多いこの国では、冬期には気温が零下になるところもあり、「夏を旨とした」建て方では対応できない地域もある。

圓山彬雄さんが設計した細田高《たかし》さんの家は北海道札幌市にある。一年の半分は平均気温が十度以下、厳寒期には零下十度の日が続く。したがって「住まいは冬を旨とすべし」ということになる。緯度が高いヨーロッパでは、冷気を遮断するために、石やレンガの組積造の家が発達してきたように、北海道でも長い冬に対応するための工夫が、工法や間取りにも考えられてきた。

圓山さんは、北海道内の納屋やサイロ、そして公営住宅などに使われていたブロックを、自分の設計する住宅に取り入れることを考えた。骨材に火山礫《れき》を使った北海道産のブロックは、軽量コンクリートブロックとも呼ばれ、構造材として十分な耐力をもっている。ブロックは素人でも比較的簡単に積めるので、戦後の住宅難の時代に急速に需要が伸び、ブロック造の家やサイロは北海道の風景として定着していた。

地場産であり、北海道らしさを感じさせる材料を使って、寒冷地の気候に合った住まいをつくろうと二十数年前、圓山さんはブロックに目をつけたのだ。ブロックを二重に積んで間に断熱材を入れて外断熱にすれば、寒冷地にふさわしい住まいになる。圓山さんが設計したコンクリートブロック造の家は、細田さんの家族とともに二十年以上の歳月をどのように経てきたのだろう。

札幌駅から西へ車で十分ほどの街の中に、細田邸は立っている。このあたりは、かつては昭和初期の洋風下見板張りの家が幾棟も立っていた。緑に囲まれた良質の住宅地は、市街化が進み、戸建て住宅はマンションになり、残っている戸建て住宅も最近建て替えられたものばかり。二十年以上変わらないのは細田邸だけだという。

道路に面した北側には塀がない。道路とブロックの壁面の間は花壇になっていて、あざやかな色の草花が道行く人の目を楽しませてくれる。北側の外壁は中央のところがややふくらんでいるのと、換気と装飾を兼ねた小さな出っ張りや、アクセントとして設けた赤茶色の柱が、二階半分の高さがある壁面の威圧感やブロック壁の単調さを和らげている。同じような工夫は南側外観にも見られる。居間の壁面が庭側に丸く突き出ているのだ。突き出した部分には赤茶色に塗った木製枠の開口部がブロック壁にはめ込まれていて、ユーモラスで優しい表情をつくりだしている。

車庫を通って再び道路側にもどろう。積雪対策のため道路より一メートルほど高くなっている玄関前の階段を上がり、木の扉を開けると、ブロック壁に囲まれた室内が目の前に広がる。丁寧に積まれたブロック壁は目地も整っていて、二十年以上たったとは思えない美しさだ。玄関と廊下との間は引き戸になっている。廊下の奥に吹き抜けの居間があるが、引き戸を開けると、玄関、廊下、居間が一体になるので、八畳とは思えない広さを感じる。引き戸を閉めれば玄関も居間も独立した空間になる。居間の東側はおばあちゃんの部屋、西側は茶の間（食堂）、食堂の北側にキッチン、廊下の北側には浴室・洗面・トイレが並び、ふたたび玄関へと回遊できる間取りになっている。

おばあちゃんの畳の部屋の暖房はパネルヒーターだが、それ以外の一階の部屋は、浴室やトイレまで床暖房になっている。階段の反対側には物置や洗濯物干し場に使っている地下への階段が下りている。二階は西側に夫妻の寝室と書斎があり、東側に長女と次女の寝室と勉強部屋がある。夫妻の書斎と子供たちの勉強部屋は一階の吹き抜けに面している。一階の居間と茶の間の仕切戸を障子にしたり、二階廊下の床に明かり採りのためのガラスブロックや照明器具を埋め込むなど、ブロックで囲まれたやや硬い感じのする室内に柔らかい雰囲気を与えている。

上／居間は八畳ほどの広さだが、吹き抜けや引き戸で開放感がある。下右／北海道では一般に玄関前に風除室を設けるが、断熱性がいいので細田邸にはない。下左／玄関と居間の間は引き戸で仕切っている。引き戸を開けると居間が広く感じられる

階段下には小さな床の間、ブロック壁には満月に似せて円を描くなど、「和」を取り入れて、ブロック空間を和らげている

昭和十九（一九四四）年に、長野県から札幌のこの地に移住してきた細田高さんのご両親が建てた家は、本州と同じ木造在来工法だった。高さんは大学の四年間は東京暮らしだったが、その家で生まれ、育った。やがて老朽化してきたので、二十数年前、建て替えることにした。当時、家族はご両親とお姉さんと高さんの四人だった。「すきま風の入る寒い家」だったので、建て替えるなら「暖かくって、光がいっぱい入る家」というのが、家族の一致した要望だった。たまたま建築家の圓山さんに出会い、すでに完成していたコンクリートブロック造の家を何軒か見学して、室内が暖かいことを実感した。圓山流の外断熱によるブロック造なら、窓も十分とれて明るいし、断熱性が高いので光熱費も節約できることがわかり、設計を依頼することにした。

ところが森林に囲まれた長野県で育ったご両親は「木の家でないと家じゃない」と木造にこだわっていた。ブロック造のよさを納得してもらうために何度も話し合いを重ねたり、打ち合わせの間にお父さんが入院されたりで月日が過ぎ、圓山さんに設計を依頼してから二年後にようやく完成した。

退院したお父さんはこの家で、わずか六か月過ごして亡くなった。最後までブロック造に納得しきれなかったおばあちゃんは、上棟式の日も「倉庫みたいだ」といってむくれていたが、住み始めて一か月もすると「こんな暖かい家はない」といって、会う人ごとに圓山流ブロック造のよさを宣伝してまわるようになった。しかも亡くなった夫のお墓のデザインまで圓山さんに頼むというおまけまでついた。

この家が建ってから六年後に高さんは結婚した。翌年には長女が、二年半後には次女が生まれた。高さんの結婚が決まると、お姉さんは近くのマンションに移った。子供が小さい時は、二階西側の二室は高さんが使い、夫人と二人の子供は東側の一室で川の字になって寝ていた。学校に行くようになると、西側は夫妻の寝室と書斎になり、東側は長女と次女の寝室と勉強部屋になった。九十歳になったおばあちゃんは、伺った日はデイケアセンターに行っていて残念ながらお会いできなかったが、一階の八畳の和室を自室にして、昼間は吹き抜けの居間でくつろいだり、茶の間と呼んでいる丸い食卓のある食堂で、息子一家とともに食事を楽しんでいるという。

たまたま伺った日は前日も晴れていたこともあって、ブロックの外壁はシミひとつなく、室内だけでなく、外壁も二十年以上たっているとは思えないほどきれいだった。大学を出て初めて現場を任されたのが細田邸だったというアーブ建築研究所の鷲見《すみ》健二さんは、「このブロックを積んだのは、北海道でも指折りの職人です。目地が真っすぐ通っているでしょ」と、竣工してから一度も補修を必要としなかった施工のよさは、こうした腕のいい職人に負うところが大きいという。

木製の窓枠を二回塗り替えただけで、まったく補修工事をしていないが、あまりにも断熱性がいいために、洗濯物の干し場や納戸として使っている地下室に夏型結露が起きた。夏、地下室は外気よりも低くなるのでひんやりして気持ちがいいが、外との温度差で壁に結露が生じるのだ。そこで除湿器を設置して対応した。

吹き抜けや引き戸は、暖まった空気の逃げ道になるので、北海道の住宅では禁じ手だったが、熱容量の大きいブロックを二重に積んで室内を包み、内側のブロックを蓄熱層にして、一階と二階の温度差を少なくすることで、圓山さんは寒冷地の住宅にも開放感のある間取りを取り入れた。さらに結露しにくい木製の建具にしたり、熱損失を防ぐためにガラス戸を二重にすることで、開口部を大きくとり、明るさを確保した。

「北海道では半年は家の中にいるので、家の中に外があるような感じにしたかった。限られた床面積を心理的にも、温熱環境のうえからも有効に使うには、ブロック造が最適だった。しかも当時はコンクリートよりも安価だったので、一石三鳥だった」と圓山さん。「ブロックは木綿や洗いざらしのジーンズのように化粧っ気のない素材なので、その質感も気に入っている」ともいう。

確かにブロックと聞くと細田邸を見るまでは「ブロック塀」のチープなイメージしかわかず、正直、ブロック造の家にあまり好感をもっていなかったが、この家の外壁や内壁を見たり、室内の快適さを体感することで、私のブロック観はすっかり変わってしまった。

上／居間の西側にある茶の間。大きな円卓は特注。下右／２階廊下、円筒形ガラスを使った床下照明、ガラスブロック、天窓などで採光を確保。下左／北東側外観。壁面凹凸は壁内換気と装飾

圓山さんがブロックのイメージを上げたためというわけではないが、最近は鉄筋コンクリート造の工事費も安くなり、価格面で、ブロック造をすすめることは少なくなったそうだが、細田邸のようにメンテナンスしなくても長い間美しい状態を保っていることを考えると、コストパフォーマンスのいい材料といえるだろう。

九十歳になるおばあちゃんは、吹き抜けのある居間のソファに腰掛けて、学校から帰って居間を通って二階に上がる孫たちの元気な姿を眺めたり、キッチンと地下を上り下りしながら洗濯物を干したり片付けたりしているお嫁さんの足音を聞きながら日中を過ごしている。細田さん夫妻は二人の子供が巣立ったあともこの家にずっと住み続けて、地下室を「念願だった僕の趣味の部屋」にして、「暖かくって明るい」この家とこれから先もずっと付き合っていきたいという。

（二〇〇三年十月）

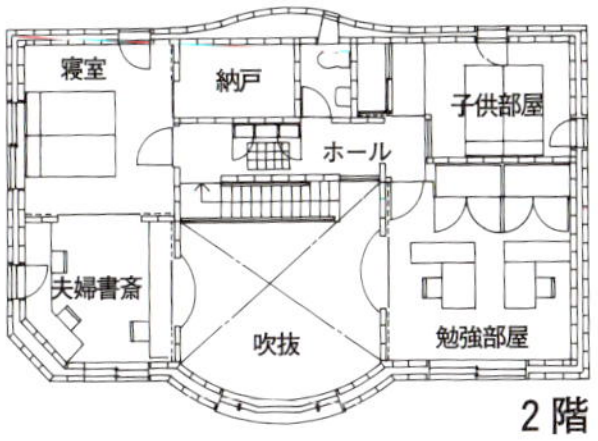

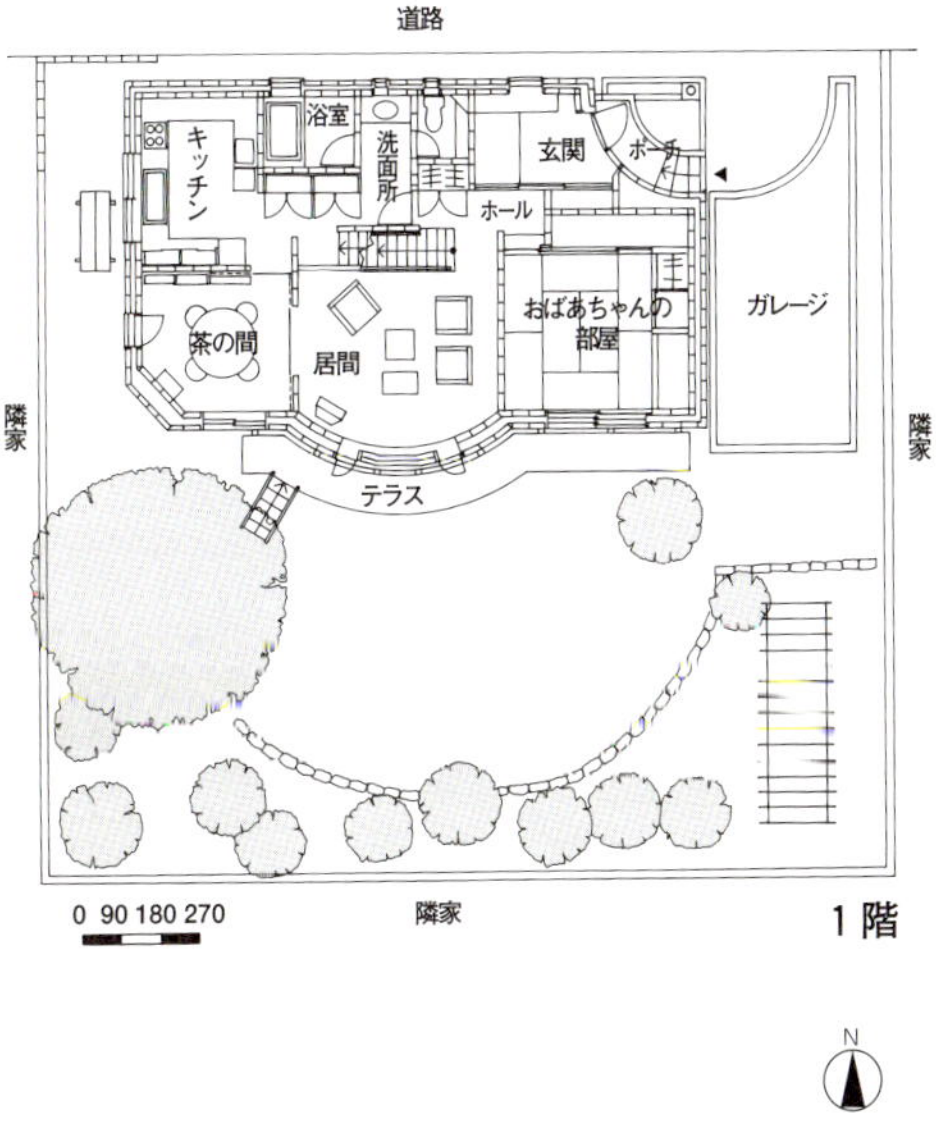

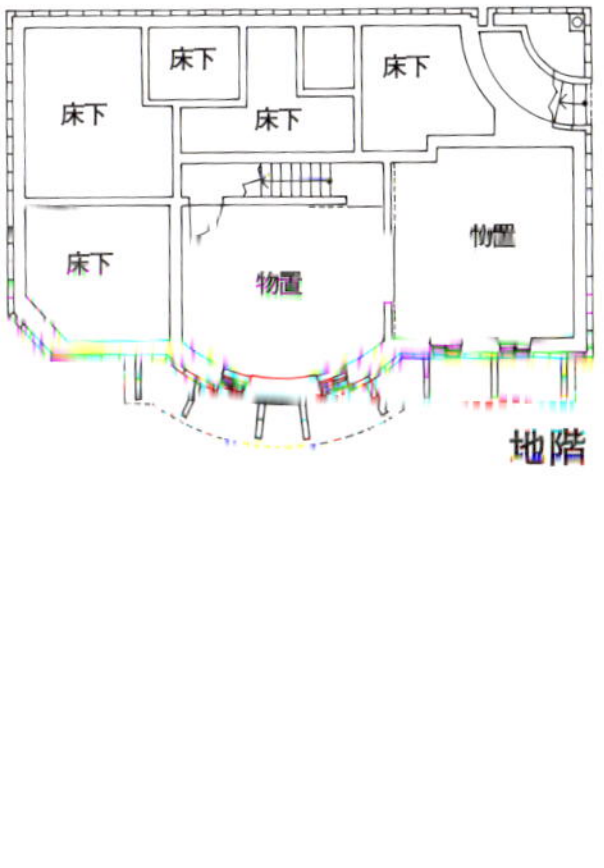

遠山邸◎築二十年

香川県善通寺市

設計◎多田善昭

玄関とホール。聚楽壁、御影石の三和土、ウレタン塗装の松の床、檜の格天井。伝統的な素材を使いながら、仕上げやデザインはモダン

日本の住文化と住まい方を後世に伝えていく家

昭和三十年以降の高度経済成長とともに、日本人の住まいも大きく変わった、と思っていた。ダイニングキッチンの登場や、家族が集まるリビングが住まいの中心になり、子供たちには個室が与えられるようになったのだから。都市に住んでいると、ほとんどの日本人はLDK+個室のある家に住んでいるものと思いがちだ。ところが今回取材させていただいた築二十年の遠山清邸を訪れて、日本人の住まいの一部を見ていたにすぎないということがわかった。

家族関係や近隣関係がそれほど変わっていない農村や山村では、今でも「ハレ（非日常）」と「ケ（日常）」の空間をきちんと分けている住まいがあるのだ。それは私たちが数十年前に製作された小津安二郎の淡々としたホームドラマのような映画を観て、「家族って、根っこのところでは、少しも変わっていないんだなあ」と感じるのにも似て、こうした地域では住まいに対する考え方は、それほど大きく変わっていない。遠山邸を設計した建築家の多田善昭さんは「当時八十代のお父上と六十代の息子夫婦には、伝統にのっとった家のほうが住みやすいと考えたから」という。

空海誕生の地として知られる香川県善通寺市。遠山邸は市の北西、讃岐平野の農村集落の一画に立っている。北側の高速道路とその上を走る車の騒音さえなければ、穏やかな日本の農村風景のなかにある集落だ。東西に細長い敷地は周囲を用水路と道路に囲まれていて、東側には農機具をしまう納屋があり、その脇には家族用の通用門がある。お客は敷地の真ん中にある車寄せから棟門《むねもん》をくぐり、前庭から南側に面した堂々とした風格のある玄関から入る。

門も塀も、玄関すらあるかないかわからない最近の住宅を見慣れている私には、玄関回りの庭のしつらえを眺

上／接客の間もある玄関。接客の間は天井に和紙を貼って照明を柔らかくしている。下右／八畳と十畳の続き間。照明やエアコンは天井や壁の中に。下左／書院や違い棚のある伝統的な床の間

上／日常ゾーンにある食堂で談笑する遠山さん夫妻。下右／緩い曲線のある天井板を張って、長い廊下に変化をつけている。
下左／夫妻の寝室に使っているお父さんの部屋

めながら引き戸を開けて三和土《たたき》に立つと、それだけで身の引き締まる思いがする。北側の庭まで見通せる玄関はとにかく広い。三和土の右手には三畳の接客の間があり、正面のホールもゆったりしている。御影石や磨き上げられた松や檜を使用している室内は、とても二十年の歳月がたっているとは思えないほど手入れがゆきとどいていて、輝きを放っている。

玄関の西側には八畳と十畳の座敷、そして仏間があり、東側には台所、食堂、居間、寝室、浴室などの生活の場がある。西側は「ハレ」、東側は「ケ」のゾーンと、はっきり分かれていて、それは材料や仕上げにも表れている。八畳と十畳の座敷は続き間になっていて、仕切りの襖を全開すると、南側の広縁《ひろえん》ともつながり、宴会や法事などもできる大広間になる。十畳の座敷には床の間、違い棚、そして書院まで付いていて、伝統的な座敷の要素で構成されている。広縁からは、手水《ちょうず》、灯籠、飛び石がバランスよく配置され、地面には苔も生えている「日本の庭」が眺められる。

「ハレ」のゾーンでは表に見えないように、天井や壁に設備機器を埋め込んでいる。天井からの照明は光源が見えないように、また光が柔らかくなるように和紙にして、和室の雰囲気を大事にしている。十畳の北側には仏壇と神棚が仲よく並んでいる仏間がある。

仏間から玄関ホールに戻って「日常」ゾーンへ向かおう。長い廊下が東の端まで背骨のように通っている。天井には緩い曲線をもった板を張り、長い廊下が単調にならないようにしている。廊下の南側には台所、食堂、居間、勝手口があり、北側には浴室、洗面所、老人室（現在はご夫妻の寝室）がある。ご夫妻の日常生活は一階だけで事足りるが、独立した長男一家がときどき孫を見せに泊まりがけでやってくるので、二階にも二部屋ある。

代々農業を営んできた遠山家は、現当主、清さんの代になって、兼業農家になった。二十二年前、敷地の北側半分に高速道路が開通することになり、築百年以上にもなるこの地方の典型的な農家が建っていた敷地の半分を、やむなく手放すことになった。妻のチヨさんは、子供の頃から知っていた多田善昭さんに迷うことなく相談した。

多田さんは高速道路の振動と騒音を考えると、古い家を移築をすることも木造で建て替えることも無理だと判断して、壁式の鉄筋コンクリート造にして、内部を木材で仕上げることを提案した。

当時、ご夫妻とも六十代になっていた。長男は独立して都会で働いていたが、いずれは戻ってきて同居することも設計時には考えていた。竣工して三年後に八十代だった清さんのお父さんは亡くなるが、お父さんの部屋も一階に設けた。清さんもすでに退職していて、体に負担がかからない程度に畑仕事をするチヨさんは、家事の合間に華道と茶道を教えるという、家に居ることが多い老後の暮らしに入っていた。

面倒見のいいご夫妻は集落のまとめ役でもあったので、格式のある玄関や地域の人たちが集まれる公民館のような座敷も必要だった。そして何よりも「子供が戻ってくる家、子供の代まで残せる家」をつくりたいというのが夫妻の大きな要望であった。

「城があると子供は帰ってくるというのが、この地方に住む人たちの哲学なんですよ」と多田さんはいう。子供たちが都会へ出ていってしまう地方では、「家」を建てることの意味が、都会よりも少し重い。しかも農家なので「ハレ」と「ケ」の空間を分けることは、遠山家にとっては「常識」だった。子供の頃から多田さんのことをよく知っているチヨさんは、「和風がいいってゆうたくらいで、細かい注文はつけなかった」と多田さんに全幅の信頼を寄せて、「子供の代まで残せる家」の設計を依頼した。

当時、多田さんは設計事務所から独立したばかりで三十三歳と若かった。和風の納まりや造作の知識そしてもてるデザイン力を駆使して、壁式鉄筋コンクリート造の純和風住宅に取り組んだ。表に見えるところだけでなく、コンクリートの躯体の壁に空気層をとって棟から通風できるようにしたり、コンクリートの屋根に土を載せ、その上に瓦を葺くといった断熱効果を高める工夫も行った。

「冬は暖房なしでも暖かいんです。夏も風がよく通るので、扇風機もめったに使わないんですよ」。チヨさんは二十年住んできて、以前の木造の農家と違うのは「暖かい、涼しい、騒音がない」ことだという。

上／続き間の前の広縁。引き戸を開けると日本庭園と和室が一体になる。下／座敷前の庭は年に１回、植木屋さんに入ってもらうだけで、ふだんはチヨさんが手入れをしている

上／広縁の前にはここからも出入りできるように、御影石を置いている。下／白い塀に囲まれた遠山邸全景。南西側は水路に囲まれている。北側に高速道路が走っている

「田舎はどこでも、ふだん使わない部屋が一つや二つはあるんですよ」。チヨさんはそういって続き間の座敷に案内してくれた。「最近は集落の寄合いがあるときに使うだけ」とチヨさんはいうが、玄関同様、掃除もゆきとどいていて、床の間にはチヨさんが生けた季節の草花が飾ってあり、広縁の床も座敷の畳も古さを感じさせない。畳は二十年間一度も替えていないそうだが、障子紙は二年ごとに貼り替えているという。

今でも週に一〜二回、生け花を教えたり、「家で食べるくらいの野菜と花はつくっているんですよ」と気軽に語るチヨさん。八十歳になっても人の助けを借りずに一、二階合わせて百坪近くある住まいと、こまめな手入れが必要な和風の庭を、この二十年間ずっといい状態に保ち続けているのだ。家や庭の掃除をしたり、仏壇や神棚にお供えを欠かさないといった日常生活が、元気のもとになっていることが、チヨさんのきびきびした動作やこぼれる笑顔から伝わってくる。

この家の設計に一年費やしたという多田さんは、設計者の仕事は劇作家の世界に似ているという。「大筋のシナリオは書くが、家という舞台で演じるのは住まい手。演じやすいシナリオ（設計）を書くのが建築家の仕事だと思っています。土地の条件や予算を最初は考えないで、どういう家に住みたいのかを語ってもらう。あらゆる要望を出してもらったうえで、プラス面とマイナス面を伝えて、最終的な判断は住み手に委ねる」。遠山さんの場合は、夫妻がどのような家に住みたいと思っているのかは、子供の頃からの付き合いでわかっていたので、阿吽《あうん》の呼吸だったのだろう。むしろ夫妻の想いをくみ取るようにして、形にしていったのではないだろうか。

「設計するときから自慢できる所をつくっておいて、住み手と共有できるようにしておくと、完成する頃には、自分の家について人に話せるようになる。住み手が自分で物語が描けるようになると、家は長持ちします」。多田さんは長く住み続けられる家にするために、設計者としてできることはこれくらいかなと控えめにいいながらも、「日本の住文化を語ろうとすると、こういう家は必要だと思う」と自信のほどをのぞかせる。ご夫妻の元気な生活を支えている独立第一作の「遠山邸」は、多田さんにとって、今でも住宅設計をするときの原点になっているのではないかと思った。

チヨさんの夢は孫娘が花嫁衣装を着て、この家から嫁いでいくことだと伺い、私は小津安二郎の『晩春』という映画のラストシーンを思い浮かべた。花嫁姿の娘が出ていったあと、カメラは晩春の柔らかい陽光が斜めに差し込む縁側を、ローアングルでゆっくり映す。そのシーンが遠山邸の広縁と重なって見えた。

（二〇〇三年十二月）

車寄せから見た棟門

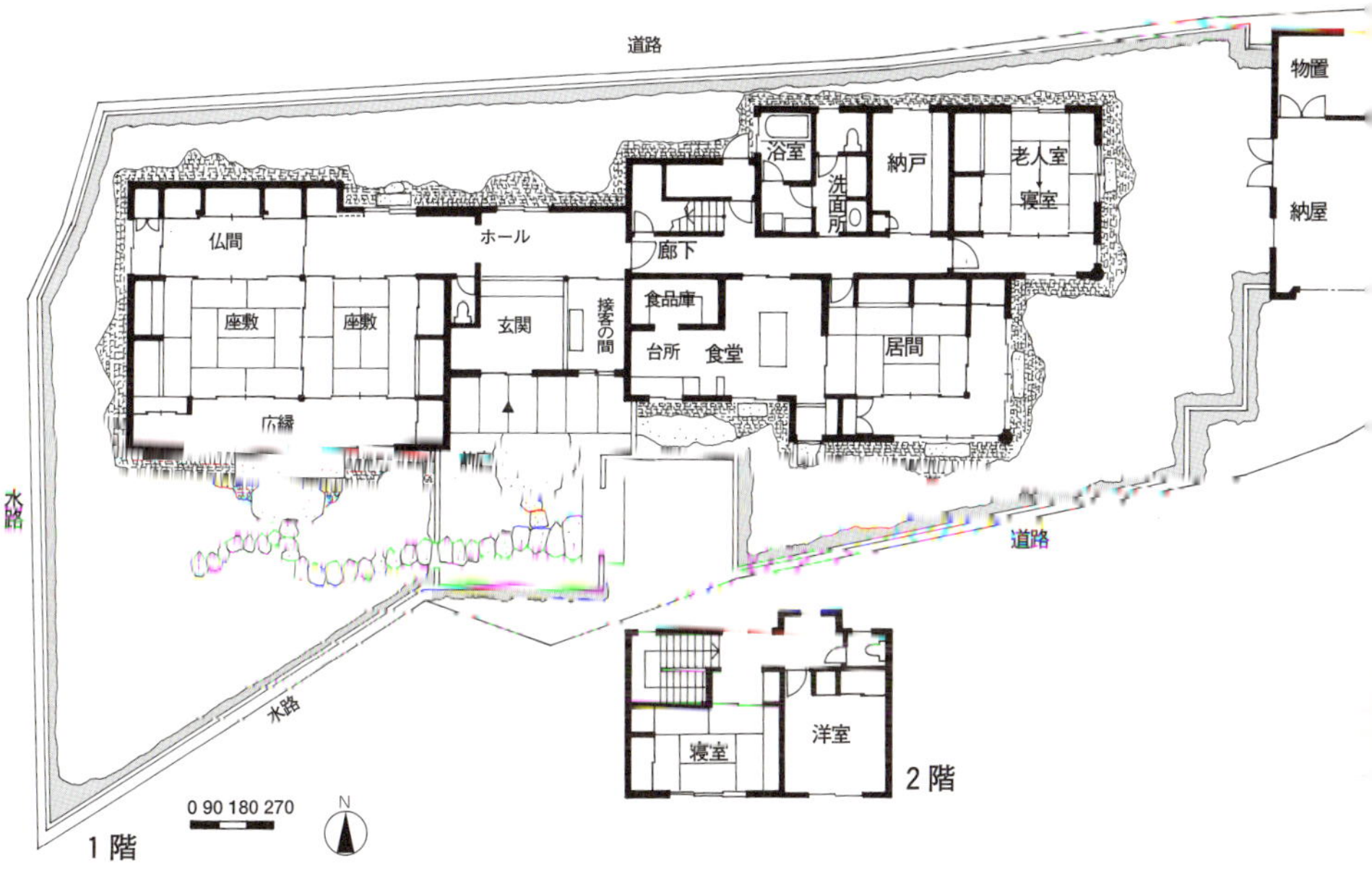

井東邸◎築二十二年
愛知県名古屋市

設計◎吉柳 満

屋外広間でくつろぐ井東さん夫妻。食堂と広間の建具を全開すると、屋外広間と一体になる

通り庭と土間を暮らしに活かしてきた都市型の家

生活や通勤に便利な都市に住もうとすると、どうしても避けられないのが道路を走る車の騒音や敷地に接して建てられた隣家の視線だ。しかも敷地もそれほど広さが確保できないので、日当たりや風通しも悪くなる。そんな条件のもとに建てられた家は、高気密・高断熱にしてエアコンや二十四時間自動換気といった機械に頼って、ほぼ一年じゅう同じ室内環境にすることで「快適さ」を得ることになる。条件の厳しい都市に建てる住まいでも、機械に頼るのではなく、設計を工夫することで、周囲の騒音や視線を遮断して、自然の光や風を住まいに取り入れることはできないのだろうか。

二十二年前に建てられた名古屋市の井東義彦さんの家は、外から見るとコンクリートの箱だが、長いアプローチを抜けたところから展開される内部は、自然の光と空気が十分に感じられる「快適な」空間になっている。外と内がメビウスの輪のように逆転した家なので、土足のまま。当時、いや今でも大胆な発想で設計をしたのは、吉柳満さん。「京都の町家のように、通り庭や土間を取り入れたので、土足のまま自然に室内に入り込むスタイルになっただけ。原点は日本建築にある」と吉柳さんはいう。とはいえコンクリートの箱に石の床での暮らしを続けていくのは、歳をとるにつれ大変なのではないだろうかと心配しながら、井東邸のブザーを押した。

名古屋市の中心から車で東南方向へ三十分。小さな工場や倉庫、住宅メーカーの建てた家が混在する、どこの都市にも見られる特色のない街区の角地に井東邸は立っている。門や塀は一切ない。打ち放しのコンクリートの箱が敷地いっぱいに立っているだけだ。道路に面したシンメトリーの西側外観の真ん中に開口部があり、それがこの家と外部をつなぐ唯一の入り口になっている。

洞窟の穴のような入り口から長くて暗いアプローチを

進むと、そこに初めてドアがある。透明ガラスのドアを開けると、急に目の前が明るくなる。玄関＋応接間＋廊下を兼ねたギャラリーと呼ばれる空間は、二階まで吹き抜けになっていて、天窓からは自然光が降り注いでいる。

その光に誘われるように階段を上がると、屋外広間と呼んでいるテラスに出る。屋外広間をはさんで北側に広間、南側に食堂があり、どちらも屋外広間に面した側の開口部は引き戸になっている。すべての建具は壁側に引き込まれるようになっていて、しかも床の段差もないので、全面開放すると広間、屋外広間、食堂が外でも内でもない、ひとつの空間になってしまう。

一階のアプローチから二階の屋外広間、広間、食堂の床材はすべて鉄平石《てっぺいせき》を張っている。外から靴を脱がないでギャラリーに入ったと思ったら、また屋外広間に出て…、結局、靴の着脱をせずに外から内へ、そして外へ出てしまったことになる。屋外広間からはアプローチの左右にある光庭が見下ろせる。寝室前の光庭には、井東家の大事な家族、四頭の猟犬が取材の邪魔にならないようにと、その日は閉じ込められていた。ふだん夫妻が留守の間はギャラリーから二階の屋外広間を自由に走り回っているそうだ。

広間には暖炉があり、その前の半円形になっている床は一段下がっていて、柔らかい敷物とクッションで心地いい場をつくっている。暖炉の左右の棚にはスピーカーがあり、私たちを歓迎して夫人の由美子さんがかけてくれたクラシック音楽が素晴らしい音を響かせている。反対側の食堂では、長靴をはいたご主人の義彦さんが煙草を吸いながらぼんやりと屋外広間を眺めている。

食堂側にはもうひとつの階段があり、一階の書斎コーナーと和室に直接行けるようになっている。和室北側の壁はスリットになっていて、夜になると部屋の明かりがアプローチ側に透過され、線条の光が鉄平石の床にこぼれて劇的な雰囲気を醸し出す。アプローチの反対側には寝室、クロゼット、浴室、トイレがあり、ギャラリーから直接入れるようになっている。

三十年近く名古屋市の中心街でバーを経営されている井東さん夫妻。設計者の吉柳さんとの出会いはこのお店。

上／屋外広間とつなげると一気に広くなる広間。天窓から柔らかい自然光が入ってくる。下／暖炉の前のピットに座る義彦さんと愛犬。照明が入ると、昼間とは違った雰囲気の広間になる

上／食堂は義彦さんの好きな場所。食堂側にも天窓がある。下右／1階和室。正面スリットのある壁の反対側がアプローチ。下左／天窓から自然光が入る22年現役のキッチンと、1階にある浴室

客として通っているうちに親しくなり、夫妻は吉柳さんの住まいに対する考え方に引き込まれ、「吉柳さんが住みたいと思う家を設計してほしい」と敷地と予算だけを提示して、ほとんど「おまかせ」で依頼したという。

それまでは賃貸アパートの1DKで暮らしていた。お店も忙しかったので、家は寝るだけの場とあきらめていたが、「住まいには政治、経済、文化、そして人の魂を左右する、すべてのものが詰め込まれている。だから住み手がそこからエネルギーを与えられる、そんな住宅にしたい」という設計者の思いが、夫妻のマイホームの夢をふくらませていった。

「夜が遅い仕事なので、昼まで寝ていられる家。設備機器は当時、国産品はまだ性能がよくなかったので、バスタブ、キッチン、食器洗い機などは外国製品にしてほしい」。要望したのはそれくらいだったと由美子さんは当時を振り返る。

それにしても日本では、どんなに生活が洋風化しても、変わらないのが住まいでは靴を脱ぐという習慣だが、井東邸では一階の和室を除いてどこも土足のまま。これもすんなり受け入れたのだろうか。「靴を脱いだりはいたり、面倒くさいじゃないですか」と義彦さんはあっさりという。「靴を脱がないせいなのか、この家は入りやすいし、長居したくなると友人にはいわれます」。ご夫妻の人柄もあるのだろう、来客が多く、広間、屋外広間、食堂をワンルームにして、すぐホームパーティになってしまうそうだ。

深夜に帰って、ゆっくりと入浴してから眠るのに、一階の寝室は直接光が入らないのでよく休めるという。昼頃起きて二階に上がり、季節がよければ食堂も広間も全面開け放して、クラシックを聴きながら遅い朝食をとる。

現在この家には猟犬が四頭と猫が二匹同居しているが、この家の設計時には犬との同居は話題にのぼらなかった。アウトドアスポーツで気分転換をはかる義彦さんは、猟を始めることになり、竣工後すぐにドーベルマンを一頭飼った。やがて猟犬は二頭になり、三頭、四頭と増え、猫派だった由美子さんもいつのまにか、犬も大好きになってしまった。「私たちには子供がいないので、犬と猫が子供代わり。夜は私たちのベッドの脇で、みんな一緒に寝るんですよ」。

二十二年間に手を入れたのはギャラリーの天窓と入り口のガラスのドア、そして屋外広間の斜面になった登り庭の三カ所。吉柳さんは、ギャラリーを雨風が多少入ってもいいくらいの外に近い空間にしたいと思って、天窓を軽いアクリル板にしていたが、生活してみると不都合になり、網入りガラスに替えた。入り口のガラスのドアは犬がキズをつけてしまったので、やむなく替えた。

登り庭も犬が土を掘り返して芝が育たなくなってしまったので、夫妻の知り合いの造園家に依頼して、レンガを積んで水場にした。打ち放しコンクリートの外装は五年に一回、撥水剤を塗っているので雨水による汚れもなく、二十年以上たっているとは思えないほどきれいだ。

竣工時の写真や平面図を見た時、普通の人が住むのには難しそうな家なので、きっと設計者に黙って改築して住んでいるのではないかと思っていた。けれどもコンクリートの箱はまったく変わっていない。むしろ二十年以上たって、井東夫妻の日常やそれぞれの個性、そして犬たちとの生活が建物にうまくブレンドされて、しなやかで柔らかい空気が、住まい全体から感じられるようになった。

「すべておまかせしますといわれても、設計者ができるのは五十％なんです。残りの五十％は住み手がつくる、それが住まいなんです」と吉柳さんはきっぱりという。「構造とデザインが一体になっている住宅、少し難しい言葉でいえば〝膜の骨格美〟があれば、住み手や時代が変わっても生き続けていける。そして最近の住宅では忘れられてしまったが、住宅は生活の場だけではなく、魂が感応する場でもありたい」。井東邸をシンメトリーの立面や平面にしたのも、神殿のような祈りの空間を無意識に感じとってもらうためでもあるそうだ。そして人の魂に呼びかける装置として、自然の火が見える暖炉や囲炉裏を吉柳さんはかならずつくるという。

そんな設計者の「たくらみ」を井東さん夫妻はこの家で暮らすうちに、無意識のうちに刷り込まれてしまったのではないだろうか。五十代後半になった義彦さんと由美子さんは、この家からエネルギーをもらっているのか、

天窓や壁のスリットからも光が
こぼれるドラマティックな階段

生き生きしている。「家は寝るだけ」といった生活から、仕事や趣味を楽しみ、交友の幅を広げて、人生を豊かなものにしているのだ。

「手摺りのない階段や石の床を見て、老後どうするのって心配してくれる友人もいますが、毎日の階段の上り下りや堅い床から、犬も私たちも元気をもらっているんです。最初の犬は十八年生きたくらいだから、いかにこの家が、犬や人の健康にいいかわかるでしょ」と由美子さん。期せずして犬や猫と一緒に暮らせる住まいになったこの家を、心の底から楽しんでいる様子が、夫妻の表情から伝わってくる。

（二〇〇三年十一月）

上／入り口からアプローチを通してギャラリーを見る。和室や寝室の照明が床に軌跡を描く。下／入り口を中心に左右対称の西側外観

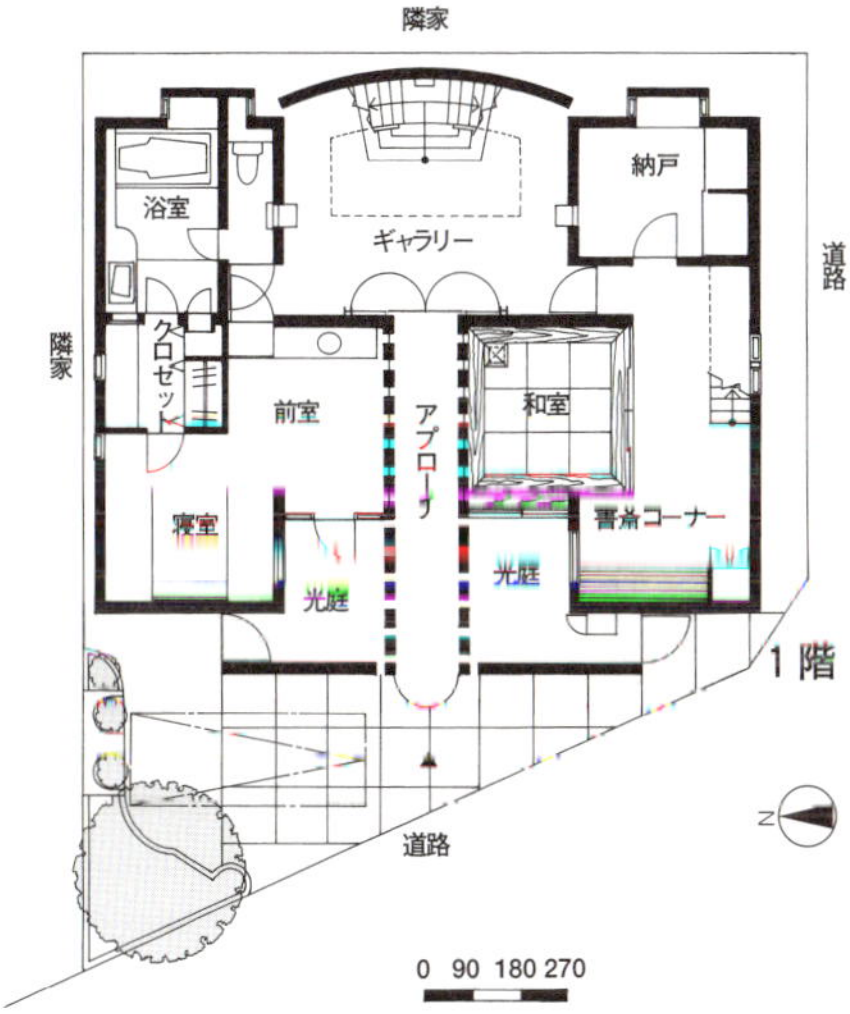

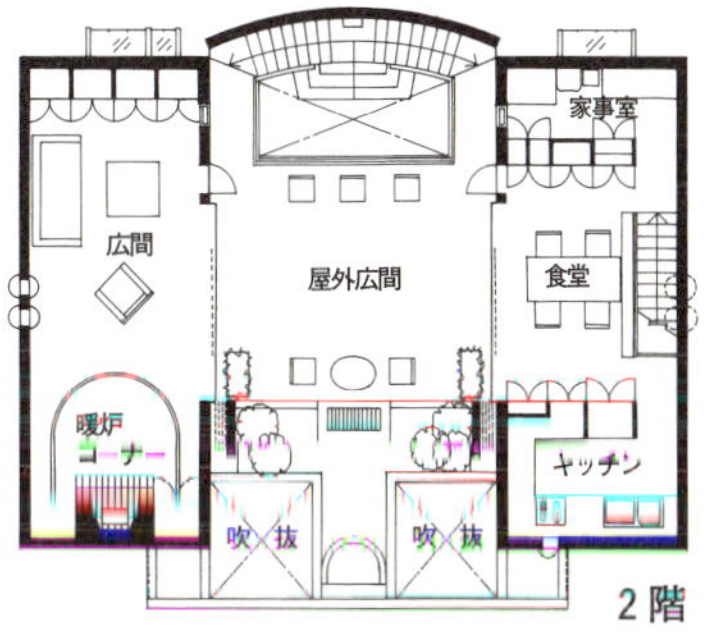

3階の家族スペース。4階のコンクリートの床がキャンチレバーになっていることがわかる

室伏邸◎築三十三年

東京都大田区

設計◎室伏次郎

都市に「住む」ことの可能性を広げてきた家

このシリーズでは建築家の自邸はあえて取り上げないことにしてきた。自邸ならば、多少の住みにくさがあっても、我慢しながら二十年、三十年と住み続けてしまうかもしれない。建築家に設計を依頼したいと考えている読者には、それでは不公平だし、参考になる話も出てきにくいのではないかと判断したからだ。ところが一九七〇年から住宅設計を手掛けている室伏次郎さんに、二十〜三十年前に設計した住まいを紹介していただこうとお願いしたところ、「時間の経過によって、住まいをどのように変えていったかを語るには、自分の家がいちばんふさわしいと思う」という回答だった。そこで、特例として建築家の自邸、その三十三年の経緯を時間を追ってたどることにした。

一九七一年、長男の小学校入学に合わせて、前年から工事を行っていた四階建て・壁式鉄筋コンクリート造の家に住むことになった室伏さん一家。家族は妻の久子さん、長男の恒存《つねあり》さん、次男の多門《たもん》さんの四人だった。それまで住んでいた風呂なし、玄関共同の二部屋のアパートは、元気に飛び跳ねる二人の息子を育てるには限界がきていたからだ。かといって設計事務所から独立したばかりの三十歳の室伏さんに、潤沢な建設資金など望むべくもない。たまたま久子さんの親戚が東京で住む家を探していたので、それでは一緒に家を建てようということになり、土地探しが始まった。

築地明石町で子供時代を過ごした室伏さんは、常々都心に住みたいと思っていたが、予算を考えるとかなわぬ夢だった。やむなく私鉄駅から徒歩六分のところに、二十二坪の土地を親戚と共同で購入することになった。決め手は久子さんの実家に近いことと、南側が原っぱで、二方向が道路に面していたから。

室伏さんは、敷地の形状に合わせて東西九メートル、南北四メートル、階高二・四メートルの四層のコンクリ

上／食事コーナーとつながっている「開口部の箱」。西側のドア
を開けると外階段。下／家族スペースの家具の配置はたびたび変
えてきたが、ソファも椅子も食卓も建物と同じ時間を重ねている

上／４層の空間を状況に応じて使いこなしてきた室伏夫妻。
下右／ガスオーブンだけ取り替えたが、シンクも食器棚も33年使い続けている。下左／床面積を節約するために考案した階段

ートの空間を考えた。この基本空間に長さ五メートル、幅七十五センチ〜一・三メートルの箱を一階南側に一個、二〜四階の南北側に一個ずつ取り付けた。この箱は縁側や玄関や収納スペースとして使うが、同時に窓はこの箱に付いているので、躯体に「開口部の箱」を取り付けた構成になっている。

上の二層は室伏家、下の二層は三人家族の親戚一家が住むことになった。上の家の入り口は三階、下の家の入り口は二階にある。二層分のコンクリートの内部は、壁で仕切ってあるのはバスルームだけで、仕切り壁は一切ない。ドアは入り口とバスルームだけ。上の家の四階の床半分はキャンチレバー（片持ち梁）にして、あとの半分は床板を渡して追加できるようにした。階段も固定しないで、四階の使い方によって位置を変えられるように可動式にした。

「空気の量が制限されない空間がほしかった」という室伏さんは、息子たちに「静かにしろ！家の中で走るな！」というのが嫌だったからともいう。実はこの床面積で四層、高さ十メートルの空間ができたのも、容積率の制限がなかった法規改定前だったからだ。

土地代と建設費で一世帯七百万円の予算でどこまでやれるかということも、建築家としてはかなり大胆な挑戦でもあった。鉄筋コンクリート造住宅の坪単価が三十〜三十五万円が相場だった時代に、自主工事や分離発注で、坪当たり十三万円強という驚異的なローコストで建ててしまったのだ。「雨露をしのぐシェルターが手に入ればいい」と割り切らなければ、実現不可能なコストであった。

三階は家族のスペースとして家具を固定しないで自由に使った。四階はキャンチレバーの床以外は階段の踊り場用に一×二メートルの床板を二枚取り付けただけで、あとは吹き抜けのままにした。夫婦と子供の領分も仕切らないで、真ん中に自由に使えるスペースを確保するだけ。二年後に三男の暢人《まさと》さんが誕生すると、四階の床板を増やして、四隅に夫婦と三人の子供たちの場（ベッド）が確保された。

一九八一年、恒存さんの高校進学を待っていたかのように、下の家に住んでいた親戚が引っ越すことになり、二層分を室伏家で購入することになった。十年目の改築は、一階に三人の子供たちのスペースをつくり、三階にあったバスルームを四階へ移設して、一階から三階の家族スペースや四階のバスルームへ行けるように、南側に新たに内階段を設けた。同時に予算不足で棚上げにされていた屋根や外壁を防水し、南側の「開口部の箱」もラワン材が腐ってしまったので、アルミサッシに取り替えた。また、四階のキャンチレバーの床がたわんできたので、逆V字の木製梁とワイヤーで吊り上げることにした。

一階の子供たちのスペースへは外部から直接出入りできるように、入り口を設けた。三人の領域は壁で仕切ってはいるが、ドアはない。これによって子供たちは、外から戻ってきたときに親の居る三階から入って一階に行くか、一階から直接自分の領域に入るか、二つの選択肢が与えられたのだ。

二階は八一～八五年まで建築家夫妻が住んだり、多目的スペースとして、来客の応対や宿泊などに使った。三階のバスルームを四階に移設したことで、気になっていたバスルームと居間の関係が解消されたり、玄関との間に可動式パーティションを設置することで、こちらも目線が気にならなくなった。キッチンの配置が変わり、朝食用のカウンターも設置した。

四階は南東側の床板二枚分だけ吹き抜けを残して、夫婦専用のスペースにした。トイレ・洗面・浴室は三階にあったときは一体だったが、四階移設時に、それぞれ独立させた。水回りの改築をすると、設備機器は新しいものに取り替えるのが一般的だが、この家ではキッチン、洗面台、浴槽、玄関前のパーティションなど「使えるものは壊れるまで使う」という主義を貫き、それらは三十三年たった今も現役で使われている。FRP（繊維強化プラスチック）の浴槽などは割れ目にテーピングして、「それでもまだ使えるから」といった。

長男も次男も大学は地方へ行くことになり、空いた部屋にはオーストラリアからの留学中がホームステイしたこともあった。やがて一階は三男の暢人さんひとりになった。二階の多目的スペースは六年前に若い建築家夫妻が、住まいとアトリエを兼ねて住むようになり、現在も住み続けている。

上／キャンチレバーの床がたわんできたので、逆Ｖ字の梁とワイヤーで吊り上げた４階夫婦のスペース。下右／幅75センチ、長さ５メートルの玄関。下左／１階の暢人さんの部屋

上／風はあるが眺めは抜群の屋上。緑もようやく根付いてきた。
下右／3階から4階へ移設した洗面・トイレ。下左／足場用階段
が付いた南側外観。南側は原っぱだったが、現在は駐車場

二〇〇〇年、南側の「開口部の箱」を、アルミサッシは再使用して作り替え、四階寝室の断熱効果をよくするために、屋上を緑化することにした。そのため、南側の階段を外階段にした。階段は工事現場で使う、足場用。必要以上にデザインしないハードな工業製品にこだわる室伏さんならではの選択だ。南側の「開口部の箱」からそれぞれの階に行けるように、箱の床の一部を土間にして半屋外にした。これによって「開口部の箱」は本来の意味に近くなったのかもしれない。

屋上はコンクリートスラブの上にプラスチックシートを掛け、その上に十センチ（樹木を植えたところは四十センチ）の盛土をしているだけなので、植物が安定するのに試行錯誤を重ねたが、三年目からクローバーや芝も育ってきた。「夏の一週間はあまりに暑くて、下の階で寝てましたが、屋上緑化のおかげで夏と冬の室温が以前に比べて、三度は違います。断熱効果だけでなく、風を感じながらビア・パーティもできるし、屋上緑化はすばらしい」。久子さんは新たに誕生した見晴らしのいい空間を楽しんでいる。

このとき一階にトイレを設けた。それまでは、息子たちも留学生も、一階から四階のバスルームに上がらないとトイレが使えなかったのだから、ずいぶんラクになった。でもあいかわらず入浴だけは四階まで上がる。

近々結婚のためこの家を出ていくという暢人さんは、大学は建築学科に進み、現在、建築家の道を歩み始めている。「この家に生まれ育ったので、建築をやるのは宿命かもしれないと思った。この家は僕にいい刺激を与え続けてくれたから」。

三十三年の間に大きな改築が二回、外装の塗り替えや経年変化による補強や雨漏りの補修などを加えると何回も手を入れながら、室伏さん一家はこの家に住み続けてきた。建築家としての哲学を示すために、妻や子供たちに我慢させてきたのではないだろうかと思う読者もいるかもしれないが、久子さんの感想はそうした懸念をぬぐい去ってくれる。

「家はきれいでなくてはならない、便利でなくてはならないと思ったことはないんです。使っていれば慣れますから。それよりも家族の空気がいつも感じられる、それが一番大切なこと。この家にはそれがあると今でも思っています」。

経済的な事情から、超ローコストの二世帯住宅としてスタートしたことが逆に幸いして、家族構成の変化にも対応できる空間を確保できたこと、三人の子供たちが互いに尊重し合いながら「個」を確立してたくましく育っていったこと、家族以外の人たちが居住できるスペースがもてたことなど、n+LDKのステレオタイプ化された住まいでは生まれにくい、豊かな物語をこの家は育んできた。それは人間のサバイバル能力を信じている建築家・室伏次郎さんの「住まい」に対する力強いメッセージでもあり、都市に「住む」ことの可能性は、まだまだたくさんあることを私たちに教えてくれる。

（二〇〇四年三月）

津田邸◎築三十八年

神奈川県鎌倉市

設計◎鈴木恂

お父さんが植えた庭木を眺める津田さん夫妻。方形の屋根はスレート瓦に替わった

父が愛した木造平屋を原形にもどして子世代が住み継ぐ

住宅は広ければ広いほどいいと思ってしまうのは、戸建て住宅を建てようとしても広い部屋を望むことができない、その反動もあるのだろう。日本人の庶民の戸建て住宅は本来小さくて、つましいものだった。ただ周囲の環境は今よりも良好で、敷地も今よりは確保されていたが。

「小さな家」の魅力を私たちに最初に教えてくれたのは、近代建築の巨匠といわれているル・コルビュジエだったかもしれない。彼は一九二三年、スイスのレマン湖畔に両親の老後の安らぎの場として生活するのに必要な最小限の床面積六十平方メートルの平屋の家を建てた。装飾や無駄な空間は一切ない、機能に徹した簡素な室内は、自然や音楽を友とする両親の生活を静かに支えていたことが感じられる。

津田雅人さんの家は、私たちが忘れかけてしまったそんな「小さな家」の魅力を伝えてくれる数少ない例かもしれない。設計したのはコルビュジエの孫弟子ともいえる建築家の鈴木恂さん（鈴木さんの師、吉阪隆正はコルビュジエの愛弟子だった）。鈴木さんは四十年ほど前、仕事を始めたばかりの頃に、津田さんのお父さんに依頼されて家族四人が住む最小限の住宅を設計した。お父さんが亡くなったのち息子の雅人さんから、ふたたび鈴木さんに改修の依頼がきた。親子二代にわたって愛されてきた鈴木さんが設計した「小さな家」、いったいどこにそれほどまで家族を惹きつける力があるのかを知りたくて、訪ねることにした。

北鎌倉駅周辺の山々は宅地開発が急速に進み、自然環境が年々悪化しているといわれているが、津田邸のある梶原の一帯は、初期に開発されたため一区画の敷地も広く、今では良好な住宅地になっている。

駅から坂道を上って十五分。雅人さんのお父さんが

「終《つい》の棲み家」として見つけたのは、西側の道路から二メートルほど上がった、東西に細長い敷地。道路からは家の姿はほとんど見えない。見えない理由はそれだけではない。樹木が庭全体を覆い、その奥に遠慮がちに木造平屋の家が立っているからだ。まるで隠遁した文人の庵のように。

門から玄関までは、建物を東側に寄せて西側に庭を設けたため、左手に庭の樹木を眺めながらの長いアプローチとなる。アプローチの先にある玄関ドアが楽しい。木製のドアは部分的に透明ガラスが嵌め込まれていて、そこから中の様子がうかがえるのだ。さらに大きな取っ手は内側に回るとドアに箱を嵌め込んでいるような不思議なデザインなのだ。玄関の内側に入ると南側が全面開口部になっているので、まぶしいほどの光に包まれる。

玄関から室内に入ると、天窓からの光に満たされたこの家の心臓部ともいえる中庭のような空間に出る。どの部屋もこの天窓のある空間から出入りするようにプランニングされている。東側には居間・食堂、キッチン、トイレ、浴室、西側には雅人さんの書斎、和室、寝室、書庫の四室が庭に面して並んでいる。西側はどの部屋も部屋同士は壁で仕切られていて、庭に向かってのみ開かれている。

こう書いてしまうと大きな家のように思えるが、津田邸の床面積は七十五平方メートル。コルビュジエの「小さな家」よりも少し広いだけ。現在は夫婦ふたりだけの住まいだが、もともとは両親と雅人さん、お兄さんの四人家族が住んでいたのだから、本当に「小さい家」だ。

明治生まれの雅人さんのお父さんは、会社員として妻とともに三男一女を養ってきた。ずっと社宅住まいだったので、定年を控えて「マイホーム」を建てなくてはならなくなった。

お父さんは会社勤めをしながら、高浜虚子の門下生として俳句もたしなんでいた。俳句の仲間が鎌倉にいたことと、周囲に自然があるところということから、当時、理想的な郊外住宅地を目指していたN社が開発した北鎌倉の梶原に約七十坪の土地を購入した。西入りの東西に細長い敷地だったが、決め手は西側に遠望できる富士山だった。

上右／玄関。南側は全面はめ殺し窓になっているので明るい。
上左／和室から書斎を見る。下右／庭に向かって天井が低くなっている和室。下左／寝室にした兄の部屋と書庫にした弟の部屋

天窓のある空間から居間・食堂・キッチンを
見る。天窓にテント幕を付けて日差しを制御

設計を依頼することになる鈴木さんとの出会いは、カメラだった。当時、大学院生だった鈴木さんは、早稲田大学探検部のメキシコ遺跡の調査隊に参加することになり、カメラ会社に勤務していたお父さんから無償でカメラを提供してもらった。その後、鈴木さんは世界一周の旅に出ることになるのだが、帰国一年後の一九六五年に津田邸の設計を依頼された。

お父さんと一緒に土地を見に行き、「富士山が見える西を大事にしましょう」ということで基本的な合意ができたので、設計にとりかかった。当時、次男と長女はすでに結婚していたので、家族は両親と会社勤めの長男と美術大学一年生の雅人さんの四人だった。退職金を前借りしてのマイホームの予算は潤沢とはいえなかった。工事は一九六六年に始まるが、工事費は二百三十六万円、三十八年前とはいえかなりのローコスト住宅であった。

鈴木さんは大人四人が生活していくための床面積は必要最小限にして、西側の眺望を確保するためのプランニングを考えた。居間や食堂は日当たりのいい庭に面した南側に配置するのが一般解だが、この家では大人四人が日中過ごす部屋を西側の庭に面して独立させ、居間・食堂は東側に配置した。そのため東側に採光を得るために、高い天窓のある中庭のような空間が必要だった。西側は西日を遮断するために軒の出を深くし、屋根は天窓に向かって方形に架けた。そうすれば西側の四部屋は床面積が小さくても天窓側に向かって天井高がとれるので圧迫感がなくなると考えたのだ。さらに西日対策と風景をより身近に感じられるようにと、西側開口部には各部屋を仕切るガラリ戸を付けた。

それぞれの部屋の広さがかなり制限されたため、納戸も必要だった。そのため浴槽は妻側からしか入れないなど、トイレや浴室・洗面所は最小限の広さに抑えられた。

竣工後、お父さんは乙女椿や俳句の季語になっている草花を植え、苔も育てて庭を整えていった。モミジやエンジュは鳥が種を運んできてくれた。庭に樹木や草花が育ってくるにつれ、西側のガラリ戸や居間・食堂の天窓から降り注ぐ光が気になってきた。ガラリ戸は強い風が吹くとあおられてしまい、ストッパーの金具がダメになってしまったのをきっかけに取り外した。天窓はこれだけの面積があると居間・食堂は夏は暑く、冬は寒い。夏はヨシズを張って光を遮断したが、歳をとるにつれ光の強さに負けてしまい、半分だけ天窓を板で塞いでしまった。さらに予算を抑えるために屋根を亜鉛鍍《と》鉄板葺きにしたが、知人から断熱効果がいいとすすめられて、石綿スレート瓦に葺き替えることにした。これは設計者の鈴木さんには内証だった。

鎌倉は山に囲まれているせいか湿気が多く、お母さんは衣類や布団のカビには悩まされたようだ。「ベニヤとラワンじゃこの家から税金はとれないよ」と税務署にいわれたほどの低予算だったので、温熱環境の面では多々問題があった。「それでも両親はこの家が好きだった」と雅人さんはいう。

実は雅人さんは大学時代の四年間しかこの家に住んでいない。卒業後、結婚して独立したからだ。お兄さんは両親とともに十年ほど住んだが、その後結婚して独立。お母さんは七十八歳で亡くなるまでの三十年、お父さんはお母さんが亡くなってからの十一年、ひとりでこの家に住み、八十七歳で亡くなった。そのときすでに竣工してから三十四年たっていた。お父さんが亡くなってから一年以上空き家になっていた。壊して新築する案も浮上したが、「お父さんが好きだった家を壊すことはできない」と雅人さんと妻の淑江さんが主張して、雅人さん夫妻が手を入れて住むことになった。

お父さんが好きだった家でもあったが、わずか四年しか住んでいないのに、雅人さんもこの家に強く惹かれていたのだ。美大時代は作品を家で徹夜で制作することが多かった。「そんなとき、本棚の前に取り付けた細長い机とベッドを置いたら歩くのがやっとという部屋は、狭さが心地よかったんです」というほど、狭いことも気に入っていたのだ。だから、もう少し快適に住める家にしようと思ったとき、相談するのは鈴木さんしか考えられなかった。こうして二〇〇〇年に、原形に戻すことと、居住性をよくすることを主眼に改修することになった。

天窓は最初の状態に戻して、遮光と断熱は内側にテント布で開閉する装置を付けてもらった。ローコストのし

西日を遮る深い軒の出。2000年
の改修時にぬれ縁を付けた

わ寄せは構造材にも及んでいた。湿気の多い環境のせいもあるが、床を開けたら土台が腐りかけていたのだ。原因は地面と床面の差を少なくするために、床下換気のための通気層を十分にとっていなかったためだった。そこでベタ基礎にして防水層をつくって湿気が室内に上がってこないようにした。

床はリノリウムだったのをフローリングに替え、居間・食堂と寝室に床暖房を入れた。西側の四部屋は木製のぬれ縁を設けただけで、ほとんど替えていない。お兄さんの部屋と雅人さんの部屋の仕切り壁をとって寝室を広くすることも鈴木さんは提案したが、雅人さんは「細長くて狭い感じを大事にしたい」と原形を残すことにこだわった。浴室・洗面所とトイレは、広くすることにした。浴室は納戸まで広げ、洗面所を独立させ、トイレはボイラー室まで広げた。

「ローコスト住宅のはずなのに、建具は木製だったり、柱が六角形に面取りされていたり、かなりこだわりのある造作なので、改修工事を行った大工さんは、納まりが難しいとボヤいていました」。世界中の建築を見て回り、建築家として独立したばかりの鈴木さんの住宅設計にかける意気込みが、そんなところにも感じられる。「当時設計した住宅で、今でも原形をとどめているのは少ない。津田邸は僕にとって最もいい形で住み継いでもらっている住宅です」。

（二〇〇四年二月）

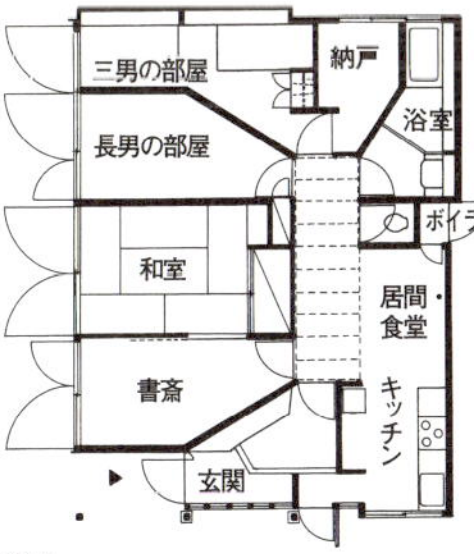

竣工時

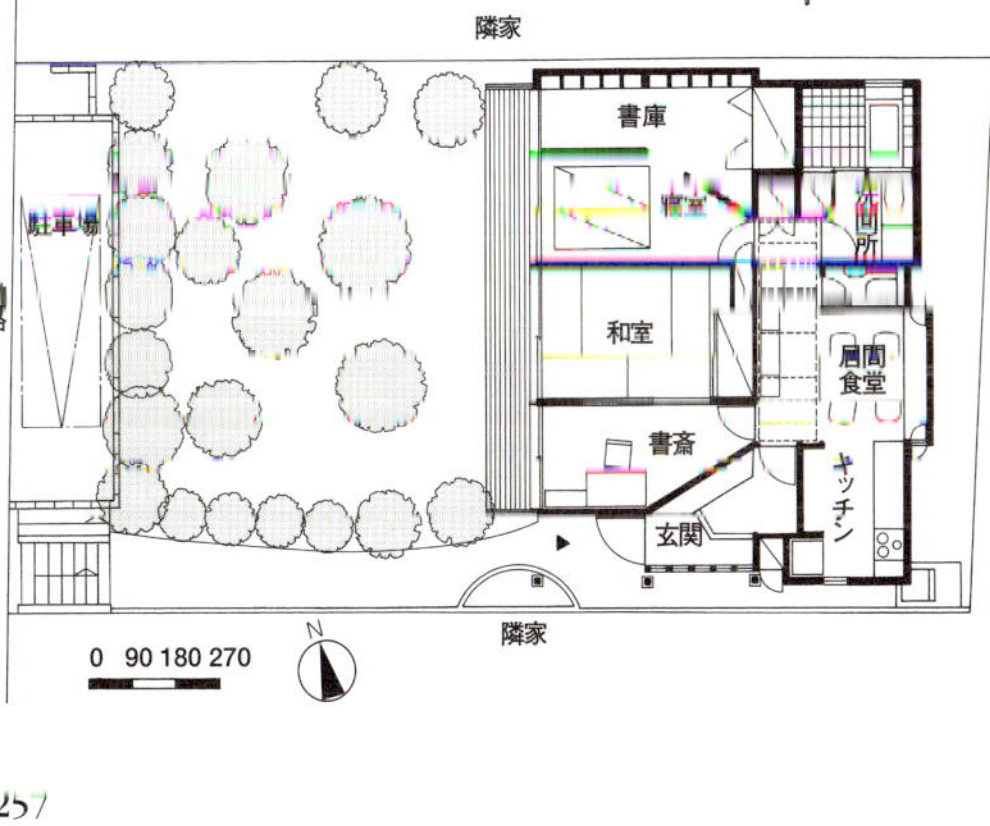

現在

西側道路に面した玄関。樹木から落ちた葉が、貼り付いたように見えるモルタルの壁

ドーモ・アラベスカ◎築三十年

東京都杉並区　**設計◎象設計集団**

空間の起伏や光や闇に包み込まれる記憶に残る家

建築家が設計した家を、竣工時から現在まで何度か拝見させていただけるという幸運はめったにない。象設計集団が設計した「ドーモ・アラベスカ」は、私が三十年の間に時折訪れることができた幸運な例だ。住宅に名前を付けるのは、設計者がそれだけ気合いを入れたあかしでもあり、しかもエスペラント語だ。「アラビア風からくさの家」とでもいえばいいのだろうか。その名の通り外壁はモルタルでかたどられた葉っぱや水滴で覆われている。壁面に貼り付いているさまざまな形態をした窓は鳥の巣箱なのだろうか。成長した庭の樹木と同化して、住宅地に小さな森が出現したようにも見える。

この特異な姿をした住宅は、当初五十代の夫婦と二十代の二人の子供が住む家として設計された。現在はご子息がひとりで住み、時には知り合いに宿を、時にはスライド講演やミニコンサートなどの催しに、場を提供している。家族の独立、死去といった変化があると、売却されたり、建て替えられてしまうことが多いが、「ドーモ・アラベスカ」は、住人がひとりになってから「若返り」とも思えるような化粧直しを行い、外部にも開かれた住まいにした。そうした選択をすることで、住人も家も元気を取り戻し、住宅地のサンクチュアリとして道行く人びとにも安らぎを与えている。

東京駅から西に向かう中央線沿線は、戦前から学者や芸術家が好んで住んだところだ。幹線道路から一本入った住宅地の一画に立つこの家の周辺は、今でも「山の手」文化の薫りが残っている。

重厚だけどユーモラスなデザインの玄関扉を押して内に入ると、ホールの奥にテラコッタ色の空間が見える。室内に注がれる光に導かれてさらに奥へ進むと、湾曲した壁や段々状の高い天井で囲われた空間が、開口部からの抑制された光とともに、訪れる者をふんわりと包み込

居間のアルコーブから玄関方向を見る。段々の天井、ギザギザの柱、抑制された光など、原初的な空間の力が感じられる

上／居間の西南側にある食堂。以前の家の建具に赤いガラスを入れた窓。下右／アルコーブのある居間。南側には10年前、デッキを付けた。下左／キッチン。戸棚の色はローズ系に塗り替えた

んでくれる。私たちが知っている居間とはあきらかに異質の空間だ。むしろ人類が最初の住居とした洞窟に近いかもしれない。とはいっても南側には庭に向かって開口部もあるし、その脇には光の井戸のように二階まで吹き抜けのアルコーブもある。北側には南北に風が抜けるように窓を設けているので、光も風も感じられてあきらかに洞窟ではないのだが。しばらく居ると、暗いところがあるから光が強く感じられたり、壁面や天井の凹凸が空間を豊かなものにしていることがわかってくる。

居間に連続して西側には食堂とキッチンがある。食堂の出窓は以前の家の洋間で使っていた建具を再利用している。北東側にある和室の建具も、屋根の瓦も再利用している。塗り壁や木製建具を使っていることだけではない「懐かしさ」や「既視感」をこの家から感じるのは、そうしたこともあるのかもしれない。

二階へ上がってみよう。円弧状の壁に囲まれた階段や踊り場も、実に豊かな空間だ。フツーの住宅では体験したことはないけれど、子供の時に西洋館風の医院やアパートで似たような空間に出会ったような記憶が甦ってくる。二階には北東側と南西側にそれぞれ個室があり、居間の天井高を上げるために半階分上がったところに寝室がある。現在の住人は著述業の富田靭彦《ゆきひこ》さんだけなので、二つの個室は書斎、寝室は予備室にしている。

当初から本や衣類のための収納は十分用意されていたが、仕事柄、書物は限りなく増え、どちらの書斎も床から天井まで本で埋まっている。書斎に入りきらなくなった本は、一階和室を埋め尽くし、掘り炬燵の中にも、居間のニッチ（壁のくぼみ）やアルコーブにもはみ出しているが、それがこの家のインテリアにもなっていて、妙に納得させられる。

こんな不思議な家にどんな家族が住んできたのだろうと、誰もが興味をもつに違いないが、それぞれ個性的ではあるが、特別な家族ではない。しいていえば「予算はないが、今までにない家をつくってほしい」という要望が、フツーの施主とは少し違っていたのかもしれない。

この家は象設計集団の富田玲子さんの実家で、もともと敷地には木造の家があった。役人だった母親の展子《のぶこ》さんは、TVプロデューサーの高橋啓さんと再婚されていて、娘のみちこさん、玲子さんの実弟・靭彦さん、そして展子さんのお母さん（設計の途中で亡くなる）の五人が住むために、築五十年の家を建て替えることにした。

設計を依頼された象設計集団は、どんな仕事もメンバー全員で取り組むことにしているが、担当は玲子さんになった。じっくり時間をかけて設計を行うのも象の特色だ。当初は曲線がまったくない家だったが、「四角くって銀行みたいなのはイヤ」という展子さんのひとことと、お祖母さんが亡くなったことで、プランはガラッと変わった。さらに設計期間中に玲子さんがオランダでアムステルダム派の集合住宅を見学したこともあったのだろう。プランや外観は次第に曲線が多くなり、壁も厚くなり、開口部はひとつひとつ形態の違う開き戸になっていった。打ち合わせを重ねているうちに、以前の家にあった庭木を残そう、建具や屋根瓦も使おうということになり、玲子さんのスケッチは膨大な量になった。

家にお客が集まるのが好きだった展子さんは、この家が気に入っていたようだ。竣工直後ある雑誌に感想を聞かれて「天井がとても高いのと、壁面が複雑に湾曲していて、平らなところがないので、窮屈な気分にならない。ふんわりとした不規則な曲線に囲まれているので、茫洋とした時間を過ごすのにもってこい。かりに私が神経性先端恐怖症になっても、ここなら安全と思うだろう。難をいえば、既製の家具が置けないことで、それを理由に家具は増やさない」と語っている。

それでも展子さんは玄関から居間が直接見えるのだけは、なんとかしたかったようだ。数年後にホールとの間に仕切り壁を設けて、居間への視線をさえぎって、ホールから食堂とキッチンへ直接入れるようにした。

やがて娘のみちこさんも独立した。一九九〇年、この家に十六年住んだ展子さんが亡くなり、夫の高橋さんも別の家に住むようになった。居候の靭彦さんひとりになると、書物は個室からあふれ出し、使われなくなった部屋にはほこりがたまり、キッチンも汚くなってきた。

このままでは「ドーモ・アラベスカ」は朽ち果ててしまう。玲子さんは自ら施主になって、改修を行うことにした。ちょうど二十年目だった。

曲線の壁で囲われた階段踊り場から玄関を見下ろす。壁面に開けた三角の穴が蒼く輝く

上／最上階にある寝室。曲線で縁取られた洗面台の上部には天窓がある。下右／玄関も曲線の天井や壁で囲まれている。左側壁の下に靴入れがある。下左／南西側にある個室も本で一杯

改修の主眼は、スライド講演会や音楽会などで、外部の人たちが気楽に集まれる場所にすることだった。建物は使わないとどんどんダメになってくることを、建築家として心配していた玲子さんは、家族以外の人にも使ってもらえる家にしようと考えたのだ。その提案に靭彦さんも納得した。改修はホールと居間との仕切り壁をはずして、原形にもどすことから手を付けた。

居間のラベンダー色のカーペットは猫たちが汚してしまったのでフローリングに替え、壁は淡いグレーからテラコッタ色に塗り替え、東側の上部に開口部を設けるなど、居間全体を以前よりも明るくして「元気が出る」ようにした。さらに庭側の開口部の前にはウッドデッキを垣根まで出して、ここにも人が集えるようにした。同時に外壁も淡いグレーからやや明るいベージュに塗り替えた。既に満杯になっているが、本棚もこの時増やした。

月一回開催している「ドーモ・アラベスカの会」は、幸い料理を受け持つ人や企画を考える人も出てきて、発足して六年、五十数回もの催しを行っている。「友だちの輪」が広がって、今ではたまに玲子さんが会に行くと「失礼ですけど、どなたですか?」と受付で言われてしまうそうだ。「建物は使ってこそ生きる」と考えた玲子さんの目論見は成功したといえるだろう。

初めてこの家を訪れた人は、窓から漏れる白熱灯の光や、植物の葉や水滴のような突起物が付いている外壁を物珍しそうにしばらく眺めてから内に入る。そして居間に入った瞬間、感嘆の声を上げる。多分、だれもが現実としては体験したことはないけれど、どこかで出会ったような不思議な「既視感」にとらわれるからなのだろう。

住まいは人が生活していくうえでの機能が満たされる場があって、暑さ寒さが制御されていて、シンプルなデザインであればいい、という合理的な考え方もあるが、いっぽうで曲がっていたり、出っ張っていたり、引っ込んでいたり、明るかったり、暗かったりといった空間の起伏や明暗が、人を柔らかく包み込んで魂に呼びかけるような、記憶に残る住まいも必要だ。「ドーモ・アラベスカ」は特異な外観や空間をもっているがゆえに普遍性をもち、時代を超えて生き続けることができる住まいだ。

（二〇〇四年四月）

上／西側外観。北側と西側が道路の角地に立っている。下／窓はひとつひとつ形が違う

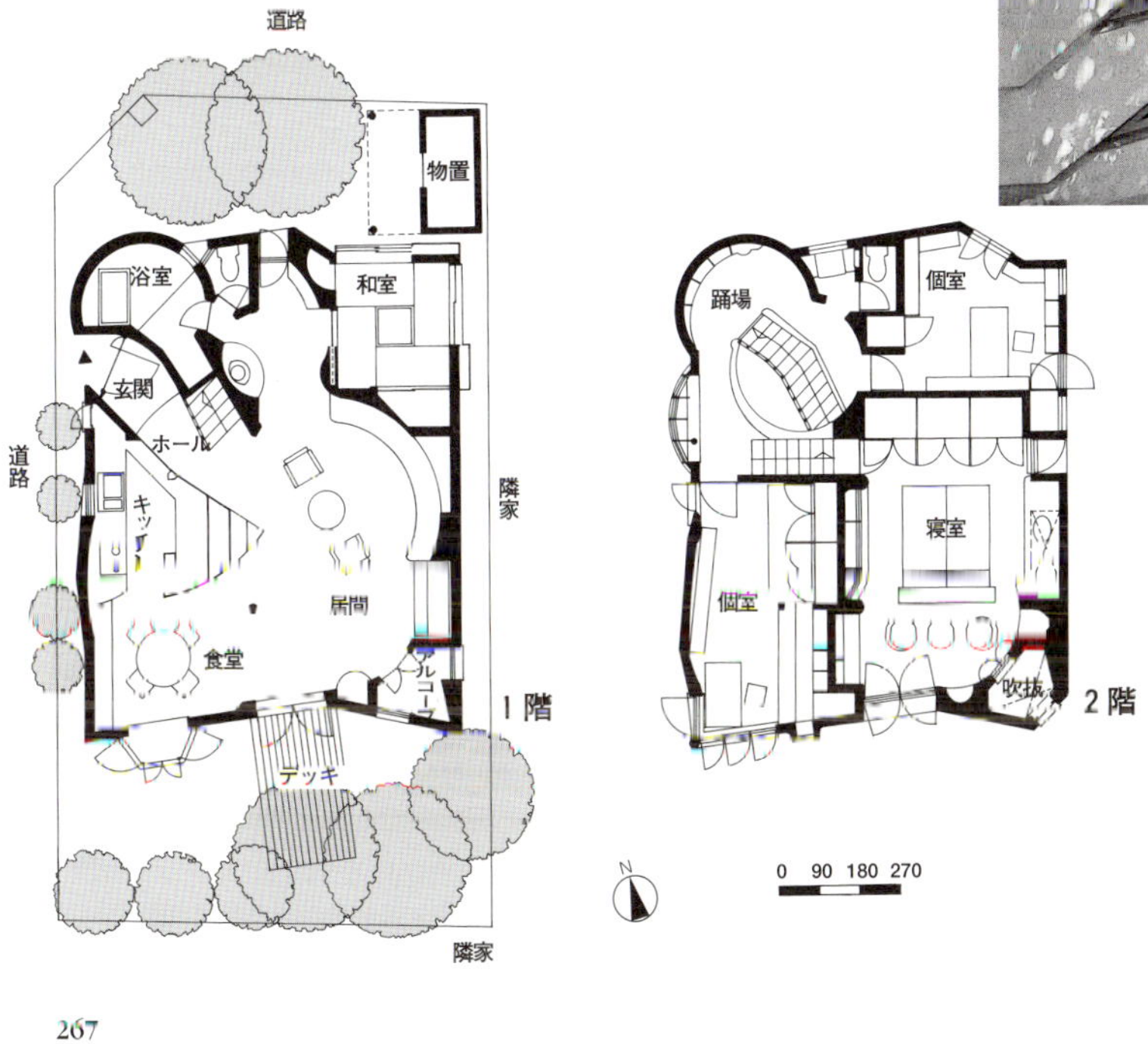

桑原の住宅◎築二十六年

愛媛県松山市

設計◎長谷川逸子

南側外観。切妻屋根はアクリル積層鋼板横葺き。外壁は、軽量鉄骨下地、アルミパネル張り、アルマイト仕上げ。コートの壁面はアルミ・パンチングメタル

硬質な素材を使った家は住み手と年月の力で柔らかい表情に

「私の設計した住宅は、どれも竣工時よりも今のほうがずっとよくなっているのよ」。二十年以上住み続けてきた家を紹介していただこうと建築家の長谷川逸子さんに連絡すると、たちどころにうれしい応えが返ってきた。そのなかから一九八〇年に竣工した松山市桑原にある亀井さんの家を訪ねることにした。『新建築』に掲載された竣工間もない「桑原の住宅」の写真を見ると、アルミパンチングメタルのシルバー色に輝く硬質の外壁に鋼板葺きの切妻屋根を載せた建物が、荒涼とした風景のなかにキリッとした表情で建っている。正直、私は屋根や外壁に金属製品を採用した家は竣工時は輝いているが、年月とともに汚れが出て、惨めになっていくのではないだろうかと、危惧していた。

空港からタクシーで二十分。かつては田園風景の広がる郊外に建っていた「桑原の住宅」の周辺は、田畑が道路や宅地になり、二十五年前の写真では探し当てることができないほど変貌している。しかも庭の樹木が生長して、シルバー色の外観は木々の間からわずかに見えるだけ。敷地は坂道の上にあり、西、南、東の三方が道路に面している。西側の道路に面して駐車場があり、南側の坂道を上がり、東側道路から門扉を開け、左手に庭を見ながら玄関へ向かう。

門扉を開けたとたん、私の危惧はどこかへ飛んでしまった。「二十五年間、外装も内装も一度も塗り替えたこともないし、補修工事も行っていない」という長谷川さんの言葉は、この家を拝見するまでは信じられなかった。アルミパネルのシルバー塗装仕上げの壁も、落ち着いた色合いになっていて、生長した樹木との相性もいい。広間の南側にあるコート（テラス）のパンチングメタルの壁面には、孔にバラの枝葉が絡み、コートに緑陰を提供するとともに、ファサードのデザインにもなっている。

東側のコンクリートの外壁にも、多品種のツル植物を絡ませている。鉄骨＋鉄筋コンクリート造、屋根や外壁は金属という硬質の材料でつくられている建物が、年月を経たことや植物を育てることで柔らかくなり、とてもいい表情になっているのだ。

　玄関ドアを開けるとご主人の亀井義弘さんが迎えてくれた。玄関と広間の床は段差がついているが、玄関、広間、食堂は東西に長い一室空間。それぞれの領域は長谷川さんがデザインした銀色や金色に塗装された収納家具を置くことで、軽く仕切られている。床は国産の大理石張り。壁はシナベニヤに天井と同じシルバー色を塗装している。

　南北側にはそれぞれコートがある。北側のコートの壁面にはツタを絡ませている。南北のコートが外部とのクッションになっているせいか、室内は柔らかな光と静寂な空気に包まれている。シルバー色の空間を和らげるように、壁には夫人のたか子さんが選んだ絵画が掛かっている。広間のソファにしばらく座って、絵画や南北のコートの緑を眺めていると、心地いい空間をつくりだすのは、建築家だけではなくて、住み手に負うところがかなり大きいことが実感させられる。

　食堂の奥には北側にキッチン、南側に八畳の和室がある。突き当たりはバーベキューのできるテラスだったが、十年前に室内にして、今は朝食をここでとったり、テレビを見る家族室にしている。食堂の西側の階段から二階へ上がると、北側にバスルーム、東側に子供部屋が南北に二つ、西側に寝室がある。

　東京で暮らしていた亀井さん一家は、長男と長女のアトピー性体質を心配して、三十数年前、空気のいい故郷の松山に戻ることにした。義弘さんは家業の鉄骨、屋根材、外壁材、サッシなどの建築資材を扱う会社を引き継ぎ、商売の関係で知り合った地元の設計事務所に自邸の設計を依頼した。ところがたか子さんは「デラックスだけど、ゴチャゴチャした間取り」が気に入らなかった。子供たちが通院していた徳丸小児科の医院併用住宅を見せてもらい、「こういう空間に住みたい」と思って、徳丸先生に長谷川さんを紹介してもらった。

上／南北にコートがある広間でくつろぐ亀井さん夫妻。東西に長い天井は、単調さを緩和するために斜めの線を強調している。
下右／応接スペースのある玄関。下左／日差しを遮る南側コート

上／長谷川さんがデザインした食卓がある食堂。右手ドアからキッチンへ。下右／2階を支える鉄の円柱もインテリアの一部に。下左／障子の間に庭の緑が見える和室。障子を通した天井照明

建物の東西は約二十八m。東西と北は敷地いっぱいに使い、どの居室も南面するように配置した。たか子さんは徳丸医院の打放しコンクリートの外壁が気に入っていたので、コンクリート造を要望。義弘さんからの要望は極めて少なく、「寝ころんでテレビが見られる家」だけだった。そこで長谷川さんは義弘さんが扱っている鉄や非鉄金属を使って、ショールームにもなる建物にしたらどうか、広間を会社のレセプションルームにもなるようにしたらどうかなどと提案して、鉄骨造とコンクリート造の混構造で建てることにした。

この家はアルミのパンチングメタルを大胆に使ったことで、記憶されている方も多いと思うが、長谷川さんはアルミを採用した理由を「アルミという材料は他の金属と違って物の形を映し出さず、その日の空気や空の色がつくる町の雰囲気を、相対的な気配の色だけを映すのです」と雑誌に書いている。

「完成後、新築パーティにやってきたお客さんが間仕切りのない一階を見て、『亀井さん、間仕切りの工事がこれから大変ですね』と言われたんですよ。竣工間もないこの家が、人々の目にどのように映ったかが分かるでしょ」と義弘さん。「松山で一番えらい松村正恒先生が見学にいらして、庇がない外観や石の床をご覧になって、『どう住みこなしていくか見ものだ』とおっしゃたんですよ」とたか子さんも当時を振り返る。松村さんが存命であったら、二十五年後の亀井邸をぜひ再訪してほしかった。

長女の友だちが玄関を開けるなり「倉庫建てたの?」と言ったそうだが、年月が経つにつれ、家族も慣れてきた。「鉄骨やアルミはしなやかな材料だと長谷川先生はおっしゃったけど、私たちには重量感があって、家族はこの家の力強さに負けないように、精神力が鍛えられたのよ」。さわやかな家なんだけど、金属に対峙するにはしっかりしていなければと思って、手抜きしないでこの家とつきあってきたとたか子さん。

「掃除をちょっと怠けると家はすぐきたなくなるのよ。気持ちよく暮らしてゆくには、掃除を溜めたらダメ」。庭の樹木や草花を育て、日々、家を美しく保つことが主婦の「仕事」と肝に銘じているたか子さんのおかげで、「桑原の住宅」は年々、亀井一家の家になっていった。

大理石の床には温水床暖房を設置している。当時は銅管だったので、私が以前取材した二十五〜三十年前の家では、銅管がさびたり、孔があいたりして補修ができなくなり、床暖房を断念した家が多かったが、亀井邸は現役。今でもこの広い空間をしっかり温めてくれているという。プランはシンプルだが、ディテールは細かい。キッチンやバスルームの設備機器や配管も、どれひとつ故障もないし、替えていないというのだから、設備設計も確かだ。

長男は高校から全寮制の学校に入り、そのまま大学へ進んだので、この家で過ごした年月は短い。長女は七歳から十八歳まで、その後神戸の大学へ行き、卒業後一時戻ってきたが、東京へ出て、そのまま結婚。十二年前からこの家はご夫妻だけになった。現在、長男の部屋は義弘さんが書斎として、長女の部屋は納戸として使っているが、義弘さんは、長女の部屋をホームシアターにしたいと考えている。

友人を招いてパーティをしたり、海外の友人が泊まることも多い亀井邸には、ふたりだけになっても、華やかな雰囲気が漂っている。そうした雰囲気を醸しだしているのは、ご夫妻の人柄と庭の存在に負うところが大きい。以前は芝生の庭だったが、イギリスからやってきた友人の造園家が、一年中、緑や花が楽しめるイングリッシュ・ガーデンにしてくれた。道路側には、クス、クヌギ、ケヤキ、コブシなどの樹木を目隠しを兼ねて植えているが、それ以外は丈の低い木や草花を植え、歩いて眺められるように小径を設けている。自然のままに見える庭にしておくには、「毎朝三十〜四十分の手入れと夜の水やりが欠かせない」とたか子さん。

たか子さんが庭にも目を向けるようになったのは、子育てが一段落したこともあるが、竣工後しばらくして、建築家の西澤文隆さんが見学に来て、たか子さんにアドバイスしてくれたことも要因になっているのかもしれない。西澤さんは「北側コートの壁に、ノウゼンカズラなどのカラフルな花を植えましょう。山間は色がないからカラフルなクッションを置きなさい」など、モノトーンの家が気になったのだろうか、楽しく住むためのアドバイスをしてくれたそうだ。カラフルなクッションは壁を飾る絵になったが、北側コートの壁面にはアイビーの緑、南側の庭にはカラフルな花を室内から楽しめるようにした。

松山には長谷川さんが設計した建築が五軒ある。震源地は長谷川さんが七〇年代前半に手掛けた「鴨居の住宅」と「柿生の住宅」を見て依頼してきた徳丸小児科（七九年竣工）。徳丸先生の紹介で、八〇年に竣工したのが亀井邸。徳丸小児科と亀井邸を見て、青野眼科ビルが、そして九七年にミウラート・ヴィレッジ（三浦美術館）、今年、徳丸先生の子息が開業した医院も郊外に竣工した。さらに亀井さんの長女は育った家が好きだったのだろう。嫁いだ先の家を新築するにあたり、長谷川さんに設計を依頼し、二〇〇五年の夏、竣工した。「松山は私の建築家としての舞台を用意してくれたところ。第二の故郷です」。

亀井邸の広間のロールブラインドは一部破れている。お金がないわけではないのに、まだ上げ下げできるからといって。収納家具も、やや開け閉めにコツがいるようになってきたが、そのまま使っている。亀井さん夫妻は、

2階バスルーム。浴室との間はガラスで仕切っている

階段上から踊り場を見下ろす

長谷川さんのデザインが気に入っているので、取り替えたくないのだ。ものを大事にしたり、丁寧に住んできたおかげで、建物も家具も竣工時とは違った味わいが出てきている。

「竣工した家は未完成。住み手を信じて、ガランドウのまま渡しています」。家は完成品として住み手に渡すのではない。住み手が時間をかけて自分たちのものにしていけばいいという長谷川さんの姿勢が、住む人を育てるのだろうか。それとも、そのような気持ちにさせる設計の秘密が、この家のどこかに潜んでいるのだろうか。

（二〇〇五年七月）

玄関から門を見る。門の上のドームは緑青銅板一文字葺き。門扉も長谷川さんのデザイン

竣工時の平面図

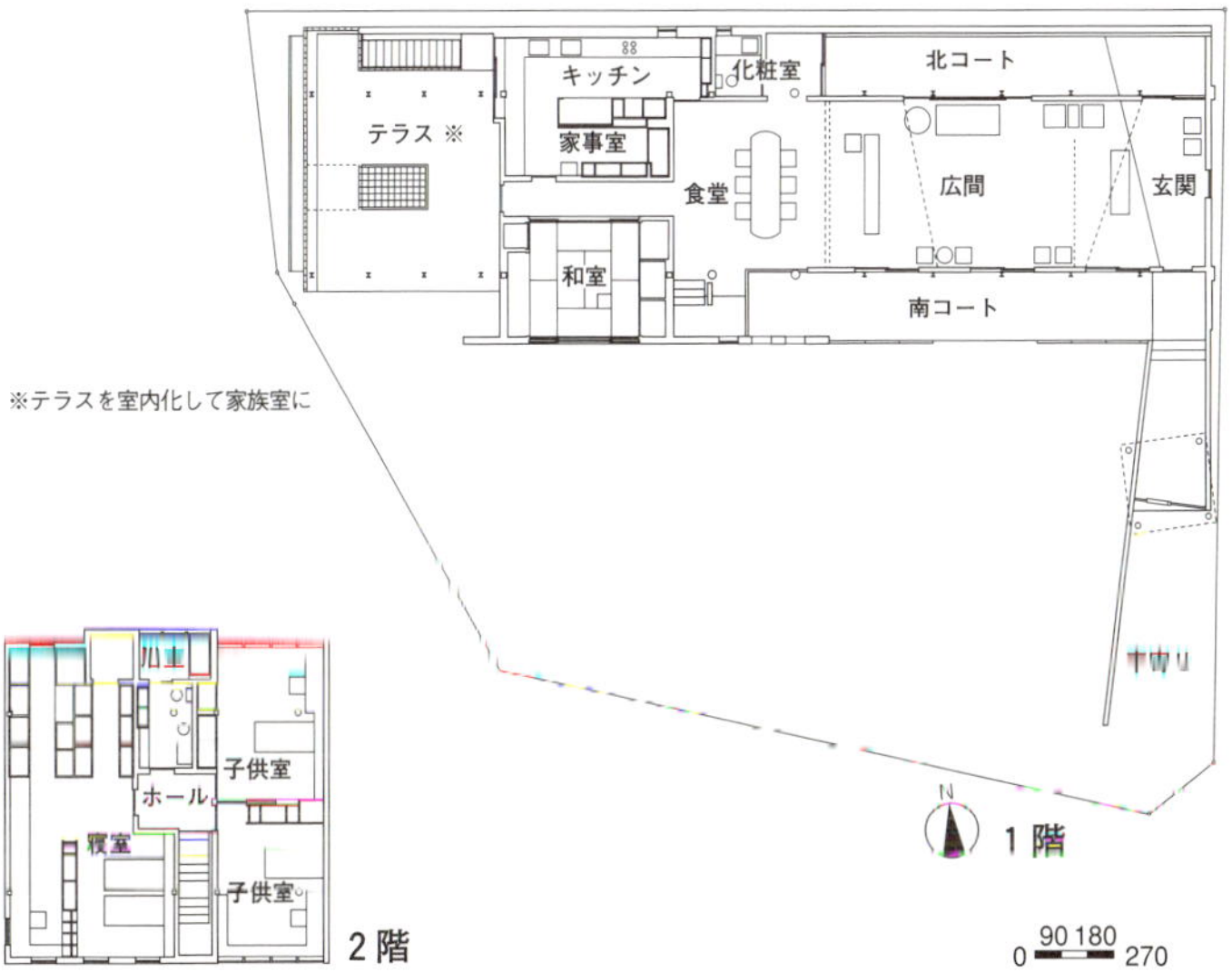

STUDIO STEPS◎築二十七年

神奈川県川崎市

設計◎山本理顕

書斎として設けられた2.4m角の漆喰壁の白い塔は上下2層。上の層には2階の反対側から、下の層には幅60cmのドアから入る

住人が変わってもインパクトを与え続けている大きな階段のある家

冬寒かろうが、夏暑かろうが、多少雨漏りがしようが、見た瞬間、「こういう空間に住みたい！」と思わせる強烈なインパクトをもった家がある。「STUDIO STEPS」と命名された家の住人、藤井一嘉さんと千春さん夫妻は、以前の住人、石井さん夫妻から「この家に住むには、よほどの覚悟がいりますよ」と言われたが、初めて出会ったときの「鳥肌が立つような感動」に負けて、築二十年以上経った家を六年前に購入した。

藤井さんの仕事は不動産鑑定士。この家を設計した建築家・山本理顕の名前も知らなければ、建築雑誌を手に取ったこともない。ある日、家庭菜園で知り合った石井さんにお茶に誘われて「STUDIO STEPS」に立ち寄った。玄関ドアを開けたときの驚き、そして大階段を一段一段上って、上から空間全体を眺めたときに「こんな家に住めたら、僕の人生観は変わる！」と確信したそうだ。だから、石井さんがこの家を友人に売ることになり、鑑定を依頼されたとき、複雑な心境になった。ところがその友人が融資が受けられなくなったと聞いて、「それなら私が買います」と即断即決した。

道路の反対側は幸運にも植木畑だったため、今でも緑が残されているが、周囲を住宅に囲まれた郊外住宅地の一画に藤井さんの家は建っている。発表時の写真を見ると、北側道路に面して格子状に区切られた正方形の大きな開口部からは室内が見える。けれども今は、その後に植えたエノキやヒノキが大きくなり、アイビーに覆われたブロック塀とともに、建物は緑に囲まれ、道路から室内を覗き見ることはできない。

道路側に玄関がある。ドアはベニヤのフラッシュ戸。土間もホールもないので、玄関というよりは入口。何気ない玄関だからこそ、ドアを開けて室内を見たときの驚きは大きい。藤井夫妻が「住みたい！」と思ったのもよ

アトリエの階段に座る藤井夫妻。千春さんの脇にある箱には鈴虫がいる。階段の蹴上げは310㎜とやや高い。大階段の奥にロフトへの階段がある

く分かる。天井高六・四m、東西八・四m×南北一〇・四mの空間の真ん中を占める巨大な階段、そして階段の入口寄りには白い塔がスクッと立っている。木造で、無柱のこの大きな空間を可能にしているのが、トラス天井。前住人の石井さんは、夫は彫刻家、妻は画家。アトリエとしてこの空間を使っていたと藤井夫妻にうかがい、納得した。白い塔は上下二層に分かれていて、上が夫、下が妻の書斎だった。

藤井夫妻に先導されて、「STUDIO STEPS」を巡ることにしよう。広い階段の下にはテーブルと椅子があり、短時間のお客はここでもてなす。蹴上げの高い階段を一段一段上がると二階も一階と同じ広さの床面になっていて、壁際には床座のソファが置いてある。ここは夫妻や長時間居るお客がくつろぐ場なのだろう。さらに幅の狭い階段を上ると左右にロフトがある。一嘉さんがしきりに「そこから振り返って正面を見てください」と勧めるので、空間全体を眺めることにする。正面の格子状の窓は、大キャンバスに樹木を描いたように見える。まさにピクチャーウインドウだ。エノキやヒノキの向こうは植木畑の緑が広がっている。郊外住宅地に建っているとはとても思えない風景だ。

東西の壁には縦長の突き出し窓がリズミカルに並んでいて、空間全体は明るい。階段は客席、一階の床は舞台。ロフトにしばらくいると、劇場の天井桟敷に座っているような気がしてくる。私の「劇場にいるみたい」のつぶやきに、千春さんは「毎年、秋に津軽三味線や尺八や和太鼓の演奏会をここでやるんですよ」と教えてくれた。踏面の広い階段は客席になり、音響効果もいいそうだ。

「キッチンやお風呂や寝室はこちらから」そう言って夫妻はロフトの下にあるもうひとつの階段を下りていった。生活空間は表舞台（アトリエ）の裏側にあるのだ。天井高も一転して低くなる。舞台の裏という意識があるせいなのだろう、南側に窓がないこともあって暗い感じがする。食堂とキッチンは低い造付けのカウンターで仕切られている。東側の寝室から一段上がると白い塔の下の部屋につながり、そこから一階のアトリエに出れば、この家を一巡したことになる。

二十八年前、この家の設計を依頼した石井・吉沢夫妻は、山本さんの芸大時代の遊び仲間だった。山本さんは自分の建築設計事務所を設立したばかりのころ。吉沢さんの実家の敷地の一画に、アトリエ併用住宅を建てることになった。夫妻からの要望はピアノのコンサートや展覧会も開けるアトリエとそれぞれの書斎がほしいだった。当初の計画では白い塔は、夫と妻、東西二つに分けて建てるつもりだったが、階段を広くとるために上下にして一本にした。

石井さんの実家の福島から、山のヒノキを提供してもらえることになった。そこで山本さんは木でトラスを組んで大空間をつくることにした。外壁はスギの南京下見板張りにした。ところが軒の出が少なかったために板が朽ちてきて、そこからの雨漏りがひどくなり、数年後にサイディングに張り替えてしまった。

この家で石井夫妻は二十一年暮らした。その間に子供も誕生した。子供の個室が必要になったとき、石井さんから相談された山本さんは、西側に突き出したユーティリティなら増築できると伝えた。石井さんは知り合いの大工に頼んで、ユーティリティを広げて子供部屋に、その上も増築して六畳くらいの部屋にした。現在一階の子供部屋だったところは藤井さんの仕事部屋に、二階は予備室として使っている。六年前、石井夫妻は創作の新しい可能性を求めて那須に移住することになった。

冒頭の石井さんからの忠告は真実だった。購入後、藤井さんは山本さんに、雨漏り対策のための窓の改修工事と、傷んでしまった浴室の改築を依頼した。開口部の木製枠をすべてアルミに替え、白い塔の漆喰壁も塗り替えた。石井夫妻は文字どおり芸術家だったので、家の補修や掃除に関しては無頓着。土足で生活していたのではと思うほど床も汚れていたので、藤井さん夫妻は磨いた。「藤井夫妻に買ってもらってよかった」と山本さん。「STUDIO STEPS」は息を吹き返したのだ。

雨漏りは止まったが、だからといって、冬寒く、夏暑い室内環境が改善されたわけではない。西側に隣家が建ったことで、ますます風通しは悪くなった。小物のコレクションや広いからといって友人が置いていってしまうさまざまなモノ、そしてモノが捨てられない性格もあっ

２階から１階を見下ろすと北側開口部から外の緑が見える。アトリエの照明は２つのペンダントと梁の間に取り付けた電球

上／縦長の突き出し窓が並んでいる西側壁面。ヒノキのトラスが大空間を支えている。下右／ロフトから２階と１階を見下ろす。下左／北側玄関廻り。ドアの上の外灯も27年前のもの

て、大階段の両脇や一・二階の床にもモノが出てくる。石井夫妻が書斎として使っていた白い塔も、納戸になってしまった。「生活してみると、収納場所があまりにも少ないいんです。アトリエには何も置かないほうがいいということは分かっているんですけど、それでは私たちは暮らしていけない」。裏側の生活空間に家具を運べない、モノの出し入れがしにくい、千春さんは室内ドアの幅が六〇cmしかないことも、住みにくさのひとつだという。

山本さんに千春さんの話をすると、山本さんらしい誠実なコメントが返ってきた。

「あの頃は住む人の生活を具体的にイメージしないで、頭のなかで構築したコンセプトで設計していたようにも思う。お盆をもってドアを開けることまで考えていない。自分の身体感覚だけで寸法を決めていたんだと思う」。

七〇年代後半、山本さんは東大・原研究室の世界各地の集落調査に参加していた。「いろいろな地域に住む人々の生活を見てきたのだから、暮らしの実感はあると傲慢にも自信をもっていた。ところが当時は独身だし、具体的な生活をしていない」。でもそういう思い込みや誤解がなければ、表舞台のアトリエ空間は生まれなかったのではないだろうか。しかもあの頃は毛綱毅曠、六角鬼丈、石井和紘といった元気のいい建築家が競って「この家に住めるか!」というような奇抜な家をつくって、「住空間」の可能性に挑戦していた。この家と同時期に雑誌に発表した山本さんの住宅に、山川山荘がある。長方形のテラスに切妻屋根を架け、その広いテラスのなかに、用途に応じた部屋をバラバラに配置した住宅なのだが、ここでも藤井邸と同じように、大きな空間のなかに小さな空間を入れ込んでいく手法が貫かれている。それは世界各地の集落を調査して、家族や親族が集まって住む形態から、山本さんが導き出したひとつの解答なのだろう。

「STUDIO STEPSと山川山荘は、僕の建築の原点だと思っている。大きな建築を考えるときでもこの二つの住宅にいつも戻っている」と山本さんはいう。

藤井夫妻は建築家のそんな思惑など知るよしもない。直感で「住みたい!」と感じただけなのだから。室内環境や機能性に弱点があったとしても、人の心をとらえる空間の魅力と、家族の関係を普遍性をもったプランに置き換える力が、山本さんにはあったからなのだろう。それでなくては、暑くて寒い家だと言いながら「雪の日に階段の上から北側の窓を眺めるのがいいんです」、「ジャズを聴きながらここで飲むお酒は最高！」、「アトリエにいると何もしないでも充足感がある」といった、この家を十分に楽しんでいる藤井夫妻の日常を説明できない。「STUDIO STEPS」を楽しんでいるのは人間だけではない。階段では鈴虫を飼っている。ネコが五匹いる。ネコたちは階段やロフトやトラス梁の上を上ったり下りたり、縦横無尽に駆けずり回れるので、ストレスがない。

建築家が設計した家は個性的であるがゆえに、最初の住人が手放してしまったら、生き残れないのではないかと私は思っていた。ところが芸術家でもカタカナ商売でもない、しかも不動産鑑定士という家の価値を評価するプロが、建物に価値を認め、住みこなしている。藤井夫妻の穏やかな顔を拝見して、建築家が考え抜いたインパクトのある住宅なら、二十年以上経っても生き残ることができるという確信を得た。

（二〇〇五年八月）

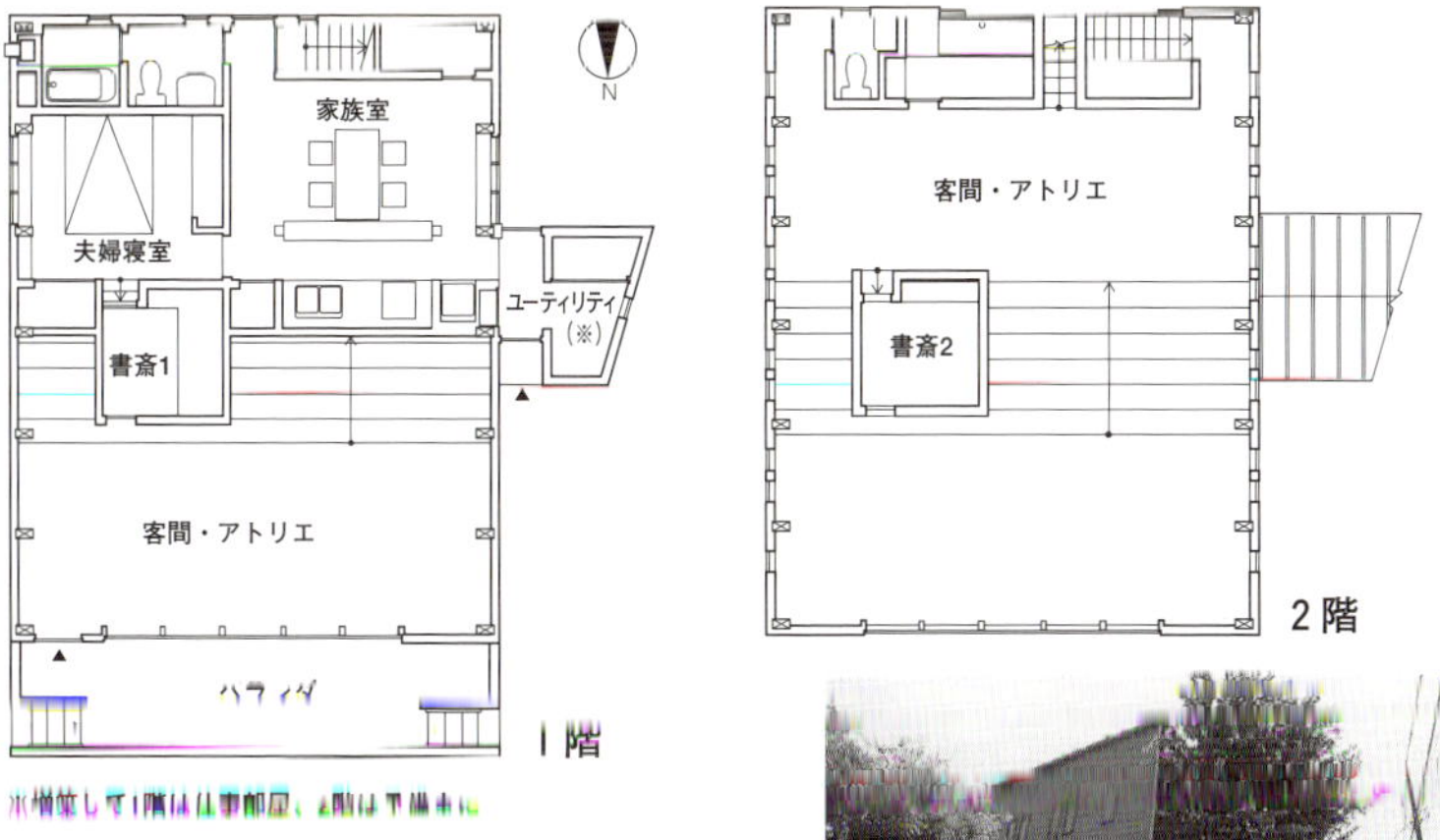

竣工時の平面図　0 90 180 270

北東側外観。外壁はサイディングに張り替えた

積木の家I◎築二十六年
山口県防府市
設計◎相田武文

東側外観。白とグレーで
構成されたシンメトリー

建築家のコンセプトを守り続けてきた遊び心のある家

幼いころ、夢中になった積木遊びを思い出してほしい。立方体と四角錐と円柱の積木で、家をつくったことがあるはずだ。三角屋根に四角い壁だけでもいいが、正面に円柱を立てればもっと家らしくなる。誰もがすぐわかる「家」のイメージを積木に託し、立方体、四角錐、円柱のパーツを積み上げるようにして建てたのが、「積木の家Ⅰ」である。設計は相田武文さん。一九七九年竣工のこの家は、十作まであるシリーズの第一作。なぜ相田さんが、建築の構成要素として積木をストレートに使ったのかは後述することにして、「積木の家Ⅰ」を山口県防府市に訪ねてみよう。

地方都市の駅前市街地は、年々、淋しくなっている。人口十二万人の防府市も例外ではない。「積木の家Ⅰ」はJR防府駅から徒歩五分、北側と東側が道路に面している角地に建っている。一階が歯科医院、二階が住居の併用住宅である。北側に中層のマンションが建ったくらいで、市街地でありながら、周辺は二十六年前とそれほど大きく変わっていない。だから街を歩けば「積木の家Ⅰ」はすぐに見つかる。積木と聞くと、赤や黄や緑の色がついた目立った外観を思い浮かべるかもしれないが、白を基調色にしてアクセントにグレーを配した外観は、思いのほかおとなしい。

医院の入口は北側道路に面している。こちらは四角錐の屋根の平側になるが、東側にまわると三角、四角、円柱のパーツでシンメトリーに構成されたファサードが、「積木の家」であることを強く印象づける。西側は医院の駐車場、南側は空き地になっている。四方に隣接する建物がない敷地に建っているので、四面それぞれが異なった表情の外観を存分に楽しむことができる。

鉄筋コンクリート造の建物は、積木を積んでいくのと同じプロセスでつくられている。一階は四個の直方体を間隔をとって並べ、二階はその上に二個の直方体を井桁に置き、さらに四角錐をその上に載せて、東西方向の間隙には真ん中に隙間（中庭）をとって、二個の直方体を挿入している。

住宅の入口は北側の外階段を上がった西側にある。玄関に入ると正面が中庭、玄関ホールの北側に台所・食堂・居間のパブリックゾーン、南側に和室・寝室・子供室のプライベートゾーン、東側に浴室・洗面がある。中庭の周囲は通路になっていて、そこから各部屋にアクセスできる。さらに四角錐を載せた二つの直方体と陸屋根の小さな直方体との間には、風の通り道にもなっている坪庭のようなコートがある。東西面は入口以外、すべて壁。外部からの視線を遮るために南北面もベランダの腰壁を高くしているので、二階の住居は外部に対しては壁で囲い、中心の中庭に向けて開いたコートハウスなのだ。

直方体の上に載せた四角錐はパブリックゾーンでは切妻屋根の三角形がそのまま内部空間になっている。台所・食堂・居間は一室空間なのだが、台所と食堂の位置に四角錐と立方体で構成されたコルクの「積木の家」を挿入することで、食堂には落ち着きを与え、居間には「積木の家」を意識させる効果を狙っている。

「積木の家」に二十六年も住み続けてきた住人はどんな人たちなのだろう。相田さんから「歯医者さんですよ」とうかがい、歯医者に行きたがらない子供のことも考えて、「積木」にしたのだろうか――河辺智之さん・真理子さん夫妻にお会いする前はそんなふうに考えていた。ところが「どんな家族が住もうが、どんな敷地だろうが、相田さんは積木の家のコンセプトは前もってもっていたんだと思いますよ」。智之さんは建築家の企みをお見通しだった。ご夫妻は、相田さんがどんな作風の建築家なのかまったく知らずに、初めて会って話をしただけで、設計をまかせたのだ。

相田さんとの出会いは、建設会社を経営する真理子さんの兄の友人を通して。この家の前に、河辺一家は別の敷地で真理子さんが間取り図を描いて大工さんが建てた家に住んでいた。医院を開業することになり、併用住宅が必要になった。それならば建築家に依頼したほうがい

手前の収納棚の上から居間を見下ろす。コルクボックスのなかが食堂。ご夫妻が座っている棚と一体になったソファはカッシーナ

上／中庭側はフローリングにして、通路を意識させている。南北に渡してあるパイプはテンション材。下右／食堂から居間を見通す。窓の下も収納。下左／コルクボックスの食堂。食卓は造付け

いという兄の友人の助言で、建築家の存在を知った。「相田さんに連絡したら、それでは土地を見に行きましょうって。以前の敷地は商店街のなかで見栄えがしない、せっかく建築家に頼むのだからいい土地を探そうということになったんですよ」。設計者を決めてから土地探しを始めたことからも、建築家に依頼した夫妻の意気込みが伝わってくる。

それでも智之さんは「スカッとしているけど目立たない家」という要望は出した。二回目に防府に来たとき、相田さんはほぼ現状に近い模型を持ってきた。積木のかたちに驚いて「目立ちますね」と智之さんが言うと、相田さんは「普通の家ですよ。外観も白いですし」と言う。「専門家が言うのだからこれでいきましょう」と、住宅の玄関の位置を反転させただけで、いとも簡単に決めた。「今まで見たこともない家に住むことになりましたが、気に入っています」と真理子さん。家具一つ替えずに二十六年住んできたことが、なによりの証しだ。

住み始めたとき、長女は三歳、二女は二歳だったので、子供室は一室にした。二年後に三女が生まれ、子供の成長とともに手狭になってきたので、三角天井を利用してロフトを増築した。子供たちが小さいころは、家中が遊び場だった。中庭にある光の井戸から下の医院の中庭を見下ろしたり、通路を駆けずり回ったり。今は孫が遊びにくると同じことをやっているという。

一九八二年にこの家は建築家協会の新人賞を受賞するが、その時、この家を撮ったビデオには、三人の子供たちが外階段を上り下りしたり、中庭で遊んでいる様子が記録されている。子供たちの楽しげな表情を見ると、「積木の家」は子供たちにいい思い出をたくさん与えてくれたことが分かる。「中庭があるので、居間側からも子供室が見えて、子供は孤立することがないんです。奇抜な間取りだと最初は思いましたが、住んでみるととてもよくできた間取りなんですね」。家にいる時間が誰よりも長い真理子さんは、この家で暮らしてきた二十六年間を振り返る。三人の子供たちは高校までこの家で過ごしたが、大学・就職は他県に行ったので、数年前から夫妻だけの住まいになった。

竣工後、外壁は三回塗り替えているが、それ以外で手を入れたのは子供室だけ。「コルクも壁や天井のクロスも薄汚れてきましたし、中庭に面した床も傷んでいるんですが、実害がないので一度も替えていないんです」。

なぜ相田さんは積木にこだわったのだろうか。七〇年代後半から、建築界には、モダニズムへの呪縛から解き放たれたいという空気が漂っていた。相田さんはその頃読んだロジェ・カイヨアやヨハン・ホイジンガの「遊びこそ文化である」という思想に感化されて、モダニズムの生真面目さから脱皮した、遊びを取り入れた建築をつくりたいと思うようになっていた。そんなときに依頼されたのが河辺さんの医院併用住宅だった。

それ以前に相田さんは、教師として、大学紛争の渦中にいたこともあり、建築の原点とは何かを考えて、四角、球、シンメトリー、白の四つの要素に絞った住宅を建てていた。「ところがこれだけでやっていると、苦しくなってくる。建築の原形に戻ってみようと思ったんです。ギリシア以来、モノを積み上げることが建築の原形ではないかと思ったんです」。積木のパーツを積み上げていけば建築ができる。積木は誰もが遊んだことがある馴染みのあるおもちゃだからわかりやすい形態だ。合理的な設計もできる。積木は息詰まっていた相田さんの突破口になった。それから約十年間、住宅設計の依頼があると「積木の家」を提案した。実現したのは六件、プロジェクトで終わったのが四件、なんと十件もつくり続けたのだ。「実現したうちⅢだけはなくなってしまったけど、それ以外は現存しています。初めにコンセプトありきの家なので、僕の設計する家って、住み難いだろうって誤解されている。でもそうじゃない。機能を満足させるのは建築家としては当たり前で、機能的に見えない住宅をつくることのほうが実は大変なんです」。

この家は住人のライフスタイルや好みをじっくり聞いてつくりあげた家ではない。「施主から好みを聞いてつくると、小さくまとまってしまう。建築家はもっとたくさんのボキャブラリーを施主に出したほうがいいと思う。断る権利を施主はもっているのだから」。最近の住宅は似た考え方のものが多く、存在感が薄れてきていると相田さんは言う。それは建築家と施主の関係性の問題

上／切妻屋根と陸屋根に囲まれた中庭。中央の光の井戸は１階の明かり採り。当初よりも不透明になってきた。下／プライベートゾーン側の通路は、中庭からの光で明るい。正面が子供室

でもあるようだ。「芝居をやる人が、観客がいいといい演技ができるようなもの。この家が二十六年、ほとんど手を入れずに残っているのは、建築家を信頼してくれた施主がエライんだよね」。

河辺夫妻は確かにいい観客だったのかもしれないが、建築家のコンセプトが気に入って依頼したわけではない。「相田さんには申し訳ないんですけど、私たちは居心地のいい三角屋根の二階建ての家に住んでいるので、積木の家っていう意識はあまりないんですよ」と真理子さんは冷静に受け止めている。智之さんは、相田武文という建築家と出会ったことで、建築専門誌を定期購読するなど、建築家の考え方に興味をもつようになり「人生の楽しみが広がった」という。

「あと十年は働くつもりです」という智之さんは現在、六十四歳。「今まで考えたこともなかったんですけど、夫婦二人になり、診療も今以上に増えないことを考えると、この先何年、住み続けられるのか分からない」。ご夫妻は私の取材を受けて、あらためて「積木の家」の重要性やその将来を考えているようだった。

（二〇〇五年九月）

竣工時の平面図

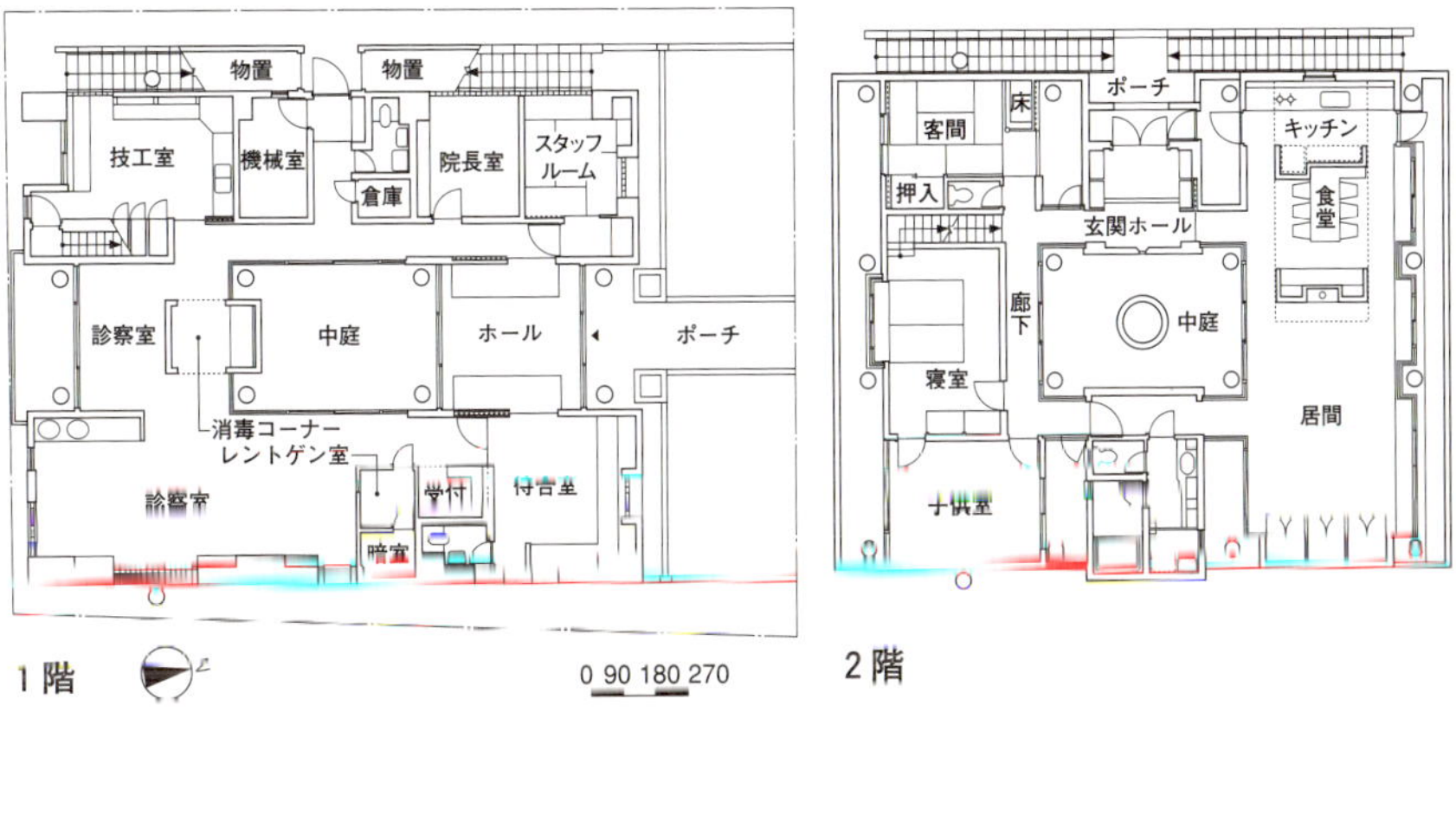

塚田邸◎築二十五年

群馬県沼田市

設計◎六角鬼丈

居間の真ん中を占拠するアカマツの根付き丸太「花子」。長さ14m、平均直径60㎝

三世代同居のよりどころになった根付き丸太のある家

自然回帰、エコロジーというと、住まいは「木の家」というのが一般的な図式だ。木は見た目にも、手で触れてもやさしいし、木の香りとともに室内の空気も浄化してくれるような気がする。国産材の大黒柱や梁が居間にあれば、家族の結束も固くなるような気がする。そんな木の家＝癒しという、最近はやりの甘い幻想を打ち砕くかのように、根っこの付いた丸太を三本、家のなかに暴力的に貫通させてしまったのが、塚田邸だ。家族のつながりを深いところでとらえた家づくりを仕掛けたのは、建築家の六角鬼丈さん。仕掛けに乗ったのは家具デザイナーの塚田修さん。

竣工間もないころ、私も遊びに行ったことがある。玄関ポーチの両側に根っこが二本突き出ていたのと、囲炉裏の横に根付きの大木がドーンと横たわっていたことだけが、強烈に頭の片隅に残っている。十五年前のことだから、もはや壊されているのではと六角さんに尋ねると「ありますよ」とのこと。さっそく仕人の塚田さんに連絡すると「困ったなあ。居間の根付き丸太はあるけど、玄関の二本は根が腐ったんで切断しちゃったんですよ。それに物置になっている部屋もあるから、六角さんに怒られる。困ったな……」という返事が返ってきた。そこでなかば押し掛けるように、写真家の山角さんの運転で群馬県沼田市に車を走らせた。

JR沼田駅にほど近い住宅地の一画に塚田邸は建っている。北側と西側が道路に面していて、遠くに山並みが望める南側は家庭菜園という、地方都市ならではの恵まれた環境だ。玄関には、確かにコンクリートの台座の上に根っこが載っていない。木でパーゴラを組み、シュロの木や鉢植えがポーチを飾っていて、やさしい雰囲気になっている。だが、扉を開けた瞬間、十五年前の強烈な印象が甦ってきた。アカマツの丸太は根っこを玄関側

上／3本の丸太に囲まれた居間。テーブルも収納棚も塚田さんのデザイン。下右／玄関側を見る。北側の梁になった「次郎」。下左／2階まで丸太が突き抜けている。2階上部はスノコの桟敷

「花子」の足下にある囲炉裏で鍋を囲む塚田さん一家。床はラワンベニヤを塗装している

に向け、居間や階段に飴色の姿態を堂々と晒して、二階の踊り場まで突き抜けている。玄関に突き出ていた二本の丸太は、根っこの部分を切断しただけで、梁材としては生きている。丸太の姿から、南側は太郎、北側は次郎、そして真ん中に横たわっているのは、上部が二股に分かれていることから花子と呼んでいる。

プランは花子を中心にほぼシンメトリー。次郎の北側にキッチン、太郎の南側に書斎と居間。正面には浴室と、当初は両親の部屋だった書斎コーナーと和室がある。二階は階段を挟んで北側が寝室、南側は子供室、居間の上にはスノコの桟敷がある。ここまでが二十五年前の塚田邸だが、なんと四年後に両親の部屋をこの家につなげて、再び六角さんの設計で増築している。その経緯は後述することにして、二十一年たった鉄筋コンクリート造の両親の離れも見せていただこう。

扉を開けると溶岩を積み上げた山（噴火口と呼んでいる）が衝立のように立っている。足元には溶岩が床に流れ出ている。天井・壁は打放しコンクリート、床は合板にウレタン塗装をしているので、部屋全体は硬質な感じがする。収納の襖絵はメタリックゴールド塗装に炭粉を漆で固めた「風神雷神」が描かれている。上品なキッチュとでも言えばいいのだろうか。なんとも象徴的な部屋なのだが、そこは両親が起居する生活空間でもあるので、ベッドや冷蔵庫、手づくりの棚には食器や本などが所狭しと置いてある。

部屋の中ほどにある座卓に座っている七十六歳の母親は、「木造の日本家屋がやっぱりいいわね」とつぶやく。八十三歳になる父親の恒徳さんは「ものを置いたり、しまったりしようとすると、溶岩が邪魔するんですよ」と言いつつ、溶岩を探しに行った話や、俵屋宗達の『風神雷神図屛風』をトレースして、漆や炭の粉で仕上げた顛末をうれしそうに話してくれる。そして「曾孫が遊びにくると、この噴火口に登りたがって危ないんですよ」と、建築家の勢いに乗せられて家づくりに参加したけど、「生活するにはたいへんだね」と本音を聞かせてくれた。

根っこといい、溶岩といい、住宅になぜこのような存在感のあるものをもち込もうとしたのだろうか。修さんは当時三十一歳。六角さんと一緒に仕事をするようになったのは、「雑創の森学園」（一九七九年に吉田五十八賞を受賞）から。六角さんは六〇年代後半から七〇年代にかけて、「伝家の宝刀」など三つの自邸計画シリーズや「家相の家」など、住宅の既成概念を根底から覆すような作品を発表していた。「六角さんの考え方にかぶれちゃたんですよ」という修さんは、家を建てるなら六角さんと決めていた。

　修さん一家（当時は妻と子供二人、竣工後すぐに三人になる）は、修さんの仕事場がある沼田市に土地を購入して、両親と二世帯で住む家を建てることになった。恒徳さんは営林署勤務、修さんは家具デザイナー、「木を意識した家に住みたい」という塚田家の要望もあり、六角さんは二本の根付き丸太を梁に使って、玄関には根っこが出ているスケッチを描いて送った。「こんなふざけた案に乗ってくるとは思わなかったのに、これでやりましょって」。それから塚田一家の根付き丸太探しが始まった。

　根が付いていること、枝はできるだけ残す、できるだけ長いほどいいといった条件を満たすには、伐り倒した後の運搬まで考えると、かなり難しい。半年以上探し回った末に、茨城県出身の恒徳さんの親戚の山で、六角さんの注文に近いアカマツの立木を三本見つけた。樹齢百五十年。枝は運搬の過程で、ある程度伐らざるを得なかった。沼田の敷地に運んで、修さんと妻の敏江さん、両親、五歳と三歳だった長男・二男、家族総出で皮を剥ぎ、枝に至るまで細かく採寸し、写真に撮って六角さんに送った。

　家族総出で皮剥ぎをしたあと、ニコニコ顔で写っている写真を見た時、六角さんは「これなら親子一緒に住んでも大丈夫」と思ったそうだ。親子といっても、それまで別々に暮らしていたので、丸太探しと皮剥ぎは同居のための予行演習だったのだ。しかも家族の手跡と汗が丸太にはしみついている。六角さんは現物を見て、上部が二股に分かれている一本を家の中心に据えることにした。

　建設費は一千二百万円。「四十一坪あるから坪三十万円切ってます」というほどの低価格。丸太は運搬費のみ。三本の丸太を載せるために鉄筋コンクリートを打っている。だから仕上げにお金がまわらないので、内装は合板

上右／「花子」は階段の上から二股に分かれる。ネットは遊具として使っていた。上左／２階の子供室は敏江さんの部屋に。奥の引き出し家具も塚田さんのデザイン。引き戸は陰陽のイメージ

を張ってペンキを塗っただけ。ただ、寒冷地なので、一階も二階も温水床暖房を設置した。いずれ両親の部屋を増築しようということで、三世代同居の生活が始まり、半年後に長女が生まれた。安普請だったこともあって、育ち盛りの子供たちの動き回る音が一階の両親の部屋に響いて、早くも四年後に両親の離れを増築することになった。

「増築の設計は任せるが、家づくりに自分たちも参加できるようにしてほしいという条件だった。木とくれば岩しかない」。両親の離れにも六角さんの世界が展開されることになった。浅間山に近いので、溶岩を使うことになり、噴火口から溶岩が流れ出ているスケッチを塚田家に送った。再び一家総出でスケッチのかたちや色に近い溶岩を探して、積み上げ、恒徳さんはスケッチ通りのかたちにするために溶岩を削った。群馬は空っ風と雷が名物だから、収納の襖絵は「風神雷神」にしようという六角さんの提案で、恒徳さんが原寸大に拡大コピーした絵柄を写し取った。ウレタン塗装の床には小さな七宝焼きがはめ込んであるが、これは敏江さんが焼いた。

上／増築した両親の部屋。手前に溶岩の噴火口、正面に「風神雷神」の絵を描いた収納の建具。下／入口側を見る。「岩風呂」のように溶岩は床にも流れ出し、その上に恒徳さん手製の棚がある

小学校低学年までは子供たちは、花子を遊具にして二階まで登り、花子に掛けたネットをくぐり下りて、また花子に登ることを繰り返して遊んでいた。友だちも遊びにくるので、子供たちは学校でも人気者になった。「根っこの家」といえば表札もいらない。両親も地元の出ではなかったが、塚田家が地域に溶け込むのに根付き丸太が役立った。

両親が離れに移って、和室は長男の部屋になり、子供室は二男と長女が二つに仕切って使っていた。その子供たちも高校を卒業すると、この家から巣立っていった。根っこの家は建築界でも人気者だった。建築やデザイン関係の人たちが見学にやってきて、夜になると花子と囲炉裏を囲んで宴会になった。子供たちは二階の桟敷のスノコから覗き見して、大人の建築論、デザイン論を聞いて育った。そのせいか、長男は建築設計、二男はデザインの道に進んだ。

離れを増築した後に、玄関の根っこが雨や雪に晒され、内部が空洞になるほど腐り始めた。根っこが邪魔して薬品槽に入れられなかったので、菌が入ったまま組み立てたからだ。コンクリートを流し込んだり、表面に黒い防水粘着シートを張って防水するなど手をつくしたが止まらず、室内側にも進行してしまうので、十年前にやむなく外に出ている根っこを切断した。「違う根っこをもってきてつなげようって提案してるんだけど」。六角さんは根っこを突き出すことに、今もこだわっている。

根っこを伐った以外にも、最近になって修さんがデザインしたキッチンを既製品のシステムキッチンに、タイル張りの浴室を今風の新素材に替えた。「機能的できれいになったんだけど、なんかピンとこない。便利やきれいだけがいいんじゃないっていうことを、お風呂に入ると感じるんです」と修さん。

「子供が育ってしまうと、丸太の花子は役に立たないし、場所ふさぎの邪魔ものなんだけど、これがないと淋しいでしょうね。空気みたいなものですから」。敏江さんは、まるで丸太たちも家族の一員であるかのように話す。

「噴火口や床に流れ出している溶岩なんて徹底的に邪魔ですし、危険度が高い。でも溶岩を積んだり彫り込んだりしたのも、襖絵を描いたのも親父だし、暮らしてみると愛着が出てくるんでしょうね。もう二十年以上生活しているので、体も覚えているから。当分、『岩戸』から出てこないと思いますよ」と修さん。

二十五年の歳月は世代も一巡する。長男や長女が子供を連れて里帰りすると、修さんの孫たちは丸太の花子に登り、曾お祖父さんの部屋に入って噴火口によじ登るのだそうだ。長男のお嫁さんや長女のお婿さんは、田舎の家に帰ってきた感じがするといって、根っこや囲炉裏を囲むのを楽しみにやってくるという。

前衛建築家・六角鬼丈の、住宅の既成概念を破る試みが、この住宅において成功したのかどうかは判然としないが、根付き丸太と溶岩が、今でも塚田家を支える強い絆になっていることだけは間違いないようだ。

（二〇〇五年十月）

増築後の平面図

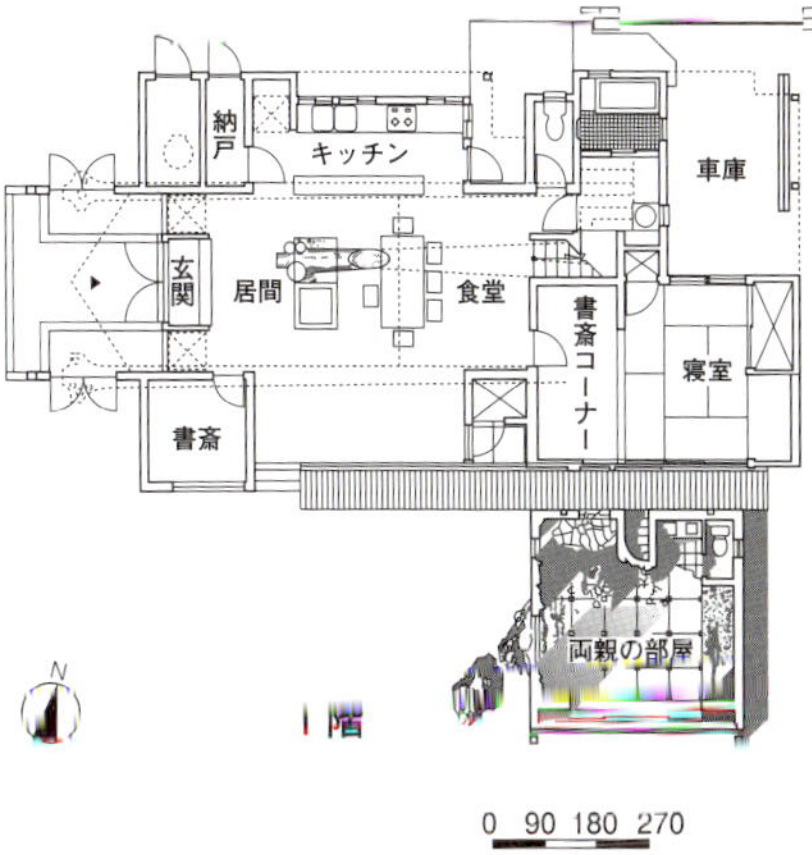

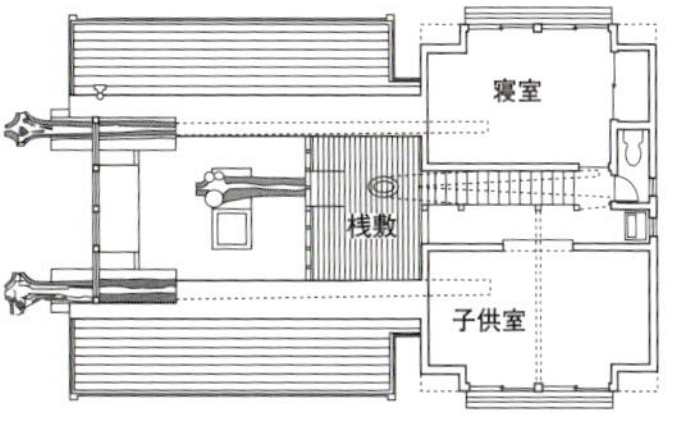

2階

根っこがなくなってしまった西側外観

夫婦屋根の家◎築三十八年

神奈川県川崎市

設計◎山下和正

南側外観。シンボルツリーのハクウンボクが
ブロックの外壁にシルエットを描く

素材のテクスチュアが今も感じられるコンクリートブロック造の家

一九六〇年代後半ころから、資産家や上流階級でなくても、建築家にわが家の設計を依頼する人たちが徐々に出てくるようになった。独立して間もない建築家にとって、住宅は実務経験が積める場でもあり、自身の建築観を表現する場でもあったから、「住む」ことの多様性を求めて、実験的な住空間が数多く誕生した。

今回紹介する山下和正さんが設計したコンクリートブロック造の住宅は、そうした時代背景のなかではむしろ「堅実」であり、小住宅の標準化を暗示させるものでもあった。施主の要望が「基礎がしっかりした家」であったことにもよるが、山下さんはドイツやイギリスで組積造建築の経験を積んで帰国したばかりのころだったので、組積造に近いブロック造にして、素材のテクスチュアを生かす方法を選んだのだろう。

創刊間もない『都市住宅』誌に掲載された写真には、トンガリ帽子をかぶったような大小の屋根が、寄り添うようにブロックの上に載っている様子が写っていた。夫婦が手を取り合って、簡素だが力強く暮らしている、そんな印象を私はもった。三十八年前の写真から受けた印象を確認するために、私は「夫婦屋根の家」に向かった。

川崎市の郊外、南側に丘陵地が望める住宅地の一画、南と東の二方向が道路になっている角地に「夫婦屋根の家」は建っている。東側から緩やかな坂を上がり、南側の道路から垣根越しに見ると、庭の西側に同じようにトンガリ帽子を載せたブロック造の小さな棟が、母屋とは切り離されて建っているではないか。

竣工時、外壁はブロックのまま、屋根もシルバーだったが、三十八年後の現在、外壁は白く塗装されていて、屋根は銅板葺きの緑色に変わっている。増築だけではなく、雑誌で見たのとは少し違った印象を受けるが、仕上げが替わっただけで、寄り添うような夫婦屋根は健在だ。

東側の玄関から入って土間に立つと、南側の居間、寝室、北側の洗面・浴室、キッチン、ユーティリティまで、一階の床は鉄平石が敷かれていることが分かる。壁はブロックのまま。居間の天井には小さな植木鉢がランダムに埋め込まれているが、打放しコンクリートのまま。

なかに入った瞬間、ブロックという素材の素っ気なさのためなのか、一瞬、冷たい感じを受ける。ところが、しばらくするとブロックの壁面も鉄平石の床も、打放しコンクリートの天井さえも、年月を経てきたためだろうか、温かく感じられてくる。玄関の天窓からは光が入り、棚の上には鮮やかな色彩のオブジェが飾られ、南側が全面開口のリビングからは庭の樹木が目に入る。竣工以来ずっと使っているというキャンバスを張った木の椅子、木製の本棚などが硬質な空間を和らげているのだ。

Kさんご夫妻は、ご主人は造形作家、夫人はピアニスト。丈夫で長もちする家以外に、「アトリエとピアノ室がほしい」というのも山下さんへの要望の一つだった。居間と寝室の間にある階段から二階へ上がってみよう。居間の上がご主人のアトリエ、寝室の上が夫人のピアノ室。それぞれ必要な面積を申告したら、大きいほうがご主人、小さいほうが夫人になり、面積に比例して、アクリルドームを頭にかぶせたピラミッドのようなトンガリ帽子の屋根が載ることになった。

アトリエの天井高は一番高いところが約五・七m、ピアノ室は四・三m。アトリエの屋根の内側はスギ板にカンナをかけずそのまま張っている。オブジェや絵画を制作するアトリエの壁はブロックのままだが、ピアノ室の方は、防音・反響を考慮して開口部は小さく、壁面には木材を格子状に張っている。気持ちが内側に入っていくような空間だ。

「この部屋の響きはとても気に入っています」と夫人。天井が高くて、四周が斜めになっているために、音がいい具合に散るらしい。アトリエもピアノ室も乳白色のアクリルドームから柔らかい光が入り、開口部からは庭や周囲の緑が眺められるので、長時間の制作やレッスンにはどちらも最適な環境だ。

庭の西側には、夫婦屋根の夫人側のほうを一回り小さくした子供棟が、母屋と切り離されて建っている。一九

上／居間のソファでくつろぐK夫人。正面の本棚は特注の組み立て家具。下右／1階の床は玄関土間の鉄平石を全室に敷き詰めている。下左／壁に木の格子を張った天窓のある2階ピアノ室

2階アトリエ。屋根部分の壁はカンナをかけていない杉板。乳白アクリルドームからの光は柔らかい

七七年竣工というから、九年後に増築したことになる。一階はご主人の母親の部屋、二階には母屋を竣工して二年目に「授かった」長男の部屋があり、ドームの下は納戸になっている。

Kさん夫妻は留学先のパリで出会った。ご主人は美術、夫人はピアノの修業をするために十年近くパリで生活して、帰国後、結婚した。しばらくは小金井の小さな一軒家に住んでいたが、それぞれのアトリエが必要になり、敷地を探すことから始めた。住宅会社が開発した分譲地を見に行って、緑に囲まれた周辺の環境が気に入り、東南の角地を購入した。家を建てるなら、設計は建築家に頼もうと思っていたというご主人は、親戚に山下和正さんがいたので、迷うことなく依頼した。

「基礎と構造がしっかりした家。木造や和風は嫌い」というのが、ご主人が山下さんに伝えた第一の要望だった。長くヨーロッパで暮らしていたこともあるのだろう。ご夫妻ともに「畳の部屋はいらない」とはっきりしていた。だから山下さんが「建設費も限られているので、コンクリートブロック造にしましょう」と提案したときも、まったく抵抗感がなかった。石の床も歓迎したし、固い素材で家ができているほうを望んだ。ただ、夫人は足が冷えるので、床暖房にすることだけは強く要望した。

「それ以外は主人も私も山下さんにお任せ。専門家にお願いしたのだから、細かい注文はつけたくなかったんです。幸い山下さんの好みが私たちと近かったので、素材は仕上げなしでそのまま見せて、家具やカーテン、カーペットなどで柔らかさを出すというのも、自然に決まったんですよ。浴室に便器があるのも、ヨーロッパでは当たり前のことだから、問題になりませんでした」。

アトリエとピアノ室の面積配分をどうするかで迷ったこともあったそうだが、「グランドピアノが二台入る広さが確保できればいい」という夫人の一言ですんなり決まった。

設計を依頼したときは夫婦だけだったが、この家に住むようになってから二年後に息子さんが生まれた。小学校低学年くらいまでは、居間の食卓で宿題を広げ、夜は鉄平石の床に布団を敷いて寝ていたが、たまたまご主人の母親が同居することになり、母親と息子さんの部屋を九年後に増築することになった。この時も迷わず山下さんに頼んだ。

夫婦の間に子供が生まれたのだからといって山下さんは、増築も同じようにトンガリ帽子の屋根を載せてブロック造にした。居間の西側から渡り廊下でつなげる案もあったが、敷地の高低差の関係や構造上つなぎにくいこともあって別棟にした。母親は十年後に亡くなった。息子さんは大学院を出て、研究者の道に進み、二十代後半までこの家から仕事場に通っていたが、仕事場が移転したのを機に、独立した。

内装はむろん、家具も、カーテンすら三十八年間一度も替えていない。どの部屋にも六〇年代を感じさせる懐かしいデザインのカーテンが掛かっている。夫人に伺うと、山下さんが選んでくれたものをずっと使い続けているとのこと。カーテンだけではなく、水廻りの設備も一度も替えていない。キッチンは雑誌『暮らしの手帖』が生活の合理化を考えて、ナスステンレスと共同開発したコンパクトキッチン。シンクは小さな一槽式、二口コンロは調理台の奥に付いている。このようなコンパクトキッチンを住宅で使っているのを見るのは初めてだ。夫人にうかがうと、使い勝手は悪くないという。家族四人の時代もこのコンパクトキッチンで料理をしてきたのだ。

屋根は三回替えている。建設時は予算がなかったので、ポリルーフ防水塗装という安い仕上げにしたため雨が漏り、同じものでもう一度塗り替えたが、年月がたってまた雨漏りがしたので、三回目は銅板葺きにした。外壁は長い間ブロックの生地のままだったが、八年ほど前に、風化に対する保護のため止水性の塗料を塗った。一階南側のガラリ戸を兼ねた木製デッキも二回替えている。風雨が直接当たるところは、十年に一度くらい補修をしていることになる。

「築三十年後に、外壁の汚れと風化を心配して塗装の相談を受けたんですが、ブロックはもともと不揃いな素材なので、こぎれいにしないほうが僕はいいと思っていたんですけどね」。外壁ブロックを白く塗装してしまったことを、山下さんは残念がる。

上右／システム収納を壁側に入れた寝室。上左／寝室からも洗面所へ直接行ける。下上／デッキは滑車で上げるとガラリ戸になる。下下／南側外観。夫婦屋根の家と増築した子供棟の屋根が見える

山下さんにとってこの家は、大手設計事務所を退職して独立するきっかけになった記念碑的な住宅でもある。ヨーロッパで組積造の集合住宅を経験して、日本でもやってみたいと考えていたときに、コストの割には丈夫で不燃性も高いブロック造に出会い、この家で試みることにした。山下さんの恩師でもある清家清がブロック造の住宅を手掛けていたことも心強かった。

「建物は素材のテクスチュアが大事だと思うんです。レ

ンガやブロックはピースの一つひとつが違ったテクスチュアをもっているし、特にブロックは積む人の技術によって不揃いにも見える。洗い晒しのジーンズのような肌触りがいい」と山下さんはいう。確かにツルツルピカピカしたものよりも、ザラザラして不揃いなもののほうが、年月を経て汚れが出ても気にならない。

三十八年前とはいえ「夫婦屋根の家」は、温水床暖房を設置して、建設費は坪単価十四万円という安さだった。屋根は葺き替えたが、それ以外ほとんど補修することもなく、三十八年間Kさん一家の暮らしを支えてきた。ご主人の「丈夫で長もちする家にしてほしい」という要望は、おつりがくるくらい満たされたのではないだろうか。ブロックの幅二〇cmと四〇cmを基本モデュールにして設計された間取りは合理的で、無駄なものは置かない暮らし方をしているKさん夫妻には合っている。いい意味でのヨーロッパの質実剛健な精神が生きている。どの家を訪問しても「やっぱりこの家がいちばんいい」というご主人の言葉は、山下さんへの最大の賛辞といえるだろう。

（二〇〇五年十一月）

増築後の平面図

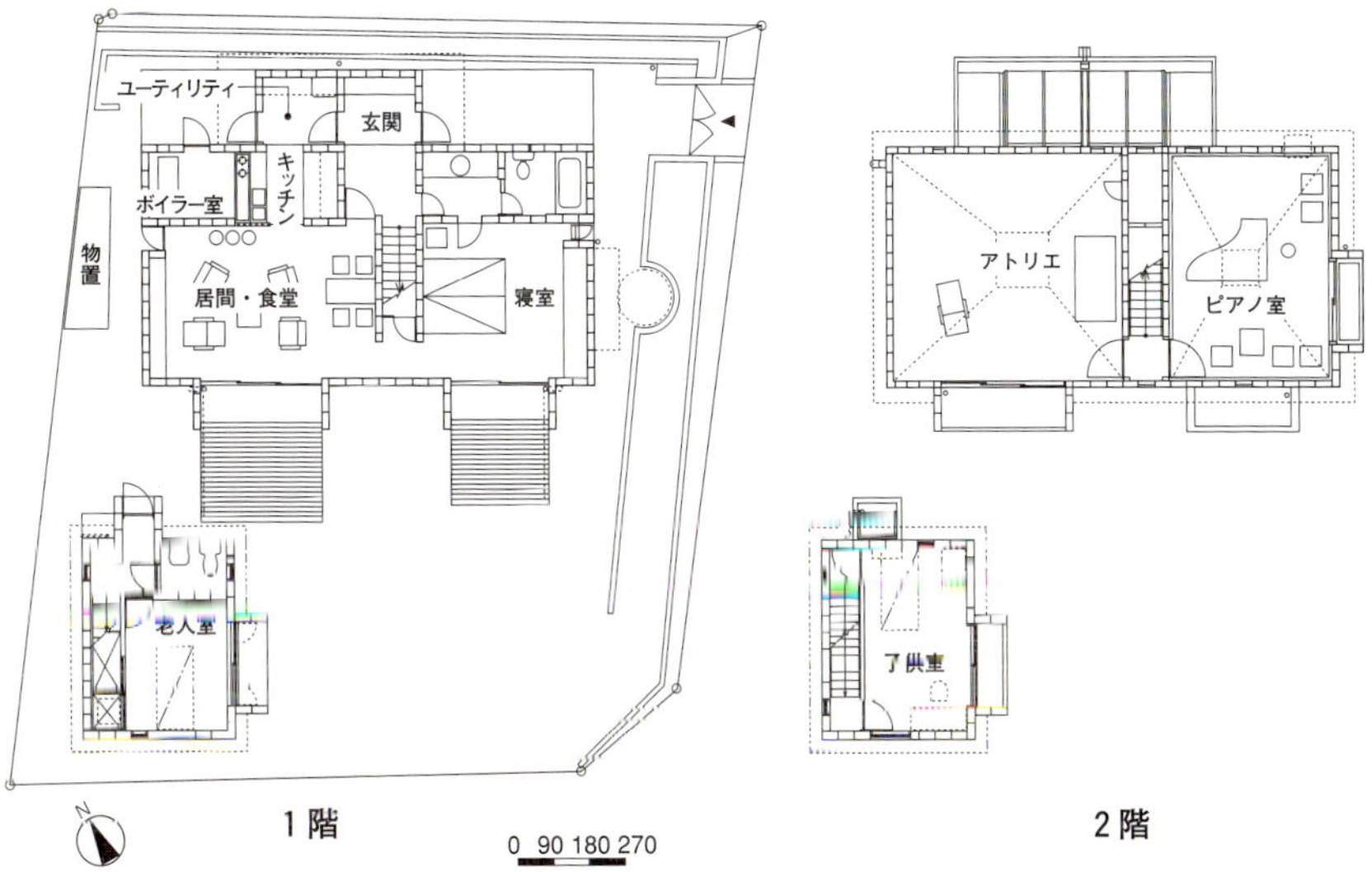

青山南町の住宅◎築三十三年

東京都港区

設計◎富永 譲

2階まで吹抜けの玄関ホールは、建物内部にある中庭のような存在。ここを通って各室へ

外部に対して閉じたシンメトリーの家は天窓のある外部空間を内包

建築家が設計した初期の住宅には、その後の方向性や創作の核になる考え方を決定づけてしまうものがある。今回紹介する富永讓さんが二十九歳のときに設計した「青山南町の住宅」もそうだ。建物のなかに入ると建築的な外部空間（中庭）があり、そこから再び建物の内部に入る。そうした空間をつくることが「建築」なのだという確信を、富永さんはこの住宅でつかんだ。

東京オリンピック以降、都市化が加速した青山に住宅の設計を依頼されたとき、富永さんは周囲の環境条件から外部に対して閉じ、建物の真ん中にトップライトのある吹抜け空間を貫通させ、両側に部屋を配置した構成を考えた。建物の内部に外部空間を内包した住宅を提案したのだ。青山の一等地に建つ木造二階建ての住宅は、竣工から三十三年、周囲の開発の波に翻弄されながらも、外壁に守られ、トップライトからの光に助けられて、当時のままの姿で今も都心に根を張っている。

道を挟んで東側は寺とそれに続く墓地、反対側はオフィスビルやマンションが密集している窪地の一画。東京では、このような街区に戸建住宅が今でも残っていることだけでも奇跡なのかもしれない。東西に細長い敷地は、駐車スペースを確保するために、道路から後退して建物を配置しているので、道を歩いていても住宅があることすら気がつかない。

黒い外壁は目立つかと思ったが、家の前に立つまでは本当にこれが富永さんが設計した住宅だろうかと疑ってしまうほど地味だ。外壁は当時、若手の建築家がよく使っていたパーライトボードを張り、黒く塗装している。東側外観はシンメトリー。建物は八・四m四方。一・八m幅で中央に玄関がある。

ドアを開けると地味な印象が一変する。二階までの白い吹抜け空間が家のなかを貫通しているのだ。トップラ

上／食堂でくつろぐ小池さん夫妻。大きな開口部は午後になると食堂に日が当たる。下／居間・食堂の３枚引戸を開けるとホールと一体になる。ホームパーティのときは開けて使っている

天井と壁はラワンベニヤの上に幅広のラワンをリブ状に張っている。ハーマンミラーの家具も竣工以来ずっと愛用

イトからホールに光が落ち、黒い外観から白い内部に入ったことを強く印象づける。取材したのは冬だったので、光は午前中のわずかな時間しか入ってこないとのことだったが、家のなかから青い空が見えるだけで、外の世界とは隔絶した気分にさせてくれる。ホールは内部ではあるが、各部屋はこの吹抜けのホールに面して配置されているので、外部空間でもあり、中庭でもあるのだ。

一階は、南側に居間・食堂、北側に納戸、書庫、トイレ、階段、キッチン、正面にボイラー室、二階はブリッジを挟んで南側に三人の子供室、北側に夫妻の寝室、浴室・洗面・トイレがある。吹抜けのホールは、一階では三枚引戸を開けると居間・食堂と一体になり、二階では各個室に設けた小さな突出し窓を開けると、吹抜けから白い光が入り、どの部屋もホールとの連続感が得られるようにしている。夫婦と子供三人が生活するコンパクトな住宅だが、白い光に包まれた吹抜け空間があることで、一階ではパブリックとプライベートを分け、二階では親と子供の領域を分けている。

内部の壁と居間・食堂の天井はラワンベニヤの上に、幅広のベニヤ板をリブ状に張り、白ペンキで仕上げている。このやや凹凸のある壁に光が当たると、室内に微妙な陰影が生まれ、柔らかい雰囲気に包まれる。掃出し窓はひとつもない。居間・食堂の南側上部は採光・通風用の小さな連続窓が並び、西側は棚を挟んで上下に窓を設けている。二階の部屋の窓はすべてガラリ戸の付いた上げ下げ窓。どの開口部も採光・通風はしっかり確保するが、周囲からの視線は抑えたいという設計者の意図が伝わってくる。

裏通りとはいえ、商業地の真っ直中に住宅を建てて、三十三年も住み続けているのは、どんな家族なのだろう。「ご主人は外国映画の配給会社に勤めていた方ですよ」。富永さんからそのように聞いていたので、映画好きの私は胸をときめかせてお会いした。小池晃さんと妻の嘉子さんは、話題の豊かな素敵なご夫妻だった。この街に住むことになったのは、一九五八年というから、東京オリンピックの前の青山を知っているのだ。その頃、この辺りは閑静な住宅地だった。六十五坪の敷地に十五坪の平屋を建てた。

「敷地の周りは生垣で囲って、南側の庭にはブランコや鉄棒があったので、近所の子供たちの遊び場にもなっていたんですよ」。

嘉子さんは郊外住宅地のようにのんびりしていた当時を懐かしがる。三人目の子供が産まれ、十五坪の家では狭くなってきた。双子の長女と二女、長男の個室が必要になってきた。来客の多い家だったので客のいる部屋を通ってトイレに行かなくてはならない、晃さんの本を収納するスペースが必要になったなど、いくつかの不都合が生じて、七三年に建て替えることになった。

「当時売り出したばかりの日本ホームズのツーバイフォー住宅に心が動いたこともあったんですが、モデル住宅は子供二人しか考えていない間取りだったのと、東西に細長い敷地だとプレハブはかえって高くつくことが分かって、やめたんです」と嘉子さん。

晃さんの会社の同僚の紹介で、菊竹清訓さんの事務所を辞めたばかりの富永さんに会い、信頼できる話しぶりだったので設計を頼むことにした。とはいっても富永さんの実作を見たり、空間を体感して決めたわけではない。菊竹事務所を辞める間際に、富永さんは「相模大野の家」を設計しているが、小池夫妻がこの家を体感するのは、この家が建ったあと。

晃さんは、建て替える理由と予算を伝えただけで、富永さんの案を待った。最初はピロティにしたり、周囲に対して開いた案もあったが、「ある日、これだって思える案が出たんです」。それが現在の家だが、富永さんは夫妻に模型を見せて、周囲に対しては閉じているが、真ん中にトップライトのある吹抜けのホールをもってくれれば、採光、通風が確保できることを説明した。

「当時としては、特殊な形態だと思うんですけど、小池さんは、僕の話をじっくり聞いて納得してくれたんです」。外壁を黒く塗ることもすんなり受け入れてもらえた。

この家の設計をしていたころ、富永さんは、初めて海外旅行をした。それもパラーディオの建築だけを見る旅だった。「パラーディオのヴィラを巡り、安定感のあるシンメトリーで、しかも静かで艶《あで》やかな建築に惹かれてしまったんです」。

そう言われてあらためて小池邸を眺めると、シンメトリーの外観や、建物のなかに入ると外部のような空間があり、そこから各部屋に入る構成など、パラーディオの建築の神髄を鋭敏に感じ取った若い建築家の感性が感じられる。

二階の子供室は、ロフトのある真ん中を長男、東側を長女、西側を二女が使っていた。竣工時、高校生だった三人の子供たちは、この家で受験勉強をした。大学卒業後、社会人になっても居心地がいいのか三人ともしばらく住んでいた。

「三十歳になったら家を出なさい」という嘉子さんの宣言で、三人とも巣立っていったが、スペイン人と結婚した二女は、息子の日本語教育のために、数年間、母子でこの家に戻ってきた。そのとき、長女の部屋と長男の部屋の間仕切を外して、一室にした。三十三年の間に間取りに手を入れたのはそこだけ。

外壁は二回、内壁は十数年前に一回だけ塗り替えた。

上／ホールのトップライトを見上げる。ブラインドは夏の遮光用。下／2階ブリッジの両側にも本棚がある。手前に子供室、ブリッジの反対側に夫妻の寝室がある

2階のブリッジに立つと、この家の考え方がよく分かる。正面が長男の部屋、東側が長女の部屋、西側が二女の部屋だった

夫妻の寝室の壁は雨漏りで汚れたため、クロスを張り替えている。当初、一階はガス温水床暖房、二階はガスによる温風ヒーターを各部屋に設置した。

「子供たちの受験期には、ガス代が毎月十万円近くかかってしまい、家計がもちこたえられないので、三年くらいでエアコンに替えて、床暖房もヒーターも使わないようにしたんです」。

子供たちは個室をもち、二階にもトイレがあるので、来客を気にしないでよくなった。キッチンは念願のガスオーブンが使える広さになって満足したが、ガス代の高さには驚いたという嘉子さん。

「不具合が生じているのは、日本の気候に関わるところなんですね。夏は蒸し暑く、冬は寒く、雨が多いのに、屋根裏がない、庇が出ていない。トップライトからの光がなければ、この家は暗くなってしまうんですが、夏は予想以上に暑い。むろんトップライトは、通気も考えられているんですが」。

温熱環境は耐え難いほどではないという晃さんは、むしろ長い年月住み続けていくには、空間の快適さや動線のよさのほうが大切だという。

七〇代になった夫妻は、家に居る時間も長くなった。晃さんは読書や映画、嘉子さんは三十年来続けている書道を楽しんでいる。このまま静かにこの家で暮らしていこうとしていたときに、西側に二十五階建て、約九十五mの高層ビルの建設が始まった。

「建ってみないと分からないことが多いのですが、日当たり、ビル風、上からの視線、レストランも入るので厨房の臭い、人の流れなど、どんな影響をこうむるのかとても心配です」と嘉子さん。夫妻は周辺住民と一緒に区役所に相談に行ったり、建主や建設会社に要望書を出すなどの活動を始めた。

「工事中は騒音や振動や埃に悩まされ、建った後もどんなことが起こるか分からない。建築法規上は問題がないのでしょうけど、隣人の住環境が侵されることをまったく考えていないんですね」と晃さんは憤る。

五十年ほど前はサラリーマンでも、六十五坪くらいなら借りることができた。その土地に住宅を建てて住み続けているだけなのに、周りから追い立てられている状況だ。富永さんは、三方がビルに囲まれることも予想していたのだろうか。幸いなことにトップライトのある吹抜け空間があるおかげで、家の中に光は入ってくる。

「僕たちは、富永さんが設計してくれたこの家が気に入っているので、まだまだ住み続けたいんですよ」。

二年半後、高層ビルが建ってから、どのように改修したらさらに住み続けられるかを考えたいという小池さん夫妻。建物はまだ十分住める。住み続けたいという意志もある。経済を優先させて、わずか五十年で居住者を追い立ててしまうのが東京だというのなら、なんと理不尽で貧しい都市だろう。富永さんにとっても「建築とは何か」の確信をつかんだ「青山南町の住宅」は、いつまでも生き続けてほしい住宅にちがいない。富永さんの事務所には、今も「青山南町の住宅」の模型が大切に保存されている。

（二〇〇五年十二月）

竣工時の平面図

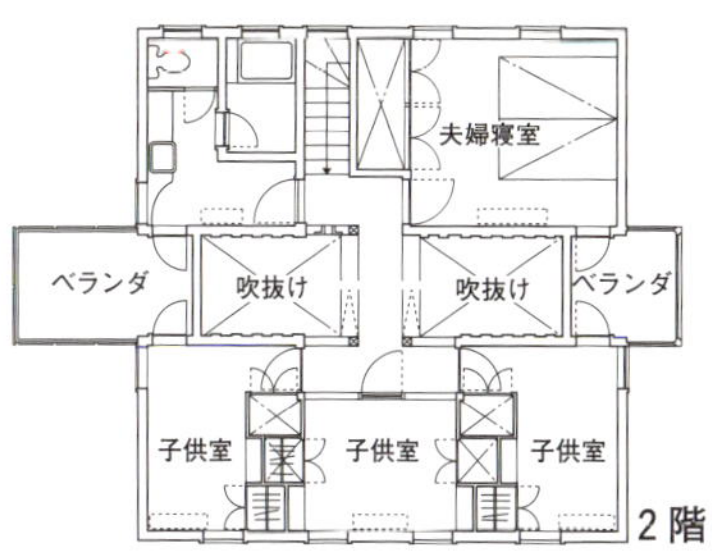

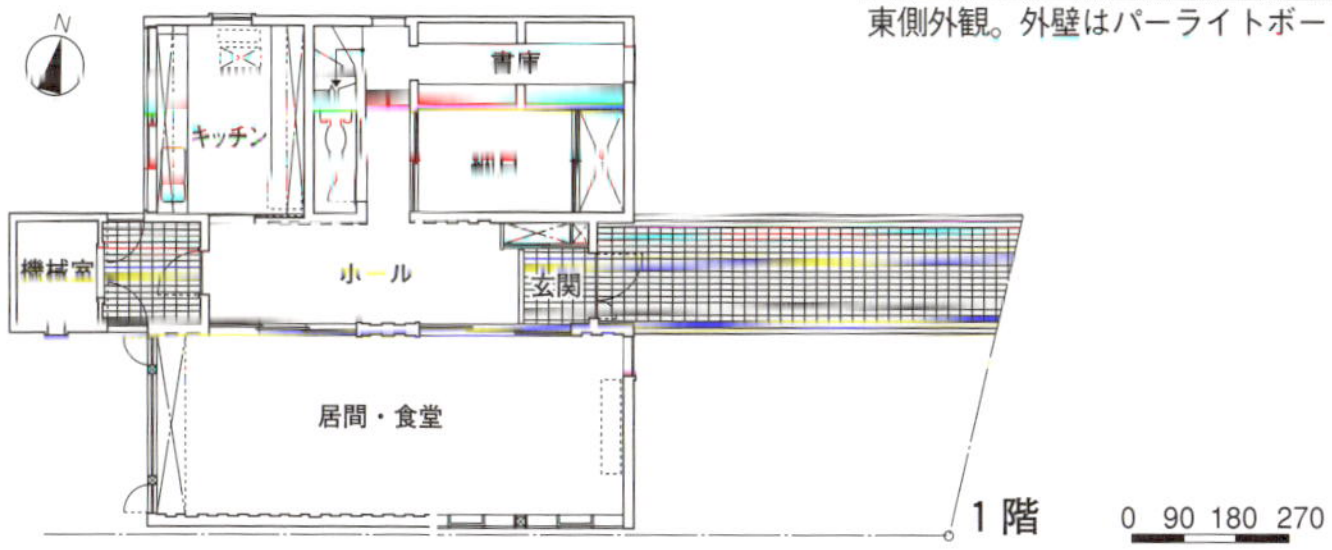

東側外観。外壁はパーライトボードを張って黒く塗装

風格子の家◎築二十三年

山口県宇部市

設計◎葉 祥栄

道路に面している東側外観は、視線を遮るために風を通すだけの見えない窓にしている。8m四方の外壁はアルミの格子で7等分。右手に診療所と住宅の入口がある

上／西側外観を見上げる。格子は室内側から押して開ける。弾力性のあるシリコンをヒンジにしている。下／「風格子の家」につなげて、葉さんの設計で日本家屋を建替えたコンクリート造の母屋

ガラスの外皮とアルミ格子で自然を制御する立方体の家

四面がガラスで覆われた住宅と聞いただけで、瓦屋根の木造の家が並ぶ日本の地方都市の風景にはなじまないのではないかと私は考えていた。しかもガラスは時間が経つほどに味わいが出てくる素材ではないので、二十年以上経過すると薄汚れて、情けない姿になってしまっているのではないだろうか。ツルツルピカピカ建築は日本の風土には適さないと思い込んでいる私が、それでもどうしても訪ねてみたい、確認しておきたい、ガラスで覆われた住宅があった。それが今回紹介する葉祥栄さんが設計した「風格子の家」だ。

「風格子」という、爽やかな名にまず惹かれたのだが、一九八三年に雑誌に掲載された立方体の外観を見たとき、四面をガラスで覆っているというよりも、半透明の素材で柔らかく包まれた物体が空中にふんわり浮かんでいる、そんな軽やかな印象を受けた。しかもアルミの格子は開閉ができて、風が家のなかを通り抜けるという。空気さえも建築のデザインに取り入れてしまう、その斬新な発想を受け止めた住み手とはいったいどのような家族なのだろう。抽象的ともいえる箱のなかで、どのような生活を展開してきたのだろう。私はワクワクしながら宇部市へ飛んだ。

空港から車で十五分、宇部市の中心部から少し離れているが臨海工業地帯が望める地区に、「風格子の家」は二十三年前に写真で見た姿のまま、軽やかに建っていた。だが、隣には打放しコンクリートの壁面を道路側に見せた家が「風格子の家」とつながって建っているではないか。しかも「佐藤」の表札はコンクリートの家のほうに掛かっていて、「風格子の家」の一階入口は診療所の表札になっている。葉さんからも、住人の佐藤育男さん・節子さん夫妻からも別棟を建てたことを聞かされていなかったので、戸惑った。二・三階の住居部分も診療所にして、住んでいるのは別棟だったら、東京に引き返すしかない。覚悟を決めて、コンクリートの家から入ることにした。

ご夫妻にうかがうと、こちらも葉さんの設計で十六年前に、木造二階建ての古い母屋を壊して建て替えたとのこと。その経緯は後述することにして、「風格子の家」は今でも住居として使っているという。さっそくご主人の育男さんに、中二階にある居間から渡り廊下でつながっている「風格子の家」に案内していただくことにした。

渡り廊下から半階下がると住まいの玄関があり、半階上がると二階になり、居間・食堂とキッチン、三階は寝室と二つの子供室とバスルーム。八m立方の内部は収納と間仕切壁で軽く仕切られているだけで、構造壁はない。

一階の足元は地上から八〇㎝の高さに立方体の底部を設定しているので、対角線上に配置されたコンクリートの円柱が外から見えるだけ。見方によっては立方体は宙に浮いているように見える。しかも柱は四隅から外れているので、外から見ると軽やかに感じられる。

四面はガラスの外壁だが、なかに入るとガラスで囲われていることがほとんど感じられない。半透明のアクリルを内側に入れた閉じた壁、光を入れる線入り透明ガラスの突出し窓と嵌《は》め殺し窓がランダムに配されていて、閉じた壁には庭の樹木がシルエットを映し出し、光が直接入るところ、間接的に光が感じられるところなど、時間の経過によってもさまざまな光の質が楽しめる仕掛けになっている。

取材した日はあいにく初冬だったので、アルミの風格子を開けて風を室内に取り入れていなかったが、「夏は夕方になると二〇〇m先にある海からの風が通り抜けて、とても涼しくなるんですよ」という節子さんの話は、別棟がコンクリート造だけに、実感がこもっていた。

現在、生活の場は別棟になっているので、かつての居間・食堂は育男さんのオーディオルームであり、夏になると、「風格子の家」に涼を求めて移ってくるので、夏の家にもなっている。したがってキッチン脇の家事コーナーは節子さんの書斎に、三階の主寝室は納戸になっているが、二つの子供部屋はゲストルームや夏の寝室になり、バスルームは別棟よりもこちらの方を日常的に使ってい

上／居間は音楽室として使っている。床はカーペット、天井は吸
音板になっているので音響効果もよい。下右／半階上がったホー
ルから玄関を見下ろす。下左／居間西側。四隅を外している丸柱

上／佐藤さん夫妻。ご両親を看取り、子供も独立して夫婦２人だけの住まいになった。下右／柔らかい光に包まれた浴室も竣工時のまま。下左／西側の子供室は「夏の寝室」として使っている

るそうだ。
「風格子の家」の敷地には、節子さんの父親の診療所が建っていた。育男さんはイェール大学に留学後、東京の大学病院に勤務していたが、高齢になった義父の診療所を手伝うために節子さんの故郷、宇部市に移住することになった。育男さんも宇部市の街なかにクリニックを開業したが、義父が亡くなってからも地域の人に懇願されて、診療所を継続することになった。借りていた家から二カ所の仕事場に通うよりも、診療所と住宅を一緒にしたほうが体に負担がかからないと判断して、昭和初期に建てられた老朽化していた洋館の診療所を、医院併用住宅に建て替えることにした。

葉さんと育男さんは少年時代をともに熊本で過ごした竹馬の友。だから自分の家を建てるときは葉さんと決めていた。敷地の東側には、診療所と同じ時期に建てられた瓦屋根の木造二階建ての家があり、節子さんの母親が住んでいた。この家の日当たりと通風を妨げないように、道路に面した車三台分の敷地が葉さんに用意された。

「たったこれだけの敷地しかないと僕がいうと、葉くんは条件が悪いほどファイトが湧くと言うんですね」。家々の屋根が連なる向こうには、臨海工業地帯の大きな煙突が林立している。葉さんはそうした景観に対峙する形態として一辺が八mの白い立方体がふさわしいと考えた。

建築家と建て主の共通イメージは、家族とともに育男さんが留学したイェール大学の構内にあるベイネック稀覯本図書館だった。四本の柱で箱を浮かせ、外壁を格子状にして、そこに薄い大理石を入れて、光が当たると黄金の縞模様が内部に浮き出てくる建築だ。その雰囲気が好きだったので、家族でよく出かけた。だから白い立方体にしたいという葉さんの提案も、家族全員がすぐ理解できた。形態は決まったが、内部や設備をどのようにするかは、ほぼ葉さんに一任された。

「僕は建築のことはよく分からなかったので、ベイネック稀覯本図書館の雰囲気があればいいと思って、細かい注文はつけなかった。僕たちは葉くんにいい仕事をしてもらいたいと思っていたので、新しい建築ができるなら、多少の不便は我慢しようって思っていました」。育男さんの変らぬ友情が葉さんの創作力を刺激した。

「ところが斬新なデザインなのに、住みやすいんですね。動線や寸法もよく考えられていて、動きやすいし使いやすいんですよ。設計に入る前に葉さんの自邸や光が入るところを格子にした『光格子の家』を見せてもらったので、内部の雰囲気はおおよそ見当はついていました。『光格子の家』のM子さんから、道路側はできるだけ閉じるようにとのアドバイスも受けていました」と節子さん。

四面にガラスが入ったところで、ご夫妻になかに入ってもらい、周囲の風景、光の入り方、風の通り道などを考えながら、閉じる壁、開く窓、開かない窓を決めていった。建築家に一任といっても、最も重要な光や空気や眺めは、住人の体感が物差しになると考える葉さんならではのコラボレーションなのだろう。ただ、葉さんも「やりすぎた」と反省しているのが屋根面。ガラス張りだったが、この時はどれほど暑いものなのか、雨の音やカラスの足音がどれほどうるさいものなのか気付かなかった。住み始めてすぐに、シートを被せたら、温度も音もだいぶ緩和された。

当時十三歳だった長女は高校から東京に行くことになり、十一歳だった長男は高校までこの家で過ごした。この家に住み始めて六年くらい経ったころ、母屋で一人住まいをしていた節子さんの母親が寝込んでしまい、介護が必要になった。「風格子の家」で同居することも考えたが、日本家屋から移るのではあまりにも環境が違いすぎてよくないとの判断から、ご夫妻の生活の場を母親に近づけるために、修理に明け暮れていた母屋を壊して、建て替えることにした。

ガラスで覆われた「風格子の家」は、冬は太陽が照っている間はポカポカ暖かいのだが、日が落ちると急に冷え込む。夏は日中は暑いのだが、日が落ちてから風格子を開けて、海からの風を通すと涼しくなる。

「住み始めて数年は、いつ暖房や冷房をいれたらいいのか、風格子はいつ開けたらいいのか、この家の使い方が分からなくって大変でした」という節子さんだが、母屋の建て替えを考える頃には、すっかり慣れ、「風格子の家」が好きになっていた。だから母屋の建て替えも葉さんに依頼した。

葉さんはプロジェクトごとに、挑戦するテーマを形や素材で明確に表現する建築家だ。一つのプロジェクトで追いきれなかったものが出ると、次のプロジェクトで解決する。デビュー作のコーヒーショップ「インゴット」では、周囲の風景を内部に取り込むためにミラーガラスのペアガラスで空間を覆って、輻射熱と対流伝熱を下げることができた。海辺に建つ「木下クリニック」では、強い潮風に対峙するためにFRPでUFOのような形態にした。「光格子の家」では「インゴット」で果たせなかった建物の骨組を消すために、骨組から光を入れることを考えた。

そして「風格子の家」では、外界と内部を隔てる被膜を呼吸するものにしたいと格子を開閉させたり、時間とともに光の変化が感じられる、いわば自然現象の変化を増幅する装置として立方体をとらえた。だから別棟は、「風格子の家」の欠陥を補うために、薄い外皮から断熱性・保温性のある厚いコンクリートになり、道路側に壁を立ち上げることでプライバシーを確保した。

「両方の家に住むということだったので、相互補完がとれるようにした。住宅の解答は一つではないので、対照性を際立たせるために、まったく違う素材とかたちにしたんです」。葉さんのお話を伺って、同じ建築家が手掛けたとは思えない二棟の建築の謎がやっと解けた。

それにしても葉さんはなんと理解のある施主に恵まれたのだろう。「住宅は施主と一〇〇%コラボレーションできないと、いい建物にならない。この家は一緒に家を建てているという一体感が僕にはあった。施主を説得したからといって、このような家が建てられるものではない」。

「この家の使い方を理解するまでに十年かかり、その後の十年でよさが分かった」というご夫妻の話をうかがうと、「風格子の家」のさらに十年後が楽しみになってくる。近くにデイサービスを開設して、お年寄りの介護にあたっている節子さんは、「居間でクラシックを聴いていただいたり、診療室でお茶を飲めるようにしてもいいわね」と地域の人たちが集える場にできたらと考えている。

（二〇〇五年十一月）

光や風を入れる窓にはロールブラインドが付いている。庭の樹木のシルエットを映す窓

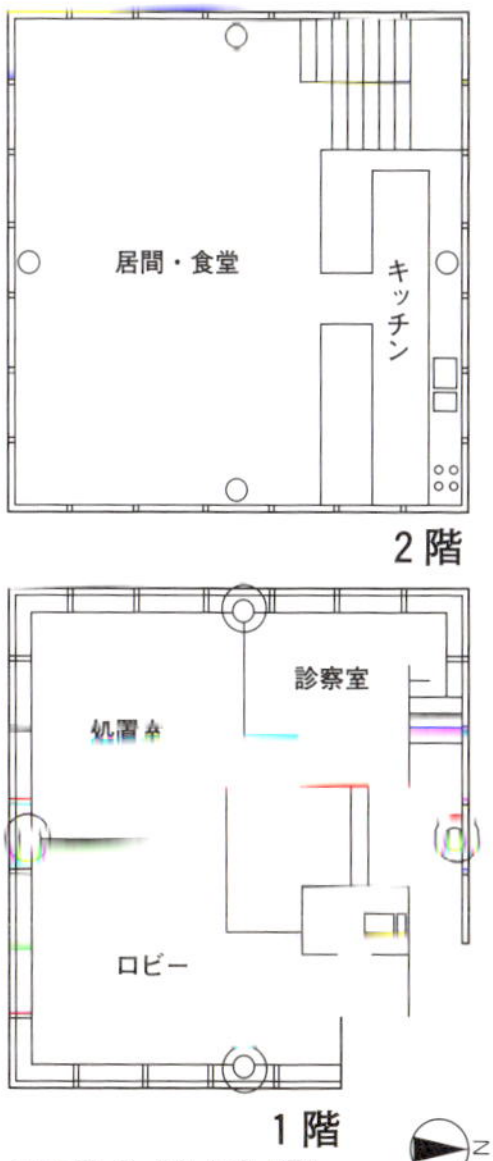

平面図 0 90 180 270

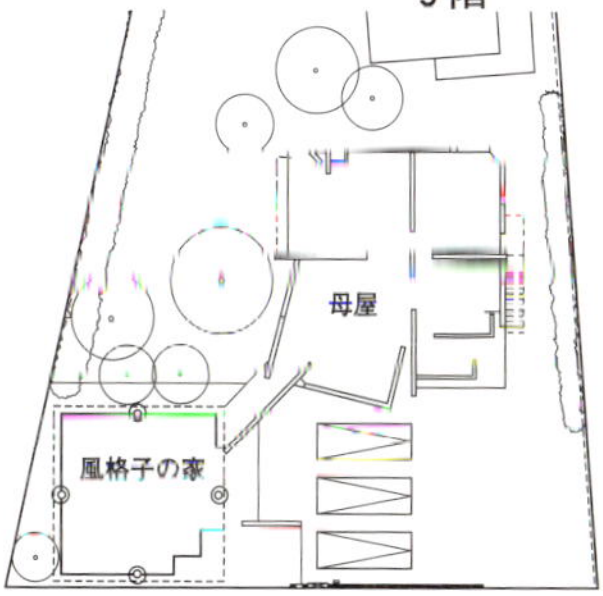

配置図（S＝1：600）

母屋の庭から見た西側外観

代々木の家◎築二十一年

東京都渋谷区

設計◎平倉直子

玄関前のアプローチは木のフレームで囲っている。左手の庭を眺めて玄関へ

外と内が支え合って住環境を育んできた都市型の「終の棲み家」

日本は世界一の長寿国だそうだ。七十代、八十代になっても元気で自宅で暮らしている高齢者も多くなった。今回紹介する平倉直子さんが設計した「代々木の家」は、六十代半ばだった夫婦が、それまで住んでいた家を「終《つい》の棲み家」として建て替えたものだ。そのころは今ほど高齢化が急速に進んでいなかったので、住宅のバリアフリー化、介護保険制度など、国の高齢化対策が住宅に介入してくる以前のことだった。

子供も独立して、再び夫婦だけの暮らしに戻った桑原廉敬さん・延子さんの住まいは、超高層ビル群が林立する新宿副都心の膝元、マンションやオフィスビル、戸建住宅が混在する街のなかにある。建替えを計画していた一九八〇年代は、世の中がバブル期に向かう途上だったので、土地を担保にしてマンションに建て替え高収入を得るという誘惑もあったが、平倉さんのアドバイスもあって、ご夫妻は堅実な道を選んだ。遠景に超高層ビル、近景に中層マンションや戸建住宅が建ち並ぶ一画に建つ、採光や通風を最大限工夫した家で、ご夫妻は二十一年の年月を過ごしてきた。坂道を下りながら、居間にいる延子さんに軽く会釈して、まず、外観から見学させていただくことにしよう。

敷地は北下がりの坂の上にある。北側は私道、東側は交通量がやや多い道路に面している角地。南側は道路に沿ってアプローチが張り出している。南から坂を下ってくると居間にいる家人の姿が見えるほど、南側は開放的な表情をもっているのだが、反対側から歩いてくると、北側と東側は小さな窓だけで、壁面はほぼ閉じている。少し離れて見ると、一階の北東側はL字型にトップライトがまわっている。しかも建物は北東の角の敷地境界に寄せて建っていて、三層になっていることが分かる。上の一・五層は木造、下の一・五層は鉄筋コンクリート造

上／掘りごたつに腰掛けるご夫妻。床はカーペットを敷き詰め、床暖房にしている。下右／前室のトップライトからの光は季節や時間によって変化する。下左／庭と前室側の障子を閉めた居間

２階テラスから１階テラスを見下ろす。
折れ戸を全開にして庭を眺めるご夫妻

にしている。下の鉄筋コンクリート造は、駐車場にしている一層目（ピロティ）とその上の生活空間を支えている。北東側は遠景の超高層ビルと向き合うことから、「生活感を感じさせない外観にしたかった」という平倉さんの意図が読みとれる。

南側の緩やかなスロープと階段を上がると、庭やテラスが左手に見える。階段を上がったところにポーチがある。玄関のブザーを押すと軽快な足音とともにドアが開き、真っ赤なセーターを着た銀髪の延子さんの笑顔に迎えられた。玄関に続くギャラリーのような細長い前室は、トップライトから光が入るので、明るい。北と東、そして玄関土間の西側にも通風も兼ねて窓を設けている。

前室と居間の間は障子で仕切ることもできるが、玄関側に引き込んでしまうと一室になる。居間には大きな掘りごたつがある。居間の床にも掘りごたつにも床暖房が入っているので座ると温かい。

「私はいつもここに座っているの」という延子さんの指定席に座らせていただくと、東側の坂道を行き来する人が見える。「近所の奥さんだと、目が合うと飛び出していっておしゃべりするのよ」。そしてなによりも気持ちがいいのは、南側を折れ戸で全面開口にして、テラスにつなげていることだ。気候のいいときは全開にして、家中に風を通すことができる。折れ戸の手前には障子が引き込まれるようになっている。冬の夜は断熱も兼ねて前室側の障子も閉めると、二方が障子に囲まれて、昼間とは違った和の雰囲気をもった居間になる。

居間の掘りごたつは食卓も兼ねているので、この家に食堂はない。キッチンは北側。ここもトップライトからの光で明るい。しかも北側の光なので、柔らかい。

生活を大切にしている設計者かどうかは、キッチンを見ると分かる。東側の小さなドアを開けると三角形のコートがあり、そこがゴミ置き場になっている。上背がない延子さんが出し入れしやすいように、キッチンの上の棚を上下に開くようにしている。家事をする人の動作を押さえたうえで、細かい配慮をしていることがよく分かる。キッチンと並んで浴室も北側にある。こちらもトップライトと小窓を設けて、採光・通風を確保している。

文章を書くことを仕事とされているご主人の畳の部屋

は、居間の床レベルから半階下がった西南側にあり、土の庭に近い。二階は東側に延子さんの畳の部屋、西側はご主人の書斎だが、ご主人は数年前から杖なしでは歩行が困難になり、階段が上れなくなったので、現在、この部屋は書庫になっている。二室は南側の真ん中に立つ柱に向かって屋根勾配をとり、そのまま天井板を張っている。南の妻側三角面は透明ガラスにしているので、採光も眺めもいい。

桑原さんご夫妻がこの土地に住むようになったのは、終戦後間もない四七年というから、六十年も前になる。坪単価二千円で一〇〇坪購入して、そこにひと間だけのバラックを建てて住んだ。「周りはまだ焼け野原だったので、新宿駅まで見通せたんですよ」。延子さんはこの六十年の新宿の急速な変貌をずっと見続けてきたのだ。やがてご主人の仕事の関係で南側の四十坪の敷地を手放すことになった。そこには茶道のお師匠さんが、京都から職人を呼んで本格的な茶室のある和風住宅を建てて、桑原さんが十年前に建物ごと買い戻すまでそこに住んでいた。一九五〇年にバラックを壊して、残った六十坪の敷地に木造平屋の家を大工さんに建ててもらった。そのころは長女と長男もいたので、家族は四人。二回目の普請は子供部屋が必要になり、二階に増築した。そして二十二年前に東側の十五坪を売ることになり、残った四十五坪の敷地に合わせるためと、建物の老朽化もあって、北東の角に建て替えることになった。すでに二人の子供はそれぞれ結婚して家を出ていたので、四回目は夫婦だけの「終の棲み家」となった。

平倉さんを桑原夫妻に紹介したのは、長女で造形作家の中川千早さん。千早さんのアトリエは室伏次郎さんが設計した打放しの鉄筋コンクリート造だが、千早さんは両親の家は女性の建築家のほうがふさわしいと思ったのだろう。平倉さんは六十代半ばの夫婦が、経済的にも安定して暮らしていけるように、建物の設計とともに確実な収入が得られる方法も提案した。

「不動産業者はマンションを建てて、上の階に住むことを勧めたそうですけど、大きなローンをかかえるよりも、傾斜を利用してピロティにして貸し駐車場や貸し店舗や

北側道路に面しているキッチンもトップライトで採光。正面の扉を開けるとゴミ置き場のテラスへ。延子さんが出し入れしやすいように設計された食器棚

ギャラリーにすることを勧めました。そのほうが建設費も抑えられるので。土に近い暮らしができたり、地域の人たちと交流しやすい家のほうが、残りの人生がずっと豊かになるのではとお話ししたら、納得されて」。

予算はかなり厳しかったが、どんなスタイルの家にするかは任せてくれたので、平倉さんは、それまでの大工さんが建てたごく普通の家での暮らし方と大きく違わないように、床座の住まいにした。

「居間の掘りごたつと浴槽をヒノキにしてほしいというのは、僕が頼んだのかもしれません。ただ、平倉さんに一番にお願いしたのは、ビルの谷間のような一画であっても、採光のいい住まいにしてほしいということでした。ご覧のとおり明るい家でしょ」とご主人。

八十六歳になるご主人は、毎日仕事場に出かける。脚が悪くなってからは、送迎の車で移動するようになった

上／浴室はトップライトで明るい。ヒノキの浴槽は２代目。下／２階西側の部屋は現在、書庫。ベニア板を張った天井は屋根勾配をそのまま見せている

が、今でも現役だ。本を読んだり、文章を書いたりする仕事なので、明るさは重要だったのだろう。

同じ土地に六十年も住んでいるので、地域の世話役にもなっている延子さんも八十代とは思えない忙しさだ。料理の好きな延子さんは、「そろそろ主婦業を引退してもいいころなんですけどね」と言いながら手は抜かない。居間の前室のギャラリーの壁面には絵画を掛け、棚には陶芸品や小物を飾って、いつも気持ちよく暮らせるようにしている。かといってよそゆきの顔をした家ではないので、近所の人が道路から延子さんの所在を確かめると気軽に立ち寄る。

この家は人や車が往来する街なかにありながら、外部に対して閉じていない。「外と内が支え合って、住むための環境をつくっていきたい」という平倉さんの想いは、延子さんの性格に負うところも大きいが、計画どおりになっている。「支え合う」というのは、周囲の建物との関係もある。たかが戸建住宅といっても、周囲の街並みへの責任を回避することはできない。

「多弁ではなく、純粋に必要と思われるものだけで表現したい。いかにもデザインしましたというのは避けたい。理にかなったデザインが心地よさにつながればいい」という平倉さんの考え方は、「代々木の家」で確信を得たのではないだろうか。

「桑原さんの家は設計事務所を開設して、初めて第三者から評価された仕事です。敷地の形状や道路斜線の制限を受ける東と北の低層部を、外からの視線や騒音を遮りながら、採光・通風・換気・断熱などの効果を上げる緩衝空間にして、玄関・前室・キッチン・浴室などのサービス的な用途にしたんです。同時に鉄筋コンクリートの壁を腰まで立ち上げて、構造と部屋の用途が重なるようにしました」。

平倉さんは、居間が心地いい空間であることは前提だが、長時間いないために目が行き届かないキッチンや浴室などの水回りこそ日当たりや風通しをよくして、放っておいても良好な環境が保てるようにしておきたいと考えている。こうした考え方は、女性の建築家だからと思いたくない。家で暮らすことの体験や想像力が建築家にどれほどあるかということなのだから。

昨年、北と東のトップライトから雨漏りがして、二十年経って初めて補修工事をした。むろん、平倉さんに相談して。居間の南側の木製折れ戸は、上下に隙間がでてきた。障子を閉めることで冬の寒気をしのいでいるが、気密性のいいものに替えなくてはならない時期にきているのかもしれない。それ以外は外装も内装も一度も塗り替えていないし、まったく補修もしないで二十一年住み続けている。床段差のある家だが、街に開くことで、人の目が高齢になったご夫妻の生活を守ってきた。

平倉さんはこの家が竣工したとき、延子さんから言われたひとことが今でも忘れられない。「ところで、あなたは建築家としてこの家でやりたいことができたのですか」。

建築家としてのオリジナリティを表現できたのかどうかを問う施主に出会えたこと、高齢になってもきちんと住み続けてくれていること、「代々木の家」は平倉さんにとって仕事に向かうときの原点を、いつも思い出させてくれる家なのだ。

（二〇〇六年一月）

平面図

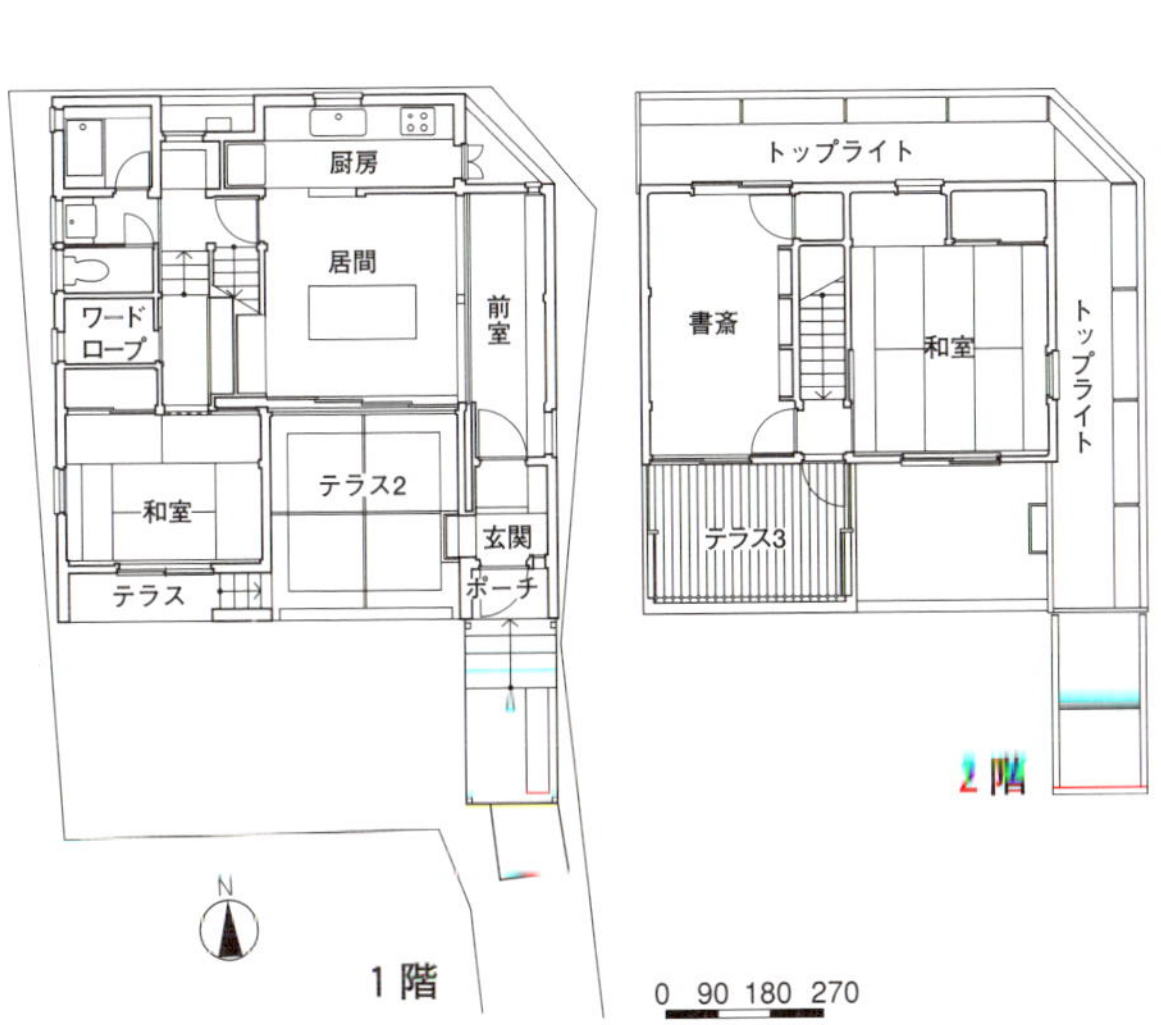

東側外観。RC造のピロティの上に木造をのせている

調布の家◎築二十二年
東京都調布市
設計◎黒川哲郎

南側外観。屋根と外壁はガルバリウム鋼板。
屋根と外壁が一体に見えるようにしていたが、
大改修をしたときに軒を少し出した

災害にあっても改修を選んだスケルトン＆インフィルの家

近年、集合住宅などで採用され始めた「スケルトン＆インフィル」という考え方を、二十年以上も前に個人住宅に取り入れ、しかもスケルトンに集成材を使うという、当時としては画期的な試みを行った住宅がある。それが黒川哲郎さんが設計した山本斎彦邸だ。しかも驚いたことに、火災という悲劇に見舞われたが、スケルトンには大きな被害がなかったので、住み手のこの家に対する愛着もあって、見事に甦った。

住み手の生活観や家族の様態が変わっても、スケルトンの空間構成など、耐用性がしっかりしていれば、長い間住み続けることができるということ、スケルトンの耐久性が優れていれば、再生が可能であるということを、山本邸は私たちに実証してくれた。

屋根と壁を一体に仕上げ、開口と壁を同一面に納めるなど、実験的な試みゆえに破綻をきたしたところもあるが、独自の工法で融通無碍なワンボックスの空間をつくった黒川さんと構造設計を担当した浜宇津正さんの想いは、住み手の心に届いた。

東京の郊外、調布市を流れる野川に沿った住宅地の一画に、日本で初めてガルバリウム鋼板を用いた外壁と、間口いっぱいの開口部で構成された山本さんの住宅は建っている。道路の両側はごく普通の住宅が建ち並んでいることもあって、生垣越しに見える山本邸は、軽やかな明るさを周囲に放っている。南入りの建物の前庭は、西側にカーポートがあり、東側は白いタイルを庭全体に敷き詰めたテラスになっている。グランドレベルから半階下がったところにある玄関から、室内に入ってみよう。

正面の緑の扉は洗面・トイレ・洗濯室、西側の扉は倉庫。玄関から半階上がった東側に居間があり、さらに半階上がった西側にダイニングキッチン、もう半階上がったところに子供部屋と母親の部屋、さらに半階上がったところに寝室、もう半階上がった小屋裏には斎彦さんの「隠れ家」がある。半地下小屋裏付きの二階建てを、スキップフロアにすることによって、六つの床に連続感が生まれ、直方体の二層の箱とは思えない、変化に富んだ空間体験ができるようになっている。

白い角タイルを敷き詰めた居間は、天井も壁も白、ダイニングキッチンはステンレス色、子供部屋は緑やピンクなど華やかな色、母親の部屋は紫、寝室はブルー、階段を半階ずつ上がるごとに、色で部屋の雰囲気を変えていることが分かる。実は、このようなカラフルなインテリアにしたのは、設計者ではなく、ご主人の斎彦さんなのだ。四年前にスケルトンを生かして、ほぼ建替えに近いかたちで再生したときに、竣工時のモノトーンでハイアートな感じが強かった室内を、カラフルで楽しげな雰囲気にしたのだ。

もっとも大きく変えたのが子供部屋。ここは小屋裏まで吹抜けの四畳半の和室だったが、和室は子供部屋になり、吹抜けを塞いで小屋裏は斎彦さんの部屋になった。そして子供部屋が緩衝帯となったことで、唯一、壁で区画されていた寝室にも開口部が設けられた。ダイニングキッチンのテーブルは大勢で料理が楽しめるよう、キッチンカウンターと同じ高さの、四角い収納棚と一体化した丈の高いステンレスのテーブルだったものを、収納棚と切り離して団欒向きのテーブルと椅子に変えた。

開口部はほとんど替わっている。南側の開口部は竣工後数年で、木製枠が腐り始めた。原因は軒の出はむろん、水切りの尾垂れもなかったこと、木製枠がシロアリの好む材料だったこと、そして庭をタイルにして土を見せず、居間との一体感を出すために、敷居の上端を庭のタイル面に合わせたため雨水が浸透したことなど、複合的な原因からだった。二階の突出し窓も外壁とツラをそろえたオープンジョイントの美しいディテールだったが、施工技術が追いつけなかったことも、雨水や湿気の浸透を招いた。したがって開口部とインテリアは、住み手が自らつくり直していることを承知して、写真を見ていただきたい。

斎彦さんは服飾デザインの会社を経営している。店舗

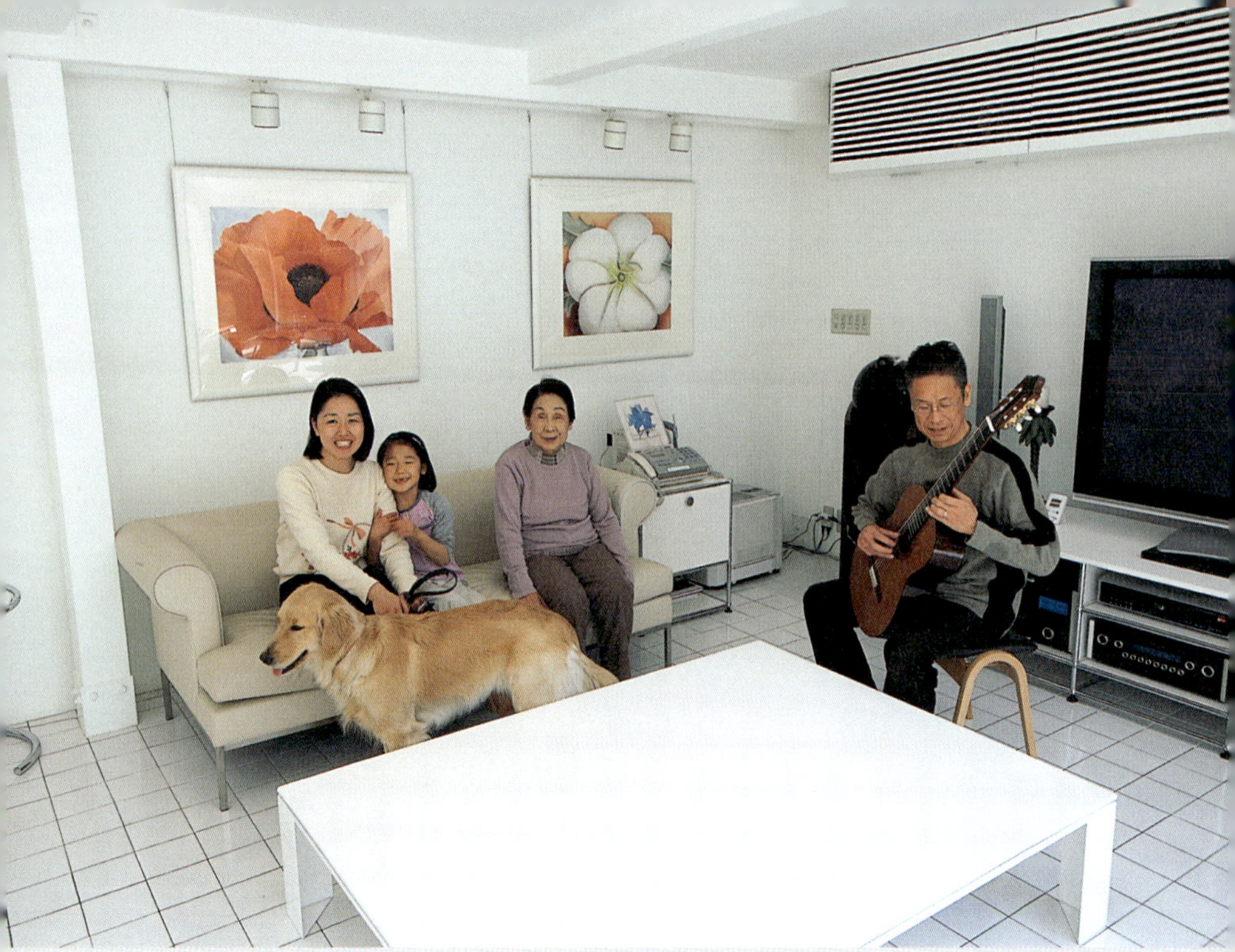

上／居間でくつろぐ山本さん一家。下右／DKからは半階下の居間とさらに半階上の子供室が見える／白い床と壁がDKまで連続している。下左／玄関から半階上がったところに居間がある

居間から半階上の食堂と半階下の玄関を見る。
北と南の合わせ梁の間に照明を入れている

やオフィスの内装デザインなども自分でプロデュースされるので、図面は描かないがデザイン感覚はプロ級。黒川さんとの出会いは、店舗デザインを依頼したデザイナーからの紹介だった。アメリカ西海岸にあるシンプルな外観の家、間接照明の広い空間がほしいというのが、斎彦さんの要望だった。その頃斎彦さんは三十代。仕事も忙しかったが、ダイビングやサーフィンなどマリンスポーツを楽しみ、人を招いて自ら料理の腕をふるうなど、生活も趣味もエネルギッシュにこなしていた。五十代になった今は、家庭をとても大切にされ、仕事と遊びをバランスよく配分されている。

「生活の仕方や考え方を話して、建築的なことは黒川さんに任せました。自分もクリエイティブな仕事をしているので、プロに頼んだからには口を出さないほうがいいものができると思っていたから」。

スキップフロアの空間構成、集成材のスケルトン、屋根と外壁を一体に見せるために軒を出さない、壁とガラス面を同面にするなど、黒川さんの提案を斎彦さんはすべて受け入れた。出来上がった家は、モノトーンでハイアートな感覚だったので、その頃の斎彦さんの感性にピッタリのものだった。だが、竣工五年後に、南側開口部が一階も二階も使えなくなった。

「日本はカリフォルニアではなかったんですね。川沿いということもあったのでしょう。雨と湿気が予想以上で、それに対応するには難しい納まりだったんでしょうね」。

実験的な試みは十分楽しんだが、雨や湿気には勝てなかったと斎彦さんは淡々と語る。そこで開口部をアルミサッシに替えた。

さらに斎彦さん自身にも変化がおきた。離婚することになり、この家に住んで十年後に再婚。さらにその三年後に娘が生まれたのだ。そして四年前、蚊取り線香の炎先がわずかに空いていた白アリ駆除のための穴に入ってしまい、壁の中に煙が充満するという災難にあった。消火作業の壁内部への注水で、室内は水浸しになり、残せたのは集成材のスケルトンとタイルの床面だけだった。大断面の木材はある程度燃えると炭化層ができるので、それ以上燃えなかったのだ。すべてを壊して新築することも考えたが、二歳になっていた娘の夢子ちゃんが、なぜか建て替えるのを拒んだという。娘からの啓示を受けて斎彦さんは、スケルトンだけになった家を復元することにした。

火災後、斎彦さんは黒川さんに状況を見てもらい、工務店を紹介してもらったが、復元改修は自分で手掛けることにした。十数年住んできたので、斎彦さんはこの家のよいところも弱点も分かっていたからだ。

まず、ワンフロアが一度に視界に入ってくるスキップフロアの空間構成は、子供の気配がどこにいても感じられるので、そのまま残すことにした。同時に通風をさらによくするために、窓の位置を変えたり、新たに窓を設けた。そしてアルミサッシにして、小さな軒を付けた。夢子ちゃんの存在は、斎彦さんの住空間へのこだわりもガラっと変えてしまったようだ。

取材日に黒川さんは、火災後の様子を見たいと同行してくれた。自分で設計した家が、住み手によって開口部もインテリアも変えられているのを見て、どのように感じたのか、私は意地悪くうかがってみた。

「家は竣工したら、住み手のものだと思っています。設計には文字どおり心血を注ぎますが、自分の肌の温もりを残すようなモノづくりは、あまり好みではありません。けれどもこの家は、当初描いていたシンプルだけど輻輳的な空間構成を生かしていただけていると思う。インテリアは生活臭を嫌っていた山本さんの住居観が変わり、ファッションショーのための衣服が、コンセプトはそのままに日常服になったような変わり方をしている。多様な生活の場面を創り出す家を設計しておけば、生活観が変わっても、いつまでも住み続けられるということだと思います」。

黒川さんは、「地域性」をテーマに九〇年代から国産の大径丸太材を使って公共建築を建てる試みを、構造家の浜宇津さんと一緒に展開しているが、八〇年代に手掛けたこの家は、木材を構造材に使うきっかけになったプロジェクトでもある。七〇年代は恩師の吉村順三や鈴木恂などの影響で、打放しコンクリートの空間に合板一枚で間仕切をするような住宅を設計していたが、スケルトン&インフィルの考え方はそのころからもっていた。

八〇年代になって日本の伝統的な木造ラーメンと出会い、集成材を使って、山本邸で実作を試みることになった。山本邸は軸組構造の中にパネルを組み合わせた工法。当時は集成材の、しかも桁行が梁間の一方向のものしかラーメン構造が認められていなかったので、桁方向は合わせ梁にして、梁間は壁とした。しかし、二作目からは浜宇津さんが計算方法を開発し、伝統的な仕口を合理化して、独自の工法へ発展させている。

「南面は一部耐力壁にして、あとは開放的にした。集成材でスケルトンをつくって、被膜を自由にする、その原点はコルビュジエのドミノ・システムです。それを木造で実現するのが狙いだったんです。開口部は変わってしまったけど、被膜は自由と考えていたので、驚いていません。屋根材と壁材を同じにして、モノコックな構造を

2階廊下からDKを見下ろす。南側も突出し窓だったが、アルミの引戸に替えた

上／ステンレスのキッチンは竣工以来、ずっと使っている。下／窓の位置を変えた寝室

そのまま表現した建物にしたい。今では集成材でなくても、しかも二方向ラーメンがOKとなり、サッシも既製でいいものができています」。時代が後からついてきたのだ。そんな先駆的な試みを理解してくれた山本さんに、黒川さんは感謝しているという。

「コンセプトがしっかりしているから、窓やインテリアを替えても当初の骨格はきちんと残っているし、雰囲気はまったく変わっていないでしょう」という高彦さん。夢子ちゃんの成長とともに、この家はこれからも変身していくにちがいない。しっかりしたスケルトンをつくっておけば、災害にも強く、生活観が変わっても対応できることを、逞しい住み手とこの建物から私は学んだ。

（二〇〇六年二月）

4年前に大改修をしたが、竣工時とほとんど変わらない外観

竣工時の平面図

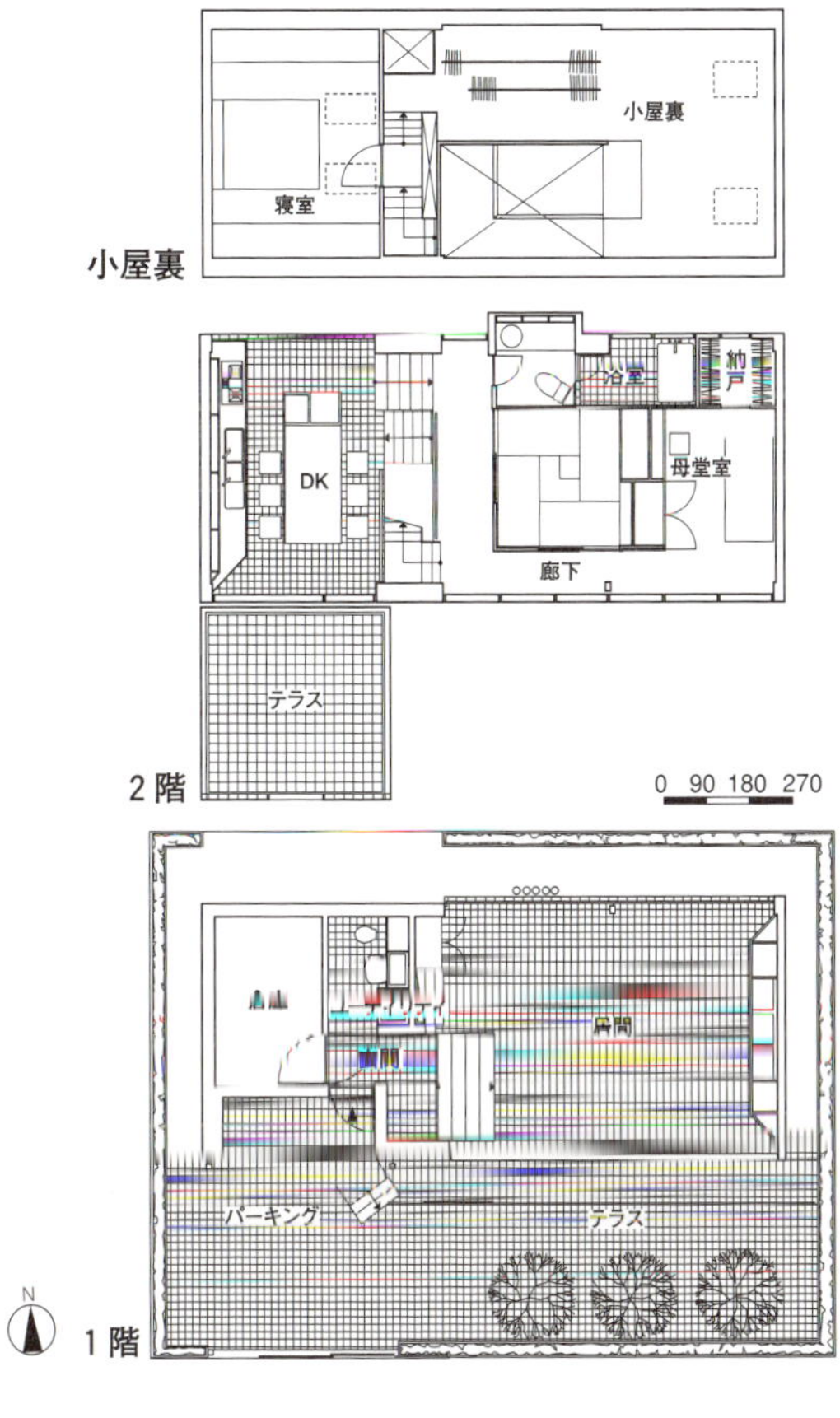

夙川の家◎築三十一年

兵庫県西宮市

設計◎出江 寛

半円形と切妻屋根が合体した特異な外観は住宅地のランドマークになっている

半円形の窓とベンガラ色の壁が住宅地を特色づけてきた家

年月を経た住宅地を何の目的もなく歩くのが、私は好きだ。一軒一軒の家は、建築的には特に面白いものではないかもしれないが、この家は戦前かな、あの家は昭和三十年代かな、などと垣根や塀越しに外観を眺めながら竣工した年代を推測するのは楽しい。年月を経た建物には、そこに住んできた人びとの生活が蓄積されていて、それが建物にいい味を与え、見る者の想像力を心地よく刺激してくれる。そんな「時間仕上げ」の建物が何軒か残っていれば、私にとってそれは上質の住宅地になる。

出江寛さんが設計した「夙川《しゅくがわ》の家」は、東の田園調布、西の芦屋・夙川といわれる関西有数の良好な住宅地に建っている。一九九五年の阪神・淡路大震災は、芦屋や夙川の住宅地にも大きな被害を与えた。周辺の家もほとんど震災後に建て替えられてしまったが、この家だけは大地震に耐えられる構造だったことと、なによりも「補修費用がかかっても、この家に住み続けたい」という田中道郎さん・祥子さんの強い想いから、建て替えずに残った。竣工時、家族は六人だったが、二十一年後の現在、夫婦二人だけになった。大地震、家族の変動、ご主人の病などを経て、なお原形のまま住み続けている「夙川の家」を訪ねてみよう。

「夙川の家」が建っている一帯は、阪急電鉄が大正から昭和にかけて開発した住宅地である。車社会を予想していなかったため道路幅は狭く、丘陵地を宅地にしたために起伏が多い。坂を下った南東の角地に、赤茶色の塗り壁に天然スレート葺きの屋根を載せた家が見えてくる。東側の道路から見ると切妻屋根の和風の家のようだが、南側にまわると、半円形のレンガタイルの上に丸い窓が突き出ていて、その上にはトンガリ帽子のような屋根が載っているので洋風にも見える。

敷地は道路面より半階分上がっていて、半地下は鉄筋

上／食堂で談笑する田中夫妻。照明器具も出江さんがデザイン。
下右／居間の床は食堂より下がっている。下左／居間から玄関ホールを見る／天井板は大工が現場で板をあぶりながら曲げたもの

半円形の窓に沿ってソファのある居間。窓枠はスチール。正面は嵌め殺し、左右は突き出し窓。窓の向こうに見える家は、震災後に出江さんが設計したもの

コンクリート造で一部車庫になっている。道路側からは半円形の窓の内部は見えないが、周囲の家はどちらかといえば外部に対して閉じているのに、この一画だけは特異な表情を放っている。

東側の道路に戻り、外階段を半階上がって玄関からなかに入ってみよう。玄関ドアは透明ガラス、両脇も嵌《は》め殺しの透明ガラスなので、外の風景が室内まで入り込んでくるような開放感がある。玄関ホールの南側には半円形の窓をもつ居間がある。半円形の窓に沿って、丸いテーブルを囲んでソファを造付けにしている。天井を見上げると、この家を建てた大工のすばらしい技を見ることができる。天井板は一枚一枚、半円形のカーブに沿って張られているのだ。むろん工場で曲げた集成材を張っているのではない。大工がこの場で火であぶりながら曲げていったのだそうだ。しかも震災にもあっているのに、狂いが生じていないという驚くべき手仕事の「作品」だ。

南側の庭に面して食堂と夫妻の寝室（現在は道郎さんの寝室）がある。食堂は居間よりも、寝室は食堂よりもセットバックしている。それぞれの部屋が独立性を保つために、またそれぞれの部屋が庭を確保するために、庭に向かって雁行しているのだ。細長い食堂は、楕円形の食卓とヤコブセンの椅子を置いたらいっぱいになってしまうほどの小振りの部屋だが、居間の開放感とは対照的な狭さが、かえって落ち着く。

食堂の北側にはキッチンとユーティリティがあり、玄関の北側には階段と浴室などの水廻りがある。二階は南側に二つの子供部屋とご両親の寝室があるが、現在二つの子供部屋は間仕切をとって祥子さんの仕事部屋に、ご両親の寝室は祥子さんの寝室にしている。さらにその上の小屋裏は納戸になっている。

この敷地には、道郎さんの両親が戦後すぐに購入した木造平屋の家が建っていた。両親は仕事で海外勤務となり、道郎さんは少年時代、祖母と二人でその家に住んでいた。やがて祥子さんと結婚。男の子が二人生まれた。長期の海外勤務を終えて日本に戻ってきた六十代の両親との同居や、子供たちの個室が必要になってきたことから、老朽化していた家を建て替えることにした。

「出江さんに巡り会う前は、主人の仕事の関係でつき合いのあった大手ゼネコンや建設会社に設計を依頼したんです。でもどちらの案も四角い箱で、パッとしなかったんです。そんな時、長男が同級生の家はカーペットが白くってフワフワで気持ちよかったって言うので、私たちも拝見させていただき、とても気持ちのいい家だったので、その家を設計した建築家を紹介していただいたんです」。祥子さんは小学生の息子が出江さんを引き合わせた経緯を楽しげに話す。

「出江さんはすぐにやってきて、物干し小屋から屋根に上り、周囲を見渡してその場でスケッチを始めたんですよ」。その姿がとても印象深かったのだろう。道郎さんも祥子さんも三十年以上経つのに、昨日の出来事のように話してくれた。出江さんは家族構成と、「和室は要らない」という夫妻の要望を聞いただけで、「お任せください」と言って、次にやってきたときはほぼ現状の案の図面を持ってきたそうだ。両親も夫妻も、出江さんの説明が納得できるものだったので、「お任せ」することにした。

「東南の角地なので、周囲に対して印象的なかたちにしましょう。三世代の家族が集うには居間は半円形がいい。個室はそれぞれ独立させましょう。京都の一力屋のように外壁はベンガラ色にしましょう。朱は魔除けの色ですが、逆に内部は寡黙な白にしましょう。こうした提案を古今東西の哲学や思想を交えながら分かりやすく話してくださるので、家族全員納得してしまいました」。この家の半円形の外観を見て、その後、周囲に円形を使った家が増えたというから、やはり影響力の大きい家だったのだろう。

竹中工務店に所属していたこともあって、出江さんが連れてきた職人たちは第一級の腕だった。特に居間の半円形の天井を張った大工の腕と熱意は夫妻も感動するほどだった。天然スレートを葺く屋根職人も、材料とともに岩手県の花巻から呼び寄せた。もっともこの現場だけでは採算がとれないので、同時に工事が始まっていたほかの現場でも天然スレートを使うようにした。居間の半円形の窓枠はスチールだが、それ以外の窓枠はすべて木製。外側からガラリ戸、ガラス戸、網戸の順に入っている。震災まではほとんど狂いがなかったが、震災後、開

上／玄関とホール。透明ガラスの玄関扉は外の風景まで室内に取り込む。下右／トイレの上げ下げ窓。金物も31年前のもの／２階の窓から天然スレート葺きの屋根を見る。下左／南側外観

東側外観。格子の柵が付いた階段を上がったところに玄関。居間の下は車庫になっている

け閉めに苦労するところも出てきた。祥子さんは「筋力のトレーニングと思って、開け閉めしています」と言う。

出江さんの建築に対するこだわりも、夫妻には強烈なインパクトを与えた。東側の道路に面した外階段の格子の手摺の直角がわずかに狂っているといって、出江さんはダメ出しをした。

こうして六十代の両親、三十代の夫妻、小学四年生の長男と一年生の二男、三世代六人の暮らしが始まった。両親の部屋の手前には小さなキッチンをつけたので、朝・昼の食事は別々にして、夕食は一階の食堂で息子さん一家と一緒にとるようにした。竣工十一年後に母親が亡くなった。長男は二十二歳まで、二男は十八歳までこの家で暮らして東京へ行った。

父親と夫妻の生活が始まって四年後に、震災に見舞われた。幸い、半地下が鉄筋コンクリート造だったのと、半円形の窓は構造体の影響を受けないように設計していたので、ガラスは割れなかった。それでも家全体が歪んだために、床暖房の配管がダメになった。レンガタイルや塗り壁の外壁や外階段にも亀裂が入った。「父が高齢でしたので、住み替えもできず、水道が止まった家で三カ月暮らしました」。

補修工事ができる状況になるまでの五カ月くらいは、丸太で家を支えていた。周囲の家は倒壊したり、家の下敷きになって家族を失ったりしたため、ほとんどが更地にしての建替えを選択した。道路を挟んだ南側の家も倒壊したが、田中邸が無事だったのを知って、出江さんに建替えの設計を依頼した。だから南側の窓からは、同じ建築家が設計した打放しコンクリートの家が見える。

田中夫妻は、年老いた父親から住み慣れた家を奪うことは忍びないということもあったが、なによりもこの家に愛着があったので、補修することを選んだ。「床をはいだら、土台が歪んでいました。補修といっても住める状態に戻すのに一千万円くらいかかったんですよ」。

三人の暮らしが十七年ほど続き、昨年、父親が亡くなった。道郎さんは定年退職後、病気をされ、左半身が少し不自由になったが、日常生活に支障はない。ただ段差がある家なので、要所要所には手摺をつけた。祥子さんは子育てが一段落したところで、家庭裁判所の調停委員になり、若いころから続けている染色や俳句にも本格的に取り組み始めた。「どこにでもある家はつまらないと思って、出江さんにお願いした特別の家です。震災にあっても甦ったのですから、ダメになるまでこの家に住み続けようと思っています」。

「夙川の家」は出江さんが独立する寸前に手掛けた家だ。雑誌に発表時、出江さんは「普通の家」をつくることの難しさについて小論を書いている。出江さんの考える「普通の家」というのは、日本の伝統文化に立脚した品位を保持しながら、屋根、壁、窓といった建築の構成要素を、機能や周囲の状況に応じて素直につくっていくことだという。哲学的でなかなか難しい論考だが、この家を体感するとなんとなく出江さんの考える「普通の家」が分かったような気がする。その後、和風モダンとも言える独自の世界を構築していく、出江さんの出発点となった家なのではないかと思えてくる。

半円形の斬新な形態に伝統的な切妻の箱をつなげる、天然スレートやレンガといったローテクの材料に、ガラスやスチールといったハイテクな材料を挟むといった二元論的手法は、その後の出江さんの作品にしばしば登場する。「造形も材料も古いだけではあかんのですわ。現代人が見てもモダンやなと感じるものが残るんですわ」。田中夫妻に「特別の家」と感じさせる秘策はこんなところにあったのだ。

（二〇〇六年三月）

竣工時の平面図

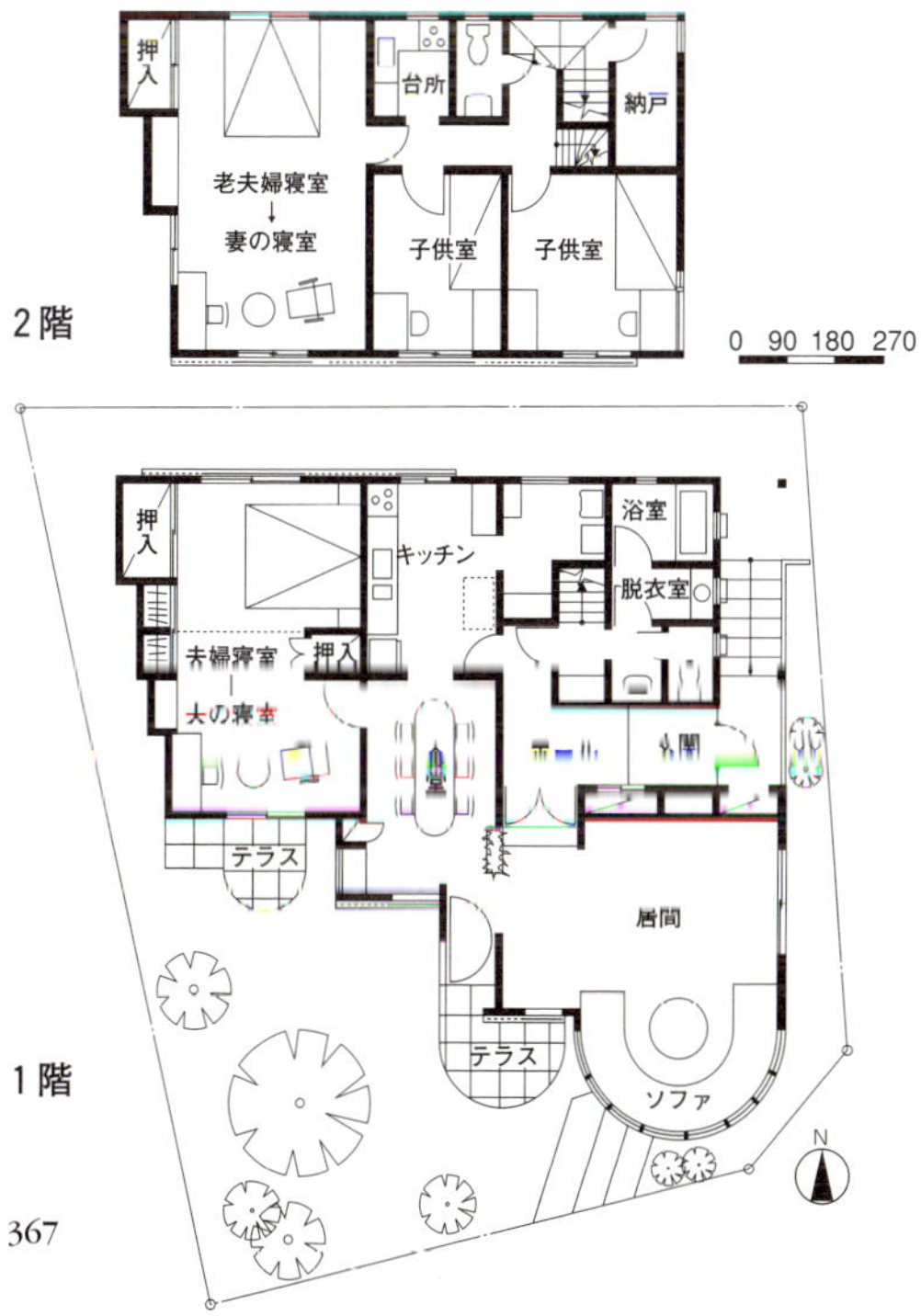

中庭のある家◎築二十三年

愛知県豊明市

設計◎椎名英三

東側の廊下から「外の部屋」と「大きな部屋」と命名した居間を見る。中庭は竣工後しばらくはヒノキの板を黒く塗っていたが、現在は南洋材

家族関係や生き方に影響を与えてきたコートハウス

住まいは、食べて寝るといった、人間が生きていくための基本的な行為が機能的に満たされていればいい、と考える人もいる。それだけではなく、住空間に身を置くことで精神的な充足感を得たいと思っている人もいる。ただ後者の場合、住み手の望む世界に空間がずっと寄り添ってくれればいいのだが、齟齬が生じると、主張が強いだけに逆に苦痛になってしまうこともある。

今回紹介する椎名英三さんが二十三年前に設計した木《き》郎《むら》邸は、計画時、どちらかといえば夫は前者、妻は後者だった。妻が設計を依頼した椎名さんは「精神性のある建築」をつくりたいと考えている建築家だ。敷地の南側から見える高圧送電線の鉄塔を視界から避けるために、椎名さんは板張りの中庭を設けて、その周りに部屋を配置した、黒い色に包まれたコートハウスを提案した。妻は「こういう空間なら心豊かに暮らせる」と思った。ところが夫の仕事が多忙を極め、母子家庭のような状況が長く続くと、「黒い空間」は心に重くのしかかってきた。やがて定年を間近に控えた夫の関心は仕事から料理へと向かい、再び同じ建築家に改築を依頼して「白いレストラン」が誕生した。家族関係も住まいも紆余曲折を経てきたが、二十三年経って、ようやく夫婦で精神的な充足感がもてる住まいになってきた。

名古屋市内までは車で三十～四十分圏内なのだが、郊外住宅地とも言いきれない空き地と住宅地が混在した、とらえどころのない風景のなかに、木郎猪一郎さん・清子さんの平屋の家は建っている。モルタル櫛引きの外壁は、いい色にくすんでいて、新築にはない風情を醸し出している。左右対称の西側外壁の中央にあるドアを開けてなかに入ってみよう。そこは「外の部屋」と椎名さんが命名した板張りの中庭。シンボルツリーのナツツバキが床に影を落としている。どの部屋も中庭側に軒を出しているので、家のなかに入ったにもかかわらず、また外に出てしまったような不思議な感覚にとらわれる。

玄関のある西側は収納、北側は「大きな部屋」と命名した居間・食堂、そしてキッチン。東側は浴室・洗面・トイレ。南側は「小さな部屋」と命名した寝室、子供室、和室が三室。今春、子供室と和室の間仕切壁をとり一室にして「白いレストラン」に改築した。改築した部屋だけは白いが、中庭に面した壁も建具枠も黒、部屋の床も黒く塗装している。「外の部屋」の床は現在、南洋材を張っているが、竣工時はヒノキを黒く塗装していた。だから玄関ドアを開けると漆黒の世界が広がっていたことになる。

キッチンから「外の部屋」を横切って、この家のご主人、猪一郎さんがエプロンを掛けたまま笑顔で私たちを迎えてくれた。そのままキッチンを拝見させていただくと、料理の下ごしらえがされていて、胃袋を刺激するいい匂いが漂ってきた。そばで、妻の清子さんが猪一郎さんの邪魔にならないように気づかいながら食器を出している。夫妻が自由に動き回れるほどの広さはないが、食堂との間にベンチと一体になった造付けの棚もあって、コンパクトながら、使いやすいキッチンだ。小さな窓からは東側の庭に植えたハナミズキが調和しながら見える。

ラワン合板を張っている居間の壁と天井は、時間を経て飴色のいい色になっている。食堂のテーブルも黒、腰までの高さの北側の本棚も黒、むろん居間の床も黒いが、ところどころ染色が落ちて、木の地肌が見えるのがかえっていい感じだ。本棚の隣には年代ものの足踏みミシンがある。清子さんに伺うと現役で活躍しているとのこと。ラワン合板の壁には、この部屋の雰囲気に合う版画が掛かっている。

キッチンと水廻りをつなぐ廊下の間には赤いドアがある。ここから先はプライベートゾーンということなのだろうか。むろん廊下も黒い空間だが、洗面所のドアを開けるとそこは天井・壁・床のすべてが白。黒から白へ、しかも天窓があるので白い空間がいっそう明るく感じられる。奥行一・三五m、長さ六・三mの細長い水廻りは、勝手口や洗濯場も兼ねていて、北側にトイレ・洗面、南側に浴室があり、使い勝手もよさそうだし、スケール感

玄関ドアを開けると、「外の部屋」と命名した板張りの中庭があらわれる。シンボルツリーはケヤキだったが、現在はナツツバキ

上／鳥が翼を広げたような西側外観。モルタル櫛引きの外壁の中央が黒い扉の玄関ドア。下右／居間の斜めの天井は「外の部屋」へと視線を向かわせる。下左／天井と壁はラワン合板の目透し張り

がとてもいい。寝室は廊下の突き当たりにあるが、子供室と和室を改築した「白いレストラン」へは、「外の部屋」へいったん出てから入る。

木邨さん夫妻は団塊世代。サラリーマンの宿命ともいえる転勤と単身赴任を繰り返してきた。この家を建てる前は社宅に住んでいたが、ローンを組める年齢の限界がきたので、家を建てることにした。約八十坪の敷地は清子さんの実家から譲ってもらった。

「その頃、仕事人間だった夫は、小学校三年の長男と一年の二男がいる四人家族が、食べて寝る場所さえあればいいくらいの感性しかもっていなかったんですよ」。建設費一千万円で、家族四人が住める器にするために、猪一郎さんは住宅メーカーに当たった。出てきたプランは、南側に庭をとり、二階建ての建物を北側に寄せて配置する標準的なものだった。そのプランから生活のイメージが湧いてこなかった清子さんは、友人から紹介してもらった椎名さんに土地を見てもらって、プランを出してもらうことにした。

「南側にある暴力的ともいえる鉄塔の存在と、茫漠とした周辺の風景を見た瞬間、コートハウスしかない」と思った椎名さんは、プランを夫妻に見せた。中庭を部屋が囲むプランは、猪一郎さんの想像を超えていたので、最初は拒否反応しか出なかった。清子さんも「今まで見たこともない家だったので、驚いた」というくらい、どう受け止めたらいいのか戸惑った。ただ、椎名さんの誠実な人柄や、「中庭のデッキは四季の移ろいが感じられる場でもあり、空に向かって開いているので、宇宙と交信できる場なんです」と目をキラキラ輝かせて夢を語る椎名さんに、「この人なら任せてもいい」という気になった。

何事も合理的に考える猪一郎さんは、コートハウスなら塀や門が要らないから外構費がかからないと二時間後にOKを出した。清子さんは「こんな壁に囲われた家で、子供が育てられるだろうか」と不安を抱きながらも、「人間が心豊かに暮らせるのは、こういう空間なのかもしれない」と椎名さんの「夢」に託して、「お任せします」と返答していた。

工事費の一千万円は、床面積が約二十七坪なので、坪四十万円を切る。二十三年前でもかなりローコストだ。だから安い材料を使わざるを得ないが、椎名さんは外壁のモルタルを櫛引きにしたり、壁や天井のラワン合板は目透し張りにして奥行き感を出したり、床材のラミン縁甲板を黒く染色するなど、重厚で静謐な空間をつくり出すことで、素材の安さが感じられないように、独自の「美学」を貫いた住宅に仕上げていった。

仕事の忙しさは変わらないが、竣工後三年は、猪一郎さんもこの家で暮らすことができた。ところが再び単身赴任となり、清子さんは二人の子供と暮らすことになった。その間も子供を育てながら、椎名さんが与えてくれた空間を少しずつ自分たちの居場所になるようにしていった。そんな日々に、「外の部屋」は、星を眺めたり、雪が降ると白と黒のコントラストが美しく、時には慰めにもなったが、気持ちが落ち込んだ時、「黒い床」は清子さんの心に重くのしかかってきた。

ヒノキを黒く塗装した床は、雨をまともに受けるので五年後に張り替えて再び黒く塗ったが、さらに五年後に張り替える時は、「黒い床」に気持ちのうえで限界がきていたので、生地のままにした。三回目もヒノキだったので、また張り替えることになり、四回目の十五年後は「耐久性がある」と業者にいわれて南洋材にした。

長男も二男も成人して巣立っていったが、不幸にも二男は五年前に二十五歳の若さで亡くなった。その頃から猪一郎さんの仕事も以前よりは楽になり、単身赴任の東京でフランス料理を習う余裕まで出てきた。そして定年を控え、名古屋での勤務になってから、この家に居る時間も長くなってきた。凝り性の猪一郎さんは、習った料理の腕を試すために、家族や近くに住む親戚を招待しては料理をふるまった。そんなことから納戸化していた和室と使わなくなった子供室を一室にしてレストランのような部屋にしようと、再び椎名さんに改築の依頼をした。「黒は暗い気持ちになる」ということも聞かされていた椎名さんは、今度は床・壁・天井そして造付けの収納棚や自分でデザインしたテーブルや椅子まで、すべて白くして、「白いレストラン」にした。

私たちもこの「白いレストラン」で猪一郎さんのフレ

上／子供室と和室を一室にして改築した「白いレストラン」。下右／「大きな部屋」との間を赤い扉で仕切った洗面室・浴室の前の廊下。正面は寝室。下左／天窓のある洗面トイレは明るい

ンチ・イタリアンのフルコースをいただいた。北側のキッチンから「外の部屋」を斜めに横切ってお手製の料理を運ぶエプロン姿の猪一郎さんからは、家庭を顧みないほど「仕事漬け」だった夫の顔はどこにもない。家は食べて寝ることができればいいと考えていた顔もない。

「椎名さんから与えられたこの家がなかったら、料理に興味をもたなかったかもしれません。器、家具、照明、そして空間に関心をもたないまま人生を終えていたでしょうね」。猪一郎さんは、合理性だけでは割り切れない、人間にとって大事な感性を育てる場が住まいには必要だということを、この家から学んだのだ。

家族関係を築くのに不器用な夫への不安定な気持ちが、「外の部屋」の黒い床を拒むことになった妻。白い空間をつくることで、家で料理をつくり、人をもてなすことに歓びを見出した夫。子育てを終えた夫婦は、住まいを軌道修正することで、これからの関係を築こうとしている。

「生活感がなくて精神性の高い家だったので、暗い気持ちになったこともあったけど、住んでいくうちに自分の気持ちに合ってきました。洋服と同じように、素材を生かし切った仕立てのよさが、だんだん体に馴染んできたんだと思います。椎名さんはきっとそんなことをすべて見通していたんでしょうね」。

椎名さんは「生活感のない建築を」と言われることに異議を唱える。「生活とは、生きることを活性化させることなんですよね。だから住む人に感動を与える空間をつくることが、生活感のある建築なんです」。（二〇〇六年五月）

竣工時の平面図

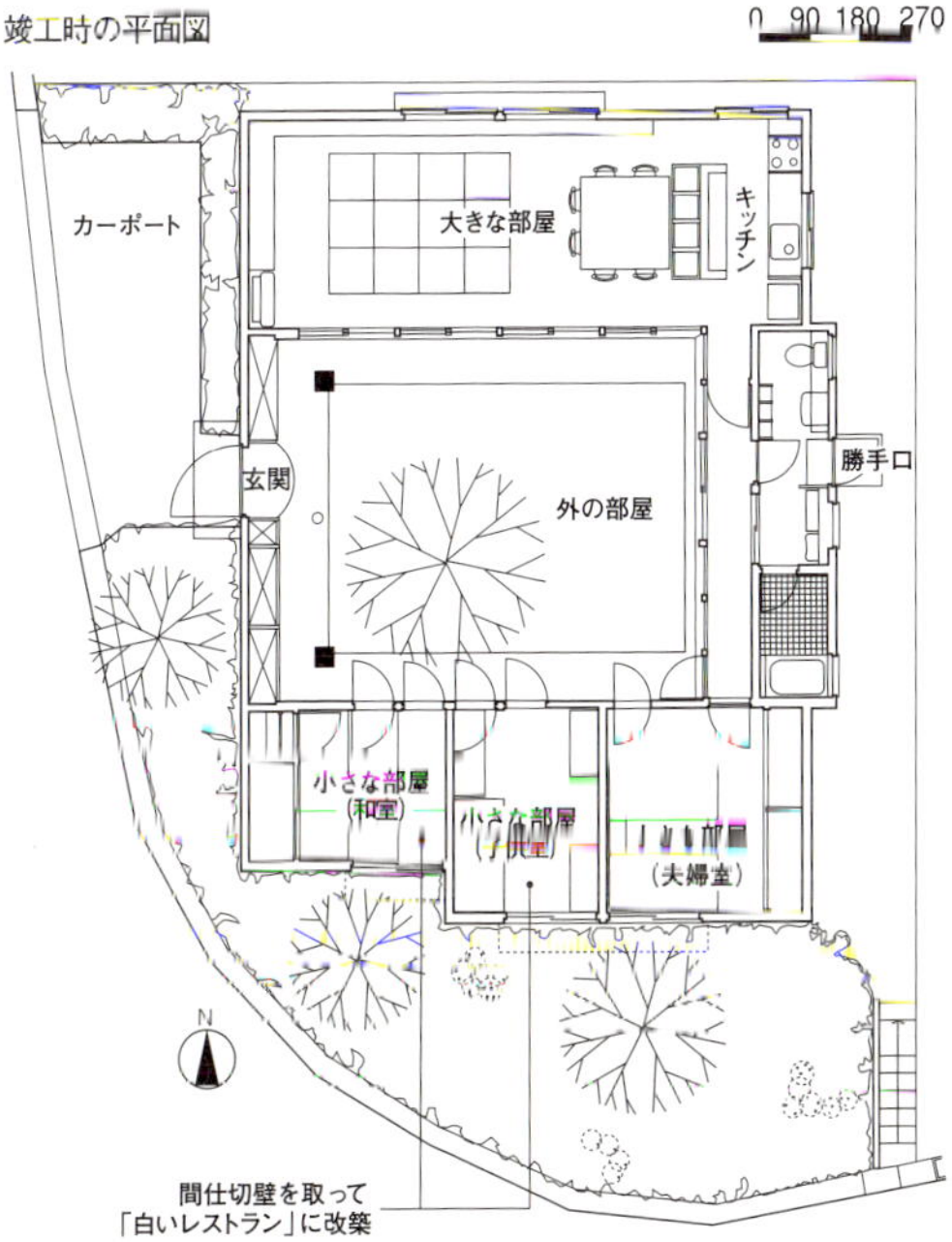

有田の家◎築二十四年

佐賀県有田町

設計◎三井所清典

展示室から前庭と応接室を見る。
前庭、展示室、接客棟は道路と住
居棟の緩衝地帯になっている

町並みとの連続感を意識した通りに面して接客空間のある家

昭和三十年代以前と現代の住宅が大きく変わったところはどういうところなのだろうか。むろん建築工法の技術革新や工業製品の開発によって、気密性・断熱性などの住宅性能が驚くほどよくなったことも挙げられるが、家族関係や住宅の社会性の尺度にもなる間取りも、この四十〜五十年で大きく変わったのではないだろうか。裏方だった台所、浴室などの水廻りが明るくなり、表舞台に出てくるようになった。そして、私が何よりも変化したと感じるのが、接客空間だ。昭和三十年代に両親が建てた二十坪足らずの私が育った家にも、床の間の付いた客間があった。父の会社の部下が、相談事や盆暮れの挨拶に訪れたりするときのために、「客間」は汚してはならない、唯一神聖な部屋だった。

佐賀県有田町に建つ山口邸は、有田焼の卸業を営む町の有力者の家ということもあるが、この家を設計した三井所清典さんの助言もあって、県道側を町に開いた接客空間にして、さらに敷地内にあった築八十年の建物の一部であった二間続きの座敷を、敷地の奥に引き家をして、もうひとつの接客空間にした。陶磁器の町有田の基幹産業にかかわる商売をしているという事情もあるが、二つの接客空間をもつ山口邸は、普段着の家に馴れてしまった私たちに、家がもつもうひとつの側面、来客を招き入れる場でもあることを思い出させてくれる。

毎年、五月の連休に入ると全国から大勢の人が「有田の陶器市」にやってくる。ＪＲの線路とほぼ並行に通っている武雄と佐世保を結ぶ県道の両側には、江戸末期から昭和初期に建てられた町家が軒を連ね、家の前にテントを張って陶磁器を並べる。二・五㎞にわたって江戸末期、明治、大正、昭和に建てられた家が、町並みとして残っている例はめずらしく、むろん重要伝統的建造物群保存地区に指定されている。県道はほぼ南北方向に通っ

上／格子扉から入ったところにある前庭。１階正面は展示室。住宅棟の２階が視界に入ってくる。下／木レンガを敷き詰めた応接室は土足のまま。左手の建具を全開すると前庭と一体で使える

食堂側から居間を見る。床はしばらくはカーペット敷きだったが、雅巳さん夫妻の子供が喘息だったので、フローリングに替えた。ここから眺める庭は心地よい景色となっている

ていて、東西は家並みの裏側に山が迫り、谷あいを川が流れる、自然景観にも恵まれた町だ。

その県道に面して、瓦屋根を載せたコンクリートの低い塀がある。そこが山口邸だ。道路側に空地を設け、前庭をとって住居棟はその奥に建てているので、町並みへの圧迫感はまったく感じられない。しかも北側は路地のようにして敷地を開放している。道を歩いていると西側にある山まで見通すことができ、格子戸からは前庭の奥にある展示室まで見通せるので、住宅というよりも個人美術館のような佇まいだ。

前庭の南側には隣家との防火区画を意識して石倉を配し、北側は平屋の接客空間になっている。この家を訪れた人は応接室を右手に見ながら展示室に入り、家族を訪ねるなら左手の玄関へ、仕事向きの用事なら右手の接客空間へと導かれる。接客空間は、前室が付いた小上がりの和室と土足のまま入れる木レンガを敷き詰めた応接室があり、数寄屋というよりは、質実剛健な書院造り風。応接室の前庭側の開口部は、建具が壁側に引き込めるようになっているので、全開すると前庭と一体になり、接客空間は町に開放される。春の「陶器市」には陶磁器が並び、秋の「おくんち」には道踊りに疲れた人たちが一休みしていく。応接室からも出入りできるトイレは、催事の時には町の欠かせない施設になっている。

住宅棟を見せていただこう。玄関は庭側を大きな窓にしているので、明るいうえに庭が大きな絵のようにも見える。玄関ホールは、家族が使う北側の内玄関のホールと共用している。ホールの正面にキッチンがあるが、出入り口は、内玄関ホールと食堂側にある。居間と食事室は造付けの低い収納棚で仕切っているだけなので、広々としている。ここからも芝生と樹木が程良く調和した庭を眺めることができる。ここまでは住居棟の公空間。中廊下から奥は私空間。廊下に面して北側には水廻り、南側は和室と現在は納戸になっている亡くなった秀市さんのご母堂の部屋、そして廊下の正面に寝室がある。二階には息子さん一家の住まいがある。

この家の現在の当主は山口雅巳さんだが、三井所さんに設計を依頼したのは、五年前に亡くなった父親の秀市さんだった。陶磁器の卸業を営み、組合の役員もされていた秀市さんは、二十数年前、六百坪の敷地に作業場と住居が混在していたのを、作業場を別に移して、住居だけにしようと思っていた。「夫の両親や兄弟、使用人もいたので、プライバシーのある部屋なんてなかったんですよ」母親の真幸さんは建替え前の山口家を振り返る。

秀市さんは九州陶磁器文化館の建設以来、有田のまちづくりに深く関わっていた三井所さんと出会い、相談する。「秀市さんの要望は有田の町並みにふさわしい住宅にしたい、先代が常住していた、大正時代に建てられた床の間と付け書院のある二間続きの座敷を残したい、旧町役場の石倉を譲り受けて移築したい、というものでした。有田の町並みを現代に生かしながら残すという僕の考えと同じだったので、お引き受けしたんです」。

三井所さんは佐賀県で生まれ、高校まで佐賀で育った。戦争で父親を亡くし、戦後、祖父や母親から、「日本はこれから工業で復興しなければならない。そのためには技術者になって貢献しなさい」と言われた。東大工学部で建築を学び、内田祥哉の下で博士課程を終えると、アルセッド建築研究所を開設する。恩師の内田から九州陶磁器文化館の協働設計者として声をかけられた。陶磁器という地場産業で四〇〇年余の歴史をもつ有田は、生まれ育った佐賀県内ということもあるが、工業を主幹産業にした町で、しかも江戸時代からの町並みが残っていることもあって、三井所さんは運命的な出会いを感じた。

当初、秀市さんは、自分の家族が住むだけの家と思っていたが、町の要職にも就いている秀市さんの日常を考えて、三井所さんは家族の生活空間以外に、道路から直接出入りできる接客空間を設け、建物とセットバックさせて、ポケットパークのような空間をつくり、道行く人に提供することを提案した。前庭と接客空間を道路と住居棟の緩衝地帯にしたのだ。築八十年の座敷棟は曳き家をして庭を囲むように配置し、縁側を六尺幅の広縁にしたり、屋根を葺き替えたり、腐った材を取り替え、木部の酸洗いなどをして、「奥の接客空間」として再生した。

山口邸の工事が始まる前から、アルセッドの有田での仕事が徐々に入るようになった。三井所さんは東京でも仕事を抱えていたので、打ち合わせの段階から所員の清

上／居間で談笑するご家族。天井は緩い勾配の山形だったが、2階を増築時に平らに。下右／住宅の玄関。庭側を開けて採光とともに緑を室内に取り込んでいる。下左／増築した2階の子供部屋

上／古い建物の一部を曳き家して補修した二間続きの離れ。奥の座敷に床の間と付け書院がある。西側の庭まで見通せる。下／庭の東側から見た住居棟と離れ。離れは西側にも庭をもっている

水耕一郎さんが担当することになった。二十四年目の取材につきあってくれたのは有田事務所所長の清水さんだった。清水さんは二階の増改築も担当し、今でも山口家の主治医のように、この家を見守り続けている。

建替えの計画が出た頃、雅巳さんは有田を離れていたが、二階に雅巳さんが住むことを想定して、給排水の配管は設置しておいた。竣工二年後に父親の仕事を継ぐために戻ってくることになり、二階の板の間を壁で仕切って寝室と書斎とクロゼットにした。やがて雅巳さんが結婚することになり、二階を若夫婦の住まいにするために書斎を居間にして、キッチンと浴室を設けた。竣工してから十年後に、秀市さんのご母堂は九十七歳の天寿を全うされた。雅巳さん夫婦にも長男と長女が生まれ、長男が中学生になったので、他の部屋よりも天井高のある居間の上に子供部屋を増築することになった。ところが秀市さんは居間の天井が低くなることを好まなかったので、増築を相談された清水さんは、苦肉の策で、増築部分の床を上げて、既存の床との間を階段でつなぐことで、居間の天井高を確保した。

孫たちの足音を気にしながらも、一階の和室で友人たちを招いてマージャンやカラオケを楽しんだり、離れで町の要人たちとの会合を精力的にこなしていた秀市さんも、五年前に七十八歳で亡くなった。

二十四年の間に銅の雨樋は一回替えた。表の玄関回りは二十二年目に初めて塗り替えた。内部は二回塗り替えている。「何か不具合が生じると清水さんに来ていただいていますので、住み心地はいいですよ」と真幸さん。

鎌倉で生まれ育った清水さんは、三井所さんから「有田のまちづくりは日本のまちづくりだ！」と説得されて、二十代から有田に入り、計画段階から今日までずっと山口家や有田の町に関わっている。「秀市さんは、強さの中にも美しさや艶がないとだめという方でした。間取りや材料のことで相談すると私の仕事はあなた方を選んだことなのですから、あなた方がいいと思うことをやってくださいと逆に諭されました」。この町では、建築家に住宅設計を依頼したのも、設計料を払ったのも山口邸が初めてだった。建築家の職能を認めてもらったのは、秀市さんのおかげだと清水さんは思っている。

町並みとの連続感を意識しながら、現代の暮らし方にあった山口邸は、その後アルセッドがこの町で展開していく地域に根ざしたＨＯＰＥ（地域住宅）計画や町並みづくりを進めていくうえで、模範例になった。三井所さんも清水さんも有田での経験をもとにして、日本各地の町並みづくりを指導する仕事へと発展させていった。

「個人の住宅であっても、ゆとりがあれば町に開く。そうしたことを理解してくれる山口秀市さんのような旦那衆はまちづくりを進めていくうえで、貴重な存在です。富を分け合う民主主義は大事ですが、リーダーシップがとれる核になる人物も必要なんですね。それがないと文化が生まれないし、腕のいい職人も育たない」。

技術で日本の復興に尽くしたいと誓った少年は、有田の町で得た確信に勇気づけられて全国の町に赴き、地域にふさわしい家づくり、まちづくりの大切さを熱く語り続けている。そして雅巳さんの代に引き継がれても、町に開かれた接客空間が、これからも頻繁に使われることを願っている。

（二〇〇六年四月）

竣工時の平面図

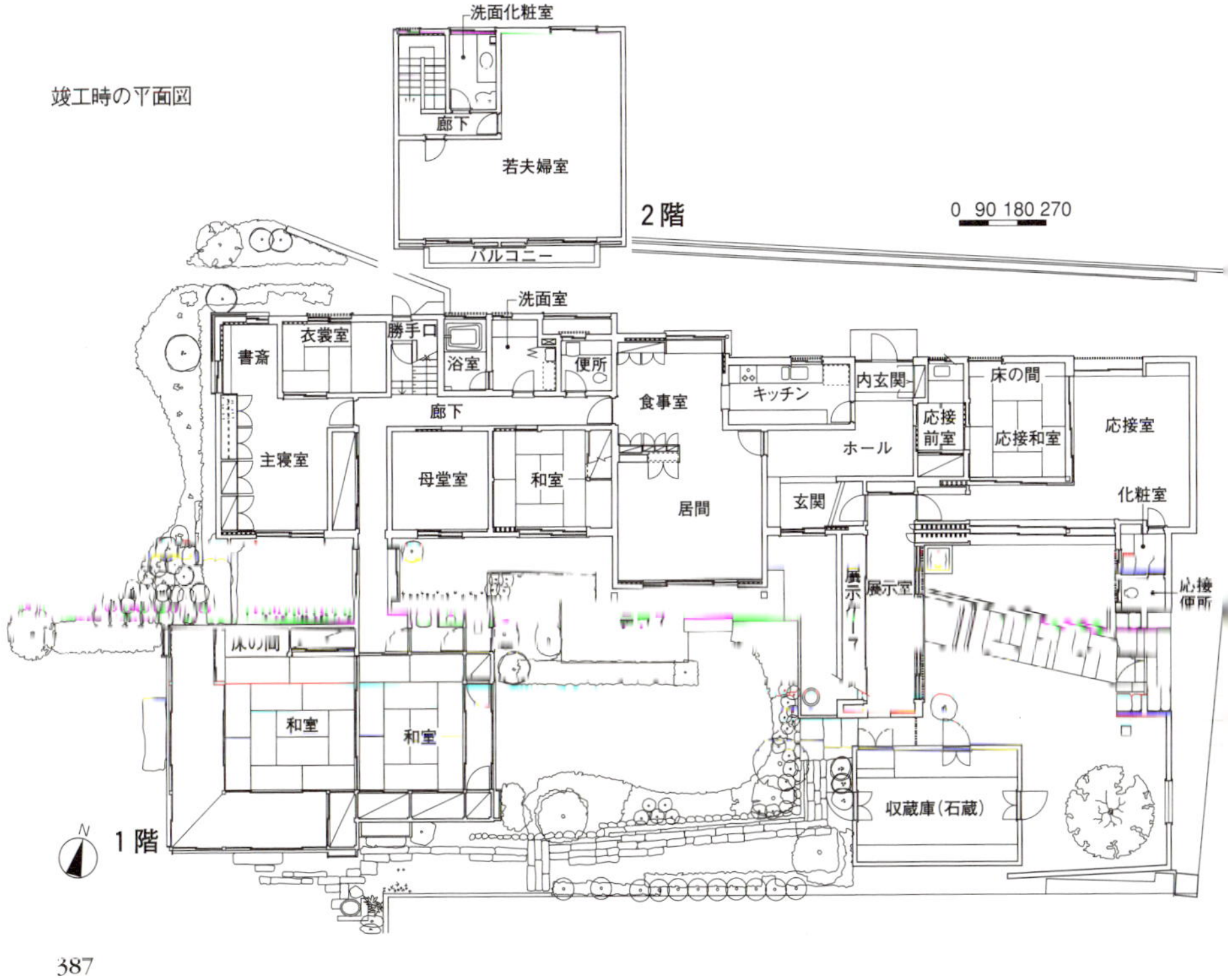

豊見城《とみぐすく》の家◎築二十年

沖縄県豊見城市

設計◎末吉栄三

西側外観。左手はひんぷんの間。中庭をはさんで、北棟と南棟がコの字型に配置されている。屋根は赤瓦、外壁はステンレス、ブロック、木など異素材の組み合わせ

異素材を組み合わせた「現代の沖縄の家」は風が通り抜けていく

二十年ぶりに沖縄を訪れた。全国どこへ行ってもJR駅前や幹線道路沿いは同じような建物や看板が並んでいて、そうした風景の前に立つと、私は一瞬どの街に来たのか分からなくなってしまうことが多い。だから記憶のなかにある沖縄は、もうなくなってしまっただろうと覚悟していた。だが、空港からモノレールで那覇市に入ると、そこには本土とは違う沖縄にしかない街の風景があった。むろん二十年前とは違って大きなビルも建っていたし、全国展開する消費者金融や学習塾や洋服屋の看板は、執拗にここまで追いかけてきてはいたが。米軍が持ち込んだ花ブロックを使った建物、外壁を覆う亜熱帯の植物、原色を使った看板などが、青い空を背に太陽を正面から受けて熱気を帯びてこちらに向かってくる。二十年前と同じエネルギーを発散させながら。

沖縄は一年の半分は夏。五月から十月までは強烈な太陽が照りつけるが、同時に強風と大雨をもたらす台風の脅威に晒される。本土の温暖な気候に較べるとまさに過酷。沖縄の住宅は、屋根は赤瓦を漆喰で塗り固める、高床にして床下換気をする、雨や日差しを和らげる雨端《あまはし》空間を設けるなど、熱気と風雨をもたらす台風から生活を守ることを最優先にして考えられてきた。

ところが復帰後、経済や流通が本土並みになってくると、熱気と台風から身を守るために、木造瓦屋根から一気にエアコンを装備したコンクリート造陸屋根に変わってしまった。今回紹介する末吉栄三さんが設計した又吉一郎・美恵さんの住まいは、コンクリートの箱をつくってしまうことで、風景まで失われてしまうことを憂えた末吉さんの挑戦であり、「現代の沖縄の家」への回答を二十年前に示したものである。

那覇市の中心から車で二十分くらいしか離れていないのに、土地の人は豊見城《とみぐすく》を「田舎」だという。数年前に市になったが、それまでは村だったからなのか。又吉さんの家が建っている周辺も、住宅地のなかに畑が残っている。北側の道路に面して敷地内に駐車場が二カ所ある。沖縄では自動車は生活の足になっているからだ。下半分はコンクリートブロック、上半分はスギの下見板張り、その上に白漆喰で固めた赤瓦が載っているのに、テラスの屋根はステンレス。外観を見ただけで、周囲のコンクリート造の家とは明らかに異なっていることが分かる。建物はコンクリートブロック造、木造、鉄筋コンクリート造の混構造。仕上材もスギ板や沖縄瓦に、ステンレスを組み合わせるなどハイブリッド。スギ板の外壁は風雨に晒されて塗装が落ちているところもあるが、それがかえっていい風情を醸し出している。

「通りニワ」と名付けた玄関から美恵さんに導かれて、西側の庭に突き出た「ひんぷんの間」に土足のまま入る。「ひんぷん」は魔除けの衝立て。沖縄の伝統的な家では敷地に入ると建物の前にかならず建てる石の壁なのだが、末吉さんは「ひんぷん」を応接空間にしてしまったのだ。家族や親戚は「通りニワ」で下足して、広間に入る。広間と台所（DK）は板の間の一室空間。真ん中にはステンレスの屋根が付いた小上がりの和室もある。

この北側の棟の最大の特色は三・六mの天井高ではないだろうか。南と北は上下に開口部をとり、西と東は上部に開口部を設けることで、通風と採光を確保しているが、これだけ天井が高いと屋根からの熱気も緩和されるのだろう。エアコンがなくてもしのげるし、室内にいながら風を感じることができる。広間にはロッキングチェアと机だけしか置いていないので、風が上下左右、自由に通り抜けていく。

全体のプランは中庭を囲んでコの字型。南北二つの棟は、高さを抑えた雨端空間と廊下で結ばれている。広間と台所のある北棟から、廊下を通って和室が三室ある南棟へ。廊下の中庭側はアールのついたブロックの壁、東側は水廻りになっている。トイレは廊下側から入るが、洗面室と浴室は台所側から入るので、廊下側は壁の一部をアルコーブにして飾り棚にしている。

南棟の手前の和室は、現在、美恵さんの部屋にしている。この部屋だけは個室として使われてきたが、納戸を

上／道路に面した北棟。外壁のスギ板は、風雨と強い日差しで塗装が剥げてきている。下右／玄関の引戸を開けると、中庭まで見通せる通りニワがある。下左／上部の窓から風が抜けるキッチン

広間からキッチンを見る。天井高のある広間には、和室を挿入。ステンレスで上部を覆うことで、「和」に媚びない空間にしている

挟んだ西側の二つの和室は客間。奥の和室には、先祖を祀る祭壇と神棚がある。建具を外すと続き間にもなるので、この二間は、今でも先祖を祀る親戚の集まりなどに使っている。天井・壁は板張りで、伝統的な民家の仕上げや寸法をそのまま踏襲している。南棟の北側には中庭に面して縁側と雨端空間があり、南側は、深い庇の下に幅広のヌレエンがある。南からの風はヌレエンから和室を抜け、縁側、雨端空間、中庭を通って北棟の開口部から室内に入り、北側の窓から外へと抜けていく。

現在、この家には美恵さんと二男の二人が住んでいる。以前は、同じ敷地の南側に今も残っている一九五六年に建てた木造平屋に住んでいた。当時は下水道設備が完備されていなかったので、便所と風呂は母屋から離れた別棟だった。結婚して道路を挟んで向かいの家に住む、二女の金城妙子さんは「台風が来ると外にあるトイレに行くのが大変だった」という。設備の不便さ、建物の老朽化もあって、その家を壊して建て替えることになった。

二男の友人が、末吉さんのスタッフの後藤尚美さんのいとこだったことや、末吉さんが一郎さんと顔見知りだったことから、末吉さんに設計を依頼することになった。沖縄出身の末吉さんは、大学の四年間、さらに大学の研究室助手として十年間、関西で過ごして、七九年に故郷に戻り、沖縄の風土にふさわしい現代建築をつくろうと事務所を開設して、実務経験を積んでいるころだった。

当時、沖縄では、台風の脅威から、ほとんどの人が家を建て替えたり、新築するときは、コンクリート造にしていた。それまで住んでいた又吉さんの家は、マキの木を使った沖縄の伝統的な家だったので、そうした風潮に疑問を感じていた一郎さんは、木造で建て替えたいと考えていた。ところが末吉さんは、以前の家を修理して残して、畑にしていたところに建てることを勧めた。伝統的なもののよさを尊重しながら、新しい住宅を創出したいという末吉さんの熱意を、一郎さんは「信じる」ことにした。

又吉さん夫妻には早世した長男を入れると三男二女がいたが、この家が竣工した頃は、長女は独立、二男は仕事で東京にいたので、夫妻と二女と三男の四人が住むことで、計画を進めた。一郎さんはこの地の村長だったこともあるが、現役を退いていた。美恵さんは子育てが一段落してから医療関係の仕事に就いていた。二女も三男も二十代後半から三十代。いずれ独立することが予想されたので、子供部屋のない間取りになった。

天井の高い北棟は、床から二mまでコンクリートブロックの壁、その上はビニルクロスを張った壁と天井が載っている現代的でドライな空間だが、沖縄ならではの特色を強く感じるのが南棟の祭壇と神棚のある和室だ。一郎さんは本家の長男。「元家（ムートゥヤ）」といって、親族の元締めになっている家では、祖霊神たちを祀る場はなくてはならない。

一年後に三男が独立し、三年後に妙子さんが結婚することになり、入れ替わりに二男が東京から戻ってきた。一郎さんは大病をして、この家に四年住んだだけで亡くなった。晩年は、先に亡くなった両親や戦争で命を奪われた弟たちの霊に守られているのが居心地がいいのか、祭壇のある和室で日中過ごすことが多かったという。

十九歳で又吉家に嫁ぎ、舅・姑の世話をしてきた美恵さんは、プライバシーが保てる二階家に住むことが夢だった。けれども末吉さんの設計は平屋。使い勝手がよければいいと思っていた美恵さんは、ブロックやステンレスがそのまま見える室内に、最初は違和感を抱いていた。

「住み続けているうちに、抵抗感のあった家も体に馴染んでくるんですね。ブロックもステンレスもまったく気にならなくなりました。廊下のふくらみも最初は無駄だって思っていたんですが、足腰のリハビリをするために廊下を行き来するのに具合がいいんですよ」。

広間では、時々地域の人たちがやってきて、ストレッチ体操をする。そんな時、天井の高い広間は十数人集まっても窮屈な感じがしない。南棟の続き間では、夫亡き後も「元家」として先祖の霊を守り、正月や盆など年六回くらいある親族の集まりをここで行う。七十六歳になった美恵さんは、動作はゆっくりになったが、ほぼ元気。野菜づくりをしたり、プールで歩いたり、女学校時代や以前の仕事仲間の集まりにも出かける。道路を隔てた向かいには、妙子さん一家が住んでいるので、朝晩顔を出

上／南棟の縁側に腰掛ける母娘。ここに座ると、風が南から北へ通り抜けていくのが分かる。下右／広間のブレースを通して南棟を見る。下左／南棟と北棟を結ぶ廊下。ブロック壁の対面に浴室

してくれ、家事も手伝ってくれるので心強い。

「飽きない家をつくりましょうって末吉さんはおっしゃったんだけど、最近になってようやくその意味が分かってきました」と美恵さん。沖縄料理の「チャンプルー」のように、この家は構造も材料も間取りも生活様式もチャンプルーだ。異なったものを一つにまとめることで、どんな状況の変化にも対応できる力を蓄えているのだろう。だが、ハイブリッド構造、異素材の組み合わせは施工者泣かせでもある。台風がもたらす風雨の害は、無理をした納まりのところに容赦なく表れる。雨漏りがしたため「通りニワ」の内壁を張り替えたり、木製建具をアルミに替えなくてはならなかった。

「すべての図面を十分の一や、部分的には原寸まで描いたんですが、業者が未熟だったのと、僕自身、実務の場数が少なかったこともあったんだと思います」。それでも竣工後、初めての台風の後にお見舞いに伺うと、一郎さんが「建物はビクともしませんでした」と喜んでくれたのが、末吉さんは忘れられない。

「九割以上がコンクリート造の住宅に建て替わっていた八〇年代に、通風、熱を切る、台風対策を念頭に置きながら、沖縄の住宅をなんとかしなくてはいけないと思っていた僕の考えを、又吉一郎さんが全面的に受け入れてくれた家です。気負ってもいたけど、僕の出発点になった家です」。沖縄は気候も熱いが、人の心も熱い。


（二〇〇六年七月）

竣工時の平面図

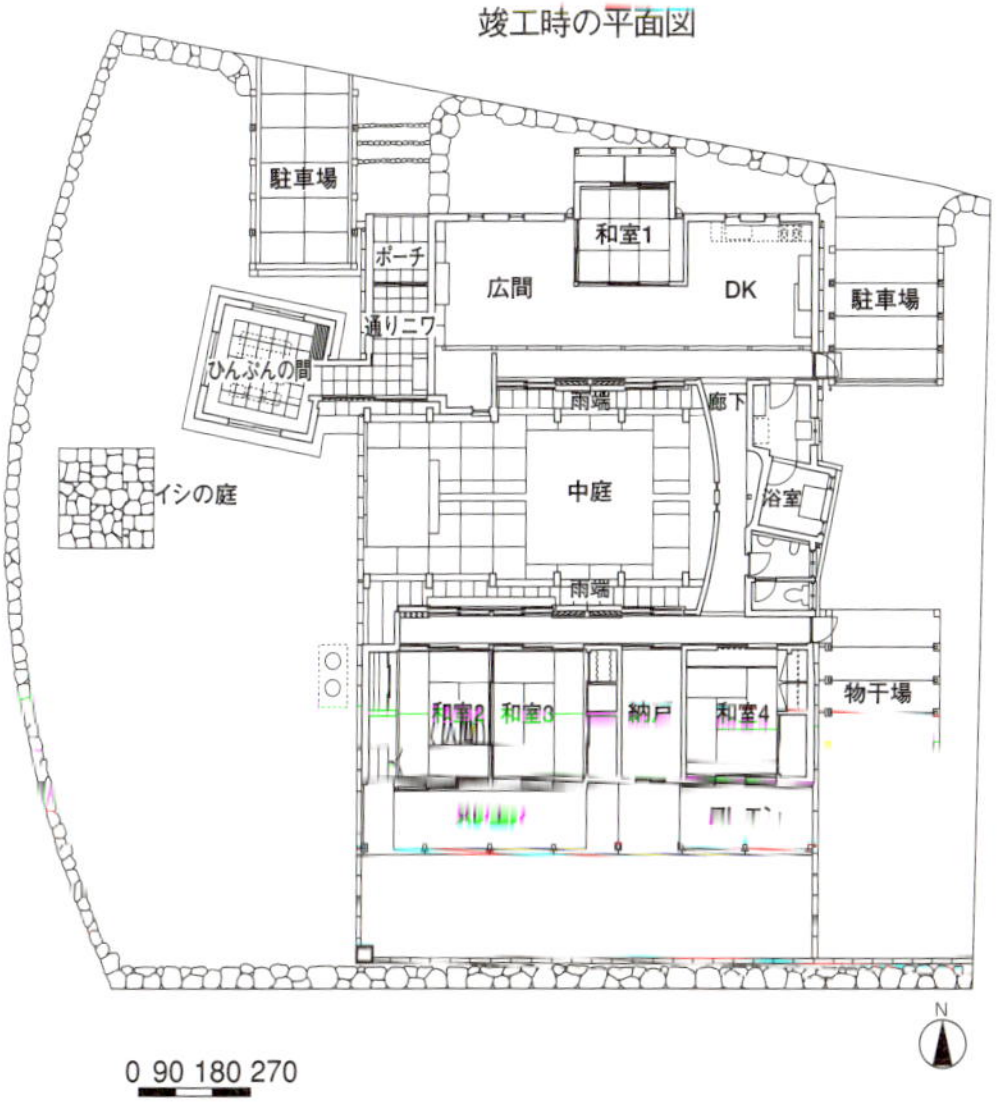

土足の間は、29年後の現在も地域の人たちが土足のまま気楽にやってきて、囲炉裏を囲む。囲炉裏のデザインも山本さん

信楽の家◎築二十九年

滋賀県甲賀市

設計◎山本良介

息子の代になっても土間や広間を地域に開放している家

東京に住んでいると、東京の感覚がスタンダードだと判断してしまうことが多い。ところが東京ほど特殊なところはないと感じるのが、地方取材をした時だ。今回紹介する「信楽《しがらき》の家」は、京都の建築家・山本良介さんが三十年前に設計した住宅だが、住宅のもつ意味が、江戸時代も三十年前も現在も、ほとんど変わっていないことに、一種のカルチャーショックを受けた。高度経済成長とともに、日本の住宅は核家族の器となり、応接間や座敷に床面積を割り当てる余裕もなくなり、地域社会と関わる時間も減り、つながりさえ希薄になってきた、と思っていた。ところが「信楽の家」では、床面積の半分以上は地域の人びととの交流の場として用意されていて、住人が息子の代になった現在も、そうした住み方を変えていないのだ。

京都から車で一時間半。名神高速道路を出て、琵琶湖へ流れる野洲川に沿った道を進むと、甲賀という地名が表れる。三重県の伊賀とともに、この辺りは忍者の里だったところだ。そして日本六古窯のひとつ信楽焼や、平城京よりも前、聖武天皇の代に紫香楽宮《しがらきのみや》があったことでも知られる古代史の里でもある。幹線道路から山のなかに入り、信楽川沿いにしばらく走ると、周囲を山々に囲まれた盆地のなかに集落が見えてくる。

私たちを車で案内してくれた山本さんは、信楽を訪れるのは三年ぶりだという。高速道路が建設中だったり、新しい道路ができてしまったせいか風景が変わったと言って、宮町にある井上春絹《しゅんけん》さんの家になかなか辿り着けない。道を尋ねて話しかけると、信楽焼のタヌキを店先に並べている陶器屋の主人も、畑仕事をしているおばあさんも、井上春絹さんの家というと「ああ、あの変な家かね」と言う。

水田の向こうに、地元の人たちが「変な家」と言う井

上／「信楽の家」と地元の大工が建てた家が２棟、のどかな田園風景のなかに並んで建っている。下／北側外観。屋根は銅箔化粧板一文字葺き。２階の窓はアルミサッシに替わっている

土足の間に集まった井上家３世代。右から君子さん、春絹さん夫妻、清久さん、匡史くん、美智子さん

上邸の南側外観が見えた。周囲の家はトタン葺きになっているが、入母屋や切妻屋根の伝統的な農家のつくりだ。そのなかで、東西を片流れ屋根で挟んで、一階の下屋の屋根が前に突き出ているような特異なかたちは、確かに目立つ。南側の外壁は吹き付けてあるので、一見すると木造のように見えるが、近づくと、屋根と下屋と建具以外、コンクリートだということが分かる。

この地域で住宅を鉄筋コンクリート造にしたのは、後にも先にもこの家だけだというから、それだけでも地元の人には「変な家」なのだが、都会からやってきた私には、同じ敷地にもう一軒和風二階家があることのほうが変な気がした。こちらの家も部屋数がたくさんありそうだ。経緯は後述するが、実は「信楽の家」は十八年前から長男の清久さん一家が住んでいて、春絹さんは隣の家に住んでいるのだ。

敷地の前の水田を眺めながら、庭から玄関へ入る。玄関も、連続する土足の間も、床は黒いタイルを敷き詰めている。二階まで吹抜けになっている土足の間は、近所の人たちがまさに土足で入ってくる部屋。その土間部分の真ん中には囲炉裏がある。打放しコンクリートの壁をそのまま見せているので、ここは半屋外のような使い方を想定しているのだろう。打放しコンクリートの壁の一部に孔があいていて、そこから二階へ上がる。かつてはサロンだったが、現在は家族の居間になっている部屋から土足の間を見下ろすことができる。土足の間と二階のサロンは吹抜けを通して接客空間として用意されていたのだ。

さらに土足の間の西側には広間と奥の間があり、南側が畳を敷いた広縁になっていて、建具を全開すると二十畳くらいの和室になる。ここは普段は仏間だったり、親戚が煎茶の茶席や生け花の稽古場としても利用しているが、集落の持ち回りの寄り合いの場になったり、冠婚葬祭にも使われる。

これだけ大きな家なのに、家族の日常生活の場は小さい。現在は茶の間になっているが、東側の老人室、一階の北側にはキッチン、食堂、浴室、トイレ、二階西側に夫妻の寝室、東側に長男の部屋があるが、それぞれ家具や雑多な物が置いてあって、一階の応接空間に比べるとなんとも狭い。

井上春絹さんと山本良介さんの出会いを語るには、一九七〇年の大阪万博まで遡らなくてはならない。しかも二人の間には、前衛芸術家・岡本太郎が介在する。春絹さんは当時、信楽町の役場に勤めていた。山本さんは丹下健三の事務所にいて、万博のお祭り広場の現場を担当していた。岡本太郎の「太陽の塔」の裏側につける顔を信楽で焼くことになり、山本さんの信楽通いが始まった。春絹さんが信楽焼の職人を束ね、山本さんが岡本の意向を代弁するという協働作業だった。岡本が手掛けた丹下の旧都庁舎のレリーフも信楽焼だったこともあって、岡本はこの時も土に粘りがある信楽を選んだ。

万博丹下チームを解散したあと、山本さんは岡本に「見込まれ」てしまい、彼が亡くなるまでつきあうことになる。「造形感覚には影響を受けなかったけど、何事もポジティブに考える生き方は学んだ」と山本さん。その後、生まれ育った京都へ戻り設計事務所を開設する。その独立第一作となったのが「信楽の家」だ。万博の仕事から発展した春絹さんとの深い信頼関係は、やがて信楽の町おこしにまで発展して、数年後に井上邸の設計依頼へとつながっていったのだ。

当時、春絹さんの家族は七十二歳の母親、妻、二十六歳の長男・清久さん、十七歳の長女の五人家族だった。春絹さんから「信楽の田園風景にフィットしながら、田舎のしきたりを守り、宮町の人々に親しまれ、かつユニークな家はないものかね」と要望された時、山本さんは妙にファイトが湧いたという。そこで土足のまま会合ができる家、私生活と公的な場が区切れる家を軸にして設計を進めた。井上家は代々庄屋の家柄。春絹さんの人望あってのことだが、町や集落のまとめ役だけではなく、寺や神社の世話役として、自宅をそうした会合に提供することも必要だったのだ。

丹下のところにいた反動だったのだろうか、それとも生まれ育ったところが京都だったからなのだろうか、独立したばかりの山本さんは、次の時代の数寄屋建築を建てたいと思っていた。だから最初の案は中庭のあるコの字型の現代数寄屋建築だった。建設費がかかりすぎるこ

上／2階サロンから見下ろした土足の間。式台は特注した寄せ木のフローリング。下右／土足の間の吹抜けを見上げる。スギ板を型枠にした打放しコンクリートの壁。下左／式台につながる広縁

上／田の字プランの４部屋のうち、南側の２部屋を広縁にして水屋を付けた。手前の和室と広縁の間には建具はない

と、敷地が農地のため宅地転用に限度があったので、その案はあきらめることになったが、独自の現代数寄屋を追求したいという意欲は実施案にも感じられる。

鉄筋コンクリートの躯体に、屋根や下屋が木造の混構造にしたり、長押《なげし》や欄間のない和室など、伝統にとらわれない自由な表現を取り入れた。さらに仕上材は、和室天井に近江八幡のヨシ、襖紙は京都の唐長《からちょう》などの伝統的な材料を使う一方で、黒焼きの耐火レンガを開発したり、当時製品化されていなかった寄せ木のフローリングを万博で知り合った富山のメーカーに特注するなど、伝統的なものと新しいものを取り混ぜ、ひとつひとつにこだわって仕上げていった。

「業者を入札制にしたんです。本体の工事費は一千六百五十万円と格安だった。今だと七千万円くらいかかるでしょうね」。設計に時間もかけたが、なによりも現場がたいへんだったと言う山本さん。「地元の業者だったので、コンクリートは初めて。こちらは日本語を話しているのに、相手はロシア語を聞いているようなもんなので、京都から何度も現場通いですわ」。

竣工して三年後に、春絹さんの奥さんが病気で亡くなり、翌年、母親も亡くなった。冠婚葬祭ができる家は、奥さんと母親の葬式の会場になった。長男の清久さんは東京で働くことになり、長女は大学時代は家を離れたが、卒業後、教師になり、しばらく春絹さんと暮らして、この家で花嫁の支度をしてお嫁に行った。そのころ、清久さんも信楽に戻り、美智子さんと結婚することになった。一人暮らしだった春絹さんも君子さんと再婚することになった。そこで「信楽の家」は清久さんに譲って、敷地の東側にはもう一軒家が建っていたので、それを壊して木造で新居を建てることにした。山本さんに今度も設計してもらいたいと思ったが、春絹さんの本家に大工がいたので、今回はその人に頼まざるを得なくなった。そこで、冒頭の私にとっての「変な家」と地元の人にとっての「変な家」が二棟並んで建つことになったのだ。

清久さんの長女と二女も高校までこの家で育ち、北海道と京都の大学に進学するために巣立っていった。長男の匡史《まさし》くんと上の二人とは十歳くらい離れているので、匡史くんはまだ小学六年生。「信楽の家」には、現在、清久さん夫妻と匡史くんの三人が住んでいる。

二階のサロンは、三人の子供たちが成長するにしたがって、ピアノやパソコンやテレビに占領され、家族の居間となっていった。西側の寝室と東側の子供部屋も、子供たちの成長に伴って、使い方を変えてきた。子供が幼いときは寝室が三人の子供部屋になり、やがて子供部屋に二段ベッドを置いて長女と二女の部屋に、受験期は、春絹さん夫妻の家の一室を長女や次女の部屋にするなど、孫たちは二軒の家を行き来していた。

清久さん一家が「信楽の家」に住んで十八年経った。増改築はしていないが、二階の窓は木製からアルミサッシに替えた。一階南側の大きな開口部も木製枠だが、開け閉めに苦労しながらそのまま使っている。奥の間の床の間の開口部は、防寒対策もあってアルミサッシのペアガラスに替えた。信楽は標高八〇〇m、冬にはマイナス一〇度にもなりかなり寒いそうだ。

「信楽の家」は決して小さい家ではないが、個室になる部屋は二階の二部屋しかない。今は匡史くんが子供部屋を独占している。「ほとんど不都合のない家だけど、本音を言うともう一部屋、個室がほしいんですよね。土足の間や和室の続き間は、この集落に住む限りなくてはならない部屋なんです。なにしろ明治の初めから宮町は一〇四戸の戸数が変わっていない。結束の固い集落なんです」。清久さんは、長男しか継げない寺や神社の世話をする役が今も残っているこの土地に住む限り、私的な生活の場が多少犠牲になっても公的な場は守り続けなくてはならないと考えている。

最近の遺跡調査によると、「信楽の家」は宮址の最も重要な部分の上に建っていることが分かった。国の史蹟指定を受けた土地の上に、はからずも井上さんたちの生活の場があるのだ。だから清久さんも、お父さんの春絹さんから引き継いだ「信楽の家」を匡史くんの代にバトンタッチするまでは、住み続けていこうと考えている。

都会に住んでいると「長男が家を継ぐ」といった風習をそれほど意識することもなくなってきたが、信楽のように古代の歴史が今も生きている地域で暮らしていると、家のもつ意味はかなり重い。重いがゆえに住み続けていく意志も、都会よりはるかに強い。

（二〇〇六年六月）

竣工時の平面図

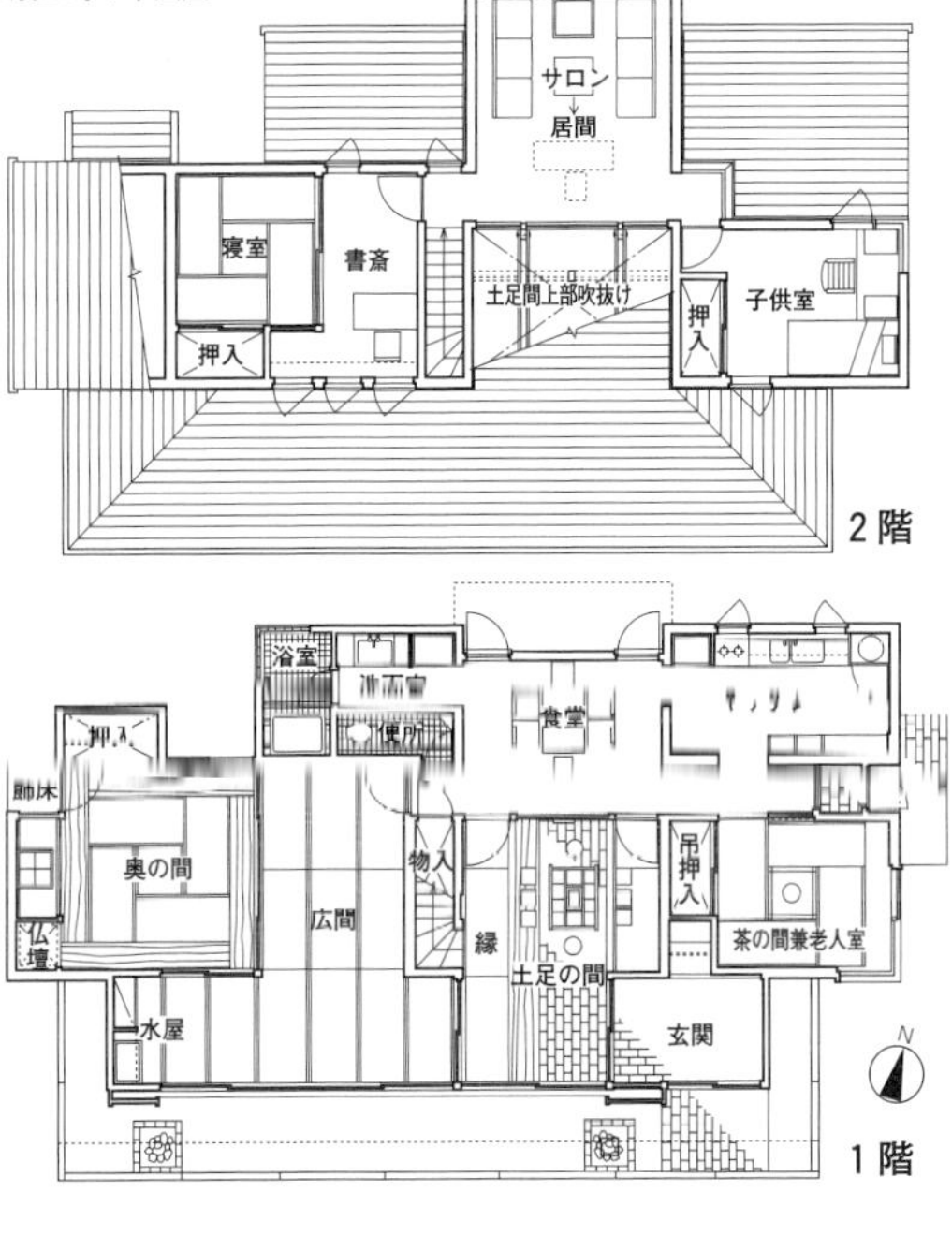

書斎コーナーがある寝室

北鎌倉の家◎築二十四年

神奈川県鎌倉市

設計◎白鳥健二

2階の居間でくつろぐ愛犬の新之助くんと高野さん夫妻。壁はピンクからモスグリーンに塗り替えた

天窓からの光を享受してきたコンパクトなワンルームの家

たとえ小さな住宅であっても、新しく家を建てるときには、周辺の環境や隣接する住宅を無視することはできない。まして、今回紹介する「北鎌倉の家」のように、古い歴史をもつ街に建てる場合は、いっそうの配慮が求められる。

建築家の白鳥健二さんといえば、ドームや曲線を使った住宅がすぐに思い浮かぶので、北鎌倉駅から徒歩一分のところに、そのような建物が建っていたら、ずいぶん違和感があるのではないかと、誰しもが危惧するのではないだろうか。私も二十年以上前に雑誌に紹介されていた写真で、ドームではないことは分かっていたが、三角形の屋根や菱形の窓、軒の出がない外観などから、造形が前面に出た、街並みにそぐわない住宅ではないかと、実際に拝見するまでは心配していた。ところが、表通りから路地を入った瞬間に、私の心配は消えた。

人がすれ違うのがやっとという路地に面して、低い板塀に囲われた木造二階建ての家が、路地のスケールに合わせたように控えめに建っている。とんがり帽子のような屋根が付いている玄関ポーチ、スギ板を縦に張った菱形の窓のある外壁は、二十四年の歳月を経てきたこともあるのだろうか。幾何学的な造形の強さよりも、むしろ懐かしい感じさえしてくる。

木戸を開けて私たちを迎えてくれたのは、高野三枝さんと愛犬の新之助くん。「ご案内するほどの家ではないんですよ」という三枝さんに導かれて、玄関に入る。玄関の南側には、夫の光生さんが書斎にしている小さな部屋があり、その西側には夫妻の寝室、北側に洗面・トイレ・浴室がある。天窓からの光に導かれて、階段を上がってみよう。

二階は階段を挟んで南側が居間、北側がキッチン（当初はダイニングキッチンとして使っていた）のワンルーム。夫婦ふたりだけの住まいなので、「北鎌倉の家」は一・二階の床面積を合わせても十九坪。経緯は後述するが、敷地の西側には、同じ白鳥さんの設計で、四分の一円形の平面をもつ木造の西棟があり、二階とはキッチン側にある廊下と木製のベランダでつながっている。

廊下を渡って、十七年前に建て替えた西棟も見せていただこう。二階は木製のテラスに沿って孤を描く開口部のある食堂と寝室、北西の角に洗面・トイレと浴室がある。食堂には小さなキッチンもあったが、現在はシンクをふさいで、サイドボードにしている。食堂からは東棟のキッチンが見通せたり、スギ板張りの外壁も見える。

食堂の北側にある階段を下りると、玄関と板の間のホール、そして和室がある。平面図だけ見ると、四分の一円形にした必然性はなんだったのだろうと思ってしまうが、実際に西棟のベランダに立つと、庭を柔らかい雰囲気にするために、そして東棟から外を眺めたときに、西棟が邪魔にならないようにするために選ばれたかたちということが理解できる。

二つの棟を結ぶ二階のベランダには、色あざやかな鉢植えの花が置いてあり、曲線の外観をさらに楽しげな雰囲気にしている。

もともとこの敷地には、三枝さんの両親が戦前から住んでいた。東西に細長い敷地には、二棟の木造の家が建っていた。路地に面した東側は平屋で、借家にしていた。高野夫妻は結婚後、西側に建っていた二階家のほうに両親と一緒に住んでいたが、東側の家の借家人が出ていったので、それを機に夫妻の家として建て替えることになった。

夫妻は、当時、婦人雑誌に紹介されていた白鳥健二さんが設計した、木の建具を使った明るい感じがする家を見て気に入ったので、設計を依頼することにした。白鳥さんが湘南に育ち、仕事場も湘南にあったことも大きな決め手になった。「白鳥さんと私たちは同世代だったので価値観を共有できたことも、設計を進めていくうえで、プラスに働きました」と三枝さん。

敷地の東側は路地、西側は畑だったが、そのうち家が建て込んでくることが予想されたので、居間とキッチン

上右／階段室の廻りは回遊できる。上左／天窓から光が降り注ぐ２階居間。下右／キッチンからは廊下でつながった西棟の食堂が見通せる。下左／居間西側、３枚の片開き窓から見た西棟

階段の右は居間、左はキッチン。天窓からの光により、時間とともに壁に描かれる光跡が刻々と変化する

は二階にしてもらった。三枝さんの要望は「明るい家と木の建具」だったので、階段の上を三角形の天窓にして、周囲から採光が十分とれなくなっても天窓からの光で明るい居室になるようにしてもらった。この時、いったん外に出るが、両親の家とは二階のベランダでつながるようにした。

やがて父親が亡くなり、母親のリューマチが徐々に重くなってきて、階段の上り下りがきつくなってきた。母親の居室は二階にあったので、階段昇降機が取り付けられる家にしようと、西棟が建ってから七年目に、母親の家も建て替えることになった。

夫妻は白鳥さんの設計には満足していたが、建築家独特の「こだわり」とおつきあいするには、時間的にゆとりがないのではと思い、住宅メーカーに相談した。「東棟とのつながりを考えた案をお願いしたんですが、出てきた案は、私たちの要望を無視したものでした」。やはり白鳥さんでないと分かってもらえないと、母親の家の建替えも白鳥さんに依頼することにした。

以前の家も母親の居室は日当たりが期待できる二階だったので、建て替えた家も二階を母親の生活の場にした。階段は昇降機が取り付けられる幅にしたので、外出にも不自由しなくなった。

光生さんは、母親が多くの時間を過ごす二階から、花見が楽しめるようにと、庭に桜の木を植えた。毎年、桜の開花を楽しみにしていた母親は、建て替えた家に五年住んで亡くなった。三枝さんは、最後のときを一年でも二年でもいいから気持ちのいい家で過ごさせてあげたいと思っていたので、母親のための建て替えは、夫婦に後悔のない結果をもたらした。

東棟に住んで二十四年が過ぎた。この間、木製建具は一度替え、外壁は二度塗り替えた。室内の壁は当初、白とピンクだったが、汚れが目立ってきたので塗り替えた。夫妻は年齢を考えたのだろうか、ピンクをモスグリーンにした。モスグリーンはこの家のテーマカラーになり、植物の緑とともに、タオルや小物まで緑がインテリアのアクセントになっている。それ以外は、キッチンなどの水廻りも竣工当時のまま変えていない。

母親が亡くなってから、西棟も夫妻の空間になった。ベランダに面した食堂の開口部は、一枚ガラスだったので、内側に雪見障子を入れて断熱性を高めた。母親の部屋と一階の和室は予備室として使っている。洗面・浴室は西棟のほうがゆったりしているので、こちらを使うことが多くなった。二階を生活の場にしているが、母親のために設置した階段昇降機があるので、三枝さんは安心だという。「母のための家が、そろそろ自分たちの老後に役立つ家になってきました」。

二十二坪の敷地に建てた東棟は、風致地区なので高さ制限もあり、しかも狭い路地に面していることもあって、四角い平面にならざるをえなかった。ところが七年後に西棟の設計を依頼された頃、白鳥さんは木造で曲線のある家を建てることに挑戦していたので、四分の一円形になった。むろん西棟の四分の一円形は、庭や東棟との関係から最上の回答ではあるのだが、木造で曲線を表現することも白鳥さんが試みたかったことだった。白鳥さんはなぜ曲線にこだわるのだろう。

「三次元的な広がりのある空間が創り出す、非日常的な開放感を住宅に与えたいんです」。白鳥さんの造形感覚や空間感覚は、大学卒業後、アメリカのアリゾナ州にある、パオロ・ソレリが主宰するアーコサンティ（アーコロジーという、建築と環境に理想の場を追求する実験場）に二年間滞在したことも大きく影響しているようだ。さらにその間、アーコサンティで知り合った西欧人とともに、大西洋からヨーロッパ、中近東、インド、東南アジアを旅したので、日本に戻ってからも、西欧人の感覚で日本建築を見るようになった。

「木造は好きです。だけど僕は伝統構法から離れて自由な発想で木を使いたいと思っているので、在来構法の軸組とは違います。たとえば『北鎌倉の家』の階段室の四枚の壁は、軸組とツーバイフォーを併せた構造にしているんです」。白鳥さんは、集成材やムク材を曲げたものを構造材とし、まるでコンクリートのように使う。障子の建具も引違いにしないで、突出しにする。西棟の和室のように、畳の部屋でも曲線の開口部にする。

「曲線やドームといったボリュームのある空間のほうが包まれている感じがするので、四角い箱よりも、人は安ら

上／西棟の食堂からは東棟のキッチンと居間が見通せる。下右／東棟と西棟の２階は、ベランダからも行き来できる。下左／外壁はカナダスギ縁甲板縦羽目張り、北面はサイディング

ぎを得やすいんです。さらに天井から光が入ってくれば、太陽や月の動きが感じられるので、外界の変化を室内にいながら感じることができます」。この家の階段室の天窓のように、白鳥さんは家族が集まる中心の部屋には、自然と一体になれるところを必ずつくっている。

「住まいの真の住人は、天から降りてくる自然だと思っています。住人にはそれを享受してもらいたいんです」と言い切る。家といえども宇宙とつながっているという白鳥さんのメッセージは、「夏は天窓からの強烈な光で、キッチンに立っていると首のうしろが日焼けするんですよ。それでも私たちはこの家が好きです。満月のときは家の明かりを消して、月明かりを楽しんでいます」という三枝さんの話を聞くと、確実に届いているような気がする。

（二〇〇六年十月）

増築後の平面図

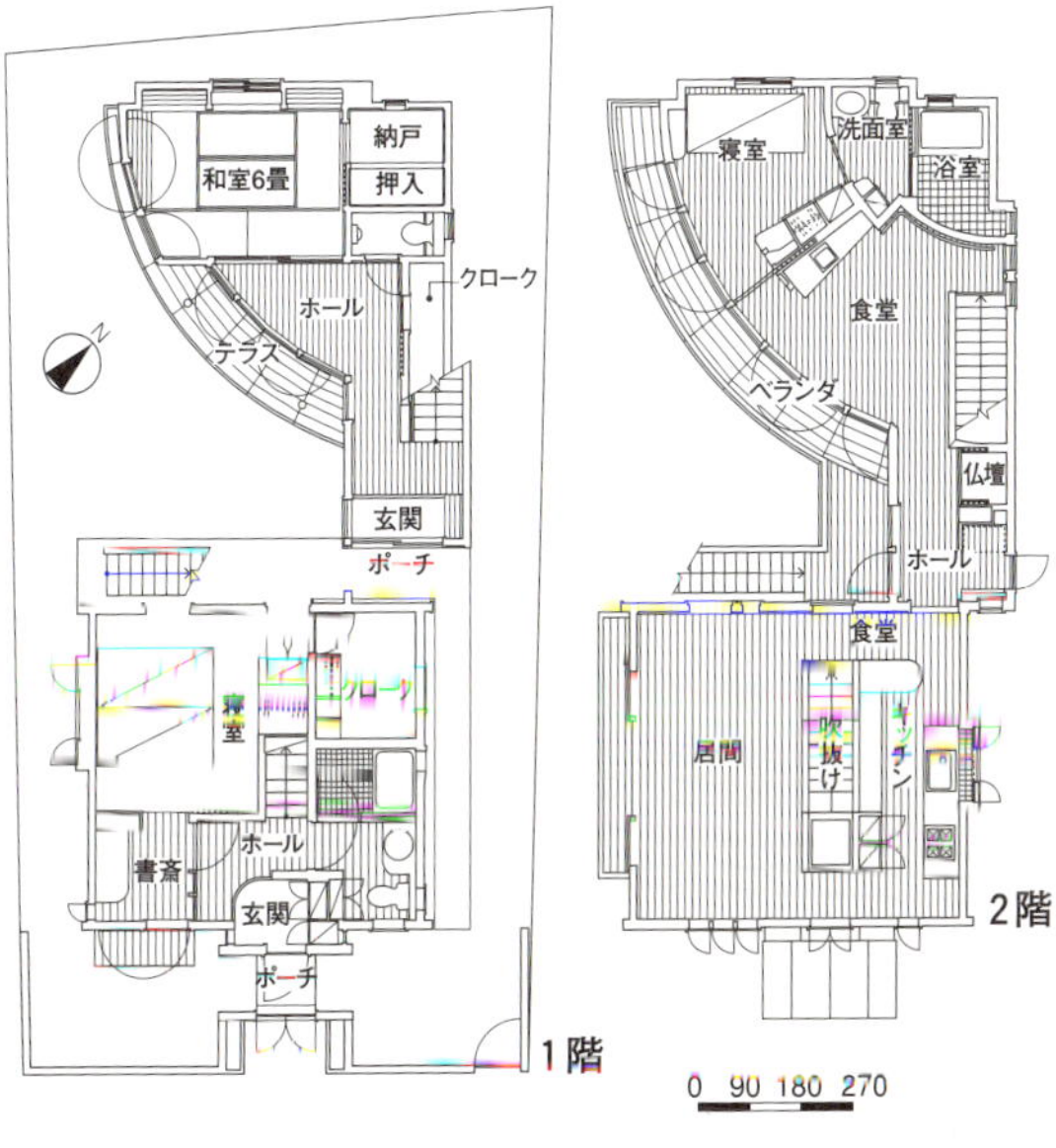

路地のスケールに合った東側外観

居間・食堂。障子、レンガ、木、スチール、さまざまな素材を使いながら、バランスのいいデザインに仕上げている

田園調布の家◎築二十九年

東京都大田区

設計◎吉田研介

工業製品と自然素材を使って デザイン力と職人の技で 仕上げた家

　今、標準的な坪単価の木造住宅なら、ハウスメーカーのものでなくても、構造材以外、ほとんどのパーツが既製品で出来上がっているのではないだろうか。屋根材、外壁材、設備機器はむろん、床・壁・天井材、内外の建具まで、製品化されたもののなかから「選ぶ」ことが当たり前になっている。ところが一九八〇年代以前に建築家が設計した住宅を見ると、素材として工業製品は使っていても、手を加えて自分でデザインしているものがある。逆にいえば、「選ぶ」ほどデザインも性能もいい既製品がなかったので、自分でデザインしなくてはならなかったのだ。たとえ小住宅でも、気に入った工業製品の素材であれば、かたちやディテールを考えながら使ってみる。そんな実験的な試みを受け入れてくれる余裕が、依頼主や施工業者にもあった時代なのだろう。

　今回紹介する「田園調布の家」は、「工場よりも安く、教会よりも爽やかに」をモットーに、住宅設計に取り組んでいた吉田研介さんの七〇年代の仕事だ。当時は、なぜか予算の少ないクライアントからの依頼が多く、吉田さんは安価で丈夫で長もちする工業製品の素材に頼らざるをえなかった。だが、チープな感じに陥らないように、デザイン力と職人の技で「教会よりも爽やかな」住宅に仕上げることを心掛けていたという。そうした住宅が、三十年近い歳月を経るとどのようになるのだろう。七七年に竣工した「田園調布の家」を私は訪ねてみることにした。

　田園調布というと高級住宅地のイメージが定着しているが、放射状に整備された西側と比べて、東側は商店と住宅が混在している庶民的な地区だ。バス通りから入った通り抜けできない路地に面して三浦克彦さんの家は建っている。敷地の東側は克彦さんの弟の家。つまり両親亡き後、兄弟で土地を相続したのだ。だから克彦さんの

上／駐車場と庭の上を覆うエキスパンドメタルのテラスは、鉄筋トラスで支えている。下右／南側外観。駐車場脇の階段を上がって玄関へ。下左／道路から１m上がっている庭に立つ樹子さん

上／居間側から食堂を見る。縦型ブラインドで２つの空間を仕切るために、トラスの梁を斜めに渡している。下／採光と通風を確保するために、食堂側は嵌め殺し、居間側はジャロジー窓

敷地は南入りの路地に面した側が約六・五m、奥行きが約一六mと間口が狭く、南北に細長い。敷地は道路面より一m上がっているが、車庫は道路面に合わせているので、玄関までは階段を上がる。

路地の反対側にはマンションが壁のように建ち、西側と北側は隣家が敷地いっぱいに建っている。外観は南側しか見えないのだが、幸い隣家のケヤキと庭に植えたキウイの枝葉が二階のエキスパンドメタルのテラスまで伸びていて、路地に緑陰のある爽やかな一画をつくりだしている。竣工時の写真では外壁は白かったが、今はグレーのサイディングになっているので、少し印象が違う。

「トープラストーンという木枠にモルタルを固めた三〇〇㎜角の外壁材を張ったんですが、十年くらいでなかの木部が腐ってきたので、替えたんです。トープラストーンのテクスチュアが好きだったので、ほかの住宅でも使ったんですが、耐水性がよくなかったんですね」。取材に同行してくれた吉田さんは、外壁だけは二十九年もちこたえられなかったと残念そうに語る。

グレーチングの階段を上がったところにある玄関ドアは、フラッシュ戸にアルミを張っている。玄関から室内へ入ると、玄関ホールと居間の仕切りに障子が入っているのがまず目に留まる。室内を仕切る壁にもレンガを積んでいる。平面図を見ると分かるのだが、少しでも採光や通風を確保するために、外壁の一部を四十五度斜めにしてジャロジー窓を入れている。西側と東側の部屋を仕切る壁も、その壁に平行に一部斜めになっている。

東側は南側が居間、北側が食堂。境界にはトラスの梁を斜めに渡して、現在は使っていないが縦型のブラインドで、居間と食堂が仕切れるようにしていた。南北に細長い居間・食堂は、南からの採光と、境界のところで斜めに切り込んだ東側からのわずかな採光しかのぞめない。だからレンガの壁も含めて壁面は白く塗装して、明るさを補っている。食堂の西側には独立型のキッチンがある。

二階は個室。東西に二等分された空間は、西側の南が子供室、真ん中に収納と階段室、北が洗面・トイレと浴室。東側の南は当初夫妻の寝室だったが、現在は長男の部屋。真ん中に納戸、北側に現在、夫妻が寝室にしている和室がある。

ご主人の克彦さんは六十五歳。十歳から敷地の東側にあった家に住んでいた。両親が亡くなった後、克彦さんは西側の一部を譲り受けることになった。ここには小さな家が建っていた。結婚して長女が生まれたので、義兄である吉田研介さん（吉田夫人は克彦さんの妻、樹子《たつこ》さんの姉）に二階を増築する相談をしたが、同じ費用をかけるなら新築したほうがいいということになった。吉田夫人の紀子さんも建築家だったので、三浦さん夫妻は二人に任せることに何のためらいもなかったのだ。

　夫妻は前年に竣工した吉田さんたちの「チキンハウス」と命名した自邸を何度か訪ねているので、建物の雰囲気はおおよそつかんでいた。鶏小屋のように安価な材料で建てた自邸は、間取りも明快で、ローコスト小住宅の回答のひとつとして、私も鮮明に記憶している。依頼時は子供は一人だけだろうと考えていたので、子供室はひと部屋にした。さしたる要望も出さずに、ほぼお任せで家が完成するのを待った。

「今はすっかり馴染んでいますが、住み始めて最初の五日くらいは、室内が白いので疲れました」。樹子さんは、工事中も現場に足を運ぶ機会がなかったので、いきなり完成した家に入ったときは「白さに圧倒された」という。一年後に長男が生まれたため、二人の子育てや家事が忙しくなり、「白さに疲れる」余裕もなく毎日が過ぎていった。長男に夫婦の寝室を譲り、北側の和室を寝室にすることで、家族の増員をしのいだ。

　住み始めてから十二年後に、克彦さんの転勤で家族は三年間、この家を離れる。その間、貸し家にしたので、三年間は三浦家以外の人が住むことになった。転勤から戻ってくると、不具合がでてきたところを改修することにした。

　一番の不具合は、外壁から雨水が漏れてきたことだった。吉田さんに診断してもらったところ、トープラストーンから雨水が浸透して木部を腐らせていることが分かったので、やむなくサイディングに替えることにした。一階も二階も床はニードルパンチを敷き詰めていたが、汚れがかなり目立ってきていたのと、子供たちに軽いアレルギー症状があったので、床はフローリングに替えた。

食堂の棚と食卓は一体。当時よく使われていたデコラ張り。北側の窓はアルミに替えた

上／エキスパンドメタルのテラス。庭から伸びたキウイと隣家のケヤキ。下右／玄関ホール。廊下の突き当たりがキッチン。下左／長女の部屋。板戸のクロスも29年前から張り替えていない

同時に内装もすべて塗り替えた。さらに木製の建具も、外壁からの雨水で腐食していたので、アルミに替えた。大きな改修はそのときだけ。

長女も長男もこの家で受験期を迎え、大学に通い、社会人になった今もこの家に住んでいる。「立地がいいこともありますけど、居心地がいいみたいですよ。早く出ていってほしいんですけどね」と樹子さん。十一年前から書道を始めた樹子さんは、師範の資格を取り、週二回、出稽古で教えている。自分の作品も仕上げなくてはいけないので、居間と食堂の間に置いた座卓に座り、筆を握る。集中したいときは二階の長男の部屋を使う。克彦さんも定年後、家に居る日が多くなってきた。「子供たちは寝に帰るだけですが、夫も私も階段を上り下りしながら、今でも、家中無駄なく使っています。多分これからも」。

この家の外観を特徴づけているのが、グレーチングの階段・ポーチと二階南側のエキスパンドメタルのテラスだ。グレーチングの階段は、デザイン的には理解できるが、ハイヒールをはいている女性には上り下りは大変だろうと思っていたら、「以前飼っていた柴犬がこの階段で足を怪我したんです。それからは階段にもポーチにもカーペットを敷くことにしました」と樹子さん。人間には我慢してもらっていたが、犬が怪我するくらいだから、やはりグレーチングの階段は無理があったのだ。

「二階が九〇cm張りだしているので、庭や居間にそれ以上の陰を落とすわけにはいかないとの判断から、テラスはエキスパンドメタルを採用した」という吉田さん。床面を鉄筋トラスで組んで支持し、宙に浮いているような、軽くて明るい感じを外観に表現したかったのだ。

初めてこのテラスを見た時、樹子さんは「斬新な感じがした」というから、かなりインパクトの強いテラスだったのだ。椅子や小物を置いて、婦人雑誌に紹介されるなど、エキスパンドメタルのテラスは大活躍した。実際に私もテラスに出てみた。高所恐怖症の人にはお勧めできないが、宙に浮いているような爽快感は確かにある。今はグレーのサイディングになってしまったが、白いトープラストーンの外壁とエキスパンドメタルのテラスは、竣工時には周囲にモダンで明るい輝きを放っていたにちがいない。
もうひとつ気になる素材が背骨のように一階の空間を東西に分けている白く塗装したレンガだ。「竣工したばかりのアントニン・レーモンドの新発田カトリック教会を見に行って、そこのレンガの使い方に感動したんです。いつかレンガを取り入れた住宅をつくりたいと思って、三浦邸で試みたんです」と吉田さん。

幸い腕のいいレンガ職人を知っていたので、レンガを選ぶところから任せた。三浦邸のレンガをよく見ると大きさが揃っていない。不揃いのレンガを積んでいるので、手仕事の味わいがある。鉄骨のトラス梁やジャロジー窓など、精巧な工業製品ばかりだと、緊張を強いられているようで、住まいとしては疲れる。吉田さんは人の手が感じられるレンガの壁で、フェイントをかけたのだ。

この家は敷地条件からいえば、恵まれた住宅とはいえない。開口部を設けられるのは路地に面した南側だけなので、日当たりも風通しもよくない。それでも三十年近く住み続けてこられたのは、飽きのこない工業製品を吉田さんのデザイン力で使いこなして、閉塞感のない空間をつくっているからなのだろう。さらにガス冷暖房機、キッチンセットなどの設備機器も、竣工以来ずっと使い続けている。こうした三浦夫妻の、使えるものは最後まで使うという精神も、この家が現役を保ち続けている大きな要因になっている。

（二〇〇六年八月）

竣工時の平面図

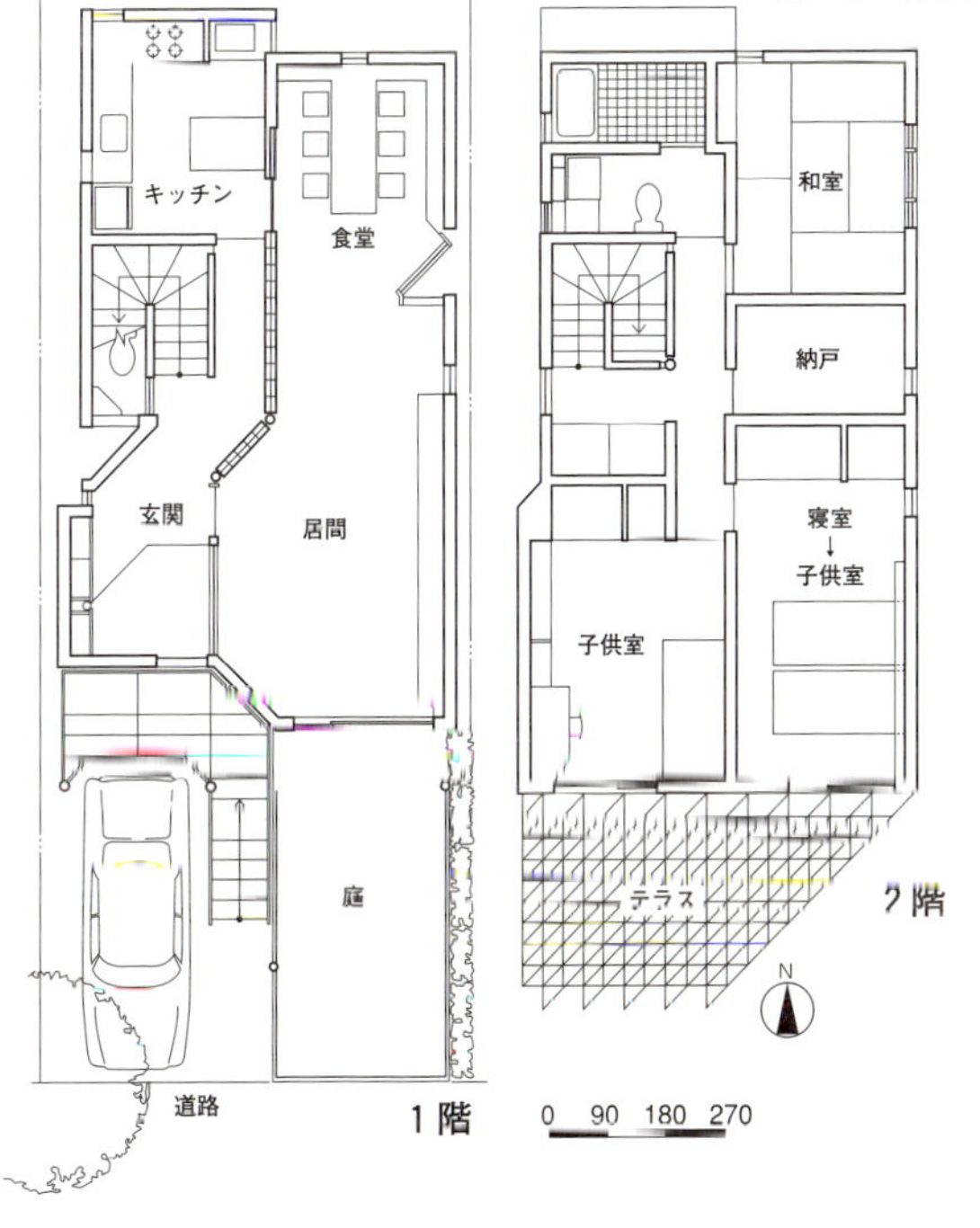

彫刻家のスタジオ◎築二十二年

香川県多度津町

設計◎伊丹潤

上／道路からアプローチと北側外観を見る。
石の壁とコンクリートの棟の間は階段室。
下／庵治石の野面積みの壁の前に立つ速水さん

南側から建物と庭を見る。西側は水田だった
ところをあとから入手して彫刻の庭にした

石とコンクリートに囲まれたスタジオは創作意欲を刺激し続けている

　ものを生み出すアーティストにとって、作品を制作するスタジオは住宅よりも重要な意味をもつ場合がある。空間からインスパイヤされて創造力が飛躍することもあるからだ。しかも創作に没頭すれば、長時間その場所に留まることになるので、住宅よりも濃密な時間を過ごすことになる。本書では二十年以上経った住宅を取り上げてきたが、今回は彫刻家・速水史朗さんが住宅以上に使い込み、しかも現在も創作意欲を刺激され続けているスタジオを取材することにした。

　設計したのは、自身も画家であり書家でもある建築家の伊丹潤さん。どのような自然環境、どのような光と闇、どのような素材が身近にあれば、創造力を刺激する空間になるのかを熟知している建築家に出会ったことで、速水さんにとって「幸運をもたらす家」になった。

　速水さんのスタジオは、高松から西へ約三十五㎞、瀬戸内海に面した多度津にある。速水さんと妻のトシコさんが、タクシーで私たちを駅まで迎えにきてくれた。スタジオは街なかから少し離れたところにある。車で近づくと、ふくらみをもったコンクリートの壁面と石の壁が見えてくる。二十二年前に雑誌に発表された写真を見ると、地元の庵治石《あじいし》を野面《のづら》積みした壁の前は水田が広がっていたが、現在、水田は石の彫刻が点在する庭になっている。

　建物へのアプローチは北側の道路に面したところにあるが、庭のある西側は地面が低くなっているので、玄関は二階になる。速水夫妻は、まず西側の石の壁を見せたかったのだろう。私たちを庭から案内してくれた。高さ十m、幅十三mの石の壁は、敷地の西側の先に望める瀬戸内海と対峙し、まるで海からの光や風を全身で受け止めるように、凛々しい姿で立っている。庭に点在する速水さんの石の彫刻は建物と一体化して、数千年も前からその場にある遺跡のようにも見えてくる。反対に東側のコンクリートの壁は、背後の山を写し取ったように柔らかい曲線で空間を包み込んでいる。

庭から階段を上がって、アプローチに出てみよう。竣工時、アプローチの路面は芝生だった。数年後に速水さんは、善通寺にある陸軍の建物を壊したときに廃材になった土台の石を譲ってもらい、それを敷いた。南と北の壁面には、廃船になったイギリスの客船の窓を二階と三階にそれぞれ四個ずつ、合計十六個取り付けている。この楕円形の窓は、真鍮の厚い枠が建物に独特の存在感を与えている。速水さんが伊丹さんに提案して取り付けた窓だ。

ドアを開けると石の壁とコンクリートの壁の間のスリットのような空間に玄関があり、三階への階段が延びている。見上げるとガラスの天窓から空が見える。石の壁は天窓からの光を受けて、さまざまなかたちをした一個一個の石が語りかけてくる。

スタジオは南北に細長い。なかに入ると東側の面が大きく湾曲していることがよく分かる。床は真鍮の目地を入れたモルタル金ゴテ仕上げ、天井はコンクリート打放し。彫刻という荷重のかかる仕事をするので、仕上げは硬い。ただ速水さんは、石の制作は、牟礼町にある和泉正敏さんの工房で行っているので、ここは木を扱うときだけ使う。

三階は二階とは対照的に、床も天井も木を張っている。こちらは作業場というよりは、速水さんや友人たちの作品が観賞できるギャラリーのような雰囲気だ。制作の疲れを癒す場でもあるのだろう。食堂、キッチン、寝室、そしてバスルームもあるので、ここで生活することもできる。床は真鍮枠の窓と同じ客船のデッキの板を張っている。チーク材の床は、厚い。しかも何年も人がその上を歩いてきたので、時間と人の足跡が積層されて、コンクリートの壁に負けない迫力が伝わってくる。

南側にある寝室は小さな部屋だ。ギャラリーとの間をガラスで仕切っているので閉塞感はない。彫刻というのは、制作に入ると肉体労働に近くなってくるが、ここに入ると自分の内側に向き合うことになる。速水さんにとっては、創作の原点となる最も重要な部屋なのだろう。

２階玄関から階段と天窓を見上げる。不揃いの庵治石を真鍮の照明器具の明かりがテクスチュアを際立たせる

上／2階アトリエ。床はモルタル金ゴテ仕上げ。テーブルも作業台も速水さんの手づくり。下／自作を展示している3階。壁には友人たちの作品を掛けている。奥に食堂とキッチンがある

一階のアトリエには、三階ホールから南側の階段を下りて、外階段からいったん外に出てからなかに入ることになる。ここは作品の収蔵庫として使っているので、外光を取り入れる窓はない。

速水さんと伊丹さんの出会いを語るには、若者たちが政治や社会に対して異議申し立てをしていた一九六〇年代後半まで遡らなくてはならない。大学を卒業しても行く宛のなかった伊丹さんは、少年のころから好きだったアートの世界に居場所を探して、画家や彫刻家との交流を深めていた。そんなとき、新宿のギャラリーで出会ったのが、速水さんだった。やがて伊丹さんが設計したレストラン「トランク」で飲んだり食べたりする仲になり、速水さんはアトリエを伊丹さんに設計してもらうことにした。

当初は自宅の庭に増築することで図面を描いてもらった。敷地が狭かったので、半地下にして木造だったが、どこか無理のある案だった。そんなとき、速水さんから「土地を買ったから見に来てくれ」という連絡が入った。

伊丹さんはすぐ現地へ飛んだ。

「西側には水田が広がっていて、東側は山。南北に細い敷地に立ったとき、海に向かって強靱な壁を立て、山に向かって孕むような曲線が浮かんできた。自然との対立と調和を同時に考えた建築が、目の前に立ち現れたんです」。

速水さんは、石や土を扱う彫刻家なので、壁は石を積み、孕んだ曲線をもった空間はコンクリートで表現することは必然的に決まった。そこで石の壁は、速水さんが石の制作を依頼している和泉正敏さんに積んでもらうことにした。和泉さんは牟礼町に工房をもち、イサム・ノグチの片腕として、ノグチの作品にはなくてはならない石工として知られている人だ。

和泉さんが選んだ石は、地元産の庵治石だった。伊丹さんが特に注文したわけではないが、伊丹さんのスケッチを見て、和泉さんはこの地方によく見られる野面積みにした。「石というのは人間の手で持ち上げられるサイズがいちばんいい」と和泉さんが言うように、小さな石を積み上げた。

施主の速水さんも地元に住んでいることを生かして奔走した。瀬戸内海沿岸には造船所があるので、廃船になった船の部品が入手しやすい。真鍮枠の窓もデッキ材も、速水さんが直接入手した。「伊丹さんは真鍮という素材が好きだということが分かっていたので。三階の床はナラ材だったのを、急遽、デッキに使っていたチーク材にして、床材は天井に張ってもらったんです」。

　彫刻家というのは、家具も自分の手でつくってしまうようだ。一階アトリエの作業台や御影石のテーブル、三階の食卓などは速水さんがつくった。

　一般的に、アーティストというのは成功すれば生活も楽になるが、それまでは生活費を稼ぎながらの創作なので、二足の草鞋《わらじ》を履くことになる。速水さんは、学校の先生をしながら創作活動を続けてきた。幸いこのスタジオができてから、個展開催の要請が続いたり、パブリックアートなどの大きな仕事が入るようになった。まさにスタジオが速水さんの創造の扉を広げ、幸運も運んできてくれたのだ。

　制作に専念するために、速水さんは五十九歳で教師の職を辞した。数年後に、西側の水田を買ってくれないかという話がきた。気に入った石を手元に置いておきたいということもあったので、水田を購入して素材の石や作品を展示する庭にした。

　速水さんは現在七十九歳なのだが、オートバイ、それもハーレーダビッドソンを愛用（免許証の書き換えを忘れたために道路では運転ができないのだが）している。そこで、前庭の一隅にハーレー用の駐車場を鉄筋コンクリート造で建てた。ハーレーの仲間がやってきて、庭を走り、テントを張って合宿をすることもある。

　竣工以来、丁寧に使ってきたのだろう。よく使い込んできた建物だけに与えられる時間の積層がいい輝きを放っている。二十二年の間に手を入れたところが一カ所ある。天窓のスチールサッシが老朽化したので、昨年、ステンレスに替えた。

「このスタジオは、速水さん、和泉さん、そして僕の合作なんですよ」。敷地に立ったとき、目に浮かんだ姿のまま建築ができ上がったのだが、速水さんの作品から受けた感動や廃船からの資材の調達、和泉さんの野面積み、それらがなかったならば、あのような建築にはならなかっただろうと伊丹さんは言う。「石の壁に一つだけ設けた窓は、アートを制作するような気持ちでした。石を積むバランスを彫刻のようにとらえて黙々と石を積んでいる和泉さんの姿を見たとき、僕は胸にジーンときました」。住み手とつくり手があれだけ呼吸が合って、同時に緊張感をもった建築は、今まで手掛けてきた仕事を振り返っても、数少ないと伊丹さんは言う。

六〇年代後半の「熱い時代」に出会ったアーティストと建築家、そのアーティストが最も信頼する石工に参加してもらう。こうした人間関係の上に出来上がったのがこのスタジオなのだ。だから速水さんは、このスタジオに入ると、いつも新しいものに挑戦しようという意欲が湧いてくるのだろう。最近、速水さんは瓦と漆を使った作品も制作している。

七五年に「墨の家」を発表して、独自の建築世界を築いた伊丹さんだが、十年後に発表した「彫刻家のスタジオ」は、自然を建築にどのように取り入れるかを考える

3階の床は船のデッキを再利用。天井はナラ材。石のテーブルは速水さんの作品

ギャラリーと寝室は透明ガラスで仕切っている。人体の彫刻は手前と寝室側と2体ある

きっかけになった仕事だ。

「日本、四国、香川県、多度津という地域性の中で建築を考えていこう。あの建築から僕は、場所のコンテクストを読み、東洋を意識するようになったんです」。

伊丹さんは在日コリアン二世である。生まれ育ったところは日本だが、朝鮮半島の自然観が、齢を重ねるほどに次第に建築表現に表れてくるようになった。日本では、坪庭や縁側のように建築と自然との間に「間」をとるのだが、朝鮮半島では紙一枚の向こうは自然。ダイレクトに自然と向き合う。朝鮮半島の人は自然とともに生きているのだ。

庵治石の壁は内も外もない。石の壁だけで自然に向かっているのだ。しかも野面積みは、昔から人びとが知恵を働かせて積んできたこの地域ならではの方法なので、風景の一部になっている。大地から立ち上がった建築は、やがて遺跡になり、そして大地に還っていくのだろう。それこそが伊丹さんが理想とする建築の姿ではないだろうか。

（二〇〇六年十月）

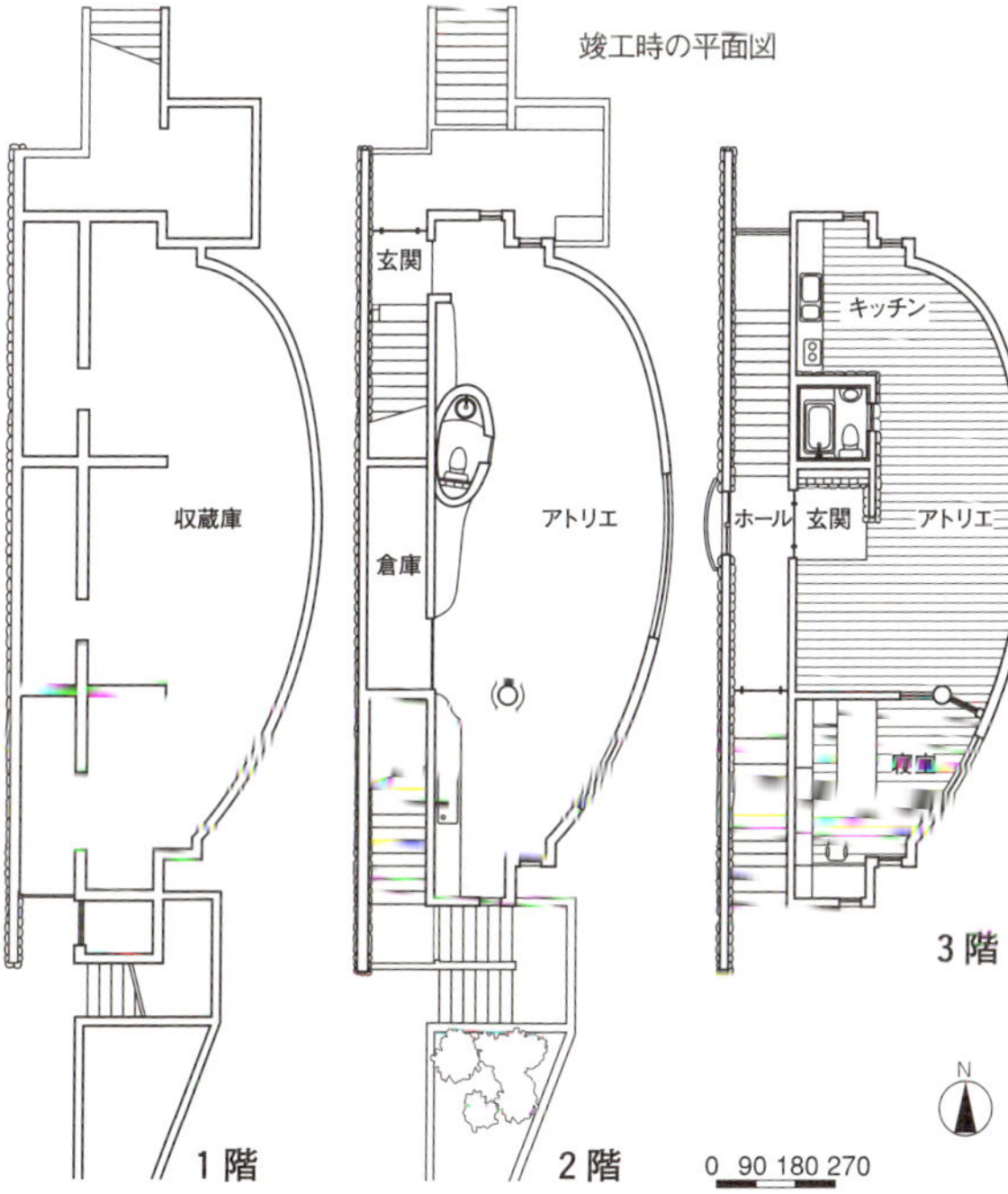

竣工時の平面図

書斎コーナーがある寝室

東側外観。妹さんの家の庭を見ながら玄関へ

常盤台の家◎築二十五年

東京都板橋区

設計◎元倉眞琴

家族構成や周辺環境の変化を柔軟に受けとめてきた木組みの空間を挿入した家

住み手の状況、敷地条件や周辺環境、そして予算など、さまざまな要件をパズルのように解いて、ひとつの形にたどりつくのが、住宅設計の面白さだと思う。ところが年月を経るにしたがって、住み手の状況や周辺環境の変化によって、当初の回答がそのまま使えなくなってくることが多い。今回紹介する元倉眞琴さんが二十五年前に設計した「常盤台の家」は、住み手の状況が変わっても、ほとんど増改築することなしに住み続けることができた例である。

ひとり暮らしの女性の家から夫婦と猫二匹の住まいになり、元倉さんの予想どおり、周囲には隣家が迫ってくるようになった。つくり込みすぎない明快なプランは、人や猫の増員も柔軟に受け入れ、ひとり暮らしの女性ゆえに外部に対してガードを堅くしたことが、建て込んできた隣家との距離を良好にしている。都市型住居のひとつの回答として、今でも十分に通用する高橋瑛子さん・山岸映自さんの家を訪ねてみよう。

東京の西北に位置する常盤台は、都心に仕事場をもつサラリーマン層の増加を見込んで、昭和十年頃開発された郊外住宅地である。放射状に計画された道路の中央緑地帯はプラタナスの並木になっていて、戦前の郊外住宅地の面影が今でも残っている。高橋・山岸邸は、この計画された住宅地の外周部に沿って建っているのだが、旗竿敷地のため道路から外観を見ることはできない。竿の部分のアプローチを進むと、東西に細長い敷地の東側に瑛子さんの妹さんの家があり、瑛子さんたちの家は敷地の西の端に建っている。妹さんと共有している庭から、白い箱型の外観が、樹木の間にわずかに見える。

この家は平面図を見ると、構成の明快さがたちどころに分かる。共有の庭に面して東向きに建っているのだが、四方はほぼ壁で閉じられている。階段と水廻りをセット

上／玄関ホールの土間は瑛子さんの作業場にもなる。正面のドア
から裏庭へ。下右／箱の中に挿入された木組みの架構。床はナラ
材。下左／板の間から玄関ドア側を見る。板の間の東側は収納

上／階段を上がると木組みのキッチンが見える。台所にいる瑛子さんと食堂にいる映自さんの距離感がいい。下／食堂側から見たキッチンと居間。居間の北側からはベランダに出られる

バックさせて、閉じた居室の箱が南北からがっちりと脇を固めている。プランを見ただけだと、いったい採光はどうしているのだろうと疑問が湧いてくるので、なかに入ってみよう。

玄関ドアを開けると、コンクリートの土間と木組みの架構に囲まれた板の間からなるホールの広さに、まず驚かされる。玄関ホールは南側に嵌《は》め殺し窓、北側に小さな窓、さらに階段の上部から光が入ってくるので、予想以上に明るい。板の間の東側に納戸、廊下の西側にユーティリティ、和室の東側に倉庫と、収納スペースをたっぷりとっている。瑛子さんは木の幹や枝などを使って造形物を創作するのを趣味にしているとうかがい、広い玄関ホールも収納もそのためのスペースなのだと納得した。

勾配も幅もゆったりしている階段を上がると、次第に明るくなってくる。見上げると木組みの上部は四周がハイサイドライトになっていて、そこから光が入ってくるのだ。階段の踊り場から見えるキッチンも、洗面所と一体になっている浴室もハイサイドライトのある木組みの中に納まっている。プランを見て、中央のスペースを南北から固めていると思っていたが、中に入ってみると木組みの中に納めた階段や水廻りを、直方体の空間の中に挿入していることが分かる。ベランダに出られる南北側は開口部になっているが、三方がほぼ壁で閉じられている南側の居間・食堂も北側の寝室も、ハイサイドライトのおかげで適度な採光を確保している。

開口部を抑えていることもあるのだろう。二階の居間・食堂に入ってもそれほど劇的に変化するわけではない。私が感動したのは、水廻りだ。コの字型のキッチンは瑛子さんが入ったら満杯というほどコンパクトだが、カウンターの上部が開いているので、とても気持ちのいい狭さだ。

洗面所と浴室は低い位置で仕切っているだけのワンルーム。三・六mの天井高は小さな部屋なのでいっそう高く感じられ、ハイサイドライトからは明るい光が入ってくる。今でこそ、キッチンやバスルームを豊かな空間にすることが当たり前になったが、この家は二十五年前に、水廻りを裏方と考えないで、家中で一番快適な空間にしていたのだ。

図書館で司書をしていた瑛子さんは、両親が所有していた常盤台にある一〇〇坪弱の土地に家を建てることになった。「まだその頃は独身だったので、マンションという選択もあったんですが、たまたま土地があったので。妹は敷地の東側、私は西側半分を相続することになったんです」。

大学時代の友人が元倉さんと友だちだったことから、瑛子さんは元倉さんに設計を依頼することになった。その頃、元倉さんは槇文彦さんの事務所から独立して飯田善彦さんと事務所を設立したばかりだったので、実作もほとんどなかった。だから瑛子さんは元倉さんの建築を体感したわけではなく、「細かいところまで配慮してくれそうな気がしたので」決めたのだ。

元倉さんに提出した要望書は、B五判のメモ用紙に三枚。簡潔に要領よくまとめられていて、今でも元倉さんはその内容を覚えているという。一人暮らしで毎日仕事に出るので、戸締まりがしやすいように、家のなかが見えすぎないように、寝室と台所から朝日が見えるように、片付けやすいようになどの要望から、本棚や洋服ダンスの寸法、それぞれの部屋でどんなことをしたいか、素材や色の好みまで書いてあるものだった。

要望書と周辺環境から元倉さんが読みとったのは、「ディフェンスの堅い家」だった。良好な住宅地の一画ではあるが、いずれ周囲の家は敷地いっぱいに増築したり建て替えたりすることを予想して、居間を二階にもっていった。周囲は壁で囲い、光の筒のような木組みの空間を箱の中に挿入することで、採光や通風を解決する案は、家のなかが見えすぎないようにという瑛子さんの要望とうまく重なった。

寝室、食事室、キッチン、トイレが同じフロアになるようにしてほしい、オブジェのようなものをつくるので、その材料になる幹や枝やツルなどを広げる場所がほしいという要望にも応えることができた。

この家に住んで三年後に、瑛子さんは同じように図書館の司書をしている映自さんと結婚することになった。「私の母が、ふたりになっても住めるような家にしておきなさいと助言してくれたのを元倉さんに伝えた記憶はな

低い間仕切で仕切っただけの洗面所・トイレと浴室を上から見下ろす。洗面所の奥に階段とキッチンがあり、そこまで天井高のある木組みの空間になっている

右／キッチンはコンパクトだが、高い天井とハイサイドライトからの光で気持ちがいい。左上／北側の寝室からベランダを通して居間が見える。左下／本棚と洋服入れがある西側から寝室を見る

いんですが、元倉さんは家族構成が変わっても住み続けられるように、そこまで考えて設計してくれたのでしょうね。猫が二匹になったので、自分の本や書類をどこに置くか、居間や食堂で陣取り合戦をいつも夫とやっていますけど、間取りの不自由さはまったく感じていません」。

とはいっても共働きなので洗濯物を干す場所が必要になり、一階ユーティリティの西側にサンルームのような物干場を増築した。バジルやローズマリーなどのハーブの鉢植えをベランダで育てていたが、木製のベランダが老朽化してきたのを機に、パンチングメタルにして、寝室からも出られるように左右を広げ、さらに庭側に半間分広げた。

二十五年の間に増築したのはこの二カ所だけだが、柔らかい光を家中に提供してくれるハイサイドライトの雨漏りには悩まされた。竣工後三年で、木製建具と木枠の間から雨が室内に入ってきた。元倉さんと相談してアルミサッシに替え、窓の開閉を外開きから両開きにしたら、雨漏りはおさまった。それ以外にもキッチンの換気扇のダクトの吸い込みが悪かったので、ダクトを垂直から水

平に替えた。

元倉さんにとっても「常盤台の家」は、八〇年代前半の空気を感じさせる忘れがたい建築のようだ。「小住宅だったけど飯田とふたりで、真剣に取り組んだ仕事です。あの頃は周囲を閉じて、内部で住み手の世界をつくる住宅観が、建築家たちの共通するコンセプトだった。僕たちも壁のなかに櫓のような木組みの空間を入れて、入れ子のようにしたんだけど、その構成に高橋さんの要望をうまく入れ込むことができた」。

元倉さんは住宅設計が中心の建築家ではない。公共建築や集合住宅のほうが多い。だから住宅を設計するときは他の建築とは分けて考えるという。

「住宅はそこに住む人に属しているので、建築家の考えを全面的に展開するものとは思っていません。住宅はクライアントさえOKすれば、ラディカルなことも表現できるんだけど、僕はそういうことに意味を見いだせない。それよりも場所から与えられた条件や住み手とのやりとりのなかから生まれてくるものを表現するほうが面白いし、そこから立ち上がってくる住宅をつくることに興味がある」。

建築家としてこの家に取り組んだ元倉さんの想いは、瑛子さんだけでなく、映自さんにも深く伝わり、十八年後にもう一軒、元倉さんに設計を依頼することになる。

映自さんは定年後は海が見えて、魚がおいしくて、温泉に入れる土地に住みたいという夢を持っていた。七年前、静岡県の下田に海が眺められる急斜面の土地を予定よりも早く購入することになった。映自さんは設計を迷わず元倉さんに頼むことにした。「この家の単純明快さが気に入っていたので」と映自さんは控えめに語るが、雨漏りで悩まされても、柔らかい光に包まれた「常盤台の家」は居心地がよく、いつのまにか元倉さんの建築が身体の一部になってしまったからなのだろう。

傾斜地に建つ「下田の家（碁石が浜の家）」は海が見える側を全面開口にした開放的な家だ。「常盤台の家」を意識したわけではなく、敷地の形状と周辺条件から開放的な建物になったと元倉さんは説明するが、ふたりは同じ建築家が設計した閉じた都市の住まいと開いた海辺の住まいを行き来きする贅沢な暮らしを楽しんでいるのだ。

「南がふさがっていてもったいないという友人もいるけど、見たくないところは壁にして、見たいところに窓があるのが気に入ってます。空間を細かく仕切ってないのもいい。夫が下田の家に行くと、ここはまた、私ひとりの家になるので、上下を自由に使っています。整理が下手で、物が捨てられない性分さえなんとかなれば、もっと快適になるんでしょうね」。

瑛子さんは定年後、大学で教鞭を執っていたがそれも今年で辞めたので、家にいる日が多くなった。いずれはふたりで「下田の家」へとも考えているそうだが、慣れ親しんだ「常盤台の家」は離れがたく、都市と海の住まいを行き来する生活は当分続くことになるだろう。

（二〇〇六年九月）

竣工時の平面図

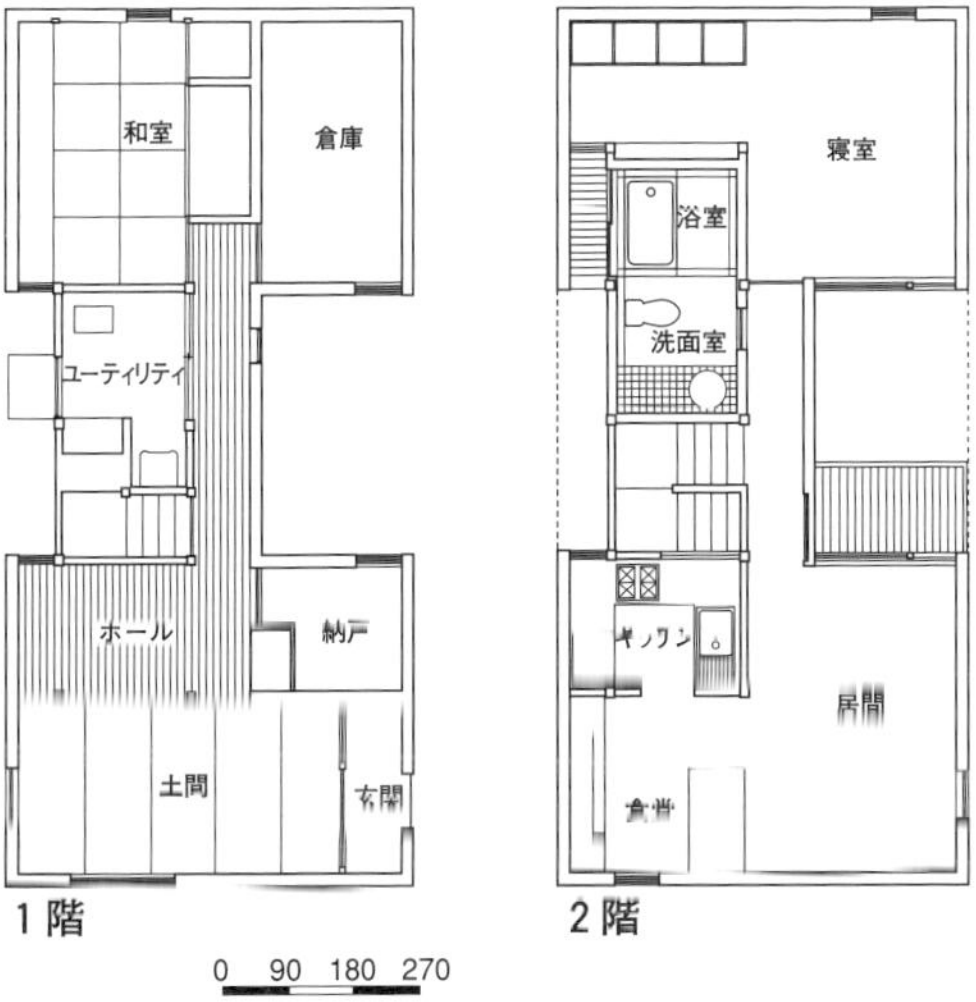

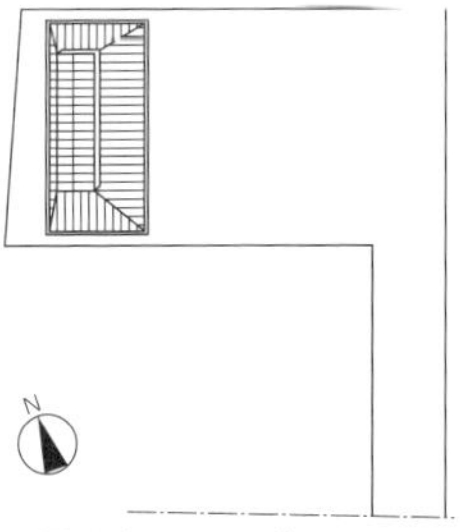

配置図（S=1：800）

庭木に覆われた東側外観

豪徳寺の切妻◎築二十年

東京都世田谷区

設計◎石橋利彦・徳川宜子

建具を全開した和室から居間・食堂を見る。
三角形の頂点に位置どりした植山さん一家

三角形で構成されたダイナミックな空間が家族を包み込んできた家

住宅を設計する際に、住人の暮らしがあるにもかかわらず、機能や性能に多少無理があっても、新しい技術や斬新な形態を優先させて、なかば強引に依頼人を説得してしまう建築家もいる。反対に、依頼人の要望をほぼ全面的に受け入れてしまう建築家もいる。設計料を払い、工務店やメーカー住宅とは違ったものを建築家に期待している依頼人のことを考えると、どちらの場合もいい対応とはいえない。

周辺環境への配慮、技術への挑戦、形態の美しさなどを追求しながら、そこに住む人の暮らしに必要な性能を保証したうえで、言葉では伝えきれなかった心地よさを時間が経つほど感じさせる住宅。それこそが建築家に設計を依頼した見返りであり、社会的にも意味をもつ「建築」なのだと私は思う。

今回紹介する「豪徳寺の切妻」は、「住宅は空間性、機能性、構造性能、設備性能、地域性、経済性などが相関して成り立っている」ことを実践している石橋利彦さんと徳川宜子さんが、二十年前に設計したものだ。住人の植山茂明さんは、前作の「祖師谷の切妻」の外観を見て、直感的に「建築」であることを感じとって、石橋・徳川さんにわが家の設計を依頼した。

東京都世田谷区にある豪徳寺という寺は、地名になるほど敷地が広く、寺の周囲は戦前から住宅地として開発されてきた。植山さんの家は寺の北側、緩勾配の坂道を下ったT字路に面して建っている。坂道の上に立つと、切妻屋根の連なりが電柱の間から見える。建物は豪徳寺の境内を覆っている緑が眺められるように、建物を西に振って建てているので、道路に対して斜めに引きをとることになり、それが街並みへの圧迫感をなくしている。

東側には二階建て賃貸住宅が四戸併設されているが、曲線で囲って母屋と一体にしているので、この住宅が賃貸併用とは、道行く人は誰も気づかないだろう。私も平面図を見るまでは分からなかった。街並みに対してボリュームで圧迫感を与えないように配慮しているのだ。外壁にはサイディングを張り、グレー色に塗装しているので、建物全体の印象は、ハイテクな感じがする。

外階段を半階上がったところにある玄関から室内に入ると、さらに半階上にある居間・食堂の床がちょうどアイレベルになる。見上げると三角形の多面体で構成された天井が、ダイナミックに空間全体を覆っていることが分かる。豪徳寺に対面する西側に開口部を設け、切妻屋根の妻部分はハイサイド窓になっているので、まず寺の緑が目に入る。天井を構成している三角形のそれぞれの面には多様な光が当たり、立体感の強い空間をつくりだしている。

二階には和室やキッチンもあるが、和室は二方向からの建具で仕切っているだけ。キッチンも軽く仕切っているだけなので、ほぼ一室空間だ。階段に沿った収納棚は、天板がそのまま和室の前廊下のようになっている。床面に段差がないので、建具を開けてしまえば床材が違うだけで、収納棚も和室も居間・食堂と一体になってしまう。

二等辺三角形の平面のなかに、相似形の三角形の和室。だから畳も三角形を組み合わせている。ユーティリティと連続したキッチンは、居間・食堂をはさんで和室と反対側にあり、こちらも三角形だ。

一階は、階段下を利用した納戸、三角形の寝室、以前は多目的に使っていたホールに間仕切を入れて個室にした二女の部屋、長女の部屋（計画時は植山さんの母親の部屋だった）、そして水廻りがある。二階は玄関の収納棚の青紫色とキッチンの淡い桃色以外は、グレー一色なので、色よりも光や陰を意識することになる。逆に採光が二階ほど望めない一階では、廊下と各部屋の天井と壁は、淡い色調の紫、黄、緑、桃色など、それぞれ異なる色を使って、明るさを補っている。

この敷地には茂明さんの父親が建てた家と、別棟で賃貸住宅が建っていた。どちらも老朽化してきたのと長女が誕生したこともあって、建て替えることになった。父親は亡くなり、母親も認知症が進んでいたが、自宅で介

上／西側外観。切妻の妻側を淡い黄色で塗り、外壁は炭酸マグネシウム板のサイディングを張り、グレー色に塗装。下右・下左／和室は建具を全開すれば畳コーナーに、閉めると来客用の部屋に

玄関の前にある階段から居間・食堂を見る。階段に沿った収納棚の天板がそのまま床になっている

護することを前提に考えていた。茂明さんはサラリーマンだが、会社では宣伝部に属していて、そのうえ少年時代は絵描きになりたいという夢をもっていたこともあって、デザインや建築には人一倍関心があった。

石橋・徳川さんが設計した「祖師谷の切妻」が、東京建築士会の第一回住宅建築賞に選ばれたという新聞記事を読んで、祖師谷なら近いので、外観だけでもと夫妻は建物を見に行き「シンプルな外観デザインが気に入った」ので、設計を依頼することにした。

「石橋さんも徳川さんも穏やかで、おしつけがましい感じがまったくなかった。当初は四角い案もあったのですが、周辺の状況から必然的に決まったのが三角形のプランでした」。敷地は豪徳寺から借りていることもあって、コンクリート造は建てられない。建物の高さも法規以上に制限されている。さらに周囲には住宅が建て込んでくることが予想されたので、豪徳寺の緑を室内に取り込むために建物を西に振った。十二面の三角形で構成した屋根を架け、妻側にはハイサイドライトが採れる窓を開けた。一階を個室にして壁量を多くすることで、二階の居間は小屋裏まで取り込んだ開放的な大空間が可能になった。そこから出てきた二等辺三角形のプランは、最初は奇異な感じもしたが、住んでいくうちにその案が正しかったことが証明された。

打ち合わせと設計に一年、工事は十カ月近くかかった。木造で十二面の三角形で構成された屋根を架けて大空間をつくるために、柱や梁は在来構法、床組や小屋組はツーバイフォー、さらに鉄骨とビームジョイントを加えたハイブリッド構法を採用した。工事を請け負ったのは、建築家が設計する住宅は初めてという業者だったが、熱心に、かつ面白がって取り組んでくれたそうだ。建設現場はダイナミックで緊張感があったにちがいない。

仮住まいの家が現場に近かったこともあって、複雑な構造の家が立ち上がっていくプロセスを夫妻も十分楽しんだ。計画時、茂明さんは三十三歳、妻の真澄さんは二十七歳、若かったこともあるが、三角形の部屋も、ダイナミックな天井も、斜めの階段も抵抗なく受け入れた。母親は症状が進んできたために入院することになり、この家に戻ってこられないまま亡くなった。

住み始めてから二年後に二女が生まれた。幼児が室内を移動するのに、手摺のない斜めの階段でも大丈夫だろうかと心配したが、目が離せない間は、居間と階段の間に柵をつけて乗り切り、やがて上り下りにも慣れた。

しばらくは亡くなった母親の部屋を子供室にして姉妹で共有していたが、二女が高学年になってから、廊下を残して、半透明の間仕切を入れてホールを個室にした。計画時は、長女が生まれたばかりということもあって、子供室は考えていなかったが、母親の部屋と夫妻の寝室の間に多目的に使えるホールを用意しておいたおかげで、家族の変化にも対応できた。長女は高校卒業後アメリカに留学、二女は父親の果たせなかった夢に近づくためなのか、この家で育った空間体験が身体感覚を刺激したためなのか、美術大学に進んだ。

「木造らしからぬ雰囲気が気に入っています」と茂明さん。ハイブリッド構法から生まれた柱のない大きな居間は、伸びやかな気分にさせてくれる。ハイサイド窓から入ってくる光が、時間や季節によって天井や壁に当たって変化していく様子や、空や寺の緑を、室内に居ながら楽しむことができる。家族は就寝時以外、ほとんどの時間を二階で過ごすというが、二十年経った家なのに、モノが部屋にはみ出ていない。居間・食堂は以前の家でも使っていた大正時代に製作された重厚な洋風のテーブルとノル社の椅子、そして子育てをしているときに購入したソファだけ。気に入った家具とじっくりつきあうのが夫妻の生活信条なのだろう。

一階の間仕切以外に、二十年の間に改修や補修したのは三カ所だけ。洗濯機をドラム式にするために、ユーティリティのカウンターをキッチンに連結させた。結露を防ぐために居間の西南側の窓をペアガラスに替え、玄関前の外壁を定期的に塗装しなくてもいいようにサイディングからガルバリウム鋼板に張り替えた。いずれも石橋・徳川さんに相談して、建設時と同じ業者に工事を依頼している。夫妻は竣工後、石橋・徳川さんと特別に濃いおつきあいをしているわけではないが、建築家の仕事に敬意を払っていることを、お話から読みとることができる。

「植山さんは打ち合わせをしていくうちに、よい方向になる依頼人だった」と石橋さん。じつは植山さんは石橋・徳川さんにとって、知り合いではない初めての依頼人だった。石橋さんと徳川さんは大手ゼネコンの同僚。住宅コンペに二人で組んでたびたび優勝したことから、共同で設計事務所を開設することにした。それまでは上司や同僚の住宅を設計したことはあるが、この家は見ず知らずの人から依頼された独立第一作でもあり、設計でやっていけるかどうかを見極める仕事でもあった。

最近はユニットで設計をする人たちが多くなってきたが、石橋さんと徳川さんはそのはしりかもしれない。二人ともゼネコン設計部にいたということもあるが、一つひとつの要件を冷静に判断して、相互の関係性から結論を導き出すという手法は共通していたのだろう。

「呼吸は合っていますが、仕事ができるいちばん遠い存在かもしれません」と徳川さんは二人の気質や感性の違いを冷静に分析する。「建築は一人の頭、一人の感性で生まれるものではない。だから特殊な頭や感性を持った人にしか建築はつくれないとは思っていません。僕たちみ

ホールは半透明の間仕切りを入れて二女の部屋に

1階廊下から階段を通して玄関を見上げる

たいにノーマルな人間がつくる建築があってもいいし、住宅ではそのほうがよい結果をもたらすと思うんです」。石橋さんも徳川さんも建築家はアーティストではない、社会常識も備わっていなければ建築はつくれないと考えているのだろう。

石橋・徳川さんは、建物の大小や用途にかかわらず、「キーテクノロジー」を共通認識にしている。「キーテクノロジー」とは、人間が暮らす空間としてどういう性能が必要か、そこから出てきたものだという。だからパッシブソーラー的な考え方、ハイブリッド構法、躯体を空間に出すなど、「キーテクノロジー」で進めていくと、自ずとかたちが出てくる。一見、かたちを優先させたのではないかと誤解されそうな「豪徳寺の切妻」も、「キーテクノロジー」から必然的に出てきたものなのだ。そうでなければ、二十年も植山さん一家が住み続けることはできないし、娘さんたちも愛着をもつことはなかっただろう。石橋さんと徳川さんのユニットがフラットな関係で長く続いているのも、「キーテクノロジー」をお互いに信じているからなのだ。

（二〇〇六年十一月）

北側外観

竣工時の平面図

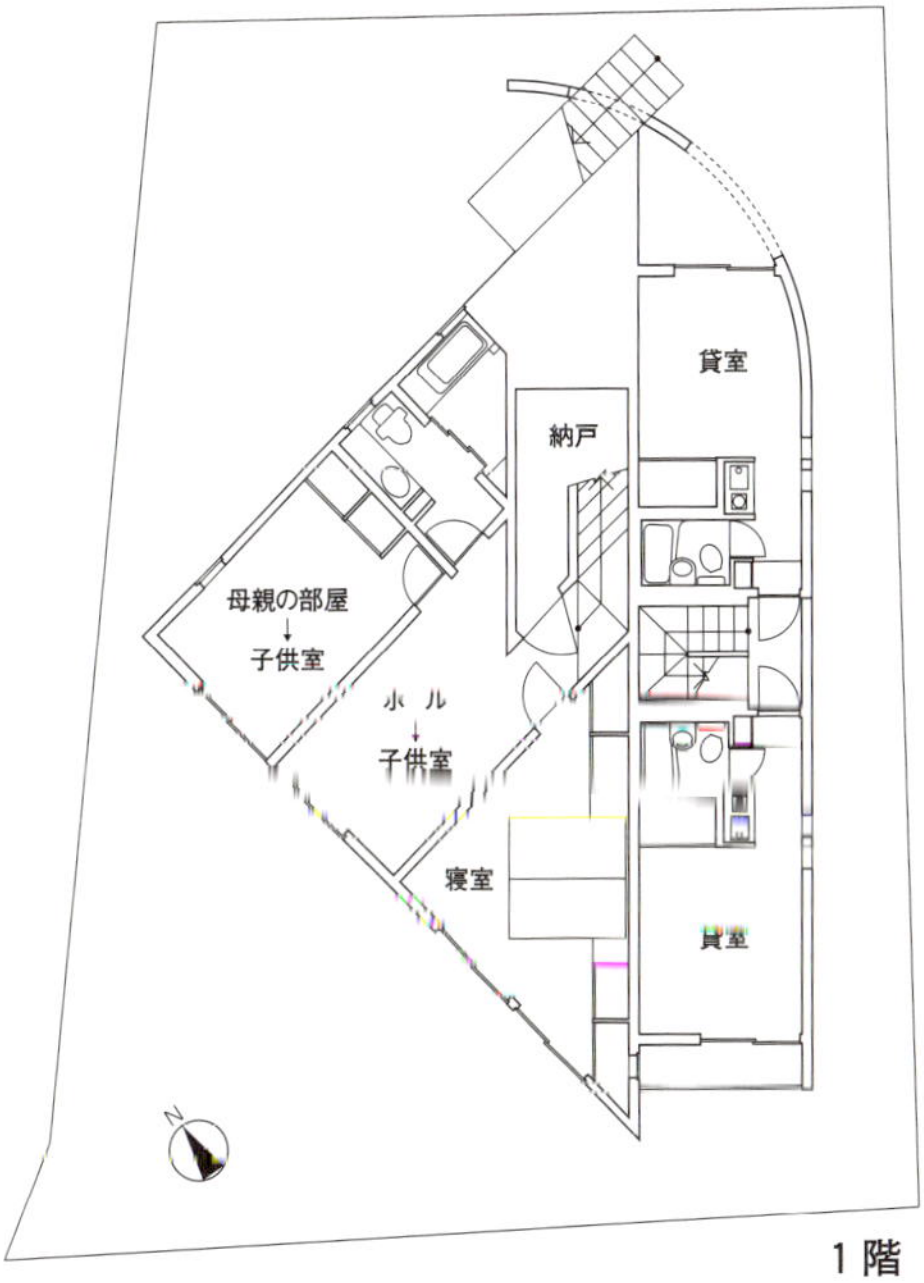

1階

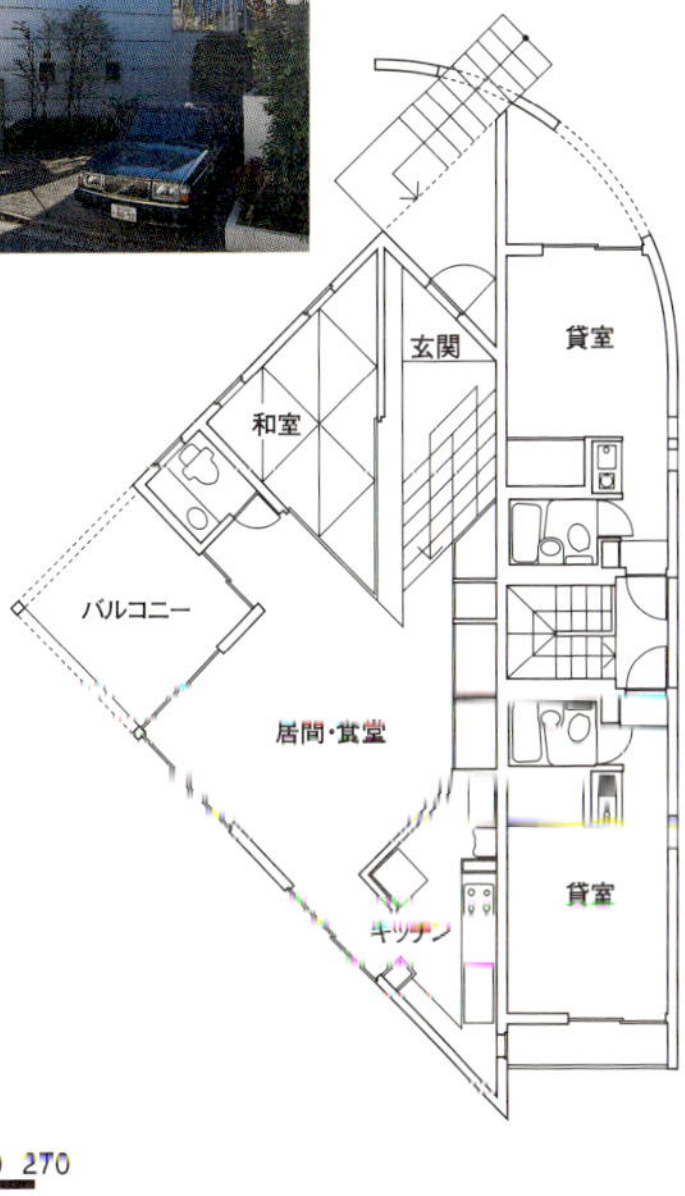

2階

益子の家◎築三十四年・二十一年

栃木県益子町

設計◎野沢正光

緩勾配の南斜面に建てられた母家。
西側に作業棟、東側に増築棟がある

母屋は十四坪のローコスト 増築棟はエコロジー住宅

一九五〇年代に清家清、増沢洵、池辺陽といった建築家たちが取り組んだ小住宅は、家のなかにモノが今ほどなかった時代とはいえ、日本人の生活空間への提案として、今日でも通用するものだと私は思っている。断熱性・気密性は決してよいとはいえないが、考え抜かれた合理的な間取りは、簡素ながら十分に生活することができた。しかも今よりは敷地にゆとりがあったので、建物だけに頼るのではなく、外部も含めて生活空間にすることができた。

今回紹介する野沢正光さんが設計した「益子の家」は七三年の竣工だが、増沢や池辺が手がけた「最小限住居」に通じる品格が感じられる小さな家だ。片流れ屋根、スギ板張りの外壁、建坪十四坪の建物からは、五〇年代の雰囲気が漂ってくる。

陶芸の町として知られる益子の市街地から少し離れた丘陵地の中腹に、「益子の家」は建っている。住人の成良《なりよし》仁さん・由記子さん夫妻はともに陶芸家。六三〇坪の南斜面の敷地には、三十四年前に建った母屋、西側には増築して倍の広さになった作業棟、東側には二十一年前に子供室と展示・応接室を設けた増築棟がある。母屋は軒の出を深くとっているが、増築棟は軒の出がほとんどない。そのため外壁のスギ板は、増築棟のほうが十三年若いにもかかわらず、風雨に晒されて母屋よりも年月を重ねたように見える。

玄関は増築棟にあるので、そこからなかに入ってみよう。床はブロックを敷き詰めている。玄関ホールと南側の展示・応接室の間にはストーブがある。「煙突で上がった暖気を床下にリターンさせてブロックの孔から通し、床暖房しているんです。天井が高いので、部屋全体が暖まるのに二〜三時間かかるので、少し寒いでしょ」そういって仁さんは、陶器とテラコッタの作品が床の半分を

上／デッキに立つ成良夫妻。深い軒の出がスギ板の外壁を守ってきた。下右／増築棟をつなぐ渡り廊下から母屋の居間を見る。下左／キッチンの上に２階がある／朱い指紋が付いた階段側の壁

骨組を露しにした吹抜けのある居間で談笑する成良夫妻。友人につくってもらった食卓もこの家と同じ時を重ねてきた

占領している展示・応接室に私たちを案内してくれた。
知人からもらったというスイス製の大きなソファの南側は、太陽熱を蓄えるサンルームになっている。日中は手前の板戸を開けて日差しを取り込むが、夜は板戸を閉めて寒気を遮断する。

母屋の床面とそろえるために、増築棟の北側へは階段を数段上がる。右手にトイレ・洗面室と浴室、現在は収納部屋になっているが四畳ほどの長男の部屋、正面には現在は仁さんの個室にしている十畳ほどの長女・二女の部屋がある。増築棟は母屋とは独立しているので、渡り廊下を通って母屋の居間へ入る。渡り廊下からは母屋の東側と増築棟の西側外観を眺めることができる。

母屋は四×三・五間の箱に、南から北に向かって勾配のついた片流れの屋根が載り、天井は小屋組をそのまま見せている。南側は吹抜けのある居間と六畳の和室、北側はキッチン、玄関（現在は勝手口）、そしてトイレ、洗面室、浴室（現在は洗濯室）がある。

北側水廻りの上には東西に細長い屋根裏のような部屋がある。ここはかつて三人の子供たちの部屋だった。現在、西側は由記子さんの個室、東側は夫妻のライブラリーにしている。南側の和室の上は屋根裏収納になっている。これが増築棟ができるまでの十三年間、五人家族が暮らしてきた母屋だ。

成良夫妻と野沢さんは東京芸術大学の学生時代に知り合った。夫妻は陶芸、野沢さんは建築と学科は違っていたが、校舎の一階が陶芸、四階が建築だったので、野沢さんは毎日上から土いじりをしている成良さんたちを眺めていた。成良さんは建築に憧れ、野沢さんは手が土に触れてダイレクトにものを生み出す陶芸の世界に憧れていた。そしてなによりも気が合ったのだろう。今日まで三人は「親友」としてつきあっている。大学卒業後、仁さんと由記子さんは結婚して益子に住むことになった。仁さんは宇都宮で少年時代を過ごしたこともあり、益子で陶芸活動をするのは自然の成り行きだった。

敷地は畑だった南斜面を、年間、坪二百円（現在は八百円）で借りることができた。しかも西側は古墳のある雑木林が広がっていた。仁さんは建物が建てられるように、一輪車をころがして整地した。敷地は確保できたが建物にかけられる予算は、当初二百万円。これで住宅と作業場をなんとかしたいと思っていた。むろん相談したのは親友の野沢さん。そのころ野沢さんは、大高正人の事務所に勤務していたが、親友の依頼は断れない。もともと建築家になりたいと思っていた仁さんは、プロ向けの月刊誌『建築知識』を買い込んで住宅設計の基本を勉強した。設計はほぼ野沢さんと一緒に行った。

むろん設計の前に立ちふさがったのが、予算。ところが地元の建築単価は都会よりかなり安いことが分かった。地元の大工に頼んで、大工のやりやすいように設計図を改変するという条件ならば、住宅と仕事場を別にして二棟建てることも可能に思えてきた。そこから、超ローコスト住宅の実現に向けて、知恵を出し合う二人の作業が始まった

最小の外壁・屋根面積で、最大の室内空間を得るために立方体に近い単純な形態にする、内部を細かく仕切らない、建具造作工事を少なくするなどを行ったうえで、壁や屋根の断熱性能だけは落とさないようにした。現場監理は、東京在住で勤め人の野沢さんに代わって、地元に住む仁さんがほぼ担当した。

最終的に工事費は、住宅は二百五十万円、作業棟は九十万円かかったが、それでも驚くほどの安さだ。工事契約をしたのが、オイルショック前だったことも幸いした。

この家に住んでから、子供は三人になった。家は最小限だが、庭は広い。子供たちは雑木林を秘密基地にして、木にロープをかけてターザンごっこをした。門や塀がない敷地は、周辺の子供たちの遊び場になった。裏庭には仁さんが大工の手を借りて登り窯をつくった。数年後に作業棟が手狭になってきたので、同じ大きさの建物を既存の作業棟につなげて増築した。

長男が中学生になると、二人の姉たちと二階の子供部屋で一緒というわけにもいかなくなり、夫妻は増築を考えなくてはならなくなった。「母屋のローンも残っていたので、子供のために二重ローンを組むのでは夢がない。作品の展示やお客の応接ができる部屋を一緒に増築するなら、頑張りがきくと思って決心したんです」。

再び親友の野沢さんの登場となるのだが、母屋よりは

上／２階から吹抜けを通して居間を見下ろす。東西の開口部は低い位置にあるので、風がよく抜ける。下／３人の子供たちの部屋は手前はライブラリーに、奥は由記子さんの個室になった

上／展示・応接室。石油ストーブをつけると煙突を介して暖気が
床下を通って部屋を暖める。下右／南側の窓と部屋の間には蓄熱
層にもなるサンルームを設けている。下左／増築棟の玄関

予算は多かったが、今回もローコスト。そのころ、野沢さんは独立していて、芸大の先輩、奥村昭雄とともに自然エネルギーを活用したエコロジー建築をテーマに設計活動を行っていた。

そこで増築棟も自然の力を利用した省エネルギー住宅にすることになった。南側にダイレクトゲインで室内が暖まるようにサンルームを設けたり、奥村のポット式ストーブをもとにして、ストーブの暖気で床暖房をする仕組みを取り入れた。予算の壁にぶつかってあきらめたのだそうだが、野沢さんから拝借した立面図には屋根の上にソーラーパネルも載っているので、当初は太陽熱による床暖房を考えていたようだ。

展示・応接室は有効に活用された。仁さんは自分のためにと思っていたのだが、母屋から少し離れていることもあって解放された気分になるのか、三人の子供の友だちが頻繁に遊びにきた。この家から独立するまで子供たちは、目いっぱいこの空間を利用した。夫妻も音楽家や文化人を招き、地域の人たちに文化サロンとしてこのスペースを提供した。

両親の背中を見て育ったからだろう。長女はガラス作家になり、二女は結婚したが、長男は舞台美術の道に進んで、それぞれこの家から巣立っていった。一時は小さな家に五人家族がはちきれんばかりに暮らしていたが、今は夫婦二人だけになった。

母屋の階段の壁には赤い指紋がいくつもついている。垂直にどこまで跳べるかを、この家に来た人は壁に残していくことになっているからだ。むろん三人の子供たちが幼かった頃の指紋もある。ということは三十四年、一度も壁を塗り替えていないことになる。母屋の南側と増築棟の西側のデッキが朽ちてきたので、昨年、仁さんの「設計」で、張り替えた。手を加えたのはこのデッキだけ。

築三十四年の母屋と築二十一年の増築棟にしばらくいると、「住宅は骨と皮とマシンからできている」という野沢さんの言葉が納得できるような気がしてきた。超ローコストなのに骨組がしっかりしている。母屋の皮（外壁）はスギ板→ルーフィング→グラスファイバー→ラスボード→プラスターと当時としてはかなり重装備だ。マシン

（設備）は母屋では予算切れだったが、増築棟ではローコストにもかかわらず、床暖房まで考えられている。ローコストであっても、骨と皮とマシンがしっかりしていれば、二十年、三十年以上住み続けることができる。

「益子の家」は野沢さんの処女作といってもいい。建築家のデビュー作は親兄弟か友人の家が多いが、親兄弟はともかく、友人の場合はそれが原因で友人を失うことがままある。だが、今でも野沢さんは、年に一、二回は里帰りするように「益子の家」に来て、明け方まで仁さんと酒を酌み交わすというから友情は持続している。

「僕は住宅設計はそれほど多くないけど、今でもこの家は住宅を考える時の原点になっている。嘘のない正直な家なのかもしれない」。

　今、都市で戸建住宅を建てようと思ったら、二十坪以下の狭い敷地でもやむをえなくなってしまった。だから建物の性能を上げて、外に対して閉じて暮らす。建物内だけで生活のすべてを賄おうとするから、モノで埋まってしまう。ほどよい広さの敷地に、骨と皮がしっかりした建物を建てれば、自然の力を取り入れながら、長く住み続けることができる。「益子の家」は戸建住宅とは本来どんなものなのかを、私たちに伝えているような気がする。

（二〇〇七年一月）

平面図

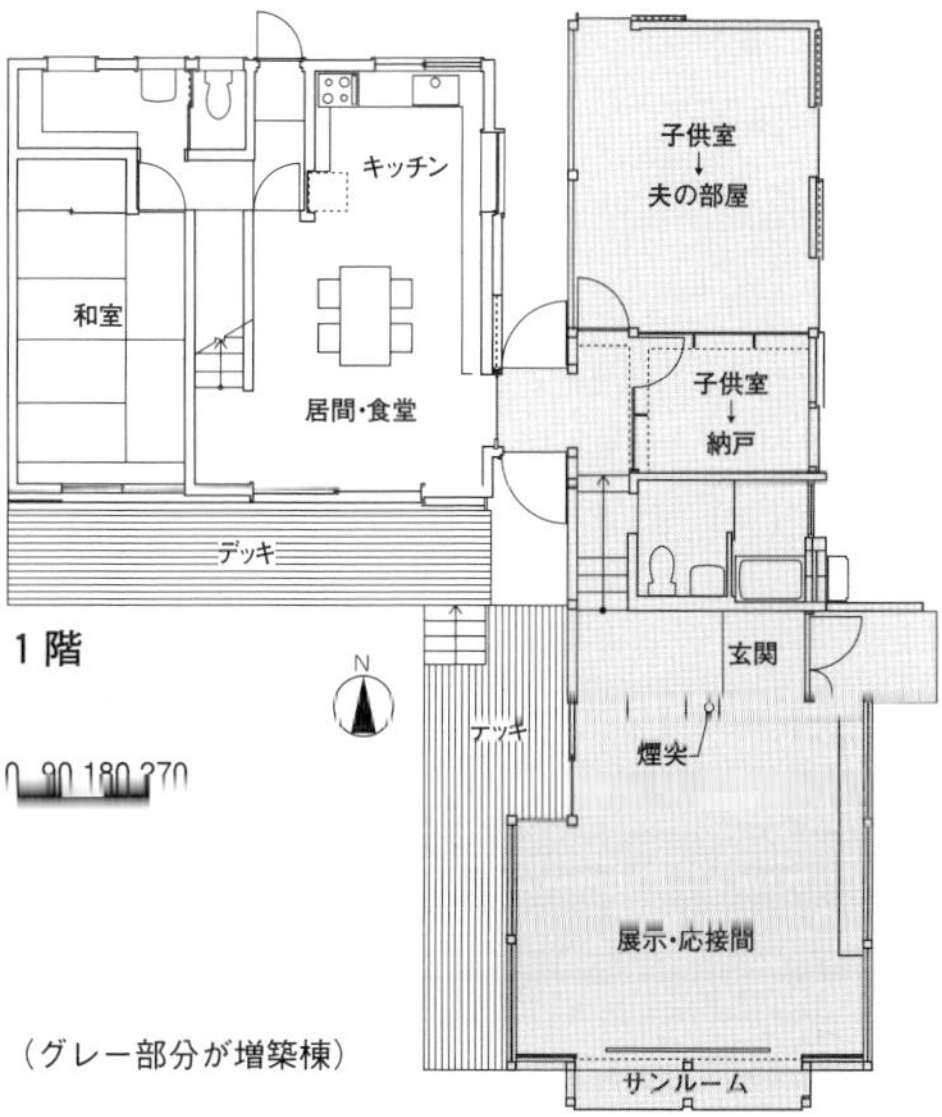

1階

（グレー部分が増築棟）

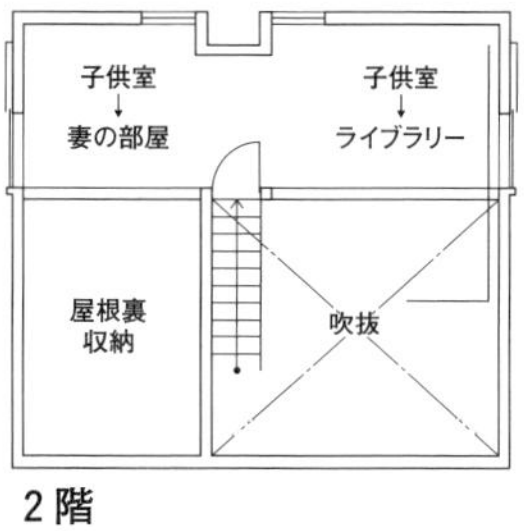

2階

北西側外観

階段室を見上げる。中空ポリカーボネートの
引戸が２階居間と３階への階段を仕切る

茅ヶ崎の家◎築二十一年

神奈川県茅ヶ崎市

設計◎石田敏明

上／玄関とホール。玄関の左側は天井まで収納。上からの光で明るい階段室。下／スチールの階段はシルバーペイント塗装

構成する要素を部品化した究極のプレファブ住宅に淡々と住み続ける

建築家の出発点になる住宅には、その後の建築家の方向を決定付けてしまうものが多い。「出世作」といわれるこうした住宅は、建築家の想いが強いだけに、住人は何年かすると住むことに疲れてしまい、よければ改築、悪ければ売却か建替えということになる。だから建築家の考え方を許容しつつ、自分たちなりの暮らし方と折り合いをつけながら、二十年以上住み続けているのは、まさに「幸福な家」といってもいい。

今回紹介する石田敏明さんが設計した仁田峠《にたとうげ》公人さん・真知子さん夫妻の家は、まさに石田さんの出世作。当時の石田さんの建築観が、この家のすべてに詰まっているといってもいい。かたや住人の仁田峠夫妻は、「明るく、風通しがいい家」という基本的なことが満たされていれば、建築家がどのような考え方で建物を構築してもかまわないという「大らかな」施主だった。建築家に「出世作」となる機会をつくり、二十年以上たった今も、淡々と住み続けている仁田峠夫妻の家を訪ねることにした。

辻堂の駅に降りると、周囲が急に明るくなったような気がする。駅から海へ向かって二十分ほど歩くと、バス通りと脇道の角に、客船の一部のような三階建ての建物が現れる。船の帆に見立てた屋根を載せ、銀色に塗装した外壁とアルミサッシの窓は、海からの強烈な光を受けて輝いている。道路と住宅が交錯する特色のない街区のなかで、この一画だけが異彩を放っている。

建物は真知子さんの実家の一部に建っている。両親の家の日当たりに配慮して、一階の東側は平屋だ。間取りを紹介する前に、全体構成を説明したほうが分かりやすい。一階は鉄筋コンクリート壁式構造。その上に木造軸組ブレース構造が二層載っている。屋根、庇、階段、窓、建具、収納棚、そしてキッチンの部材まで、建物を構成する要素を部品化している。木造軸組もコンクリート壁式も、柱、梁、壁まで部品と考えれば、この家はすべての部品を現場で組み立てた究極の「プレファブ住宅」なのだ。

敷地が限定されていることもあって、必要な部屋を重ねていったら三階建てになり、二・七m（一間半）×二・七m×高さ二・三mをグリッド（基本単位）にした空間になった。つまり四畳半の空間が一単位になっているのだ。一階では六個、二階では四個、三階では吹抜けを入れて四個（十年前に吹抜けの半分に床を張った）、合計十四個のグリッドで構成されている。

一階の六つのグリッドは、玄関、和室、階段・廊下、洗面所・トイレ・浴室、寝室、二階の四つのグリッドは、階段、居間・食堂、キッチン、三階の四つのグリッドは、階段・書斎、書庫、居間上部の吹抜け、書斎（増築）に当てられている。二階と三階は、グリッドの間に仕切りが必要なところは、透明中空ポリカーボネートの引戸で仕切っているだけなので、一室空間といってもいい。

二・三階の南側はアルミサッシの引違いと嵌《は》め殺し窓、西側は本棚の壁になっているが、上部は窓。東側は、キッチンに連続したベランダに出られるように掃き出し窓になっている。三階の天井はグリッドと斜めに縦断する稜線と三角形に分割された四つの面で構成されている。天井と木造軸組の架構との間には、ハイサイドライトを設けている。つまり、両親の家と対面する北側だけは閉じているが、外部に遮るものがない三方は開口部を設けているので、太陽が出ていれば一日中明るい。竣工時と較べると、室内には多くのモノがはみ出して、開口部の一部をふさいでいるところもあるが、それでも明るい。

仁田峠夫妻は、同じ敷地で真知子さんの祖父母が暮らしていた小さな平屋の家に住んでいたが、手狭になってきたので、建て替えることにした。両親の家の庭先という敷地条件とかなり限られた予算だったので、建築家ならいい案を出してくれるのではないかと思って、公人さんは高校時代の友人である石田さんに相談した。「彼の作品が好きだからというより、知っている建築家は彼だけだったので」。石田さんは伊東豊雄さんの事務所から独立して間もない頃だったので、「心がこもった、魅力的な住

上／吹抜けは半分になったが、壁で仕切っていないので、開放感と明るさは以前とあまり変わらない。下／階段から食堂と３階への階段を見る。中空ポリカーボネートの引戸には枠がない

上／アルミの部材を組み立てて現場でつくったキッチン。天板はベニヤが黒ずんできたのでステンレスを張った。下右／1階寝室から玄関ホールを見る。下左／洗面・トイレ。鏡はスライド式

宅をつくってくれるのではないか。いい条件とはいえないが、考えることでなんらかの解決策が出てくるのではないか」という期待もむろんあった。

夫妻が石田さんに伝えた要望は、光と風が体感できること、書物の収納、北側にある両親の家への配慮、そして道行く人にいい意味での驚きを与える特異性のある建築だった。構造や間取り、素材や仕上げといったことは、専門家の石田さんに一任した。

真知子さんは湘南育ち。「北鎌倉の家（一四六ページ）」の高野三枝さんも「明るい家」を希望されたが、湘南の太陽の下で育った人たちは、身体が自然に「明るさ」を求めるのだろう。石田さんが設計した「明るさ」への回答は、真知子さんを十分に満足させた。この家には亡くなった母猫を入れると一時、四匹の猫がいた。現在はその子供たちが三匹。といっても十七年生きているので老猫だ。猫は日当たりのよいところを求めて家のなかを移動する。長生きしているのだから、この家は猫たちにも過ごしやすい家なのだろう。

公人さんは漢文を教える予備校の先生。そして文筆家でもあり読書家でもある。階段の壁面や居間・食堂の本棚には、ぎっしり書物が詰まっている。三階の書庫は体を小さくしないと、本棚の間から真知子さんの書斎に辿り着けない。それほど書物で埋まっている。

真知子さんもしばらくは居間・食堂で近所の子供たちの勉強をみていた。子供たちは特異な外観と体験したことのない空間を楽しみにこの家に通った。教え子のなかから建築の道に進みたいという子供も出てきたそうだ。数年前に真知子さんは、両親の介護や老猫たちの世話もあって、学習塾をやめることになった。

竣工後、しばらくしてから造園デザイナーの井田洋介さんに樹種を選んでもらって、道路側の空地に樹木を植えた。西側には低木はボックスグリーン、中木はオリーブ、南側には海風に強いマツを植えた。緑が加わって、シルバーグレーの外観が以前よりもいい雰囲気になってきた。

二十一年の間に、手を入れたのは三カ所だけ。十年前に、居間・食堂の吹抜けの半分に床を張って、真知子さんの書斎にした。同時に吹抜けの西側に、南側の窓を掃除するためのキャットウオークを設けた。そして三階の書斎から外気を吸えるように、東側にベランダを取り付けた。ほぼ同じ時期に、キッチンのベニヤ板の天板が黒ずんできたので、ステンレス板をその上に張った。

外装は二回塗り替えているが、内部は一度も塗り替えていない。だから猫たちが爪とぎにしている柱はささくれだっている。グレーに塗装していたフローリングは、ほとんど剥げてきている。

夫妻は自分たちが住んでいる家が、建築を構成する要素を徹底的に部品化したものだということなど、まったく意識したことはないという。今までに見たこともない変わった家だとは思っているが、建築家の想いがそれほど強いものだとは、石田さんからも特に聞かされていなかった。ポリカーボネートを建具に使ったのが、この家が初めてということもあって、メーカーの人が写真を撮りにきたことで、「意欲的な家」であることを知った。今ではポリカーボネートを建具や間仕切に使うのは当たり前のようになってしまったが、当時は画期的な試みだったのだ。石田さんはなぜ、建築を部品の組み合わせと考えたのだろう。

「ひとつには、当時、槇文彦さんが雑誌に書いた『インダストリアル・バナキュラー論』に影響されたことがあります。日本の現状を考えると、性能面や価格面からみても、工業製品を使うほうが、妥当な選択だという論です。そこで僕は工業製品を隠すのではなく、正直に見せてしまうつくり方をしようと思ったのです。もうひとつは、磯崎新さんの『現代建築は二十世紀前半に巨匠たちがやってしまった。自分たちの世代はそれをどう引用するかだ』という文章に出会って、部品を組み合わせアッセンブリーすることがオリジナルな表現になると考えたのです」。

当時、仕事は「茅ヶ崎の家」だけだったので、時間はたっぷりあった。もともと新しい材料が好きだった石田さんは、東急ハンズに通って、建築に使える材料を探した。温室に使う中空ポリカーボネートを引戸に使うというアイデアも、そこから生まれた。パンチングメタルも伊東さんの事務所で担当した住宅で初めて使った。

交通量の多い道路に面していることもあって、１階は鉄筋コンクリート造、２・３階は木造、２・３階の外壁はフレキシブルボードにシルバーペイント塗装

アルミのキッチンもすべてのパーツを図面に描いて、自分で業者を探して、現場で組み立てた。「茅ヶ崎の家」は機械が生み出す工業部品でできているのだが、実は石田さんの手描き図面の集積によってつくりあげたものなのだ。

二・七ｍグリッドは敷地条件から出てきたものだが、石田さんの頭のなかには、増沢洵の「最小限住居（九坪ハウス）」があった。二・三階だけ取り出せば、「茅ヶ崎の家」は「最小限住居」と同サイズになる。このサイズで本当に生活ができるのだろうかと迷うとき、「最小限住居」が後押しをしてくれたという。

だが、夫婦と猫三匹とはいえ、二十一年の間にモノは確実に増えている。「最小限住居」の時代と違って、今は意識的にならないとモノはどんどん増える。取材に伺ったときも、和室は物置化していて、なかに入れなかった。「この部屋にあるものを捨てたら、僕の第二の書斎にしようと思っています。三階の明るすぎる書斎は仕事用、一階の和室は暗い雰囲気にして、創作用」と公人さん。

高齢になったらこの家はきついかなと思う私の心配をよそに、五十代半ばになった夫妻は、次の十年へ向けてモノを整理して、竣工時の簡素で整った美しい家に戻そうと考えているようだ。

「今でも、設計に取り組むときは、この家で考えたことがベースになっています」。自分の立っている位置を確認することができる「茅ヶ崎の家」は、建築とは何かを考える機会を石田さんに与え続けている住宅なのだ。

（二〇〇七年二月）

平面図

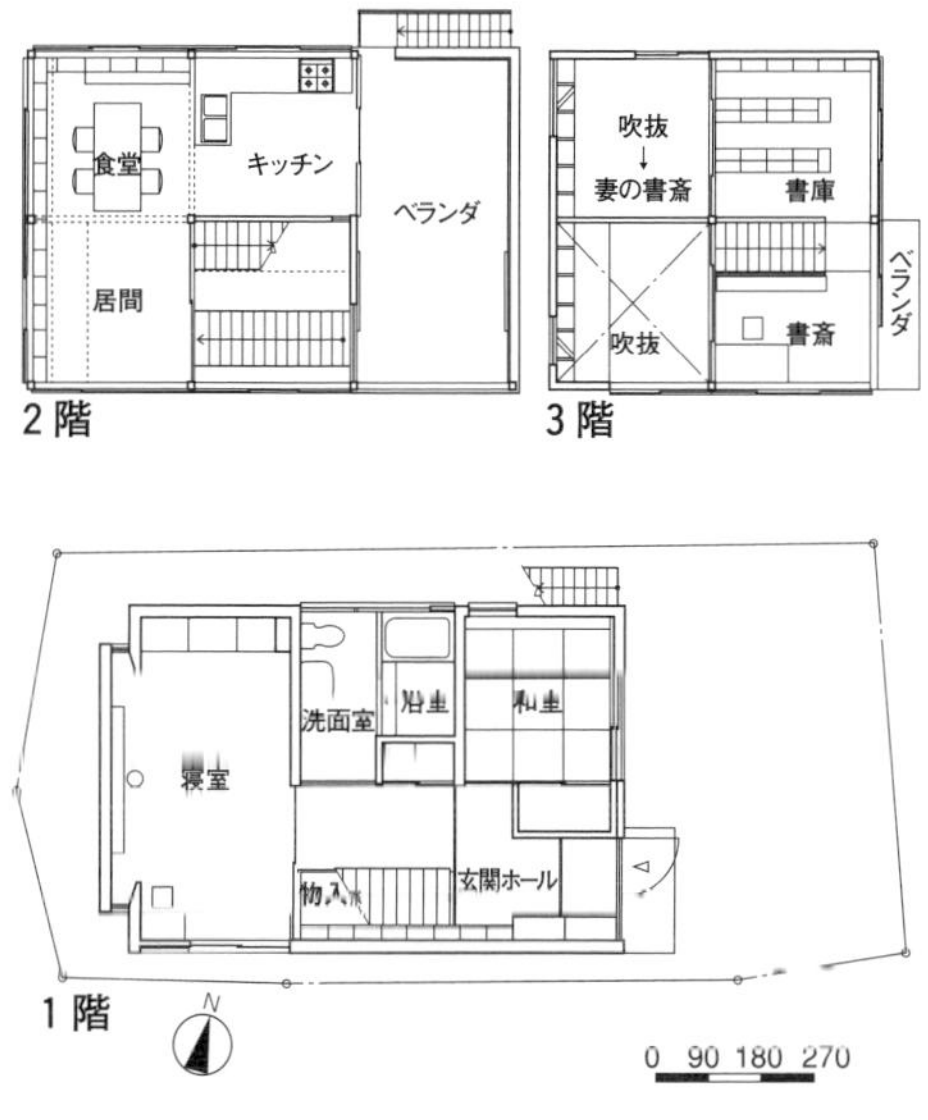

対岸から映水庵の北側外観を見る。切妻屋根の上に三角屋根を載せている。高速道路の橋脚と釣り船が浮かぶ竪川の風景は、変貌する東京の町を象徴している

映水庵◎築二十年

東京都墨田区

設計◎川口通正

川に面した立地を生かして家族の生きがいを引き出してきた家

たとえ狭い敷地に建つ小さな家であっても、生活空間以外に、プラスアルファの空間があると、家族構成の変動に対応できたり、そこを使って生きがいを見いだしたり、時には収益を生み出すこともある。二十年前に川口通正さんが設計した山口茂彦さん・まさみさん一家の家は、プラスアルファの空間をカフェとして生かしてきたことで、近隣の人たちや仕事に来る人たちの拠りどころとなっている。さらに山口夫妻の子供たちも影響を受けて成長し、自分を表現する場としてこの空間を受け継ごうとしている。

店舗併用住宅といってしまえば、特別に目新しいことではないかもしれないが、商売などまったく考えたこともなかった建主をその気にさせてしまったのは建築家である。そして川に面している立地を上手に生かした設計が、建主に力を与え、お客を呼ぶ要因にもなり、二十年の歳月が建物に風格を与えるまでになった。

東京の下町は江戸時代、物資を運搬するために堀が縦横に巡らされ、ヴェネチアのようであったという。川口さんが命名した山口さんの家「映水庵」も、隅田川の支流、竪川に面している。鉄筋コンクリート造四階建ての建物は、川面にその細長い姿を映している。竪川の上には高速道路が走っているため、鉄骨の橋脚が街の風情を無骨なものにしているのが残念だが、それでも両国駅から南に向かって歩くと、活気のあった江戸の街の空気が、川からの風に乗って伝わってくる。川や橋のある風景は、幼い頃の記憶とつながって、私に特別な想いを抱かせる。

橋を渡った南側の道路に面して入口がある。建物の間口はわずか三・六m。セットバックしたところにあるポーチは、鉢植えの花や切り花で覆われ、左右のドアが開いている。左手のドアからは川まで見通せるカフェの様子が、右手のドアからは壁面を花でディスプレイした階

上／花屋の店先も兼ねた１階のポーチ。左手のドアからカフェへ、右手のドアから住まいへ。下右／カフェの通路。道路から川まで見通すことができる。下左／川に面したカフェのカウンター

厨房に立って、カウンター席のお客と談笑するまさみさん。カウンターはマツの１枚板。和紙を張った照明器具も川口さんのデザイン

段が見える。通りを歩く人たちは、色とりどりの花に誘われて建物の前で足を止める。ポーチと階段周辺は二女の香さんが二年前に始めた小さな花屋さんなのだ。それではは母親のまさみさんが店主をしているカフェから訪ねてみよう。

壁面に写真が掛かっている通路の奥に客席がある。奥といっても建物の奥行きは九・九m、厨房を入れても店の広さは十畳くらいだろうか。竪川に面した開口部と厨房を囲むところには、それぞれ一枚板のカウンターがあり、椅子は全部で九脚。川側のカウンターに座ると、竹、南天、椿、紫陽花が植えてある小さな庭の間から、春の日差しにゆらめく川面や橋が眺められる。手前のカウンターではご近所の常連客が、厨房に立つまさみさんと世間話に花を咲かせている。

住宅に行くには、いったん外に出て階段を上がる。二階の南側は映像作家である夫の茂彦さんのアトリエだったが、今はカフェの客席になっている。北側の分厚い木の扉が住宅の玄関。ここで靴を脱ぐ。川に面して小さな和室がある。まさみさんの趣味の部屋にしていたが、この部屋もお客が多い時は客席になる。

三階は南と北に個室があり、真ん中に水廻りがある。四階は南側が天井高のある居間・食堂、北側が寝室にしている和室、真んなかにキッチンがある。さらに勾配の急な階段を上がると、ロフトから洗濯物干場にもなる屋上テラスに出られる。

東西は隣家が迫っているため、通風のみの開口部にして、南北は採光と眺望を得るためにやや大きめの開口部を設けている。一つのフロアは十一坪しかないが、必要な要素をコンパクトにまとめ、しかも打放しコンクリートの天井と壁に木とスチールと和紙を使っているだけのシンプルな室内は、実際の床面積よりも広く感じられる。カフェに使用しているところを除くと、生活空間は三・四階の二十二坪。ここに一時は夫婦と三人の子供たちが生活していたのだ。

山口まさみさんは生まれも育ちも両国。以前住んでいた木造二階建ての家がビル建設により、立ち退かなくてはならなくなった。両国から離れたくない、子供の学校も変えたくない、そんな想いから近くで土地を探すことにした。見つかったのが川に面した南北に細長い十五坪の土地。「当時は川といえばゴミ捨て場。汚いし臭い。こんなところに住めるだろうか」とまさみさんは川をネガティブにとらえていた。周囲の建物も川側は閉じていた。鉄筋コンクリート造にして、一階は貸し事務所か倉庫にでもすれば、なんとか住めるかもしれないと、消極的な選択だった。

たまたま新聞に出ていた「家づくりの会」の講習会のテーマが「打放しコンクリート」だったので参加した。そこで川口さんに出会った。その頃、川口さんは独立したばかりで、一つしか実作がなかった。「狭小敷地で条件が悪いけど、川口さんなら若さで解決してくれるのではないか。この人に賭けてみよう」。夫の茂彦さんのひとことで、まさみさんも決断した。さっそく川口さんに敷地を見てもらった。

今では特色のない中層のマンションに建て替わってしまったが、川の対岸には切妻屋根の古い町家が何軒か残っていた。南側の道路から川へ抜ける敷地を眺めながら、川口さんは屋上テラス付きの四層の立体的な町家を思い浮かべた。「水辺の風景を絵に見立てて借景にしたら、コンパクトな建物に広がりが生まれるかもしれない」。

一階を貸し事務所か倉庫にして、その上を住居にすることで、「川に近いところは湿気もあるので住みにくいのでは」というまさみさんの不安が少しやわらいだ。それでも川口さんが「川側を大きく開けたのには驚いた」というまさみさん。川に対する子供のころからの先入観を拭い去ることがなかなかできなかったのだ。

「道路の往来を見ていたら、カフェがここにあったら人が入ると思うんだけど。今なら間に合うからやってみませんか」。二階の床が打ち上がったころ、一階を人に貸して、閉ざされた倉庫にするのではなく、人が集まるカフェにすることを川口さんはまさみさんに提案した。川口さんの本音は、人の往来もさることながら、川の眺めを倉庫などでつぶしてしまうのはもったいないと考えたからだ。

ある日、川口さんは二階の川側に突き出た足場で、職人に誘われてお弁当を食べていた。その時、川からの風

上／２階北側の和室の窓を開けると水辺の風景が室内に入ってくる。下右／２階への階段は花屋として活用。下左／カフェの客席になった映像アトリエ／木の扉に真鍮のノブがついた住まいの玄関

右／居間・食堂の天井は他の階よりも高い。後左手はキッチン。
左／4階南側にある居間・食堂。切妻屋根の形状がそのまま天井に現れている。窓はスチールサッシ、床はヒノキ縁甲板張り

を感じながら水辺の気持ちよさに心が奪われた。もっと大勢の人にこの風景を楽しんでもらうには、カフェにするのがいちばんいい。一階は急遽、厨房と一枚板のカウンターを二カ所設ける工事変更を行って、カフェになった。

「川口さんに乗せられて、建設中に喫茶の講習会に行って、コーヒーだけは淹れられるようになりました」。まさみさんは写真の学校を出て、スタジオでカメラマンの助手をしていた。結婚後、子育てもあり写真は休業していたものの、カフェの店主になるのはまったくの想定外だった。「子育て中だったので、家にいながら仕事ができるのならと、パートに出る感覚で無謀にも開店したんです」。

ところが本人の予想に反して、誰に対しても自然に接するまさみさんの性格がプラスに転じ、人気が出てきた。やがてお客に乞われてランチも出すことになり、一階だけではさばききれなくなって、八年前に比彦さんのアトリエを近くのマンションに移して、二階もお客に開放することになった。

新築時、長女の愛さんは十四歳、二女の香さんは十三

歳、長男の昌彦さんは九歳だった。三階の個室は、南側を姉妹が、北側を昌彦さんが使っていたが、上の学校へ進み社会人になるにしたがい、洋服や靴やさまざまなものが増えてきて、廊下や部屋にはみ出すようになった。猫を飼うようになって、柱や建具は爪とぎの被害にあうので、美しく住むことは難しくなってきた。木の床や棚は塗装が剥げたり、傷や手垢がついているが、そこから建物を愛おしんで暮らしてきたことが伝わってくる。時間を経た建築だけがもつ独特の心地よさが感じられる。

愛さんはイタリア語を学ぶために留学していたが、最近、子連れでこの家に戻ってきた。三階の二つの個室は愛さん母娘の部屋になった。香さんはフラワーアレンジメントを学んで、二年前にカフェの隣で花屋を開業することになった。最近結婚してこの家から離れたが、自転車で通えるところに住んで、通いで花屋と、講師を招いてのフラワーアレンジメント教室を開いている。昌彦さんも成人して美容師になり、独立した。

育ち盛りの子供がいる家族にとっての二十年は、最もドラマティックに変化する時だ。住まいもさまざまな対応を迫られる。お客が増えてきたのと、子供が独立したのがうまく合って、これ以上余分な空間もない、増築も不可能な建物が急場を乗り切り、次の世代まで暮らせる住まいへと船出することができた。

この家が増改築もしないで、そうした変化を乗り切ることができたのは、打ち合わせ段階でのまさみさんと川口さんの関係がよかったからだと思う。まさみさんは住み手としての要望を忌憚なく川口さんに伝えたが、建築家としてそれをどのように解釈して設計していくかは、専門家に任せたという。「シンプルで使いやすく、飽きのこない家にしてほしい」というまさみさんの要望は、そのころも、そして今も川口さんの設計テーマでもある。

「疑問が出るとまさみさんは正直になんでもぶつけてくれたので、僕はそれを真摯に受けとめて解決の糸口を探した。この家は、デザインや技術の問題だけではなく、建主とどのようにつきあえば、自分でも納得のいく建築になるのかを理解し、建築家としてやっていけるかどうかを見極める仕事になった。そうした意味でも住宅の善し悪しは、建主との関係が大事だと今でも思っています」。

「カフェ・レ・映水庵」のカードや案内板は、長女・愛さんの作品、室内を飾る花は二女・香さんの作品、そして壁に掛かっている写真は、カメラをふたたび手に取った母親・まさみさんの作品。建て坪十一坪、四層の小さな「映水庵」に暮らしていくうちに、母親も子供たちも生きがいを見いだし、ここから街の人たちに、心豊かに暮らすことの大切さを発信しているのだ。

香さんは母親のカフェを引き継ぐことを考えているとうかがった。何年か後には、香さんスタイルの「カフェ・レ・映水庵」になっているかもしれない。でも川を眺めながらコーヒーとともにゆったり過ごすスタイルは変わらないだろう。

（二〇〇七年三月）

南西側外観

平面図

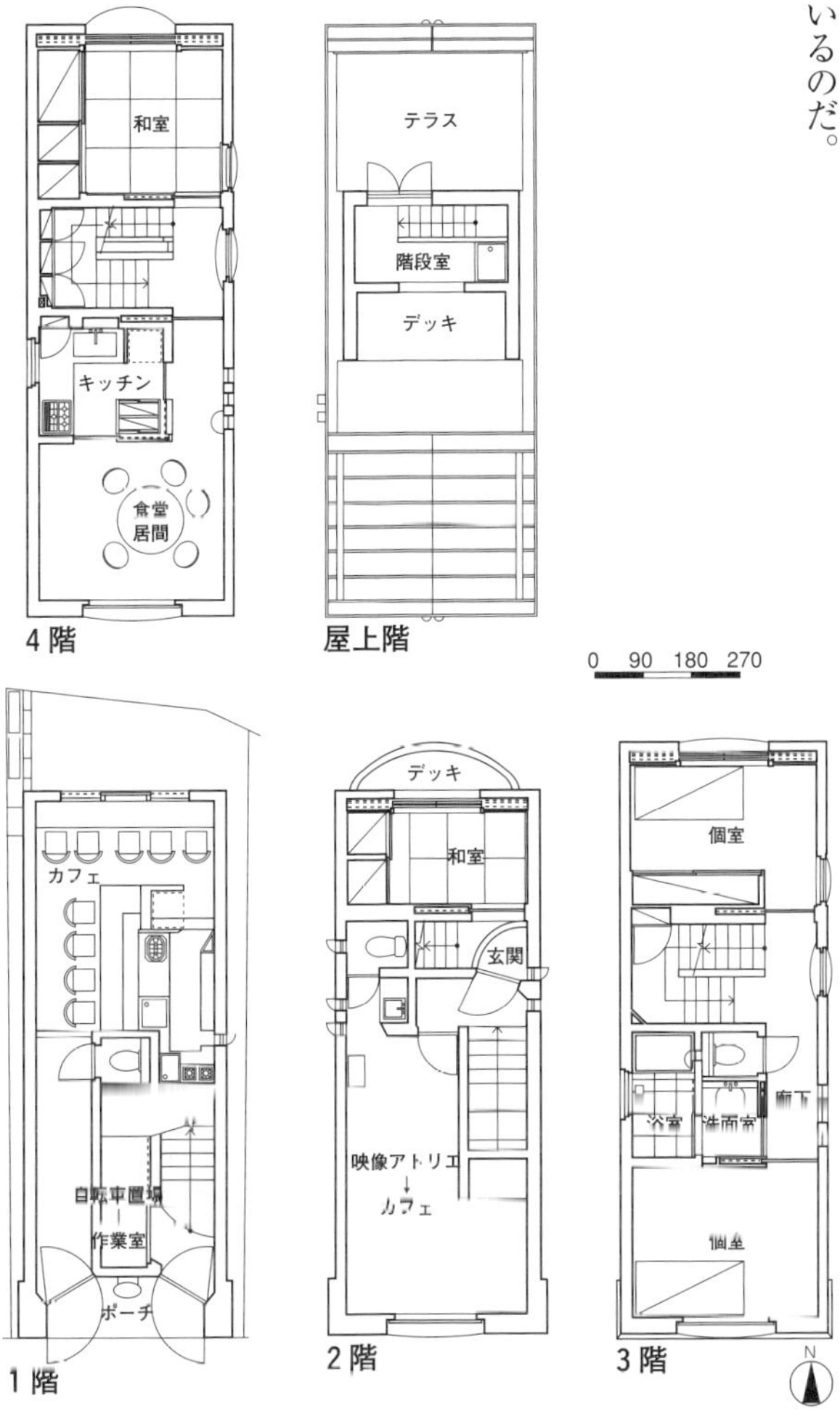

輝国の家◎築二十年

福岡県福岡市

設計◎柿沼守利

居間・食堂。天窓のあるコーナーや暖炉コーナーが、床にテラコッタ・タイルを張った空間を囲んでいる。梁が見えるところの天井材はスレート波板

陰翳のある空間にゆったりと包み込まれて新たな発見をしながら暮らす

ＣＡＤという便利なコンピュータソフトが登場してから、アトリエ事務所でも定規を使って鉛筆で図面を描くことが少なくなった。最近、京都にある横内敏人さんの事務所に伺う機会があった。ここでは若いスタッフが全員、Ｔ定規を使って鉛筆で線を引いていた。しかも女性スタッフは、古い映画で見た電報局の事務員のように、腕に黒いアームカバーを着用していた。トレーシングペーパーに描かれた図面をこっそり覗いたら、一本一本の線から設計する人の気持ちまで伝わってきた。

柿沼守利さんが設計した井上邸を紹介することになったのは、私の手描き図面への思い出から発している。ある雑誌に掲載されていた井上邸の手描き図面を見たとき、駆け出し編集者だったころに白井晟一の親和銀行本店の平面図を初めて見せていただいた時の感動がよみがえってきたのだ。プロフィールを読んで、柿沼さんが白井晟一のアトリエにいらしたことを知って納得した。幸い、アトリエで図面を見せていただいた時、私が「素晴らしい図面ですね」と思わず発したことを柿沼さんは覚えていてくれた。三十年以上前のことなのに。

柿沼さんが描いた井上邸の平面図は、線の勢いや濃淡から、壁や床の厚みや質感まで伝わってくる。図面を描くことを大事にされていた白井さんのところで研鑽を積んだ柿沼さんの実作に触れてみたい、そんな想いから、二十年前から住み続けている井上一さん・冨美子さんの家を、福岡市に訪ねることにした。

西側に博多湾を見下ろす高台の住宅地に井上邸は建っている。敷地が道路面から二ｍほど上がったところにあるので、道路からは外観が見えない。階段を上がると、旗竿敷地の竿の部分が玄関までのアプローチになっている。建物は鉄筋コンクリート造三階建て。外壁は打放しだが、アプローチからは西側に張り出している玄関部分しか目に入らない。

重厚感のある木製のドアを開けると、採光を抑制した玄関とホールがある。ホールから居間・食堂に入ると、天井の高い三十畳ほどの広い空間がゆったりと広がっている。東側のピクチャーウィンドウからは、庭のケヤキを通して崖の向こう側にある住宅地の風景まで遠望できるので、視界はさらに広がる。

居間・食堂の平面は真四角ではない。東側と西側は、風景や庭の緑を室内に取り入れるためのスペースを外に張り出し、北側では上からの光を室内に取り入れるために天窓のあるスペースを張り出している。床は張り出したところも含めて周囲は木を張り、それ以外はテラコッタ・タイルを張っている。天井は西側を低く、東側を高くして、空間に陰翳が感じられるようにしている。

居間に入ったとき、「広い」とまず思ったが、位置を変えてしばらく居ると、ただ広いだけではないことが分かってくる。光の採り入れ方や室内から見える風景の違い、天井高に変化をつけていること、そして塗装した壁紙、木、スレート波板、テラコッタといった多様な仕上材を取り入れていることなどから、時間や季節によってさまざまな感覚が呼び覚まされる心地いい居間・食堂になっているのだ。食堂の南側には東の庭に面して、キッチンと家事室がある。

二階と三階はプライベートゾーンになる。緩勾配の折れ曲がり階段は、外光を完全に遮断している。一灯の照明が、塗り壁の質感や曲線のついた壁のかたちを浮き立たせている。左官職人の腕のよさが感じられるところだ。

二階東側には前室のある和室、ベランダに出られる長女の部屋（現在は冨美子さんの書斎）、そして夫妻の寝室がある。西側には洗面所、トイレ、浴室がある。

三階は、長男の部屋（現在は長女の部屋）と納戸（現在は予備室）、そしてかつては博多湾と山が三六〇度眺められたという屋上がある。

福岡市内の団地で暮らしていた井上さん夫妻には、二人の子供がいる。子供たちが大きくなってきたので、土地を探して家を建てることになり、二十六年前に博多湾が望める高台の一〇〇坪余りの旗竿敷地を購入した。井

上／ケヤキや周囲の風景を眺めるために設けた窓は、幅４mの１枚ガラス。上部は通風が調整できるジャロジー窓。下右・下左／玄関ホールから見た居間・食堂。天窓のあるコーナーから光が入る

重厚さと静謐さに包まれた階段室。石粉を混ぜたモルタルリシン掻き落としの厚みのある壁や天井は、職人の技を感じさせる。ほの暗い空間だが、緩勾配なので上りやすい

上さんは父子二代の写真家。仕事の関係で椅子のコレクターとして知られるインテリアデザイナーの永井敬二さんと親しくしていたので、相談をしたところ、建築家の柿沼さんを紹介してくれた。そこで柿沼さんが設計した長崎にある住宅を見せてもらった。

「今まで見たこともない、感じたこともない空間に感動しました。階段は上がるというのではなく、知らない間に二階に上がっていたという感じでした。庭の先に道路があって、その先に川が流れている敷地だったのですが、居間の椅子に座ると、流れる川しか見えないんです。建築家に頼むというのは、こういうことなのだとそのとき思ったんです」。

柿沼さんに敷地を見てもらった。周囲は雑木林だったので、屋上から眺望が楽しめるように、井上さんはポールの先にカメラをつけて三六〇度撮影して、そこから建物の高さを決めて全体のボリュームを柿沼さんに考えてもらった。接道する竿の部分は傾斜がついていたが、道路側を盛土して、その下を駐車場にした。さらに住み始めたとき、ある程度の大きさになるようにと、建物を建てる前に、南側の庭にケヤキを植えることを提案した。

井上さんはいくつかの要望を柿沼さんに伝えた。柿沼さんの建築は「教会」のように精神性が高く、居ずまいを正しくしないと住めない印象が強かったので、「ジーパンで暮らせる家にしてほしい」とまず頼んだ。光に敏感な写真家ならではの要望は「昼は自然光、夜は人工光が楽しめるように」だった。そして鉄筋コンクリート造にして和室も要望した。「打放しコンクリートの住宅を雑誌で見て、格好いいと思った」からだという。和室は両親が同居することも考えていたからだ。それ以外は、予算を提示しただけで、間取りも天井高も仕上材もすべて柿沼さんに一任した。

「引っ越してきて、まず驚いたのが居間・食堂の広さ。あまりの広さに最初は慣れなかった」そうだが、入口側に格子の衝立をつけてもらって、かなり落ち着き、しだいにこの広さを家族で楽しむようになった。

階段の暗さにも最初は戸惑った。「窓がないと暗いんじゃないの。一人で上り下りできるかしら」と新築時に心配していた母親も、「いつのまにか上がっていた」と上り下りの楽さに感激していたという。井上さんもどうして窓がないのだろうと思っていたが、住んでいるうちに、居間・食堂から個室に入るまでの気持ちの切り替えには、この暗さが必要だということが分かってきた。

階段にかぎらず、最初はどうしてこのようにしたのだろうと理解できなかったところもあったが、五年、十年、二十年と住み続けていくうちに、納得させられているという。「柿沼さんは人の感覚や時間の経過をよく読んでいたのだと思います」。

一時、大型犬が四匹いたこともあったが、亡くなった。長男は高校までこの家で過ごしたが、大学卒業後結婚して、今は父親の写真の仕事を継いでいる。「和風の家に住みたい」と言っていた長男だったが、現在住んでいるマンションの壁をこの家の居間・食堂の壁のようにしたいと、自分で塗り替えたそうだ。育った家の壁の記憶は、マンション暮らしになっても消えることがなかったのだ。長女は社会人になってからもこの家で両親と一緒に暮らしている。「居心地がよすぎて出ていかないんですよ」と冨美子さんは笑う。

柿沼さんと出会ってほぼ二十数年後に、井上さんは亡くなった父・孝治さんの写真を展示するギャラリーのある週末の家を海辺に建てることになった。むろん今度も柿沼さんに設計を頼んだ。二〇〇三年に竣工した「糸島のギャラリー」は、週末だけ一般にも開放しているので、夫妻は二軒の家を行き来する生活になった。

子育てが一段落すると「輝国の家」の使い方にも少し変化がでてきた。広い居間・食堂をコンサートの会場にしたり、庭まで開放して、バザーの会場に提供したこともある。家族だけの家から、街に開かれた家になってきたのだ。

「居間・食堂の床暖房は暖まるのに時間がかかったり、暖炉は煙が逆流することもあって、厳冬期はちょっと寒いのですが、でも僕たちはやはりこの家に戻るとホッとするんです。この家に住むようになってからは、旅館やホテルに泊まりたいという気がなくなってしまいました」。

周囲にはマンションや住宅が建ち、屋上からの眺めは変わってしまったが、建物の高さを柿沼さんと一緒に決

上右／キッチンの前にあるデッキで談笑する井上さん夫妻。上左／2階の階段ホールから前室を見る、下／庭の東北の角から見た東側外観。工事前に植えたケヤキが夏には木陰をつくってくれる

配置図（S＝1：600）

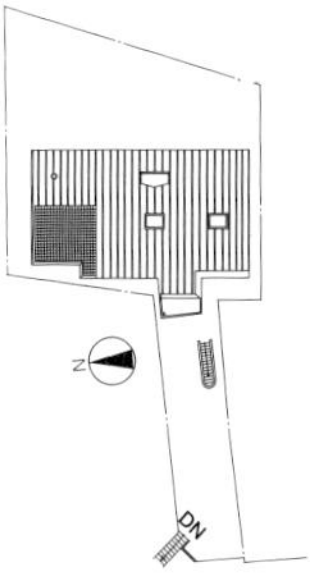

平面図

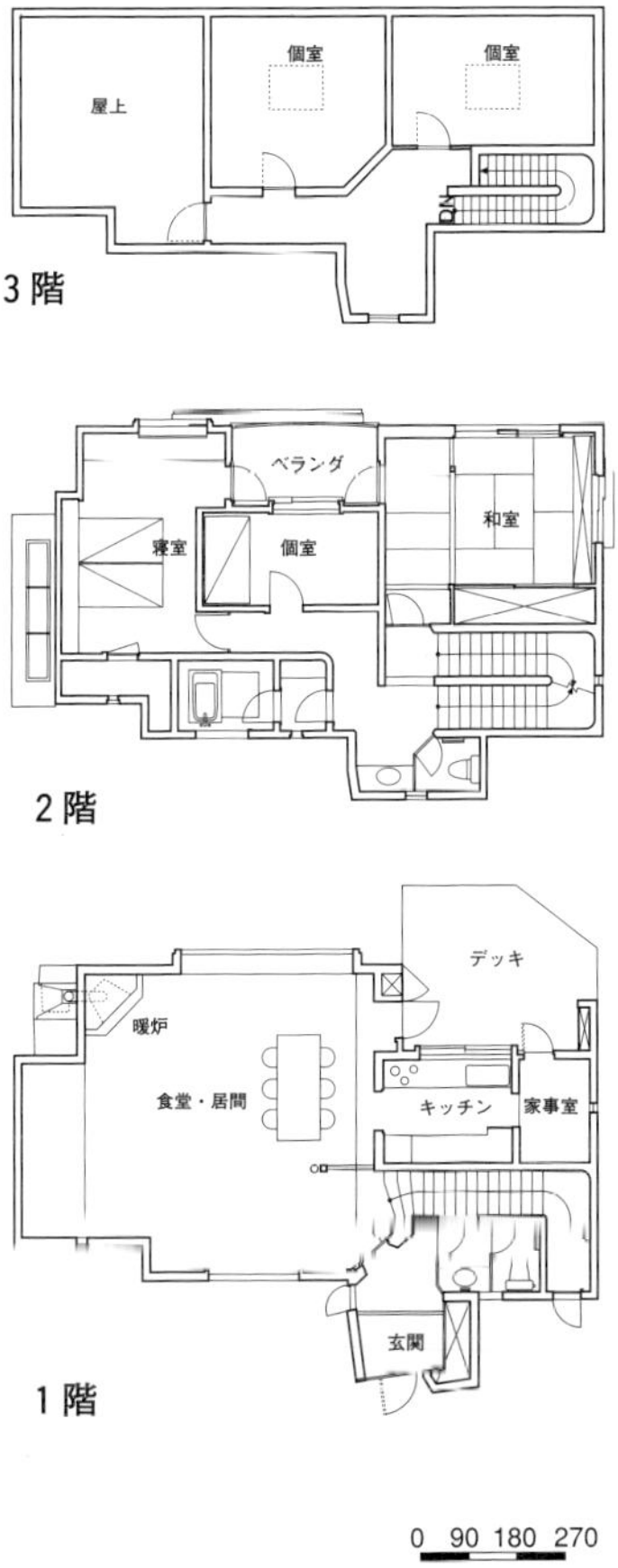

めた「輝国の家」は、夫妻にとって「いつでも戻りたくなる場所」なのだ。

柿沼さんは、設計の手法について多くを語らない。けれども室内にしばらくいると、柿沼さんがどのような場をつくりたかったのかが、分かってくる。抑制された外光、質感のある素材から生まれる陰翳のある空間。その中にいると包み込まれていくような安堵感がある。この安堵感は、井上夫妻が二十年間につくりあげたものかもしれないが、柿沼さんの人間に対するやさしさが、建物全体を包み込んでいるような気がしてならない。

「建築家としての信念を貫きなさい。クライアントの要望に左右されて、自分を見失うような建築はつくってはいけません」。白井晟一から学んだことは、技術でもかたちでもなく、建築家としての姿勢だと柿沼さんは言う。だがアトリエで図面を描いているうちに、白井の設計手法を身体が自然に吸収して、そのなかから柿沼さん独自の建築を探し当てたのではないだろうか。どんな仕事にも誠実に向き合い、全力投球している柿沼さんだが、「一〇〇％満足したことがないんです。まだまだなんですよ」と謙虚に言う。そう思うことで、常にゼロから建築に向かう真摯な心を維持しているのではないだろうか。

（二〇〇七年四月）

西側に開口部をとった居間。ブラインド内蔵のサッシは嵌め殺し。庭の樹木が日差しを制御してくれる

吉祥寺の家◎築二十三年

東京都武蔵野市

設計◎丸谷博男

西日対策を建物に仕掛けて眺めと広々感を優先した家に暮らす

年間平均気温が十五度くらいの地域に住んでいる人たちが、機械に頼らないで、一年中快適に暮らせる家に住んでいれば、地球温暖化にわずかでも歯止めがかかるのではないだろうか。今回紹介する丸谷博男さんが二十三年前に手掛けた「吉祥寺の家」は、まさにそれを目標にして、夏は風を通し、冬は暖気を逃がさないことを建物全体で考えた住宅だ。

西側の眺望がよかったので、二階の居間を西に向けて開口部をとることにしたが、そのため西日対策として庭に落葉樹を植え、外壁をダブルスキンにして、風の道を壁のなかや床下に設けることにした。建主の飯田東吾さん・マサ子さん夫妻は基本的な要望を伝えただけで、あとは建築家に任せるという寛大な方たちだった。しかも予算にも恵まれていたので、キッチン、造付け収納、建具などにも実験的な試みが許された。「今の自分がやっていることのすべてがこの家にある」という丸谷さんの原点ともいえる家を、東京郊外の吉祥寺に訪ねてみよう。

吉祥寺の駅から歩いて十分。一区画が五十坪前後の住宅地に、木造二階建ての家が、西側の道路に開口部を設けて建っている。むろん庭には大きな樹木が枝葉をのばしているので、日差しも道路からの視線も遮っている。玄関前のポーチは車庫も兼ねている。人は西側から出入りするが、北側の塀を兼ねた引き戸を全開すると車は北側の私道から出入りできる。ポーチの上は二階の子供室が張り出しているので、雨よけになっている。

三方向に窓がある明るい玄関から室内に入ると、両側を収納にしたホールがある。西側を斜めに開いたホールの壁面にも、折れ戸で隠した桐ダンスの収納場所がある。南側突き当たりが飯田さんの書斎。北側に浴室、洗面室、トイレがある。書斎と水廻りの間にある寝室は、十年前に隣地を購入して、ここだけ増築して広くした。

上／多くの時間を居間・食堂で過ごす飯田夫妻。下右／収納するものに合わせて細かく設計されたキッチン。下左／2階から踊り場を見る。折れ曲がり階段は緩勾配なので、上り下りしやすい

居間側からシンプルな壁に見えるように、正面の収納家具の上部は跳ね上げ戸にしている。エアコン、強制換気ファン、自然換気のための風洞、トップライトなども上部に納めている。照明器具も丸谷さんのデザイン

この家は二階に居間がある。階段を上がると、西側に子供室、東側に居間・食堂・和室が一体になった広々とした空間になる。切妻屋根の形がそのまま天井になり、四方に窓があるので、開放感がある。

居間の西側は斜めに振って、ブラインド内蔵の二重サッシの嵌《は》め殺し窓と壁に引き込めるガラス戸にしている。東側は収納を兼ねた腰窓にして、和室まで連続させている。和室は下部を収納にした小上がり。居間との仕切りは、居間から眺めたときに違和感がないようにガラスに和紙を張っているが、普段は仏壇側の壁に引き込んでいるので、建具があることは気付かない。

和室の南側の引き込み窓からは、隣家の瓦屋根が見える。「瓦屋根があったので、南側はここだけ開けた」と丸谷さんがいうように、北側のキッチンからも見通せる瓦屋根の風景は美しい。キッチンと食堂を仕切るカウンターの上には、冷暖房機や室内の熱気を屋根の上の換気塔へ送り出す排気ファンなどが設置されているが、丸谷さんから説明を受けなければ、この家の通気システムは見ただけでは分からない。

吉祥寺に暮らして四十五年になるという飯田さん夫妻は、同じ敷地に建っていた木造二階建ての家が住みにくくなってきたので、もう少し広い敷地を探してそこに新築しようと思っていた。妻のマサ子さんの友人が家を建てたので見学に行き、「スカッとして気持ちがよかった」ので、その家を設計した丸谷さんを紹介してもらった。以前丸谷さんに住んでいる家を見てもらうことにした。以前の家は四角い敷地に長方形の建物が配置され、一階に居間があったので、視界が悪かった。丸谷さんは周囲を眺めて、二階を居間にして開口部を西にすれば、この敷地でも十分満足のいく家が建つと進言した。

購入する予定だった土地代を建物の建設費にまわしてもらうことにして、数寄屋や茶室など、質の高い建物を手掛ける水澤工務店に工事を依頼することにした。マサ子さんの要望は「スカッとして広く感じられる家、収納がたくさんある家」だった。飯田さんは「書斎でエレクトーンを弾くので、防音を考えてほしい」だった。それ以外は丸谷さんに一任することにした。

当時、夫妻は五十代。まだまだ元気だったので、高齢対策も現実的に考えていなかった。快適に住めればいいというだけで、エコロジカルな暮らしをしていたわけではない。「主人もリタイアしたので、多くの時間を二階の居間で過ごしていますが、この広々感に今でも感動しています」というマサ子さん。だが、「壁のなかから空気を通すのも、強制換気ファンを使うのも、年々、煩わしくなってきて、夏は窓を閉めて冷房をいれてしまうんですよ」と、設計者の想いとは異なる暮らし方になってきている。

「収納をたっぷり用意してくれたことと、二十三年経った今も、建物全体、そして建具や造付け家具に少しの狂いもないのは素晴らしい。当初、建設費が高いかなと思いましたが、長い目でみれば、安い工事費だったんですね」。マサ子さんは、施工技術の高さを何度も強調する。

この家は二十三年の間に、何回か手を入れている。いちばん大きく替わったのが寝室。東側に隣接していた家は社宅だったが、住んでいる人が大変乱雑な住み方をしていた。この家から建物や庭の乱雑さが目に入るので、一階も二階も東側の窓はブラインドを下ろしたままだった。十年前にたまたまそこが売りに出たので購入して、そこに寝室を増築し、寝室だったところを納戸にした。居間の東側の眺めもよくなり、東の庭のサルスベリの木が二階から眺められるようになった。

数年前に浴室を少し広くした。キッチンは二年前に収納棚だったところに食洗機を入れ、ガスコンロをIHヒーターに替えた。二〇〇七年二月には、キッチンと居間の床暖房のパネルが腐食してきたので、ガスから電気による温水床暖房に替えた。外壁の塗り替えも七年ごとに行っているそうだ。「できるだけ竣工時の状態を保つようにしているんですよ」。室内の温熱環境の仕掛けは、丸谷さんの考えどおりには活用されていないが、建物はきちんと手入れされていて当初の姿を保っている。

丸谷さんは眺望のよさを優先して、西側に開口部を設けたことから、西日対策として、日差しを遮る木を庭に植えたり、ブラインド内蔵のサッシを入れるなど、さまざまな仕掛けを考えたのだが、同時に機械力に頼りすぎ

上／食堂・居間・和室は一室空間。南側の窓から隣家の瓦屋根が見える。下右／東側の窓は、窓台にレールを埋め込んで書棚が引き出せる。下左／１階西側廊下にある寒冷紗を張った折れ戸の収納

上／西側外観。白とブルーグレーの2色の外壁はは竣工時のまま。
下右／三方向に窓がある明るい玄関。下左／玄関ポーチ。張り出した２階外壁の下部に通気口のスリットが見える／西側外観

ないで、夏涼しく、冬暖かい家にするための工夫も試みている。

夏は通気をよくして開く、冬は羽毛でくるむようにダブルスキンにして閉じるために、二階の壁に開閉できる通気口を設けている。夫妻は用心深いので、夏でも雨戸を閉めて休まれるということだった。そこで寝室の雨戸を閉めても通風が得られるように、寝室の床下に通気層をとり、空気を廊下に一度出して、寝室の通風用扉から室内に取り込み、最後は天井ガラリを通して屋根の棟から排出するようにした。

丸谷さんはその場所にある要素や条件から、温熱環境計画を発想することを奥村昭雄の研究室で学んだ。やがて奥村の考えは、太陽熱を利用したOMソーラーシステムへと発展していくのだが、屋根の形の美しさにこだわる丸谷さんは、しばらく自分が設計する住宅にOMソーラーを採用しなかった。棟押さえに集熱板を使って、屋根を美しく見せることができた「宮城野山荘」で納得がいった。それ以降、本格的にOMソーラーに取り組むことになった。

だがOMソーラーは高温多湿な日本の夏を涼しくするのは得意ではない。そこで五～六年前からOMソーラーと地熱を利用したエアーサイクルの組み合わせに取り組んでいる。地下五mまで掘ると、真冬は夏の暖かさ、真夏は冬の冷気に達することができる。ところが体感温度には個人差があり、冬は室温十五度、夏は二十七度くらいで暮らせる人ならいいが、我慢できない人には地熱を取り入れるだけでは難しい。

「吉祥寺の家」もできるだけエアコンに頼らないで、四方の窓を開け、壁や床下の熱気を排出させることで、夏の暑さをしのいでもらおうとしたのだが、設計時の提案と実際の体感温度の違いや飯田夫妻が高齢になってきたこともあり、建築家の計画通りには使われていない。

この家が丸谷さんのその後の仕事の原点になっているのは、温熱環境だけではない。丸谷さんは料理も得意だ。だからキッチンもマサ子さんと一緒に使い勝手を考えて、「やれることはすべてやった」と言うほど、換気扇の風の流れを考え、収納は見やすく取り出しやすくするなど、細部にいたるまで考え抜いて設計した。

「語りすぎない照明器具がほしい」と、食堂、居間、和室などの照明器具もデザインした。その試みは松下電工のHome Archiシリーズの製品化につながっている。

この家を出発点にして、丸谷さんは自然エネルギーを活用した住宅設計を軸に、生産者や工芸家とのネットワークづくり、照明器具の開発も行っている。

「日本の景色を美しくしていくためのスタンダードをつくっていくことが、僕の役割だということが分かった」。生活することをこよなく愛する丸谷さんの生き方から生まれる住宅は、デザインに際立った特色はないが、地球環境にできるだけ負荷をかけないで暮らしていこうと考えている人たちには、そのよさがじっくりと効いてくる家だ。

建築家の想いと住人の暮らし方が、ぴったり重なっていく例は、それほど多くはない。だが、二階のスカッと広がる居間は、八十代と七十代になった夫妻がこれからも心地よく暮らせる空間であることは間違いない。

（二〇〇七年六月）

竣工時平面図

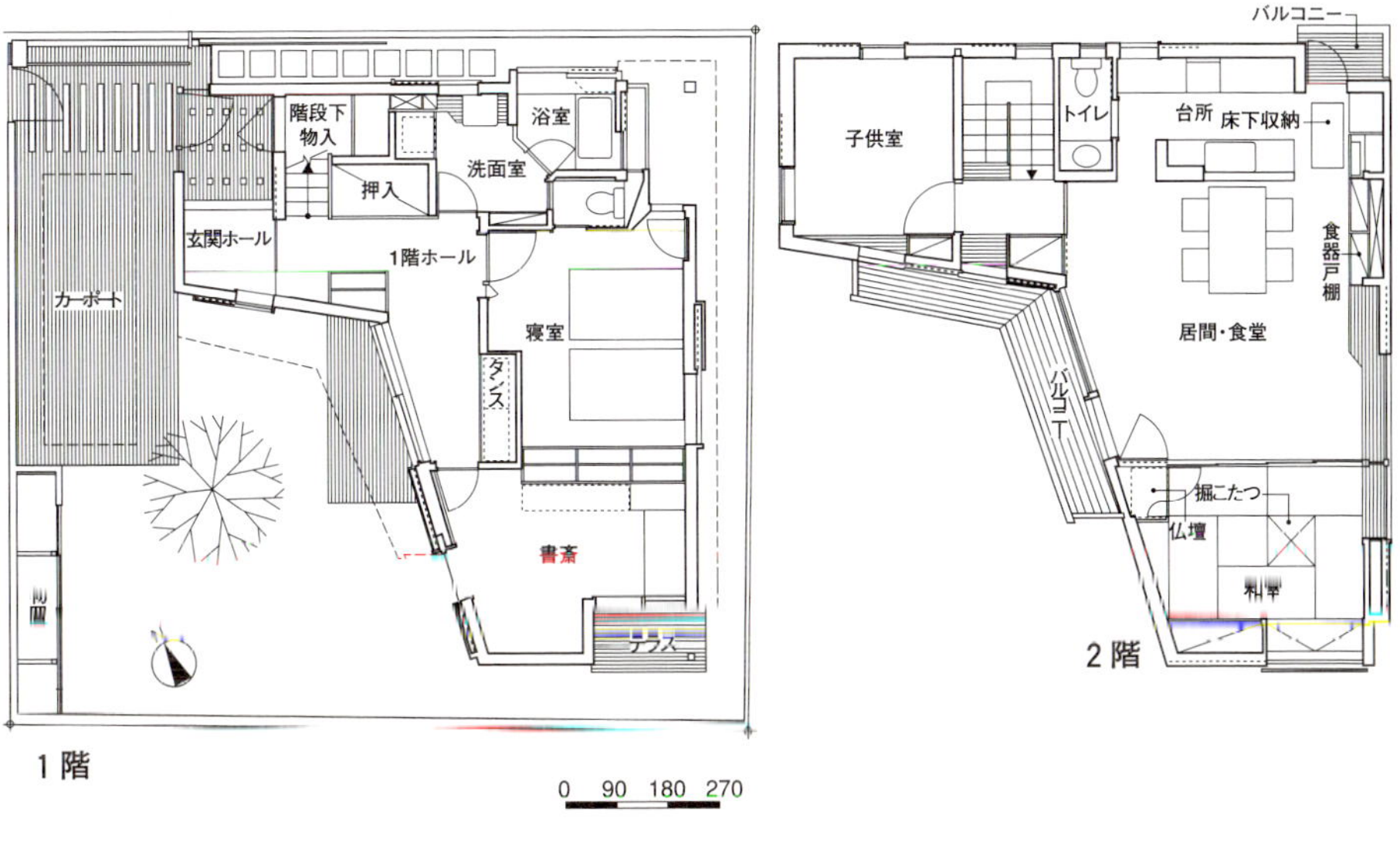

[設計者・建物データ]

p8〜p17◎共生住居

内藤廣（ないとう　ひろし）
1950年神奈川県生まれ。76年早稲田大学建築学科大学院修士課程修了。76〜78年フェルナンド・イゲーラス建築設計事務所勤務。79〜81年菊竹清訓建築設計事務所勤務。81年内藤廣建築設計事務所設立。2001年から東京大学大学院社会基盤学専攻で教鞭をとり、現在教授。海の博物館で，芸術選奨文部大臣新人賞、日本建築学会賞、吉田五十八賞を受賞。牧野富太郎記念館で村野藤吾賞、毎日芸術賞などを受賞。主な著書に『素形の建築』(INAX出版)、『建築のはじまりに向かって』、『建築的思考のゆくえ』、『建築のちから』(いずれも王国社) など。

DATA
家族構成／祖母＋両親＋弟＋夫婦＋子供２人
→母親＋夫婦＋子供１人
敷地面積／462㎡
建築面積／140㎡→147㎡
延床面積／237㎡→248㎡
１階／134㎡→141㎡
２階／103㎡→107㎡
構造／鉄筋コンクリート造
竣工／1984年　増築／1995年
設計／内藤 廣（内藤廣建築設計事務所）
〒102-0074　東京都千代田区九段南2-2-8松岡九段ビル301
☎03-3262-9636
施工／伝建（新築時)、稲泉建設（増築時)

p18〜p27◎朝吹さんの家

中村好文（なかむら よしふみ）
1948年千葉県生まれ。72年武蔵野美術大学建築学科卒業。都立品川職業訓練校で家具製作を学ぶ。76〜80年吉村順三設計事務所。81年レミングハウス設立。87年「三谷さんの家」で第１回吉岡賞受賞。93年「諸職の技術を生かした住宅」で吉田五十八賞特別賞受賞。日本大学生産工学部居住空間デザインコース教授。主な著書に『住宅巡礼』、『住宅読本』、『意中の建築 上・下巻』(いずれも新潮社)、『普段着の住宅』(王国社)、『中村好文　普通の住宅、普通の別荘』(TOTO出版) など。

DATA
家族構成／夫婦＋子供２人
敷地面積／218.50㎡
建築面積／88.77㎡
延床面積／143.59㎡
１階／88.77㎡
２階／54.82㎡
構造／木造
竣工／1990年
設計／中村好文（レミングハウス）
〒158-0083　東京都世田谷区奥沢3-45-4-3F
☎03-5754-3222
施工／水野建設

p28〜p37◎木村邸

宮脇檀（みやわき まゆみ）
1936年愛知県生まれ。東京芸術大学建築科で吉田五十八、吉村順三に学ぶ。東京大学工学部建築科大学院修士課程修了。64年宮脇檀建築研究室を設立。78年「松川ボックス」で日本建築学会賞を受賞。91年日本大学生産工学部教授。98年逝去、享年62歳。主な著書に『住まいとほどよくつきあう』『それでも建てたい家』(新潮文庫)、『父たちよ家に帰れ』(新潮社)、『宮脇檀の住宅設計ノウハウ』(丸善) など多数。

DATA
家族構成／夫婦＋長男→妻＋長男
敷地面積／197.12㎡
床面積／136.12㎡
1階／74.87㎡
2階／61.25㎡
用途地域／第1種低層住居専用
建ぺい率／60%
容積率／100%
構造／鉄筋コンクリート造一部木造
竣工／1976年
設計／宮脇檀建築研究室
施工／戎工務店
取材協力／山崎健一

p38～p47◎榎本邸

東孝光（あずま たかみつ）

1933年大阪府生まれ。大阪大学工学部構築工学科卒業。郵政省建築部、坂倉準三建築研究所を経て、1968年東孝光建築研究所（現・東環境・建築研究所）設立。大阪大学工学部名誉教授、千葉工業大学工学部教授、工学博士。自邸「塔の家」をはじめとする都市型住居、集合住宅、保育園、小学校、教会などを手掛ける。一連の都市型住宅で、日本建築学会作品賞受賞。主な著書：『居間は公園だ―私の都市住居学』（丸善）、『住まいと子どもの居場所100章』（鹿島出版会）、『塔の家白書』（住まいの図書館出版局）など。

DATA
家族構成／夫婦＋長男＋次男→妻＋次男夫婦
敷地面積／188.16㎡
床面積／179.63㎡
1階／110.18㎡
2階／69.45㎡
用途地域／住居地域
建ぺい率／60%
容積率／200%
構造／壁式鉄筋コンクリート造
竣工／1979年
設計／東孝光（東環境・建築研究所）
〒150-0001　東京都渋谷区神宮前3-42-13鈴木ビル2F
☎03・3403・5593
施工／富士工横浜支店

p48～p57◎榎本邸

石井修（いしい おさむ）

1922年奈良県生まれ。吉野工業学校建築科卒業。大林組東京支社勤務中に早稲田高工建築学科に学ぶ。1956年美建.設計事務所設立。自然との共存を第一に、安らぎのある住宅をつくり続けている。1987年「目神山の一連の住宅」で日本建築学会賞、「目神山の家8」で吉田五十八賞を受賞。著書に『住空間と緑』（建築資料研究社）、『緑の棲み家』（学芸出版社）など。2007年逝去、享年85歳。

DATA
家族構成／夫婦＋長男＋長女
→夫婦＋長男夫妻＋子供2人
敷地面積／660㎡
床面積／212.26㎡
1階／99.34㎡
2階／80.67㎡
3階／32.25㎡
用途地域／第1種住居専用地域・風致地区
建ぺい率／30%　容積率／80%
構造／木造＋RC壁式構造
竣工／1978年
設計／石井修（美建.設計事務所）
※現在、石井智子美建設計事務所
〒543-0015　大阪市天王寺区真田山町2-2-509
☎06・6763・1963
施工／中野工務店

p58～p67◎森山邸

木村俊介（きむら しゅんすけ）

1936年東京都生まれ。早稲田大学理工学部建築学科卒業。木村俊介建築設計事務所主宰。住宅、店舗事務所併用住宅、診療所併用住宅、集合住宅などの新築およびリフォームの設計監理を行っている。主な著書に『住まいのインテリア』（永岡書店）、『マンションのインテリア100章』（鹿島出版会）

DATA
家族構成／夫婦＋長男＋長女→夫婦
敷地面積／132.23㎡
床面積／139.70㎡
1階／75.86㎡
2階／63.84㎡
用途地域／第1種低層住居専用地域
建ぺい率／60%
容積率／150%
構造／木造在来工法
竣工／1974年
設計／木村俊介建築設計事務所
〒152-0023　東京都目黒区八雲2-20-15
☎03・3718・8105
http://www.h4.dion.ne.jp/~s.kimura/
E-mail：s.kimura@m3.dion.ne.jp
施工／服伝工務店

p68〜p77◎三浦邸

納賀雄嗣（のうがゆうじ）

1940年中国大連生まれ。15歳で単身アメリカへ留学。イェール大学建築学科卒業後、建築家の事務所で実務を積む。主に2×4工法による集合住宅を担当。70年帰国し、名古屋の住宅会社で、2×4工法によるユニット住宅の開発、工場建設計画を立案。73年、一色建築設計事務所を開設し、住宅、集合住宅など、木造建築を主とした設計活動を行う。2001年、同社を退社し、NOGA&COMPANY設立

DATA
家族構成／夫婦＋長男＋長女＋母親→夫婦＋長男
敷地面積／283.77㎡
床面積／119.59㎡
1階／69.28㎡
2階／50.31㎡
用途地域／第1種住居専用地域
建ぺい率／50%
構造／木造2階枠組壁工法（2×4工法）
竣工／1975年
設計／納賀雄嗣（一色建築設計事務所）
現NOGA&COMPANY
〒151-0053　東京都渋谷区代々木3-9-5
☎03・3379・2581
施工／技拓＋辻本工務店＋三豊エンジニヤリング

p78〜p87◎安藤邸

山本長水（やまもと ひさみ）

1936年高知県生まれ。59年日本大学理工学部建築学科卒業。市浦建築設計事務所に6年勤めたあと、故郷に帰り、66年山本長水建築設計事務所設立、現在に至る。地元の木や漆喰、和紙などを使った「土佐派の家」と呼ばれる風土に合った工法で住宅を中心に設計を続けている。99年日本建築学会賞、高知県文化賞受賞。共著に『土佐派の家』（ダイヤモンド社）

DATA
家族構成／夫婦＋長男→長男夫婦＋子供2人
敷地面積／225.30㎡
床面積／96.67㎡+68.10㎡（増築部）
1階／67.69㎡+33.12㎡（増築部・車庫）
2階／28.98㎡+34.98㎡（増築部）
用途地域／準工業地域
建ぺい率／47.91%
容積率／58.50%
構造／木造
竣工／1976年
設計／山本長水建築設計事務所
〒780-0832　高知県高知市九反田13-10
☎088・882・7505
施工／勇工務店

p88〜p97◎巳亦邸

永田昌民（ながた まさひと）

1941年大阪府生まれ。69年東京芸術大学美術学部建築科修士課程（吉村順三研究室）修了。69〜73年同大学建築科奥村昭雄研究室にて愛知県立芸術大学キャンパス計画に参加。71〜73年同大学建築科非常勤講師。76年益子義弘とM&N設計室設立。84年N設計室に改称。OMソーラー協会設立に参加。著書『住宅設計作法：永田昌民・N設計室の仕事』（建築資料研究社）

DATA
家族構成／夫婦＋長女＋次女→夫婦
敷地面積／181.60㎡
床面積／104.90㎡
1階／63.20㎡
2階／41.70㎡
用途地域／第1種住居専用地域
建ぺい率／40%
容積率／80%
構造／木造
竣工／1978年
設計／永田昌民／N設計室（竣工時／M&N設計室）
〒171-0031　東京都豊島区目白3-8-6
☎03・3951・6355
施工／水野建設

P98～p107◎**正木邸**

竹原義二 (たけはら よしじ)

1948年徳島県生まれ。71年大阪工業大学短期大学部建築学科卒業後、大阪市立大学富樫研究室、美建.設計事務所を経て、78年無有建築工房設立。大阪市立大学教授。住宅を中心に設計活動を行っているが、近年は住宅のリフォームも多く手掛けている。村野藤吾賞、関西建築家大賞、日本建築学会作品選奨などを受賞している。

DATA
家族構成／夫婦＋長女
敷地面積／327.35㎡
床面積／131.19㎡
1階／72.20㎡
2階／58.99㎡
用途地域／市街化調整区域
建ぺい率／28%
容積率／40%
構造／RC壁式構造＋木造
竣工／1980年
設計／竹原義二（無有建築工房）
〒540-0004 大阪市中央区玉造2-2-1-2002
☎06・6949・1002
施工／小川建設（1980年）・
中谷工務店（1999年）

p108～p117◎**森岡邸**

林寛治 (はやしかんじ)

1936年東京都生まれ。61年東京芸術大学建築科卒業。61～66年ローマに滞在し、建築家の事務所に勤務。帰国後、67年から吉村順三設計事務所所員。74年から林寛治設計事務所主宰。「建坪12坪の家」で東京ガスあたたか住空間最優秀賞、山形県金山町「街並みづくり100年運動」の推進に関わる一連の業績で日本建築学会賞受賞。

DATA
家族構成／夫婦＋長女→夫婦＋三女
敷地面積／284.00㎡
床面積／113.00㎡
1階／56.50㎡
2階／56.50㎡
用途地域／第1種低層住居専用・第2種風致地区
建ぺい率／30%
容積率／60%
構造／1階RC壁式構造＋2階木造
竣工／1977年
設計／林 寛治設計事務所
〒142-0064 東京都品川区旗の台5-24-17
☎03・3781・2159
施工／佐藤工務店

p118～p127
◎**デュルト・森本邸**

木下龍一 (きのしたりょういち)

1946年徳島県生まれ。京都大学工学部建築学科大学院修士課程在学中に、ベルギー、サンリュック建築大学に留学。77年、東京に一級建築士事務所アトリエRYOを開設。78年京都に事務所を移設し、現在に至る。民家の移築再生や古材を再利用した住宅設計を手掛けながら、「京町家再生研究会」の幹事、「京都を守る会」の理事、「京都みたてインターナショナル」の委員などを務める。

DATA
家族構成／夫婦＋長男＋長女→夫婦
住宅敷地面積／383㎡
住宅床面積／204.27㎡
1階／126.96㎡ 2階／77.31㎡
用途地域／第1種住居専用地域
建ぺい率／33%
容積率／53.3%
構造／木造在来工法
竣工／住宅1階：1978年 2階増築：1983年
設計／2階増築・アトリエ&ゲストハウス：
木下龍一（アトリエRYO）
〒600-8018 京都市下京区河原町通四条下る東側3F
☎075・361・4834
施工／住宅1階：和田道夫棟梁
住宅2階・アトリエ&ゲストハウス：鶴谷工務店

p128〜p137◎大久保邸

村田靖夫（むらたやすお）
1945年東京都生まれ。68年、東京工業大学理工学部建築学科卒業。東孝光建築研究所勤務を経て、72年、村田靖夫建築研究室を設立し、現在に至る。植栽を楽しむ中庭のある都市型住宅の設計が得意。きめこまかな設計から生み出される住宅の住み心地のよさには、定評がある。2007年逝去、享年62歳。

DATA
家族構成／本人＋長女→本人
敷地面積／347.13㎡
床面積／160.23㎡
1階／107.35㎡
2階／52.88㎡
用途地域／第1種住居専用地域
建ぺい率／40%
容積率／80%
構造／RC壁式構造＋木造（屋根）
竣工／1979年
設計／村田靖夫（村田靖夫建築研究室）
※現在、村田淳建築研究室
〒150-0001東京都渋谷区神宮前2-2-39-127
☎03・3408・7892
施工／富士相互住宅

p138〜p147◎柿沼邸

石田信男（いしだのぶお）
1941年東京都生まれ。64年工学院大学建築学科卒業。68〜69年東京芸術大学と吉村設計事務所による愛知県立芸術大学設計計画に参加。69年宮脇檀建築研究室勤務。76年石田信男設計事務所設立。88年綜合設計機構設立・併設。自然エネルギーを利用した住宅設計を多く手掛けている。OM研究所副所長として、自然エネルギーの建築利用の研究にも取り組んでいる。

DATA
家族構成／夫婦＋長女＋次女→夫婦
敷地面積／206.06㎡
床面積／117.62㎡
1階／65.45㎡
2階／52.17㎡
用途地域／第1種住居専用地域
建ぺい率／50%
容積率／100%
構造／木造在来工法
竣工／1981年
設計／石田信男設計事務所
〒171-0031　東京都豊島区目白3-7-4
☎03・3953・3269
太陽熱利用／大橋一正
施工／大曜ハウジング

p148〜p157◎宮崎邸

鯨井勇（くじらいいさむ）
1949年東京都生まれ。72年日本大学理工学部建築学科卒業。末松、小崎事務所を経て、75年藍設計室を開設。卒業設計に「プーライエ」と名付けた自邸を自力建設し、住宅作家としてデビュー。住む人の側に立った「ホーム」になる住宅設計は、人柄とともに定評がある。近年は、改修して住み続けていくための手法を設計者仲間とともに研究している。

DATA
家族構成／夫婦→妻
敷地面積／98.88㎡
床面積／78.41㎡
1階／50.80㎡
2階／27.61㎡
用途地域／第2種住居地域・第2種高度地区
建ぺい率／60%
容積率／160%
構造／木造在来工法
竣工／1980年
設計／鯨井 勇（藍設計室）
〒181-0001　東京都三鷹市井の頭4-16-6-101
☎0422・46・5802
施工／円建設

p158～p167
◎山下邸

入之内瑛（いりのうち あきら）
1946年茨城県生まれ。69年日本大学理工学部建築学科卒業。東京大学生産技術原研究室を経て、74年建築計画研究所・都市梱包工房設立。設計活動とともに、世界の集落調査や日本の森林地域の探訪を行っている。

松尾邦子（まつお くにこ）
1946年岡山県生まれ。69年日本女子大学住居学科卒業。数造形計画研究所を経て、76年建築計画研究所・都市梱包工房に参画。住宅設計を中心に設計活動を行っている。

DATA
家族構成／夫婦＋長男＋長女→夫婦
敷地面積／137.97㎡
床面積／148.21㎡
1階／56.93㎡
2階／74.72㎡
屋根裏／16.56㎡
用途地域／第2種住居地域・第2種高度地区
建ぺい率／60％
容積率／200％
構造／木造在来工法
竣工／1977年
設計／入之内瑛＋松尾邦子・建築計画研究所・都市梱包工房
〒151-0053 東京都渋谷区代々木3-2-7-203
☎03・3374・7077
施工／岩下工務店

p168～p177◎岡島邸

小井田康和（こいだ やすかず）
1942年青森県生まれ。66年多摩美術大学美術学部斎藤義重教室卒業。70年小井田康和設計室開設。92年「横浜まちづくり功労賞」受賞、2003年フリーハンド：小井田設計室に改称。住宅設計を中心に、造園・家具も手掛ける。今までに設計した家（集合住宅も含む）は200棟を超える。2006年逝去、享年63歳。

DATA
家族構成／夫婦＋長女＋長男＋次女
→夫婦＋長女＋次女
敷地面積／767.76㎡
床面積／168.13㎡
用途地域／第1種住専
建ぺい率／40％
容積率／80％
構造／木造在来工法
竣工／1980年
設計／小井田康和設計室（現フリーハンド：小井田設計室）
〒227-0046 神奈川県横浜市青葉区たちばな台1-5-44
☎045・962・3442
施工／三ツ矢建設

p178～p187◎渡辺邸

阿部 勤（あべ つとむ）
1936年東京都生まれ。60年早稲田大学理工学部建築学科卒業。坂倉準三建築研究所を経て、室伏次郎とアルテック建築研究所設立。日本大学芸術学部非常勤講師。住まいは時代を経るごとに良くなってほしいという想いから、木、石、コンクリート、漆喰などを使った住宅を多く手掛けている。

DATA
家族構成／夫婦＋長女＋次女→夫婦＋両親
敷地面積／271.86㎡
床面積／142.64㎡
1階／88.24㎡
2階／54.40㎡
用途地域／第1種低層住居専用地域
建ぺい率／50％
容積率／100％
構造／木造
竣工／1979年
設計／阿部 勤（アルテック建築研究所）
〒153-0053 東京都目黒区五本木1-12-17
☎03・3792・4081
増改築担当／南井奈穂子（元所員）
☎080・3016・8084
施工／横溝工務店

p188〜p197◎中村邸

益子義弘（ますこ よしひろ）

1940年東京都生まれ。66年東京芸術大学大学院修士課程修了。吉村順三研究室助手、建築設計事務所を経て、76〜84年M&N設計室共同主宰。85年から益子アトリエ主宰。東京芸術大学建築科教授。

DATA
家族構成／夫婦＋長女＋次女＋長男
→夫婦＋次女＋長男
敷地面積／244.59㎡
床面積／244.05㎡　1階／96.34㎡
2階／86.20㎡　3階／61.51㎡
用途地域／第1種低層住居専用地域・
第1種高層地区
建ぺい率／50%
容積率／100%
構造／鉄筋コンクリート造
竣工／1982年
設計／益子義弘（益子アトリエ）
〒352-0012　埼玉県新座市畑中1-9-28
☎048・481・2421
構造／小野滋構造計画事務所
施工／冨田工務店

p198〜p207◎結城邸

二村和幸（にむら かずゆき）

1939年京都府生まれ。京都市立伏見工業高校を卒業後、数寄屋建築を独学。85年、二村建築研究所設立。数寄屋造りを主に、住宅、茶室、店舗などの和風建築を数多く手掛けている。『和風建築を美しくつくる』（学芸出版社）、『美しい数寄屋』（丸善）などの著書もある。

DATA
家族構成／両親＋長女＋三男
→母親＋長女＋三男夫婦＋子供5人
敷地面積／3,150.58㎡
床面積／258.81㎡
1階／225.91㎡
2階／32.90㎡
用途地域／第1種住居専用地域
構造／木造在来工法
竣工／1980年
設計／二村和幸（二村建築研究所）
〒605-0914　京都市東山区渋谷通下新シ町329
☎075・541・0270
施工／美濃辺工務店

p208〜p217◎細田邸

圓山彬雄（まるやま よしお）

1942年新潟県生まれ。北海道大学大学院修士課程修了。室蘭工業大学講師を経て、上遠野建築事務所勤務。79年アーブ建築研究所設立。北国の住宅を中心に設計活動を行っている。いままでに設計した住宅は100棟を超える。平成14年度札幌芸術賞を受賞。

DATA
家族構成／両親＋長女＋長男
→母親＋長男夫婦＋子供2人
敷地面積／359.51㎡
床面積／209.00㎡
地階／42.49㎡　1階／90.31㎡　2階／76.20㎡
用途地域／第1種住居専用地域
建ぺい率／60%
容積率／200%
構造／補強コンクリートブロック造
竣工／1982年
設計／圓山彬雄（アーブ建築研究所）
〒064-0915　北海道札幌市中央区南15条西15丁目2-28
☎011・513・0301
構造設計／EBINA構造研究室
施工／三上建設

p218～p227◎遠山邸

多田善昭（ただ よしあき）

1950年香川県生まれ。73年近畿大学理工学部建築学科卒業。83年多田善昭建築設計事務所を丸亀市に開設。95年Zen環境計画室を設立し、各地のまちづくりにも貢献中。建築は美や居心地よさを含め99%が機能で、そこに住まう人のための機能を形にするのが建築家の役割と常々言動している。

DATA
家族構成／父親＋夫婦→夫婦
敷地面積／858.90㎡
床面積／322.56㎡
1階／264.77㎡
2階／57.79㎡
用途地域／無指定
建ぺい率／70%
容積率／400%
構造／壁式鉄筋コンクリート造
竣工／1984年
設計／多田善昭（多田善昭建築設計事務所）
〒763-0091　香川県丸亀市川西町北七条2049-1
☎0877・22・0025
施工／第二建築

p228～p237◎井東邸

吉柳 満（きりゅう みつる）

福岡県生まれ。名城大学建築科卒業。吉柳満アトリエを設立。住宅設計以外に、商業空間のプロデュースや設計も数多く手掛ける。

DATA
家族構成／夫婦→夫婦＋犬4頭＋猫2匹
敷地面／186.39㎡
床面積／165.04㎡
1階／98.69㎡
2階／66.35㎡
用途地域／準工業地域
建ぺい率／160%
容積率／200%
構造／壁式鉄筋コンクリート造
竣工／1982年
設計／吉柳満（吉柳満アトリエ）
〒466-0826　名古屋市昭和区滝川町47-48-2F
☎052・836・1225
構造設計／ZIN構造設計室
施工／青山組

p238～p247◎室伏邸

室伏次郎（むろふし じろう）

1940年東京都生まれ。63年早稲田大学理工学部建築学科卒業。坂倉準三建築研究所入所。66～70年タイの学校建設計画に参加。71年坂倉準三建築研究所より独立し、75年阿部勤とアルテック建築研究所設立。84年スタジオ アルテック設立。94年から神奈川大学工学部建築学科教授。都市型住宅を主に、数多くの住宅を手掛けている。『いい<家>をつくりたい』（光芒社）、『埋め込まれた建築』（住まいの図書館出版局）などの著書もある。

DATA
家族構成／夫婦＋長男＋次男→夫婦＋三男
敷地面積／71.92㎡
床面積／177.00㎡
1階／36.00㎡　2階／46.00㎡
3階／46.00㎡　4階／49.00㎡
用途地域／第1種低層住居専用地域
建ぺい率／70%
構造／鉄筋コンクリート壁構造
竣工／1970年
設計／室伏次郎（スタジオ アルテック）
〒221-0852　横浜市神奈川区三ツ沢下町21-10-305
☎045・290・1655
施工／大進工務店・大原組

p248〜p257◎津田邸

鈴木 恂（すずき まこと）
1935年北海道生まれ。62年早稲田大学大学院修士課程修了。64年鈴木恂建築研究所設立。80年〜早稲田大学教授、AMS顧問。公共建築、大学校舎などの建物や「住宅JOH」、「住宅GOH」など、多くの住宅設計を手掛けている。主な著書に『空間の構想力』『住居の構想』『鈴木恂・住宅論』などがある。

DATA
家族構成／夫婦＋長男＋三男→三男夫婦
敷地面積／224.00㎡
床面積／75.00㎡
用途地域／住居専用地域
建ぺい率／35.27%
構造／木造在来工法
竣工／1966年
設計／鈴木 恂（鈴木恂建築研究所→AMS）
〒151-0001　東京都渋谷区神宮前2-31-1
☎03・3497・1080
施工／ゴーリキ社（1966年）、南建設（2000年）

p258〜p267
◎ドーモ・アラベスカ

象設計集団
1971年、富田玲子、樋口裕康、故・大竹康市、重村力、有村桂子により設立。地域や大地に根ざした建築、五感に訴え、心身を解き放つ力強い建築を手掛けている。住宅では木、瓦、土など、工業化とは対極にある素材を使って、独自の空間を創造している。今帰仁村中央公民館で芸術選奨文部大臣新人賞、名護市庁舎で日本建築学会賞受賞。現在、代表は町山一郎、関郁代ほか。北海道十勝（本社）、台湾にも事務所がある。

DATA
家族構成／夫婦＋次男＋次女→次男
敷地面積／167㎡
床面積／166㎡
1階／87㎡
2階／79㎡
用途地域／第1種住居専用地域
建ぺい率／60%
構造／木造
竣工／1974年
設計／象設計集団（東京事務所）
〒154-0015　東京都世田谷区桜新町2-16-2
☎03・5799・4192
施工／藤孝建設

p268〜p277◎桑原の住宅

長谷川逸子（はせがわ いつこ）
1941年静岡県生まれ。64年関東学院大学卒業後、菊竹清訓建築設計事務所に入所。69年住宅を学ぶために東京工業大学篠原一男研究室に勤務。79年長谷川逸子建築計画工房設立。一連の住宅建築で日本文化デザイン賞受賞。84年竣工の「眉山ホール」で日本建築学会賞受賞後、「湘南台文化センター」「新潟市民芸術文化会館」「大島町絵本館＋ふれあいパーク」「すみだ生涯学習センター」など、コンペで優勝した公共建築を手掛ける。他に「珠洲市多目的ホール」など。

DATA
家族構成／夫婦＋子供2人→夫婦
敷地面積／585.1㎡
建築面積／250.5㎡
床面積／315.4㎡
地階／67.7㎡
1階／151.4㎡
2階／96.3㎡
構造／鉄骨＋鉄筋コンクリート造
竣工／1980年
設計／長谷川逸子建築計画工房
〒113-0034　東京都文京区湯島1-9-7
☎03・3818・5470
施工／門屋組

p278〜p287◎STUDIO STEPS

山本理顕（やまもと りけん）
1945年中国北京生まれ。71年東京芸術大学大学院修了後、東京大学生産技術研究所原研究室の研究生を経て、73年山本理顕設計工場設立。原研究室の世界の集落調査に参加して、「岡山の家」など家族の関係にこだわった住宅設計を手掛ける。「熊本県営保田窪集合住宅」「CODAN東雲1街区」「北京建外SOHO」など、人が集まって住むことの意味を根底から掘り下げた建築を発表。88年「GAZEBO」「ROTUNDA」で、02年「公立はこだて未来大学」でそれぞれ日本建築学会賞、ほかに毎日芸術賞、日本芸術院賞など受賞。横浜国立大学大学院教授。

DATA
家族構成／夫婦→夫婦
敷地面積／340.14㎡
建築面積／96.76㎡
床面積／143.96㎡
1階／96.76㎡
2階／47.20㎡
構造／木造
竣工／1978年
設計／山本理顕設計工場
〒231-0002　横浜市中区海岸通4-24
万国橋SOK0302
☎045・226・2460
施工／吉武工務店

p288〜p297◎積木の家Ⅰ

相田武文（あいだ たけふみ）
1937年東京都生まれ。66年早稲田大学理工学部大学院博士課程修了。68年ヨーロッパ研修旅行後、「題名のない家」を発表。71年工学博士修得。73年、芝浦工業大学建築工学科助教授、77年同教授。82年「積木の家Ⅰ」で第1回日本建築家協会新人賞、86年金沢都市美文化賞、99年さいたま景観賞などを受賞。「積木の家」シリーズの後は、「ゆらぎ」をテーマにするなど、現在も意欲的に設計活動を続けている。芝浦工業大学名誉教授。

DATA
家族構成／夫婦＋子供2人（＋子供1人）→夫婦
敷地面積／360.77㎡
建築面積／228.13㎡
床面積／369.10㎡
1階／205.70㎡
2階／145.21㎡
3階／18.19㎡
構造／鉄筋コンクリート造
竣工／1979年
設計／相田武文設計研究所
〒169-0072　東京都新宿区大久保1-3-2
☎03・3205・1585
施工／技工団

p298〜p307◎塚田邸

六角鬼丈（ろっかく きじょう）
1941年東京都生まれ。61年東京芸術大学建築科卒業。同年磯崎新アトリエ入所、69年六角鬼丈計画工房開設。91年〜東京芸術大学建築科教授。主な作品に、「雑創の森学園（吉田五十八賞）」「東京武道館（日本建築学会賞）」「富山県立山博物館・まんだら遊苑（中部建築賞）」「東京芸術大学美術館（日本建設業協会賞）」「感覚ミュージアム（毎日芸術賞）」など。近年は、中国・北京や広州で、集合住宅や複合ビルなども手掛けている。

DATA
家族構成／両親＋夫婦＋子供2人（＋子供1人）
→両親＋夫婦
敷地面積／292.00㎡
建築面積／101.00㎡
床面積／137.70㎡
1階／87.00㎡
2階／50.70㎡
構造／木造＋鉄筋コンクリート造
竣工／1980年
設計／六角鬼丈計画工房
〒166-0003　東京都杉並区高円寺南
1-5-4-405
☎03・5377・5220
施工／上毛開発

p308〜p317
◎夫婦屋根の家

山下和正（やました かずまさ）
1937年愛知県生まれ。59年東京工業大学建築学科卒業。日建設計勤務。その間、シュナイダーエスレーベン事務所（ドイツ）、ロンドン市役所などに勤務。69年山下和正建築研究所設立。東京造形大学助教授、東京工業大学教授などを歴任。2002年より、駒沢女子大学特任教授。「フロムファースト」で日本建築学会賞受賞。住宅のほかに、「ピラミデ」「新幹線新庄駅舎」「日本女子大学百年館」「東京古書会館」など。古地図や民具の収集・研究家としても知られる。

DATA
家族構成／夫婦（＋母親・子供1人）→夫婦
敷地面積／297.79㎡
建築面積／77.20㎡
床面積／130.38㎡
1階／71.04㎡
2階／59.34㎡
構造／コンクリートブロック造
竣工／1968年
設計／山下和正建築研究所
〒151-0051　東京都渋谷区千駄ヶ谷2-10-7
☎03・3423・3322
施工／殖産住宅

写真：sadamu saito

p318〜p327
◎青山南町の住宅

富永 譲（とみなが ゆずる）
1943年奈良県出身。67年東京大学工学部建築学科卒業後、菊竹清訓建築設計事務所勤務。72年富永譲＋フォルムシステム設計研究所設立。73〜79年東京大学工学部建築学科助手。現在、法政大学工学部建築学科教授。主な作品に「ひらたタウンセンター」（日本建築学会賞受賞）「エンゼル病院」（医療福祉建築賞受賞）「茨城県営長町アパート」ほか。主な著書に『ル・コルビュジエ建築の詩』『リアリテ　ル・コルビュジエ』『建築家の住宅論』『近代建築の空間再読』など。

DATA
家族構成／夫婦＋子供3人→夫婦
敷地面積／215.07㎡
建築面積／70.34㎡
床面積／124.17㎡
1階／70.34㎡
2階／53.83㎡
構造／木造
竣工／1973年
設計／富永 譲＋フォルムシステム設計研究所
〒113-0033　東京都文京区本郷4-12-16-805
☎03・3811・4159
施工／大栄総業

p328〜p337◎風格子の家

葉 祥栄（よう しょうえい）
1940年熊本県生まれ。62年慶應義塾大学経済学部卒業後、アメリカ、ウィッテンバーグ大学美術学部奨学生。70年葉デザイン事務所設立。椅子や照明器具などのプロダクトデザインや店舗デザインを手掛けながら、77年毎日デザイン賞を受賞したコーヒーショップ「インゴット」で建築界デビュー。「光格子の家」で日本建築家協会新人賞、「小国町における一連の木造住宅」で日本建築学会賞を受賞。96〜2005年慶応義塾大学大学院教授。

DATA
家族構成／夫婦+子供2人→夫婦
敷地面積／103.03㎡
建築面積／66.59㎡
延床面積／197.10㎡
1階／63.92㎡
2階／66.59㎡
3階／66.59㎡
構造／鉄骨造
竣工／1983年
設計／葉デザイン事務所
〒815-0071　福岡市南区平和1-12-30
☎092・521・4782
施工／今田工務店

p338〜p347◎代々木の家

平倉直子（ひらくら なおこ）

1950年東京都生まれ。73年日本女子大学家政学部住居学科卒業。78年平倉直子建築設計事務所設立。現在、日本女子大学住居学科非常勤講師。主な作品に「都賀の住まい」「富ヶ谷の住まい」「鎌倉山のアトリエ」「母の家」「上信越高原国立公園鹿沢自然学習歩道＋鹿沢インフォメーションセンター」など。「常盤台の住まい」で建築家協会新人賞を受賞。

DATA
家族構成／夫婦
敷地面積／133.14㎡
建築面積／71.43㎡
延床面積／133.78㎡
地階／44.83㎡
1階／57.45㎡
2階／31.50㎡
構造／鉄筋コンクリート造＋木造
竣工／1985年
設計／平倉直子建築設計事務所
〒152-0021　東京都目黒区東が丘2-13-45
☎03・3421・7406
施工／六合建設

p348〜p357◎調布の家

黒川哲郎（くろかわ てつろう）

1943年中国北京生まれ。68年東京芸術大学大学院修士課程修了。79年デザインリーグ設立に参画。現在、東京芸術大学教授。主な作品に「重箱住居」「樹木希林の家」「壷中天地：シリーズのスケルトン＆インフィル住宅」「矢部村多目的ホール」「郡上八幡総合スポーツセンター」など。2004年地域材と地域技術による公共建築の木造化構法の開発と実践により、日本建築学会業績賞を受賞。主な著書に『建築光幻学』『まど—日本のかたち』など。

DATA
家族構成／夫婦＋母親→夫婦＋母親＋子供1人
敷地面積／152.63㎡
建築面積／57.60㎡
延床面積／150.71㎡
1階／52.32㎡
2階／52.92㎡
小屋裏階／45.47㎡
構造／木造
竣工／1984年
設計／黒川哲郎＋デザインリーグ
〒180-0003　東京都武蔵野市吉祥寺南町3-1-2-1004
☎0422・48・1381
施工／森田建設

p358〜p367◎夙川の家

出江 寛（いずえ かん）

1931年京都府生まれ。京都市立伏見工業高等学校建築科卒業後、57年立命館大学理工学部土木学科卒業。59〜76年竹中工務店大阪本店設計部。76年出江寛建築事務所開設。主な作品に、「丸亀の家」「広島MIDビル」（広島市優秀建築物賞）「東京竹葉亭」（吉田五十八賞・関西建築家大賞）「トタンの茶屋・汜々庵」（国際建築アカデミー特別賞）「かわらミュージアム」（甍賞金賞）など。主な著書に、『住宅設計の詳細　数寄の伝統と現代　出江寛住宅作品集』『数寄屋の美学』など。

DATA
家族構成／両親＋夫婦＋子供2人→夫婦
敷地面積／198.00㎡
建築面積／98.29㎡
延床面積／184.14㎡
地階／15.54㎡
1階／98.29㎡
2階／70.31㎡
構造／鉄筋コンクリート造＋木造
竣工／1976年
設計／出江 寛（出江建築事務所）
〒530-0054　大阪市北区南森町1-2-22
☎06・6364・3875
施工／堀田工務店

p368〜p377
◎中庭のある家

椎名英三（しいな えいぞう）
1945年東京都生まれ。日本大学理工学部建築学科卒業。68〜75年宮脇檀建築研究室。76年椎名英三建築設計事務所設立。一貫したテーマは、人の営みを肯定しつつ、自然の感覚や宇宙へ連続するような創造的な空間をつくること。主な作品に「花霧居」「宇宙を望む家（自邸）」「光の森（日本建築家協会新人賞受賞）」「アウタールーム」「小川邸（TILE DESIGN CONTEST1等受賞）」「空の光の家」「星居」「紅い葉の家」など。

DATA
家族構成／夫婦＋子供2人→夫婦
敷地面積／253.57㎡
建築面積／87.71㎡
延床面積／87.71㎡
構造／木造平屋
竣工／1983年
設計／椎名英三（椎名英三建築設計事務所）
〒157-0066　東京都世田谷区成城4-6-17
☎03・3482・8333
施工／山源工務店

p378〜p387◎有田の家

三井所清典（みいしょ きよのり）
1939年佐賀県生まれ。東京大学工学部建築学科卒業、同大学院博士課程修了。70年アルセッド建築研究所設立。68〜2006年芝浦工業大学で教える。現在、同大名誉教授。建築設計とともに、まちづくりにも真摯に取り組む。主な作品に「佐賀県立九州陶磁器文化館（日本建築学会賞、建設業協会賞）」「其泉荘」「神野御茶屋・隔林亭（日本建築学会作品奨励賞）」など。共著に『領域を超えて』など。

DATA
家族構成／母親＋夫婦＋子供1人→妻＋息子夫婦＋子供2人
敷地面積／1,773.90㎡
建築面積／270.50㎡（以下、竣工時の新築部分のみ）
延床面積／332.5㎡
1階／270.50㎡
2階／84.20㎡
構造／木造（一部鉄筋コンクリート造）
竣工／1982年
設計／三井所清典（アルセッド建築研究所）
現場担当：清水耕一郎
〒150-0002　東京都渋谷区渋谷1-20-1
☎03・3409・4532
施工／下建設・幸多建装共同企業体
橋口建設（2階子供部屋改築工事）

p388〜p397◎豊見城の家

末吉栄三（すえよし えいぞう）
1945年沖縄県生まれ。67年神戸大学工学部建築学科卒業。助手として関西大学に勤務後、79年沖縄へ戻り、末吉栄三計画研究室設立。個人住宅や集合住宅の設計のほか、「馬天小学校」「那覇市立石嶺中学校（文教施設協会賞・建築業協会賞・公共建築賞）」「那覇市立小禄南小学校（公立学校文部大臣奨励賞）」などの校舎を手掛ける。またプランナーとして、沖縄県内市町村のマスタープラン策定委員や都市デザインのアドバイザーも務める。

DATA
家族構成／夫婦＋子供2人→妻＋子供1人
敷地面積／680.00㎡
建築面積／250.00㎡
延床面積／201.00㎡
構造／補強コンクリートブロック造＋木造、一部鉄筋コンクリート造
竣工／1986年
設計／末吉栄三（末吉栄三計画研究室）
〒901-0205　沖縄県豊見城市字根差部216-2
☎098・856・5447
施工／コラム建設工房

p398～p407◎信楽の家

山本良介（やまもと りょうすけ）

1942年京都市生まれ。61年双星社・竹腰建築事務所を経て、64年丹下健三＋都市建築研究所、Expo70基幹配置設計室出向。72年岡本太郎＋現代芸術研究所を経て、79年山本良介アトリエ開設。日本古来の数奇屋建築の思想を現代に継承しながら、新しい時代の数寄を創出することをテーマにしている。主な作品に「ホテルシーショア御津岬」「清水の家」「岡崎の家」「大覚寺の家（第18回吉田五十八賞特別賞）」「軽井沢クリークガーデン」「壬生寺阿弥陀堂」など。

DATA
家族構成／母親＋夫婦＋子供2人
→息子夫婦＋子供3人（現在は子供1人）
敷地面積／675.65㎡
建築面積／113.78㎡
延床面積／164.02㎡
構造／鉄筋コンクリート造壁式構造
屋根及び下屋は木造
竣工／1977年
設計／山本良介（山本良介アトリエ）
〒600-8096　京都市下京区東洞院通り仏光寺下る高橋町613-15
☎075・352・8961
施工／神山建設

p408～p417◎北鎌倉の家

白鳥健二（しらとり けんじ）

1943年神奈川県生まれ。武蔵工業大学建築学科卒業。67～68年パオロ・ソレリに師事。69～71年V.グルーエン事務所（シーザ・ペリの指導を受ける）ほか勤務。72～77年黒川紀章建築・都市設計事務所勤務。77年アトリエCOSMOS設立。主な作品に「ピアノハウス」「ドームハウス」「COSMOSハウス」「材木座の集合住宅」など。著書に『白鳥健二紀行画集』、共著に『2×4の住宅設計手法』『白鳥健二／アトリエCOSMOS作品集』『絵ごころの旅』など。

DATA
家族構成／夫婦
敷地面積／71.99㎡
建築面積／31.82㎡
延床面積／62.06㎡
1階／31.82㎡
2階／30.24㎡
構造／木造（在来構法＋2×4工法）2階建て
竣工／1983年
設計／白鳥健二（アトリエCOSMOS）
〒249-0007　神奈川県逗子市新宿4-2-18
☎046・871・6150
施工／佐藤建業・甲州建設

p418～p427 ◎田園調布の家

吉田研介（よしだ けんすけ）

1938年東京都生まれ。62年早稲田大学理工学部建築学科卒業後、竹中工務店建築設計部、早稲田大学大学院を経て、67年から2004年まで東海大学で教える。68年吉田研介建築設計室（現・吉田設計室）を開設。住宅を中心に設計活動を展開している。主な作品に「上原邸」「チキンハウス（自邸）」「戸田邸」「シルバームーン」「ヴィラ・クーペ」など。著書に『建築家の住宅論・吉田研介』『建築家への道』など。

DATA
家族構成／夫婦＋子供1人→夫婦＋子供2人
敷地面積／107.79㎡
建築面積／62.71㎡
延床面積／115.86㎡
1階／54.10㎡
2階／61.76㎡
構造／木造
竣工／1977年
設計／吉田研介（吉田設計室）
〒216-0033　神奈川県川崎市宮前区宮崎004-10
☎044・877・8010
施工／佐藤工務店

p428〜p437
◎彫刻家のスタジオ

伊丹 潤（いたみ じゅん）
1937年静岡県生まれ。64年武蔵工業大学建築学科卒業。68年伊丹潤建築研究所設立。75年「墨の家」「余白の家」で独自の建築世界を築く。近年の作品には場所性や自然をテーマにした「PODO HOTEL」「學古書美術館」「三つの美術館 水・風・石」などがある。2005年フランス芸術文化賞、06年金寿根文化賞（韓国）、06年アジア文化・景観賞などを受賞。建築以外に画家、書家としても知られる。主な著書に『伊丹潤・建築と絵画』『朝鮮の建築と文化』『李朝の建築』など。

DATA
敷地面積／394.65㎡
建築面積／95.36㎡
延床面積／278.94㎡
1階／95.26㎡
2階／91.83㎡
3階／91.83㎡
構造／鉄筋コンクリート壁式ラーメン構造
竣工／1985年
設計／伊丹潤（伊丹潤建築研究所）
〒156-0042　東京都世田谷区羽根木2-26-2
☎03・3326・1831
施工／菅組

p438〜p447◎常盤台の家

元倉眞琴（もとくら まこと）
1946年千葉県生まれ。71年東京芸術大学建築学科卒業後、同大学大学院修了。71〜76年槇総合計画事務所、76年スタジオ建築計画設立。98年〜東北芸術工科大学工学部環境デザイン学科教授。主な仕事に「ヒルサイドテラス・アネックス」「ベルコリーヌ南大沢ガリバーAB棟」「熊本県営竜蛇平団地（95年日本建築学会賞受賞）」「東雲キャナルコートCODAN6街区」など。主な著書に『アーバンファサード』『ハウジング・コンプレックス：集住の多様な展開』『集まって住む』など。

DATA
家族構成／1人→夫婦
敷地面積／301.73㎡
建築面積／57.68㎡
延床面積／103.68㎡
1階／51.84㎡
2階／51.84㎡
構造／木造
竣工／1982年
設計／元倉真琴＋飯田善彦（スタジオ建築計画）
〒150-0033　東京都渋谷区猿楽町29-18-B6
☎03・3464・3472
施工／目黒建設

p448〜p457
◎豪徳寺の切妻

石橋利彦（いしばし としひこ）
1947年愛知県生まれ。72年東京理科大学大学院修了後、大成建設入社。85年石橋徳川建築設計所設立。東京理科大学非常勤講師。
徳川宜子（とくがわ ことこ）
1956年東京都生まれ。77年東洋英和女学院短期大学卒業。81年大成建設入社。85年石橋徳川建築設計所設立。東京ＹＭＣＡデザイン研究所非常勤講師、共栄学園短期大学非常勤講師。２人の共著『相関のディテール』。

DATA
家族構成／夫婦＋子供1人→夫婦＋子供2人
敷地面積／275.07㎡
建築面積／111.42㎡
延床面積／218.64㎡
1階／107.22㎡
2階／111.42㎡
構造／木造（在来＋2×4工法）
竣工／1987年
設計／石橋徳川建築設計所
〒104-0061　東京都中央区銀座1-28-14
☎03・3567・2322
施工／桃山建設

p458～p467◎益子の家

野沢正光（のざわ まさみつ）
1944年東京生まれ。69年東京芸術大学建築学科卒業後、大高建築設計事務所に勤務。74年野沢正光建築工房設立。奥村昭雄とともに建築の室内環境の研究を行い、エコロジー建築、パッシブソーラーの実用化を目指す。主な作品に「宮坂地区会館」「長池ネイチャーセンター」「阿品土谷病院（省エネルギー建築賞・建設大臣賞）」「いわむらかずお絵本の丘美術館（栃木県マロニエ建築賞）」など。主な著書に『環境と共生する建築』『住宅は骨と皮とマシンからできている』『地球と生きる家』など。

DATA
家族構成／夫婦＋子供3人→夫婦
敷地面積／2079㎡
建築面積／46.20㎡
延床面積／73.45㎡（母屋）
46.20㎡（作業棟）／64.40㎡（増築棟）
構造／在来木造
竣工／1973年・1986年（増築棟）
設計／野沢正光建築工房
〒156-0051　東京都世田谷区宮坂3-14-15-102
☎03・3428・5731
施工／海老原建設（母屋）
　　　星野建設（増築棟）

p468～p477◎茅ヶ崎の家

石田敏明（いしだ としあき）
1950年広島県生まれ。73年広島工業大学建築学科卒業後、81年まで伊東豊雄建築設計事務所に勤務。82年石田敏明建築設計事務所設立。現在、前橋工科大学大学院教授。「茅ヶ崎の家（東京建築士会住宅建築賞）」「Aプロジェクト（SDReview鹿島賞）」「網島の家（東京建築士会住宅建築賞金賞）」「NOSハウス（日本建築家協会新人賞）」「F4（吉岡賞）」「小鮒ネーム刺繍店」（日本商環境デザイン賞グランプリ、長浜まちづくり設計競技優秀賞）」などを受賞。

DATA
家族構成／夫婦＋猫4匹→夫婦＋猫3匹
敷地面積／101.37㎡
建築面積／47.44㎡
延床面積／84.19㎡
1階／46.93㎡
2階／24.16㎡
3階／13.10㎡
構造：鉄筋コンクリート造壁式構造＋木造軸組
竣工／1986年
設計／石田敏明建築設計事務所
〒173-0004　東京都板橋区板橋1-36-6
☎03・3962・1568
http://homepage2.nifty.com/ishida-archi/
施工／東山工務店

p478～p487◎映水庵

川口通正（かわぐち みちまさ）
1952年兵庫県生まれ。東京・目白で育つ。建築を独学する。83年川口通正建築研究所設立。美と機能を両立させた日本的で現代的な住宅設計を、限られた条件のなかで実現している。代表的な住宅に「映水庵」「十坪の塔」「土庵」「碧榕居」「メトロゲート」「千住の極限住居」「矢来亭」「墨いろの住宅」「茗荷屋」「穴居人」「熱海・潭亭」「Ash-House」など。NPO法人家づくりの会会員、工学院大学非常勤講師。

DATA
家族構成／夫婦＋子供3人→夫婦＋子供1人＋孫
敷地面積／50.13㎡
建築面積／37.44㎡
延床面積／148.74㎡
1階／34.38㎡
2階／34.38㎡
3階／37.44㎡
4階／37.44㎡
屋上階／5.10㎡
構造／鉄筋コンクリート壁式造
竣工／1987年
設計／川口通正建築研究所
〒112-0002　東京都文京区小石川1-6-1-801
☎03・3815・9954
施工／宮崎工務店

p488〜p497◎輝国の家

柿沼守利（かきぬま しゅり）
1943年東京生まれ。68年から白井晟一に師事。83年白井の逝去により独立。長崎県佐世保市にある親和銀行本店の現場に通ううちに九州に人脈ができ、独立後、東京や神奈川県以外に、九州でも設計活動を行っている。住宅のほか、西有田「忠次館」真宗「光円寺」「銀座清月堂ビル」店舗併用住宅「五島」などがある。

DATA
家族構成／夫婦＋子供2人→夫婦＋子供1人
敷地面積／352.49㎡
建築面積／93.99㎡
延床面積／217.35㎡
1階／89.49㎡
2階／96.61㎡
3階／31.25㎡
構造／鉄筋コンクリート造
竣工／1987年
設計／柿沼守利
〒257-0013　神奈川県秦野市南ヶ丘2205-401
☎0463・82・8518
cachiano2@mac.com
施工：直営

p498〜p507◎吉祥寺の家

丸谷博男（まるや ひろお）
1948年山梨県生まれ。74年、東京芸術大学建築科修士課程修了。同大学奥村研究室、藤木研究室にて、建築設計、家具デザイン、エアコンディショニング術を学び、環境共生、太陽熱利用などに取り組む。83年事務所設立。東京と福岡に設計事務所の拠点をもちながら、「NPO梅ヶ丘アートセンターフェローシップ」の代表としてギャラリーを運営し、生産者や工芸家とのネットワークづくりも行っている。近著に『家づくり100の心得』。

DATA
家族構成／夫婦＋子供1人
敷地面積／156.57㎡
建築面積／65.81㎡
延床面積／127.67㎡
1階／61.86㎡
2階／65.81㎡
構造／木造（小屋梁のみ鉄骨を使用）
竣工／1984年
設計／丸谷博男（エーアンドエーセントラル）
〒155-0033　東京都世田谷区代田3-48-5
☎03・5431・6030
施工／水澤工務店

あとがき

六年前に出版した『建築家が建てた幸福な家』と、三年前に出版した続編、さらに新規に二軒加えて時を経た住宅を五十軒まとめて一冊の本にしませんかというお話を、エクスナレッジの本間敦さんからいただいた。「もういいんじゃないの」と思ったが、新規に二軒取材させていただける、この「おまけつきグリコ」の誘惑に負けて、私はお受けすることにした。

取材のタイミングが合わなくて、既刊の二冊では紹介できなかった建築家が何名かいた。なかでも内藤廣さんと中村好文さんはずっと気になっていた。内藤さんの「共生住居」は自邸ではあるが、「時間」をテーマにしている家だと思っていたので、竣工後二十六年経ってどのようになっているのか知りたかった。中村さんのガンバリスギナイ「普通の家」が、年月を重ねるとどのような味わいを醸し出すのかも、ぜひ確かめたかった。どちらの家も期待に違わず、というより期待以上にいい歳の取り方をしていた。住み手もいまだに家に居ることを好み、慈しみながら住み続けていることが実感できたことが、なによりもうれしかった。

建築家が設計した家にかぎらず、街を歩いていて古びた家があると、私は立ち止まって「お疲れさま。もう少し長生きしてくださいね」と心の中で話しかけてしまう。長生きしている家のそばには、多くの場合、樹木が枝葉を広げて大きく生長しているので、周囲の空気が柔らかく感じられる。名だたる建築家のオープンハウスであっても、決して感じることができないこの独特の空気感は、住み手とともに歩んできた時間の魔力といっていいのかもしれない。

幸いにも経済成長が減速したこともあって、これまでのように家を壊して建て替えるのではなく、リノベーションを選択する人が増えてきていると聞く。特に、二十代、三十代の若い世代の人たちは、古着や骨董品と同じように、昭和三十~四十年代に建てられた、素朴な木造家屋を、この世代独特のデザイン感覚で味付けし直して、楽しげに住んでいる。畳の部屋にイームズの椅子を置き、玄関の引き戸や縁側を「カワイイ」という言葉で表現して、うまく使いこなしているのだ。そうした年代の物件が不動産市場に出回り、築三十年以上の家にも値がつくようになれば、建て替えの速度はもう少し緩やかになるのではないか。むろん相続の際に発生する税金や土地の分配がネックになっていることは、承知の上なのだが。

建て替えは街並みの記憶を失わせてしまうので、せめて外観だけは原形をとどめておいてほしい。本書で紹介した家も、増改築をしている例は多いが、どれも建築家が当初に描いた原形は大事に引き継いでいる。

五十軒の時を経た家を取材することができて、気になっていたことが、ほぼ埋められたと思っていたら、時間は止まっていなかった。九〇年に竣工した住宅でも仲間入りできることになったのだ。八〇年代半ばから、建築家が普通の人たちの家を設計することが多くなり、現在、少し陰りが出てきているとはいえ、この期間は、「建築家住宅」が多彩に誕生した時期として記録されるだろう。この黄金期の二十年、三十年後の自然素材よりも工業製品を多く使うようになった住宅が、どのように住み続けられていくのかを見届けたいという想いはあるが、私の時間には限りが出てきた。

二〇〇二年に取材を開始してから八年の月日が経った。この間、取材させていただいた何名かの建築家が亡くなられた。宮脇檀さんは亡くなられたあとの取材だったが、石井修さん、村田靖夫さん、小井田康和さんを私たちは失った。本書で紹介させていただいた三人の方が設計した家が、亡くなったあとも生き続けていることを墓前に報告したいと思う。

六年前に出版した上巻の「あとがき」で、建築家が設計した家に住み続けていくためのポイントを、住人と建築家から伺った話をもとに、私は以下のように箇条書きにした。その内容は、さらに取材を重ねた今も変わっていないので、再度記述しておきたい。

一　定期的にメンテナンスすること。立地条件や材料にもよるが、外装は七~十年ごとに塗り替える。ある建築家は七年ごとに家の内外を点検して、補修、または改築がのぞましいという。

二　設計者や工務店との関係を維持していくこと。すべての家が設計者と良好な関係を保ち、多くの家が竣工時と同じ工務店に、今でも補修工事を頼んでいる。

三　家族に変動があっても対応できるように、柔軟性のあるプランにしておくこと。二十年、三十年の間には世代が代わることもあるので、飽きのこない、感覚的にも耐久性のある家にする。

四　時を経るごとに味わいが深まってくる「時間仕上げ」の材料がのぞましい。ただし自然素材は日常の手入れと定期的なメンテナンスが必要。

五　設備は多機能にしないで、シンプルなものにすること。基本に忠実なものは、長く使える。

六　家族の減少で空き部屋ができたら、家族以外の人たちにも解放して、外に開かれた住まいとすることも選択肢のひとつにする。

七　一カ所でもいいから、住んでいるうちに「好きな場所」を見つけること。家に愛着をもつことが長生きさせる最大の動機になる。

またもや出版の機会を与えてくださったエクスナレッジの本間敦さん、時間仕上げの家を撮影してくれた写真家の淺川敏さん、井上茂さん、傍島利浩さん、そして四十七軒も私と伴走してくれた村角創一さん、すべてのページを読みやすく、かつ美しくレイアウトしてくれた丹羽朋子さんに、心から感謝いたします。

　そしてなによりも、二十年、三十年経った家を住み続けてきた五十軒の住み手と、その家を設計した建築家の方々に、深くお礼を申し上げます。

初出掲載誌

木村邸〜ドーモアラベスカ／『新しい住まいの設計』（扶桑社）二〇〇二年四月号〜二〇〇四年八月号

桑原の住宅〜吉祥寺の家／『建築知識』二〇〇五年十月号〜二〇〇七年九月号

共生住居、朝吹さんの家／新規書き下ろし

松井晴子（まつい　はるこ）
1944年生まれ。桑沢デザイン研究所卒業。住宅雑誌、建築専門誌の編集を経て、現在、「住」に関わる取材執筆・単行本の企画・編集を行っている。著書に『住宅の手触り』（扶桑社）、共著に『郊外住宅地の系譜』（鹿島出版会）。企画・編集に『世界の建築・街並みガイド』全6巻（エクスナレッジ）、『小さな建築』（みすず書房）、『アメリカの名作住宅に暮らす』（建築資料研究社）などがある。

建築家が建てた50の幸福な家

2010年 8月30日　第1刷発行
2010年11月26日　第2刷発行

著者――――松井晴子
発行者―――澤井聖一
発行――――株式会社エクスナレッジ
〒106-0032　東京都港区六本木7-2-26
Fax03-3403-1829
http://www.xknowledge.co.jp/